강원용 인간화의 길 평화의 길

강원용 인간화의 길 평화의 길

박명림, 장훈각 지음

한길사

A Devoted Life for Humanization and Peace

by Park Myung-lim, Chang Hoon-kak

Published by Hangilsa Publishing Co., Ltd., Korea, 2017

"나는 이상주의자도 될 수 없었고 낭만주의자로 살 수도 없었다.
또 허무주의자로도 살지 않으려고 노력해왔다.
모든 것이 대립과 양극화된 상황 속에서
정치적으로나 종교적 · 사회적으로 일관되게 내가 지켜온 자리는
양극의 어느 쪽도 아니고 그렇다고 중간도 아닌,
대립된 양쪽을 넘어선 제3지대였다."

· 강원용

여해 강원용 평전을 발간하면서

2017년은 종교개혁 500주년이 되는 해다. 아울러 올해는 강원용 목사님의 탄신 100주년이 되는 해이기도 하다. 강원용 목사님은 일제강점기부터 생명이 다하는 날까지, 한국 사회와 교회 상황을 특유의 날카로운 혜안으로 진단하고 전망해온 열정적인 지성인이었다.

한국 사회의 인간화와 평화를 위해 사이 · 너머의 철학으로 또 대화의 방법으로, 화해와 평화의 중재자 역할, 세계와 한국을 잇는 가교 역할을 한 강원용 목사님의 평전을 간행하는 일은 매우 뜻깊은 작업이라 하겠다. 이 평전의 출간을 계기로 강원용 목사님이 걸어온 인간화의 길, 평화의 길이 한국 사회 곳곳에 실천으로 사랑으로 남아 있음을 확인할 수 있었으면 한다. 또 강원용 목사님의 메시지가 오늘의 젊은이들에게도 확장되었으면 한다.

2017년 6월

여해 강원용 평전 간행위원회

이홍구, 이어령, 남재희, 신인령, 박종화

강원용 인간화의 길 평화의 길

두 눈으로 바라보다
· 머리말

오늘날 세계와 한국은 희망과 좌절이 교차하는 잿빛이다. 세계는 겉으로는 세계화와 평화 그리고 제4차 산업혁명을 운위하나 지구촌 곳곳은 테러와 빈곤, 폭력과 난민으로 몸살을 앓고 있다.

우리 현실은 더욱 곤혹스럽다. 민주화를 이룬 지 30년이 경과하면서 국가의 많은 부분이 크게 발전하여 경제, 기술, 무역은 선진국에 도달하였다. 그러나 자살과 저출산, 빈곤과 실업, 비정규직과 양극화를 포함해 인간문제는 실로 암울하다. 남남갈등과 남북대치와 북핵위기에 다다르면 삶의 평온과 정일(靜逸)은 더더욱 멀다.

많은 삶이 오늘에 이르기까지의 대혼돈과 대격변 그리고 대변화의 현대한국을 표상한다. 식민통치와 해방, 이념대결과 분단, 전쟁과 죽음, 독재와 억압, 근대화와 민주화……. 어느 누구의 삶인들 이 격변을 한국적 전형으로 대표하지 않을까마는 개별적 곡절과 윤곽은 분명 크게 다를 것이었다. 모두가 온몸으로 겪고 버티고 살아낸 시대였다. 경의를 표한다.

우리가 대화, 연구, 분석을 위해 선택한 강원용의 삶도 역사의 격동을 온몸으로 품고 있다. 역사 속의 그와 대화하기는 결코 쉽지 않았다. 강원용은 현대한국을 육신과 영혼 전체로 겪어냈다. 때로는 역사의 복판에서, 때로는 역사의 곁에서 그는 고뇌하며 기도하고, 실천하며 안타까워했다.

집필과 대화 기간 내내 강원용은 신앙과 현실, 내면과 외면, 한국과 세계, 분단과 통일, 과거와 미래를 바라보는 창이요 프리즘이었다. 한국의 모든 인물은 시대의 격변만큼이나 개별 삶의 진폭이 컸다. 강원용은 급진적·진보적·현실적·희생적·중도적·반공적·보수적·종교적 삶 가운데 어느 하나로 파악되기 어려운 복합지점에 자리한다.

그러나 한 가지 분명한 것은 그는 늘 두 눈으로 인간현실과 세계를 바라보고자 했다는 점이다. 그는—심지어 이성과 종교, 의견과 진리조차—어느 하나의 준거로서 문제를 이해하고 접근하려 하지 않았다. 그는 항상 두 편과 양극을 넘어 새 지평에서 길을 찾고자 했다. 그가 항상 대화를 주문한 이유였다. 그가 도달한 인간화와 평화는 대화의 자연스럽고도 필연적인 산물이었다.

대화를 중시하였기에 그는 사회적 가치의 실현에 대해 신중하고 사려 깊었다. 폭력과 권력의 실체를 깨달았기 때문일지도 몰랐다. 오랜 시간에 걸쳐 한 걸음씩 전진하는 모습이었다. 그는 자기생각을 실현하는 데 과감하고 적극적이었으며 성격도 매우 급하였다. 또 뜻한 바를 실행해야 직성이 풀리는 사람이었다. 그러나 그의 사회개혁운동은 기본적으로 온건했고 점진적이었다. 그리하여 근본적이고 급진적인 변혁을 도모한 사람들에게 많은 비판을 받았다. 교계에는 아직도 그에 대한 존경과 비판이 공존한다.

강원용 삶의 기저는 신앙이었다. 그는 평생 사람보다 하나님을 바라보고 살았다. 그의 삶을 꿰는 것은 정치나 현실보다 하나님과 신앙이었다. 전자의 변화를 위한 소명의식은 후자에서 발원하였다. 그는 목사요 성직자이며 하나님의 종이었다. 그는 정치가가 아니요 사회운동가도 아니라고 했다. 다만 빈 들에서 외치는 소리라고 했다. 그의 이 외침을 이해하기 위해서는 그의 신앙과 사유, 신학과 철학, 고뇌와 실천, 찬사와 비판 모두를 함께 보아야 했다. 그의 신앙과 현실참여는 분리 가능한 다른 영역이 아니었다.

> 예수께서 이르시되 율법에 무엇이라 기록되었으며 네가 어떻게 읽느냐. 대답하여 가로되 네 마음을 다하며 목숨을 다하며 힘을 다하며 뜻을 다하여 주 너의 하나님을 사랑하고 또한 네 이웃을 네 몸과 같이 사랑하라 하였나이다. 예수께서 이르시되 네 대답이 옳도다 이를 행하라 그러면 살리라 하시니(「누가복음」 10장 26~28절).

한 율법사가 예수를 시험하여 영생을 얻는 방법을 물었다. 여기에 대해 예수는 네 이웃을 네 몸과 같이 사랑하라고 했다. 내가 사랑할 이웃은 도적을 만나 옷을 빼앗기고 흠씬 두들겨 맞은 채 버려진 사람이다. 그를 돕는 것은 곧 예수에게 행할 일이었다. 강원용은 착한 사마리아인의 예를 따라 소외되고 빼앗기고 고난 속에서 신음하는 사람들을 구하기 위한 삶을 살려고 했다.

그의 사회참여는 사랑하는 예수의 명령에 따른 것으로 신앙의 연장이자 신앙 자체였다. 그가 비록 어느 성직자보다는 덜 희생적이고 덜 실천적이었는지 모른다. 그러나 그는 분명 누구보다도 더 대화적이고 더 교량적이었다. 우리는 사랑은 경청이고 대화라고 믿는다.

강원용이 발을 딛고 서려 했던 곳은 좁은 길이었다. 좌와 우, 보수와 진보 어느 편도 아닌 중간지대에서 새로운 지평을 열고자 했다. 단순한 중립이 아니라 대립을 화해로, 갈등을 평화로 변화시켜 함께 살아갈 수 있는 상생(相生)의 길을 열려고 했다. 상생사회를 건설하기 위해 강원용이 꺼내든 칼은 제3의 검이었다. 체제수호를 위한 제1의 검도, 체제변혁을 위한 제2의 검도 아닌 제3의 검, 즉 예수의 말씀이라는 검이었다. 그에게 제3지대와 제3의 검은 예수가 걸었던 길이었다. 로마의 지배세력과 유대의 혁명세력에게 비판받던 예수의 길이 강원용이 선택한 길이었다.

우리는 대립하는 어느 한 편에 서지 않으면 온전하기 어려웠던 역사적 경험을 갖고 있다. 이러한 풍토는 지금도 지속되고 있다. 좌로나 우로나 치우치지 않는 중용·타협·화해·화합·평화·공존·상생의 수사들은 겉으로는 아름답고 화려하나, 실제 내면의 영혼과 실천궁행은 고뇌이고 고난이다. 도구적 이성을 넘지 않으면 실천적 중용은 존재할 수 없다. 증오와 대립을 넘는 공감과 사랑의 공동체도 건설할 수 없다. 강원용이 던지는 울림의 메시지이자 실마리이고 희망이다.

저자들은 단순한 강원용 평전을 넘어 객관적인 연구와 분석의 의미를 함께 담으려 노력하였다. 특히 강원용에 대한 무비판적 현양은 애초부터 목표가 아니었다. 따라서 몇몇 부분은 나름대로 깊이 있는 규명과 해석을 시도하였다. 그러나 강원용 자신의 대화철학과 제3의 검을 온전히 반영하지는 못했다.

즉 당대 한국현실 및 보편적 가치와의 깊은 대화에 바탕을 둬 좀더 비판적인 제3의 관점에서 강원용의 신학과 삶, 노선과 실천을 접근했어야 하나 그렇게 하지 못했다. 부분적으로는 저자들이 부족하였기 때문이며 부분적으로는 시간과 자료의 제약 때문이었다. 또 그의 삶의 많은 부분을 동의하였기 때문이다. 아직은 논쟁적인 적지 않은 증언은 내용에 포함시키지 못했다. 훗날의 연구들이 더욱 종합적이고 균형적인 모습을 그려주길 기대한다.

부족한 이 책이 강원용과 그 시대의 참모습에 다가서는 데 도움이 되기를 소망한다. 강원용에 대한 추종과 오해 사이에도 화해의 다리를 놓는 계기가 되기를 희망한다. 나아가 강원용을 복원하고 극복함으로써 오늘의 우리 사회가 나아갈 방향을 제시하는 새로운 철학과 궁구들이 나타나는 계기가 되기를 희망한다. 이 책을 통해 강원용과 청년들의 진지한 대화가 시작되길 소망하는 까닭이다.

돌아보니 2년에 달하는 공동연구와 토론과 집필기간이 순식간에 지나갔다. 뜨거운 여름과 매서운 겨울의 밤바람을 잊은 숱한 대화와 토론이 모두 방금 전의 일인 양 압축되어 다가온다. 박명림, 장훈각, 강효인 3인의 신앙이 같았던 점은 짧은 시간에도 능력에 벅찬 작업을 마칠 수 있었던 근본 동력이었다.

처음 한 달에 한 번 만나던 대화는 6개월 후 두 주에 한 번으로, 다시 한 주에 한 번으로 바뀌었고, 끝내 지난 3개월 동안은 거의 매일 머리를 맞대고 토론과 원고작성과 수정을 반복했다. 그 과정에서 연구조교인 연세대학교 지역학 협동과정 석박사 통합과정의 강효인은 자료정리, 집필보조, 수정부분의 지적과 삽입, 교정, 참고문헌과 찾아보기 작성 등을 도우며 저자들 못지않게 이바지했다. 영민하고 학습능력도 뛰어난 강효인 조교에게 마음 깊이 감사하며, 머지않아 커다란 학문적 발전을 이루길 기원한다.

끝으로 초고에 대한 수준 높고 상세한 지적을 해주신 이홍구, 박경서, 신인령, 박종화, 이삼열, 어경택, 임연철, 강대인 선생님들께 특별히 깊은 사의를 표한다. 다만 그분들의 훌륭한 여러 논평은 시간의 제약 때문에 사실관계를 제외하고는 충분히 반영하지 못하였음을 말씀드린다. 추후 수정의 기회에 꼭 보완할 것을 약속드린다. 짧은 시간 동안 훌륭하게 편집을 마무리해준 한길사 편집부에도 깊이 감사드린다.

말할 필요도 없이 이 책이 지닌 모든 오류와 약점은 전적으로 저자들의 것이다. 한국사회를 발전시키는 데 이 책이 조금이라도 도움이 되길 기원하며, 독자제현의 엄한 비판과 질정을 부탁드린다.

2017년 6월
연세대 연구실에서
박명림, 장훈각

대립을 넘어 화해와 상생으로

· 서론

강원용(姜元龍)이 소천했을 때 장기(臟器)의 모든 요소와 기능은 완전 소진되어 조금도 남아 있지 않았다. 온몸을 태워 모든 장기를 연소할 때까지 사용하고 나서야 그는 자신이 평생 의지하고 믿고 따랐던 분의 품에 안겼다. 세상에 온 소임을 다하기 위해 하나님께서 주신 몸의 어느 한 부분도 남김없이 쓰고 간 것이다. 우리는 과연 그리할 수 있을까? 한 사람의 삶을 돌아보며 숙연히 묻게 된다.

완전 연소의 이유는 사랑과 실천, 신앙과 현실, 내면과 세상의 결합 노력 때문이었다. 그는 사랑으로부터 실천을, 신앙으로부터 현실을, 내면으로부터 외연을 품고 또 나아갔다. 하나님에 대한 사랑은 곧 실천을 뜻했다. 그에게 하나님이 거하는 곳은 인간세상 너머 먼 곳에 있지 않았다. 인간들의 삶이 이루어지는, 굶주리고 헐벗고 핍박받는 사람들이 있는 땅이 하나님이 임하시는 장소였다. 사랑은 임재였다. 그에게는 하나님의 형상을 지닌 사람들, 그러나 삶에 힘겨워하는 사람들을 섬기는 것이 곧 하나님을 섬기는 것과 같았다. 사랑은 현존이었다.

강원용의 현실참여는 신앙의 외연(外延)이었다. 실천의 기반도 사랑에 기초한 대화와 상생의 철학이었다. 대화와 상생은 궁극적으로 사랑의 실천이었다. 지향할 푯대이면서 동시에 현실의 실천이었다.

고리는 화해였다. 하여 상생은 단순한 현실 속의 타협을 의미하지 않는다. 보다 나은 미래를 함께 열고, 변화된 내일을 함께 맞으며, 사람들 사이의 사랑이 하나님의 사랑에 근접하는 그 어떤 것이었다. 땅에서의 의가 하나님 나라의 의에 가까워지는 것을 의미했다.

강원용은 이상에 접근하기 위해 서로 끊임없이 이해하고 노력하는 과정을 중시했다. 그리하여 그는 언제나 균형의 길을 걷고자 분투했다. 이른바 제3지대였다. 늘 보수와 진보 모두로부터 비판을 받은 까닭이었다. 진보는 보수로, 보수는 진보로 여겨 경계를 받기 일쑤였다.

> 나는 평생 이상과 현실 사이에서 균형과 조화를 이루려고 시도하며 살아왔다. 나는 이상주의자도 될 수 없었고 낭만주의자로 살 수도 없었다. 또 허무주의자로도 살지 않으려고 노력해왔다. 모든 것이 대립과 양극화된 상황 속에서 정치적으로나 종교적, 사회적으로 일관되게 내가 지켜온 자리는 양극의 어느 쪽도 아니고 그렇다고 중간도 아닌, 대립된 양쪽을 넘어선 제3지대였다.
>
> 중간 그리고 그것을 넘어서는 지대를 내 나름대로 지향하여 왔지만 오히려 대립된 양편의 오해와 공격을 받는 삶을 살아왔다. 제3지대를 지향했으나 결국 성공하지 못한 채 여전히 첨예한 대립의 역사를 살고 있는 것이 오늘의 현실이다.[1]

대화를 위해 그는 늘 제3지대에 서고자 했다. 하나님이 없었다면 크게 고독했을 것이다. 한쪽 편에서 세상을 보는 것이 아니라 항상 양극의 대립을 넘어 화해와 상생의 기쁨을 함께 누리고자 했다. 제3지대는 광야이자 아웃사이더의 길이요 좁은 길이었다. 그는 한국사회의 관습인 두 진영의 익숙한 어느 한 편에 서지 않고 언제나 빈 들에서

---

1) 강원용, 『역사의 언덕에서 5: 비스가 봉우리에서』, 한길사, 2003, 297쪽.

외치는 소리이고자 했다. 훈련받은 혀로서 감당해야 할 고난의 소리요 예언자의 소리이고자 했다.

빈 들로 나아가려는 강원용의 실천의 기저는 신앙이었다. 그의 신앙에 대한 관찰 없이 그의 삶은 이해되지 않는다. 그의 신앙과 실천으로부터 시작하는 이유가 여기에 있다. 그의 일생은 유학을 중심으로 나뉜다. 미국유학 때까지가 제1막에 해당한다. 이때는 지독한 가난을 경험하고 익숙한 곳을 떠나 낯선 곳에서의 삶을 마다하지 않았던 강원용이 하나님과 인간에 대한 사랑과 자각, 배움과 도약을 이루는 시기다. 제2막은 유학에서 돌아온 이후의 시기다. 유학을 통해 일궈낸 도약이 곧 한국현실을 극복하기 위한 실천으로 옮겨지는 시기다. 그러나 강원용은 외국의 시각을 이 땅에 그대로 대입하려 하지 않았다. 한국의 실정에 적합한 방법을 모색했다.

강원용은 온몸을 모두 태워 이 땅의 사람들을 위해 살았다. 그는 많은 것을 남기고 떠난 큰 그림자다. 그러나 강원용은 스스로 단점과 불완전한 면이 많은 나약한 한 인간에 불과하다는 것을 잘 알고 있었다. 인생의 위기의 순간, 회령의 감옥에서나 폭탄이 눈앞에 떨어지는 현장에서 그는 기도를 드렸다. 우리는 모두 실수하고 실족하는 지극히 나약한 존재이기에 그의 자기고백에 십분 동의한다.

> 나는 한 인간을 기억한다는 것이 어떤 의미인가를 되묻지 않을 수 없었다. 나 역시 언젠가는 세상을 뜰 터인데 후세 사람들이 나를 어떻게 기억할 것인가를 생각하면, 무섭다는 생각도 든다. 나의 단점은 완전히 지워버리고 대단한 인물로 변조되거나 덧칠되지 않기를 바란다. 불완전하고 단점도 많은 나약한 인간의 모습 그대로 기억되기를 바랄 뿐이다.[2]

---

2) 여해와 함께 엮음, 『여해 강원용: 여해 강원용 목사 5주기 기념 사진집』, 대화

우리는 강원용의 삶을 포장하려 하지 않았다. 한국현대역사 속에서 대화, 화해, 상생, 평화의 가치를 외쳤던 그를 담담한 관조와 객관의 시선으로 바라보고자 했다. 하나의 담백한 소묘이고자 했다.

강원용의 삶은 일제강점기, 해방과 분단, 전쟁, 군사독재와 민주화 투쟁, 남북관계 개선에 이르기까지 많은 사람의 피와 땀이 만들어낸 역사의 한가운데를 관통하고 있다. 따라서 그의 삶을 기록한다는 의미는 그를 통해 본 한국현대사의 거시궤적에 대한 하나의 소우주요 부조(浮彫)의 의미를 함께 갖는다. 즉 하나의 전체인 그의 삶을 따라가며 그를 품었던 또 하나의 전체인 현대한국 역사가 함께 그려질 것이다. 식민지가 나올 것이며, 해방과 분단이 나오고, 전쟁과 혁명, 쿠데타와 독재, 민주화의 정치, 통일문제까지 차례대로 등장할 것이다. 그는 이 격변과 격동의 한복판을 정중앙에 서서 대화와 상생의 철학으로 일관했다.

그는 역사의 풍랑 속에서 고통받으며 신음하는 사람들을 위해 무엇을 어떻게 해야 하는가를 고뇌하며 살았다. 중요한 것은 인간 강원용의 삶과 고뇌가 오늘의 우리에게 던지는 메시지와 지혜를 발견해 내는 일이다. 한국사회가 안고 있는 숱한 문제의 해법을 찾기 위해 우리는 강원용의 삶의 궤적을 차분히 따라가며 그가 던지는 메시지들을 발견하고자 했다. 그리고 지금도 여전히 첨예한 양극 대립의 현실에 놓인, 불행하고도 가녀린 우리에게 그의 고독했던 선지적(先知的) 외침이 어떤 의미를 갖는지 찾고자 했다.

문화아카데미, 2011.

1 신앙, 신학, 사회참여

우리는 왜 신앙으로부터 시작하는가? 강원용은 스스로 정치인도 아니며 사회운동가도 아니라고 했다. 그러면서도 그는 정치의 언저리를 떠나지 않고 참된 자유와 정의가 실현된 사회를 위해 힘을 쏟았다.[1] 강원용은 대립과 갈등하는 극단이 아니라 새로운 삶의 비전을 제시할 수 있는 곳에 서고자 했다. 그곳에서 일어나 외치는 돌들의 소리, 빈 들에서 외치는 소리로 살고 싶어 했다. 그 길은 사랑과 화해를 위한 끝없는 대화였다. 그는 참된 민주복지국가, 평화로운 민족공동체의 삶을 영위할 수 있는 사회를 이루어나갈 수 있도록 전념했다.

목사인 강원용이 이렇듯 현실의 문제에 천착하는 삶을 살았던 이유는 그의 신앙에서 비롯되었다. 그의 신앙생활은 현실참여와 분리되지 않는다. 현실에 대한 관심과 참여는 신앙의 외연(外延)이었기 때문이다. 결단이 필요할 때마다 그는 하나님을 바라보고 하나님의 뜻에 따라 살고자 했다. 중심에 하나님을 두고 굳건히 그의 길을 걸으려 애썼다.

강원용은 현실참여의 과정에서 여러 질타와 비난을 받았다. 좀더 원칙적이고 급진적인 쪽으로부터는 투항과 변절이라는 비판도 많았

---

1) 강원용, 『역사의 언덕에서 5: 비스가 봉우리에서』, 한길사, 2003, 295쪽.

다. 비판 중 어떤 것은 옳았고, 어떤 것은 오해에서 비롯되었다. 또 어떤 것은 신앙과 현실, 네 편과 내 편, 좌와 우, 분단과 통일, 민주 대 독재, 적과 동지의 이분법에 기인했다. 그가 평생을 일관하고자 했던 대화와 상생은 언제 어디서나 양쪽 모두를 인정하고 비판하며, 연결하고 이해하며, 때로는 함께 포용해야 하는 어쩌면 가장 어려운 변증의 실천이었기 때문이다.

강원용의 실천의 기초를 이루고 있었던 신앙과 신학에 대한 이해가 선행되어야 하는 이유가 여기에 있다. 그의 삶과 사회적 실천은 하나님과 인간의 관계, 기독교인과 교회의 사명, 실천원리, 신학에 기초를 둔 이상향을 차례로 살펴본 연후에 파악되기 때문이다.

불가능의 가능성

"인간은 예수의 사랑을 현실에서 그대로 실천해낼 수 있는가?" 강원용이 가장 먼저 던지는 물음이다. 이는 신학은 물론 신앙적으로도 가장 근본적인 문제다. 신학적으로는 크게 세 가지의 입장으로 나눌 수 있을 것이다.

첫째는 인간이 예수의 사랑을 실천할 수 있는 존재라고 보는 입장이다. 강원용은 이를 '가능성의 신학'이라고 명명한다. '믿는 자에게는 능치 못할 것이 없다'는 성경구절을 바탕으로 믿음만 있으면 불가능한 것은 없다고 말한다. 많은 교회들이 이 신학적 입장에 기초하고 있다. 강원용은 이러한 신학은 크게 두 가지의 문제를 가지고 있다고 본다. 하나는 피조물인 인간이 하나님이 된다는 점이다. 믿음만 가지고 하나님께 자신이 원하는 것을 요구할 때 하나님이 응당 들어줘야 한다면 피조물과 하나님 간의 관계가 역전된 것이다.

이 신학은 기복사상으로 흐를 가능성을 지니고 있다. 이들은 하나님의 힘을 빌려 원하는 것을 얻고자 할 뿐, 십자가에서 돌아가신 예수를 본받아 자신의 것을 내어주고 다른 사람들을 위해 희생하고자 하지 않는다.[2] 게다가 가능성의 신학은 인간의 원죄까지도 인간의 신앙과 믿음으로 사죄받을 수 있다고 말한다. 강원용은 이것이 그리스도 안에 나타난 삼위일체 하나님에 대한 신앙인지에 대해서는 회의적이다. 원죄는 성경에 나오는 말은 아니지만 원죄가 전제되지 않고서는 기독교에서 말하는 구원이나 신앙을 말할 수 없기 때문이다. 강원용은 기독교신앙의 근본은 인간이 불가능한 존재임을 인정하는 것이라고 강조한다. 만약 그렇지 않다면 참된 기독교신앙에서 멀어질 우려가 그만큼 커지는 것이다.[3]

둘째는 가능성의 신학과 달리 인간의 노력으로는 하나님의 사랑을 이 세상에서 실현해낼 수 없으며 원죄 역시 인간의 힘으로 벗을 수 없다고 보는 신학적 입장이 있다. 정통보수주의적 신학의 입장으로 강원용은 이를 '불가능의 신학'이라고 한다. 이들은 인간의 죄 사함은 오직 하나님의 능력으로만 이룰 수 있다고 본다. 강원용은 이 불가능의 신학을 도덕적 비관주의이고 윤리적인 패배주의라고 비판한다. 그들은 구원이 현세에서는 불가능하며 예수가 재림한 후에나 가능하다고 생각하기 때문에 오늘 그리고 여기에 관심을 두지 않는다. 오직 저 높은 곳 그리고 사후의 세계만을 바라볼 뿐이다.[4]

강원용의 신학은 가능성의 신학과 불가능성의 신학의 경계선에서 시작한다. 가능성의 신학이나 불가능성의 신학이 모두 옳지 않다는 것이 아니다. 이 둘을 넘어야 한다는 것이 강원용 신학의 출발점이다.

---

2) 우리의 노력으로 천국을 건설할 수 있다고 하는 기독교사회주의와 인간의 노력으로 억눌린 사람들을 해방시킬 수 있다고 보는 남미의 해방신학이나 우리나라의 민중신학도 인간의 가능성을 과대평가한다는 점에서 강원용은 신학적으로 가능성의 신학의 범주에 속하는 것으로 본다.

3) 강원용, 『믿는 나 믿음 없는 나』, 웅진출판, 1998, 151쪽.

4) 같은 책, 152쪽.

즉 세 번째 신학적 입장이라고 할 수 있다. 우선 인간은 예수의 사랑을 똑같이 행할 수 없는 존재라는 사실, 그 불가능을 확실하게 인정하는 것에서 출발하지 않으면 안 된다. 강원용은 이를 하나님과 인간의 수직적 관계라고 표현한다.

수직적 관계는 보수주의신학에서 말하듯 불가능의 관계다. 하나님으로부터 수직적으로 직접 인간에게 내려온 말씀은 인간이 실행해낼 수 없기 때문이다. 또한 적당히 조절할 수도 없다. 불가능인 것이다. 하나님과의 관계에서 인간의 죄는 하나님이 인간에게 준 것을 해내지 못함을 의미한다. 따라서 인간의 원죄 역시 사람이 어떻게 해볼 수 있는 차원의 문제가 아니다. 강원용은 이러한 인간의 불가능성을 확실하게 해놓지 않으면 기독교신앙을 이야기할 수 없다고 본다.[5)]

강원용의 신학은 인간의 불가능성을 확실하게 인정하는 지점에서 시작하지만 역설적으로 불가능성을 철저하게 받아들이는 데서 가능성을 보게 된다.

> 하나님 앞에 선 나 자신의 모습은 죄인이고 불완전한 존재이기에 절대 불가능합니다. 내 자신이 아가페(Agape)의 사랑을 한다는 것도 불가능이고, 아가페의 사랑을 하겠다 하면서도 내 속에는 내 욕심이 있고, 정의를 위해서 산다 하면서도 내가 더 가지고 싶은 생각이 있고, 자유하고자 하면서도 눈치나 살살 보며 얽매여 살고 있고, 불가능합니다. 불완전합니다. 우리는 완전주의자가 될 수 없습니다. 모든 것이 상대적입니다. 이래도 악이고 저래도 악인 때에 어느 쪽이 더 적은 악인가를 보면서, 보다 더 좀 낫게, 더 적은 악을 택하는 것입니다. 언제나 선한 것만 택하고 살지 못해요. 두 가지 다 좋다 할 때에는 어느 것이 더 큰 선이냐를 찾는 것이고요. 상대적으로 더

---

5) 강원용 외, 『기독교 윤리강좌』, 경동교회 교육위원회, 1995, 59쪽.

큰 걸 찾는 겁니다. 우리가 상대적이지만, 이런 것 속에서, 우리가 여러 가지 죄로 물들고 오염되고 불완전한 존재들이지만, 우리에게 주어진 그 목표를 향해서 여기서 하나씩 하나씩 접근을 해 들어가는 것, 그러한 입장이 소위 불가능의 가능성(impossible possibility)입니다. 저는 그런 쪽입니다.[6]

이러한 가능성은 아가페의 사랑을 도저히 실천할 수 없음을 깨닫는 사람, 나는 죄인일 수밖에 없다는 사실을 깨닫는 사람, 항상 불가능을 확실하게 깨닫는 사람 안에서 나온다. 다시 말해 불가능의 가능성이란 불가능성을 확실하게 인정하고 난 후 하나님의 은총 안에서 이루어지는 가능성이다.[7]

인간의 불가능성에 대한 인정으로부터 가능성이 열린다는 강원용의 신학과 그로부터 열리는 그의 실천을 이해하기 위해서는 강원용의 원죄론과 그리스도의 사랑, 인간관에 관한 설명이 필요하다. 여기에서 예수의 제자인 기독교인들과 그들의 교류장소인 교회가 과연 무엇을 해야 하는지에 대한 그의 실천신앙이 비롯된다.

원죄와 예수의 사랑은 강원용의 불가능성 신학의 중요하고도 근본적인 전제가 된다. 그가 말하는 죄는 인간세상에서 일반적으로 일컬어지는 죄가 아니다. 죄는 하나님과의 관계에서 나오는 원죄를 말한다. 하나님과의 관계에서 인간은 어느 것이 죄인지 아닌지를 판단할 수 없다. 성서에서도 인간이 에덴동산에서 선악과를 따먹은 행위 자체를 죄라고 하지 않는다. 죄는 선악을 알게 된 인간이 선과 악을 판단하는 데서 시작된다. 선과 악을 판단할 수 있다고 생각한 인간은 하

---

6) 같은 책, 51~52쪽. 강원용의 '불가능의 가능성'은 라인홀드 니버(Reinhold Niebuhr)의 개념을 기초로 하고 있다. 이에 관해서는 고범서, 『라인홀드 니버의 생애와 사상』, 대화문화아카데미, 2007, 192쪽.

7) 강원용, 『믿는 나 믿음 없는 나』, 157쪽.

나님의 피조물이면서도 창조주인 하나님과 같은 일을 할 수 있다는 자만에 빠진다. 결국은 인간의 눈으로 선과 악을 판단하여 인간 스스로 인간을 판단하고 단죄하는 비극에 이르게 된다. 인간 스스로 선과 악의 판단자라는 교만으로 행한 잔인한 만행과 비극은 역사 속에서 수없이 반복되었다. 인간들은 참혹한 살상을 자행하면서도 항상 선을 앞세웠다. 강원용은 "인간이 선과 악을 알게 되면서 악마의 형상을 가진 존재가 되어버렸다"[8]고 개탄한다. 인간들이 선을 악으로 악을 선으로 자기들 마음대로 규정하여 인간의 뜻에 따라 선과 악이 춤을 추게 되었다.

그러면 선과 악을 스스로 판단하는 인간의 죄는 사(赦)함을 받을 수 있는가? 여기에서 죄사함을 받는다는 말은 죄가 허락되었다(permission of sin)는 뜻이 아니다. 「로마서」 7장 14절에서 사도 바울은 "나는 육신에 속하여 죄 아래 팔렸도다"라고 했다. 이 말은 하나님 앞에서 육신으로 난 사람이 죄에서 벗어나는 것은 불가능하다는 뜻이다. 그럼에도 불구하고 바울은 「로마서」 8장 1절에서는 "예수 그리스도 안에 있는 자에게는 결코 정죄함이 없다"고 했다. 즉 인간이 죄에서 벗어나는 것은 불가능한데 예수 안에 있는 사람은 정죄를 받지 않는다. 바울의 이 두 말은 모순 같아 보인다. 그러나 강원용은 실제로는 모순이 아니라고 설명한다. 이 말의 양면을 보아야 한다는 것이다. 죄가 없어지는 것은 아니나 예수의 사랑을 믿고 그 안에서 예수의 사랑을 실천하는 자는 정죄받지 않는다는 말이다. 강원용은 죄와 구원의 이 이중성을 받아들이지 않으면 기독교윤리를 말할 수 없다고 한다.[9]

예수의 사랑을 믿고 그 안에서 사랑을 실천하는 자는 정죄함이 없다고 한 이 사랑은 어떠한 사랑인가? 강원용은 인간에게서 나는 사랑

---

8) 같은 책, 143쪽.
9) 같은 책, 154쪽.

이 아니라고 단언한다. 예수 안에서 솟아나는 사랑은 모든 사람에게 차별이 없는 완전한 사랑, 즉 아가페를 의미한다. 하나님의 사랑인 아가페는 결코 사람에게서 생기지 않고 오직 하나님께로부터 온다. 하나님은 사람을 구원하는 자신의 사랑을 보여주기 위해 그의 아들 예수를 인간의 몸으로 이 세상에 보냈다. 예수는 곧 온전한 사랑이었다. 예수는 십자가에서 죽어가면서도 "아버지여, 저들의 죄를 사하여 주옵소서"의 기도로 하나님의 절대사랑을 보여준다. 용서와 사죄는 그리스도를 통해 나타나지 인간에게서 생겨나지 않는다.[10] 그리고 그것은 예수의 십자가 위에서의 기도와 예수의 십자가의 죽음과 예수의 부활로 나타난다. 이를 우리에게 알게 해준 것이 성령이다.[11] 강원용은 이것이 복음이라고 설명한다. 이 복음을 받아들이고 믿음으로써 우리는 구원에 가까이 갈 수 있다. 그렇기 때문에 하나님이 인간을 구원한다는 사실을 믿는 것은 곧 인간이 하나님의 아가페, 즉 모든 것을 용서하는 사죄의 사랑에 의해서만 구원받을 수 있다는 사실을 믿는 것이다. 예수 안에 있으면 이 믿음 안에 있다.

예수의 완전한 사랑을 믿기만 하면 우리는 구원받는 것인가? 그렇지 않다. 예수가 우리에게 준 단 하나의 명령이 있다. '네 이웃을 사랑하라'이다. 예수는 수없이 많은 기존의 율법을 폐한 동시에 율법을 완성시킨 존재다. 예수가 보여준 율법의 완성은 사랑을 의미한다. 우리도 예수의 사랑으로 구원받았다는 것을 믿으며 이 세상에서 예수의 사랑을 실천함으로써 정죄받지 않게 된다.[12]

사랑을 실천한다는 말은 어떻게 이해해야 하는가? 다시 말해 믿음이 있는 사람이 해야 할 이웃에 대한 사랑이란 어떠한 것인가? 그것

---

10) 같은 책, 153쪽.

11) 같은 책, 154쪽.

12) 예수의 사랑하라는 명령과 실천에 관해서는 강원용 외, 『기독교 윤리강좌』, 62쪽 참조.

은 나보다 불쌍한 사람에게 내 것을 조금 나누어주는 것이 아니다. 주린 자, 보잘것없는 사람은 곧 그리스도다. 병들어 누워 있는 사람이 곧 그리스도다. 이웃에 대한 사랑은 이런 차원에서 실천해야 한다. 강원용에게 사랑이란 내가 그리스도를 섬기는 것이지, 내가 가진 것이 있다고 남에게 나누어주는 것과 같은 사랑이 아니다.[13]

기독교인으로서 예수의 사랑을 실천하기 위해선 하나님과의 관계를 다시 세워야 한다. 하나님과 인간과의 관계는 수직적인 관계다. 반면에 인간은 타인들과 수평적인 관계를 맺는다. 강원용은 이 수평적 관계가 인간의 유한함과 불가능을 받아들이는 데서 시작한다고 설명한다. 인간은 어쩔 수 없는 죄인이며, 인간 자신의 힘으로는 어쩔 수 없는 한계를 지닌 피조물에 불과하다는 것을 받아들이는 지점에서 수평적인 관계가 형성된다.[14] 그리고 모든 것을 용서하시는 하나님의 온전한 사랑, 즉 아가페만이 인간을 구원할 수 있다는 믿음으로 하나님 앞에 서야 한다. 인간의 가능성이 시작되는 지점이다.

성도와 하나님의 관계인 수직선 관계와 성도 간의 관계인 수평선 관계는 격리되어 있지 않다. 수직선과 수평선은 우선 예배와 성찬을 통해 관계를 맺는다. 삼위일체이신 하나님께 예배드리고, 성경말씀이 올바른 설교와 함께 말씀이 되어 육신이 된 그리스도가 내 안에 온다. 이때 성도와 하나님이 관계를 맺게 하는 것이 성령이다. 강원용은 이

---

13) 같은 책, 63쪽 .

14) 한계를 지닌 피조물에 불과하다는 것을 인정하는 일은 유한자로서 죽음을 받아들이는 것과 같아 가장 큰 용기가 필요한 일이다. 강원용은 폴 틸리히의 말을 빌려 이것의 의미를 다음과 같이 설명한다. "틸리히(Paul Tillich)가 말한 존재의 가장 큰 용기는 눈 딱 감고 하나님을 믿는 것이 아니라, 내 자신이 무한자가 아니고 유한자라는 사실과 창조주가 아니라 피조물이라는 사실을 받아들이는 것이다. 이런 것을 받아들이는 용기가 제일 큰 용기이다. 내가 유한자라는 사실을 받아들이는 것은 죽음을 받아들이는 것과 같기 때문이다." 같은 책, 61쪽.

것이 곧 수평선과 수직선이 관계를 맺는 구체적인 사건이라고 말한다.[15] 그리고 성령을 받아들임으로써 에로스밖에 가지지 못한 존재가 아가페의 도움으로 이웃과 관계를 맺게 된다. 예수가 인간 안에 들어오고, 거룩함이 속됨 안에 거하는 것이다. 강원용은 우리가 신성하다고 하는 것은 속된 것 안에서 나타나는 거룩함이며, 그것이 바로 예수임을 분명하게 말하고 있다.[16]

이러한 사건이 가능한 이유는 하나님은 인간과 함께하기를 원하는 사랑이기 때문이다. 그 사랑이 예수 그리스도를 통하여 현실화되고, 인간은 오직 신앙에 의하여서만 하나님과의 바른 관계를 맺을 수 있다. 이로써 인간은 하나님을 인식하면서 동시에 인간을 인식할 수 있다. 외톨이로서의 인간이 아니라 하나님 앞에 책임을 지고 사는 인간, 그가 속한 공동체 안에 사는 인간이 된다.[17]

인간과 교회

강원용은 늘 이 땅의 인간들을 위해 살고자 했다. 그 이유가 무엇인지에 대해 답하기 위해서는 그의 인간관을 이해해야 한다. 강원용에게 인간은 존재론적 한계를 지닌 하나님의 피조물이다. 이를 인식하고 받아들이는 데서부터 인간은 존재의 참뜻을 갖게 된다. 영생의 절대적 지위에 오를 수 없는 유한하고 상대적인 인간이 그 한계를 넘어 자신의 실존적 · 지적 절대성을 추구할 때 인간의 비극은 시작된다. 그러나 이러한 대전제를 인정한다고 해서 인간이 무가치하고 왜소하여 하나님께 의지하지 않으면 의미가 없는 존재에 불과한 것은 아니

15) 같은 책, 61~62쪽.

16) 강원용, 『믿는 나 믿음 없는 나』, 156쪽.

17) 강원용, 『강원용전집 1: 폐허에의 호소』, 동서문화사, 1995, 181~182쪽.

다. 강원용은 인간은 하나님의 창조물이지만 단순히 피조물로서의 인간으로 한정시키려 하지 않았다. 하나님이 인간을 창조할 때 존엄성을 그 안에 담았기 때문이다.

강원용은 하나님이 인간을 창조하시는 과정에서 두 가지의 의미를 발견한다. 우선 "하나님의 형상으로 지음받았다"는 말은 기본적으로 인간은 하나님의 피조물임을 의미한다. 동시에 그 말은 인간이 하나님의 형상으로 빚어졌기 때문에 각 인간의 기본 인권은 절대 불가침이라는 것 그리고 모든 인간은 인격적으로 동등하다는 의미를 그 안에 분명하게 담고 있다.[18] 두 번째로 인간은 하나님의 창조물임과 동시에 하나님의 영(靈)이 거하는 곳, 즉 성전(聖殿)이다.[19] 인간은 하나님의 형상대로 지음받고 하나님이 그의 생령(生靈)을 불어넣음으로써 생명을 얻어 살아 숨 쉬게 되었다.

하나님의 형상대로 지음받은 육체 안에 하나님의 생령이 들어와 살게 된 인간은 영(靈)과 육(肉)이 분리되어 서로 대립하는 존재가 아니다. 강원용은 인간은 말 그대로 '영혼과 육체'인 것으로, 인간으로 산다는 말은 곧 영의 몸으로 산다는 말이며, 영은 육의 존재형식인 동시에 육 역시 영의 존재형식이라고 설명한다. 인간은 유한한 존재인 육체를 가졌지만 영혼이 있기 때문이 아니라, 육체를 가졌기 때문에 하나님의 형상이다.[20]

강원용의 일원론적 인간관은 관념론적·유물론적 이원론으로 대변되는 철학적 인간관과 기독교의 비관적·낙관적 인간관 모두를 넘어서는 근거가 되고 있다. 이성주의적 인간관과 유물론적 인간관은 영혼과 육체를 분리·대립시켜 각각 영혼과 육체의 우월성 내지는 중요

18) 강원용, 『강원용전집 2: 펜과 검이 부딪히는 시대』, 동서문화사, 1995, 268쪽.
19) 강원용, 『강원용전집 5: 힘의 균형과 악령 추방』, 동서문화사, 1995, 258쪽.
20) 같은 책, 258쪽.

성을 강조하는 철학의 흐름이다. 강원용은 이러한 이원론적 인간관을 거부한다. 동시에 하나님 앞에서 죄사함 받을 가능성 자체를 부정하는 비관주의적 인간관이나 인간의 창조성과 가능성을 강조함으로써 인간을 하나님의 지위로 올리는 낙관주의적 인간관 역시 거부한다. 비관주의적 인간관과 낙관주의적 인간관은 앞서 살펴본 불가능의 신학과 가능성의 신학에 각각 상응하는 인간관이다. 인간을 육과 영이 분리되어 대립하는 존재라고 하는 전제에도 문제가 있지만, 그들의 사유가 바로 인간을 철저하게 고립되고 독립된 존재라고 보는 지점에서부터 시작되기 때문이다. 강원용은 인간은 처음부터 사회로부터 분리될 수 없으며 그가 속한 공동체 안에서 관계를 맺으며 사는 존재라는 점을 강조했다. 강원용은 인격적 존재로 창조된 인간, 존엄성을 지닌 존재임을 알고 하나님 말씀에 응답하는 인간을 강조했다. 그는 인간과 하나님의 이 관계를 다시 바르게 세우고자 한 것이다.

이러한 강원용의 사유는 그의 교회관에 잘 나타나 있다. 그는 목사 안수를 받으면서 하나님의 뜻에 따라 살겠다고 기도했다. 그러나 교회 안에서만 설교하고 목회하는 삶은 아니었다. 처음부터 그럴 생각이 없었다. 교회라는 공동체를 실천적인 관점에서 이해했기 때문이다. 교회는 일반적으로 교제, 협동, 친교, 사귐, '공유하다' '남과 함께 나누다' '다 같이' 등의 뜻을 지닌 헬라어 '코이노니아'(κοινωνία. Koinonia)를 의미한다. 따라서 교회는 일반적으로 크게 두 가지의 의미가 있는 곳으로 받아들여진다. 하나는 삼위일체 하나님과 성도의 교제가 이루어지는 곳이며, 다른 하나는 성도 사이에서 친교가 이루어지는 곳을 말한다.

강원용은 하나님과 성도 간 그리고 성도 사이의 친교를 중심으로 생성된 공동체라는 관념에서 한 걸음 더 나아간다. 그에게 교회는 세상을 위해 일하는 공동체며 세상을 위해 일해야 하는 곳이다.[21] 세상을 위해 일하는 것은 곧 그리스도 안에서 그리스도와 함께 일하는 것이며, 기독교인이 된다는 것은 세상을 섬기는 자가 된다는 것을 의미했다. 이러한 생각은 그리스도에 대한 이해에서 출발한다. 이는 「마가복음」 10장 45절의, 이 세상의 섬김을 받으러 온 것이 아니라 모든 사람을 섬기러 온 종으로서 목숨을 버리기까지 하며 그들을 섬기러 온 종이라는 그리스도의 고백에 기초하고 있다. 이 하나님의 사랑을 실천하는 것이 곧 이 땅의 사람들을 섬기는 모습이다.[22]

동시에 교회는 실천하는 공동체다.[23] 교회는 그리스도의 몸이다. 그 안에서 하나님의 의가 땅에서도 이루어지도록 기도하고 설교하는 것은 가장 근본적·기초적인 신앙생활이다. 그러나 실천에 옮기는 구체적 행동이 수반되지 않는다면 하나님이 직접 하는 방법밖에 없다. 이 실천은 기도 및 설교와 분리되거나 우열관계에 있지 않으며, 기도·말씀·실천이 함께 이루어지는 신도들의 신앙생활을 뜻한다. 또한 그리스도 안에서 그리스도와 함께 일하고, 고난받은 사람들의 이웃이 되어 봉사하고 그들의 고통도 함께 겪는 것을 의미한다.

세상을 섬기는 자가 되어 하나님의 뜻이 땅에서도 이루어지도록 실천한다는 말은 현실에의 투신을 의미했다. 구체적으로는 사회악과 대결하며 사회정의의 실현을 위해 투쟁하는 모습으로 나타났다. 강원용은 현실참여의 이유에 대해 하나님이 계시는 곳은 바로 하나님의 백성들이 핍박받는 현장이기 때문이라고 설명한다. 사람들의 삶과 유리된 하늘 저편 또는 이 땅과 연결되지 않은 어느 곳에 하나님이 존재하지 않고, 고통받는 종의 신분 속에 존재하기 때문이다.[24] 교회는 힘없는 사람들을 위해 일하고 그들을 섬겨야 한다. 또한 사회적 정의를 실현하는 일에 가담하여 이웃을 해방하는 일에 노력을 기울여야 한다.

---

21) 강원용, 『강원용전집 2』, 77쪽.

22) 강원용 외, 『기독교 윤리강좌』, 49쪽.

23) 강원용, 『강원용전집 7: 역사의 증언자들』, 동서문화사, 1995, 65쪽.

24) 강원용, 『강원용전집 4: 아래로부터의 혁명』, 동서문화사, 1995), 142쪽.

참으로 놀라운 이야기다. 바로 이 역사 속에서 이 강도를 만나 신음하는 무력한 자와 그는(하나님은) 운명을 같이한다. 도덕적으로 무력한 자를 사랑하는 것이 무조건적인 사죄이다. 경제적으로 사회적으로 정치적으로 억눌린 무력한 자들을 사랑하는 것이 곧 사회 속에서 정의를 실현하는 일에 가담하여 빈곤에서, 착취에서, 억압에서 그들을 해방하는 일이다.

기독교회라는 것은 이런 일을 위하여 세상에 둔 것이다. 교회를 그리스도의 몸이라고 불렀다. 하나님이 구체적인 역사 안에서 그의 사랑하는 백성인 힘없는 자들을 위하여 일하시는 데에 가담하는 것이 곧 교회다.[25)]

강원용은 이를 깨닫고 자신의 삶에서 그같이 기쁜 적이 없었다고 말하고 있다. 그는 자신의 무능에서 오는 도덕적인 무력감과 하나님에 대한 원망, 신앙적 회의에서 벗어날 수 있었다. 그제야 비로소 참 자유, 진정한 해방을 체험했다. 이후부터는 '참 자유를 얻게 된 나의 전 관심은 오직 하나, '어떻게 내 이웃을 보다 더 도울 수 있을까 하는 것뿐'이었다고 고백한다.[26)]

그러기에 사도 바울은 예수의 제자가 되던 날부터 우리는 율법의 속박에서 완전히 자유일 뿐 아니라, 낡은 법조문에 따라 하나님을 섬기는 것이 아니라 성령의 새로운 방식으로 사는 것이다(롬 7:6)라고 한다. 성령의 새로운 방식으로 사는 것은 손을 씻고 음식을 가려 먹는 법조문에 따라 사는 것을 말함이 아니고, 주어진 상황에서 살아 계신 하나님의 말씀을 듣고 응답하며 자유와 정의와 사랑의 실

25) 강원용, 『강원용전집 7』, 297쪽.

26) 같은 책, 297쪽.

천을 위해 사는 것이다.[27)]

진취적이고 실천적이며 혁명적인 신앙이자 철학이요 사유였다. 강원용은 한 걸음 더 나아간다. 교회만이 아니라 하나님의 백성의 삶의 현장은 나라 안에서 진행되는 모든 문제, 즉 정치, 경제, 사회, 문화, 언론 등 모든 방면에 존재한다는 것이다. 이러한 현장이 모두 다 하나님의 말씀을 증거해야 할 대상이었다.[28)]

인간으로서의 존엄이 훼손당하는 곳이라면 어디든 예수의 제자들이 하나님의 의가 이 땅에서도 이루어지도록 싸워나가야 하는 현장이다. 따라서 예수의 참된 제자들에게는 삶의 현장에 대한 무관심과 비정치적 기독교는 올바르지 않다.[29)] 또한 무조건적인 관용은 믿지 않는 자의 덕이 될 뿐이다. 기독교의 목사들이 사랑의 윤리만을 가지고 흑인들에게 그리스도의 사랑으로 백인들을 용서하고 그들에게 순종하는 관용을 베풀라고 한다면 정의가 아닐뿐더러 해결책이 될 수 없다.[30)] 이러한 태도는 단순한 감상주의일 뿐이며 하나님의 의를 실천하는 것과는 거리가 멀 수밖에 없다.

기독교인의 실천

교회는 단지 하나님과 성도 간의 교제가 이루어지는 소극적이고 정적인 곳이 아니다. 강원용에게 교회는 성령이 일하시는 장소이며 무대였다. 따라서 교회는 하나님의 말씀을 증거하고 모든 인간의 자유를 위해 일해야 하는 곳이다.[31)] 이렇게 적극적이고 실천적인 그의 신

27) 같은 책, 71쪽.
28) 강원용, 『강원용전집 3: 육의 검과 영의 검』, 동서문화사, 1995, 7쪽.
29) 강원용, 『강원용전집 1』, 261쪽.
30) 같은 책, 122쪽.

학은 기독교인의 회개에 대한 개념에서도 잘 나타나 있다. 강원용에게 기독교인의 회개는 회개하고 죄짓고, 다시 회개하고 또 죄짓는 일상적 반복에 대한 개인의 구원을 하나님께 구하는 것이 아니다. 예수의 편에 선다는 것이며, 예수의 사랑을 이 세상에서 실천하는 일에 동참함을 의미한다.[32)]

하나님의 말씀을 나누고 교통하며 실천하는 코이노니아, 이러한 교회공동체를 이루는 기독교인들은 어떤 사람들인가? 다시 말해서 하나님을 믿는 사람들은 무엇을 해야 하는가의 문제에 답할 필요가 있었다. 강원용은 기독교인이 된다는 것은 하나님의 고난에 참여하는 것을 의미한다고 했다. 그는 디트리히 본회퍼(Dietrich Bonhoeffer)의 말을 빌려 설명한다. 본회퍼는 "하나님은 자기를 이 세상으로부터 십자가로 향해 가게 한다. 이 세상에서 하나님은 무력하며 연약하다. 바로 그렇게 됨으로써 그는 우리 가운데 계시고 우리를 도우신다. 인간은 하나님의 고난을 하나님 없는 세계에서 함께 당하도록 부름받고 있다"고 했다.[33)] 하나님 없는 세계에서 하나님의 고난을 함께 당한다는 말은 인간을 위해 살다 십자가에서 돌아가신 예수의 삶을 본받는다는 말이다. 강원용은 하나님을 믿고 따르는 기독교인들에게 이는 너무나 당연한 요청이라고 믿었다.

그의 믿음에는 두 가지 이유가 있었다. 첫째는 기독교인으로서의 죄에 대한 신학이며, 둘째는 하나님이 일하시는 곳에 대한 신학이다. 기독교인으로서의 죄란 무엇을 말하는 것인지에 대해서부터 보자. 기독교에서의 죄란 도덕률을 범하는 행위가 아니라 어떤 상태가 지속되는 것을 말한다. 강원용은 이것을 분리(seperation)와 소외(estrangement)로서 서로 사랑하지 않는 것, 이웃의 삶에 무관심한 것을 의미한다고

31) 강원용, 『강원용전집 9: 세속화와 생명의 종교』, 동서문화사, 168쪽.
32) 강원용, 『강원용전집 10: 자유와 정의가 숨쉬는 사회』, 동서문화사, 252쪽.

말한다.[34] 이는 소극적인 태도가 아니라 적극적인 태도다. 하나님을 믿으면서도 하나님이 일하는 사회의 현장에 참여하지 않기 때문에 무관심이 적극적인 것이 될 수 있다.[35] 일반적 상식으로는 무관심하며 행하지 않는 것을 소극적이라 하는 것이 보통이다. 하지만 기독교인에게는 해야 할 일을 하지 않는 적극적인 행위의 하나가 된다. 역설적이지만 무엇이 죄인지를 명약관화하게 밝힌 것이다. 이것이 하나님을 믿는 사람들과 믿지 않는 사람들의 차이이다.

두 번째는 우리의 역사와 사회, 즉 우리의 삶의 현장이 바로 하나님이 일하시는 그곳, 그 거룩한 영역이고 하나님을 만나는 장소다.[36] 사람들은 살아가는 동안 어떠한 방식으로든 정치문제와 사회문제에 관여한다. 다시 말해서 정치참여와 사회참여는 인간의 삶과 분리된 활동이 아니며, 인간 삶의 한 단면이자 특징적 본질이다. 기독교인은 현장에서 고난받는 사람들을 구하라는 소명을 받은 사람들이다. 동시에 어려운 이웃의 모습으로 세상에 숨어계신 하나님이 그들과 함께하시는 현장을 외면할 수 없다. 강원용이 말하듯 기독교인들은 예수 그리스도의 삶을 본받아 세상구원에 투신한다는 점에서만 비기독교인과 차이가 있을 뿐, 참여행위를 하는 지점에서는 비기독교인들과 구별되지 않는다.

기독교인들의 종교적 행위들을 세속적인 일반 삶과는 다른 성격으로 규정할 수도 있다. 강원용은 이러한 인식에 대해서도 분명히 부정하고 있다. 성서적인 사고방식이 아니라는 이유에서다. 성과 속을 나

---

33) 같은 책, 267쪽.

34) 죄(sin)를 분리와 소외로서 설명하는 것은 그의 스승 틸리히의 영향을 받은 것이다. 이와 관련한 설명에 대해서는 폴 틸리히, 김광남 옮김, 『흔들리는 터전』, 뉴라이프, 2008, 273~292쪽을 참조.

35) 강원용, 『강원용전집 1』, 216쪽.

36) 강원용, 『강원용전집 3』, 266~267쪽.

누는 이원론적인 사고방식은 고대 그리스철학과 마니교의 영향을 받아 출현했다. 고대 그리스에서는 일시적이고 썩어버릴 것과 영원한 정신적이고 이성적인 것을 구분했으며, 마니교는 정신적 세계를 창조한 선의 신과 물질적 세계를 창조한 악의 신의 신화에 기초했다. 강원용은 성서에는 정신과 물질, 이성과 육신이라는 두 차원은 있으나, 서로 대립되는 두 개의 세계는 없다고 본다. 하나님이 물질적인 것과 정신적인 것, 육체적인 것과 영적인 것, 눈에 보이는 것과 보이지 않는 것 모두를 창조하셨다.[37] 따라서 하나님의 세계에서 기독교인들은 소명을 받들지 않을 수 없고, 인간세계 모든 영역의 소외된 사람들에게 봉사하는 것은 곧 종교적 실천이 된다.

그러면 기독교인들이 이겨내야 하는 대상은 무엇인가? 강원용은 두 종류로 나누어 설명한다. 하나는 정사(政事)와 권세를 잡은 어둠의 주관자들이다. 구체적으로는 제도적·조직적인 힘들로, 정치·경제·문화·종교 등 눈에 보이는 대상들이다. 또 다른 하나는 하늘에 있는 악의 영(靈)들이다. 정신구조·의식구조·시대사조 등 인간 내부로 침투되어 부지불식간에 사람들의 생각과 행동에 영향을 미치는 요소들이다.[38] 이 문제는 강원용의 현실정치에 대한 인식, 평생에 걸쳐 고민한 문제, 그에 대한 대응방식을 이해할 수 있는 토대를 제공하고 있다.

우선 강원용은 예수가 우리에게 허락한 소명을 달성하기 위해서 사회구조를 개혁해야 한다고 생각했다. 사회구조는 우리가 볼 수 있는 정사와 권세를 잡은 어둠의 주관자들이 다른 인간들을 지배하며 핍박하고 타인의 소유를 빼앗는 제도화된 도구다. 인간은 사랑으로 공동체를 이루어 사는 존재인 동시에 악을 품고 서로를 해칠 줄 아는 존

---

37) 같은 책, 265쪽.

38) 강원용, 『강원용전집 5』, 232쪽.

재이기 때문에, 인간의 문제는 자연히 제도와 권력의 문제와 연결된다.[39] 따라서 사람들의 모든 문제는 사회구조와 관계를 맺으며 따로 분리하여 해결하기 어려울 정도로 깊이 연관되어 있다.

강원용은 사회구조의 개혁은 기독교인들만의 힘으로는 불가능하다는 점을 알고 있었다. 그는 각계각층의 대중이 참여하는 조직의 힘으로 문제를 해결해나가야 하며, 대중은 사회과학으로 무장해야 한다는 것을 강조했다. 일부 특권층만을 위한 정치체제가 아니라 '진정한 국민대중에 의한(by the people) 국민대중을 위한(for the people) 국민대중의(of the people) 정부'를 형성하는 것이 목표였다.[40] 따라서 그는 정치를 대단히 중요하게 생각했으며, 현대사회의 문제들은 모두 정치로 통한다고 보았다. 정치에 대한 관심이자 지향이었다. 구체적인 행동방법에 관해서는 미리 규정하고자 하지는 않았다. 강원용의 목표는 모든 이웃을 위해 일하고, 그들을 해방하고 구원하는 것이었다. 하지만 정형적인 수단이 아니라 맥락(context)에 따라 방법이 달라져야 한다고 생각했다.[41]

강원용이 제도의 개혁과 인간의 개혁은 양자택일의 관계가 아니라고 보았다는 점에 주목해야 한다. 제도의 개혁이 인간문제를 해결하는 데 있어서 중요한 만큼 인간의 개혁 자체도 동시에 진행되어져야 하는 문제이다. 강원용이 사회문제를 바라보는 통찰력을 잘 보여주는 지점이다.

39) 강원용, 『강원용전집 1』, 256쪽.

40) 강원용, 『강원용전집 3』, 269쪽.

41) 강원용은 그의 일생에서 변하지 않는 것과 변하는 것을 구분했다. 그의 삶의 근본적인 것과 행동원리가 그것이다. 행동원칙들은 시대와 정황에 따라 변하는 성격을 지닌 것이다. 강원용의 상황윤리에 대해서는 강원용, 『믿는 나 믿음 없는 나』, 180~189쪽.

아무리 기성정치기구 안에서의 누적된 부패와 부정을 소탕하여 새롭고 좋은 제도를 만들어 보아도 그 국가와 사회의 구성원인 인간들의 마음의 바탕에 혁명이 일어나지 않는다면 악의 균이 정치기구 속에까지 침투해 버리고 마는 것이다.[42]

강원용이 제도개혁 못지않게 의식과 문화의 변화를 강조했던 이유가 여기에 있다. 인간의 생활은 제도와 불가분의 관계에 있지만 제도와 인간의 변화는 동시에 일어나야지 양자택일의 문제는 결코 아니었다.

또 인간을 사랑하라는 하나님의 명령이 이 땅에서 그대로 실현되리라고 생각하지는 않았다. 그는 다음과 같이 분명하게 말하고 있다.

우리가 싸우는 그 싸움은 기독교를 위한 싸움이 아니라 이 세계를 위한 싸움이고 기독교적인 정치, 기독교적인 경제 제도의 수립을 위한 싸움이 아니라 올바른 정치, 올바른 경제의 수립을 위한 싸움이어야 한다. 그 싸움은 그리스도를 위한 싸움이기에 바로 인간을 위한 싸움이다. 주린 자, 헐벗은 자, 핍박받은 자를 위해 싸우는 것이 곧 그리스도를 위해 싸우는 것이다.[43]

그리스도를 위한 싸움, 인간을 위한 싸움은 하나님의 의를 실현하기 위한 싸움이며, 십자가에서 죽은 예수를 정의의 기준으로 하는 싸움이어야 했다. 인간이 만들어놓은 정의는 종교적이든 법률이든 간에 완전하지 못할뿐더러, 오히려 예수를 십자가에 못 박았듯이 참된 정의를 배반할 가능성, 불의로 치달을 가능성을 항상 지니고 있기 때문

42) 강원용, 『강원용전집 2』, 65쪽.
43) 강원용, 『강원용전집 5』, 234쪽.

이다.[44] 강원용이 기준으로 삼고자 했던 정의는 결국 성서의 정의다. 성서에서 말하는 정의는 세상의 주인인 하나님의 것을 횡령하여 가로챈 자들에게서 하나님의 것을 되찾아 주인에게 되돌려주는 것이다. 이는 소외되고 빼앗기고 고통받고 핍박받는 사람들에게 다시 되돌려주는 행위로 나타난다.[45] 인간의 몸으로 온 예수가 하늘의 의를 행하고자 하는 바였으며, 하늘의 의가 이 땅에서도 이루어지도록 하는 방법의 하나였다.

강원용의 정의관은 라인홀드 니버(Reinhold Niebuhr)의 정의관과 닮아 있으면서도 다르다. 니버는 개인들에게 요구되는 사랑이라는 궁극적인 규범은 집단 간의 관계에서는 성립되지 않는다고 보았다. 그래서 집단들에게는 사랑이라는 궁극적인 규범 대신에 정의라는 근사적인 규범(approximate norm)을 대안으로 제시했다. 근사적 규범이란 하나님의 사랑이라는 궁극적인 규범과 동일하지는 않지만 인간의 세계에서 근본규범에 가장 근접하고 또 인간들이 실천 가능한 규범을 의미한다. 그리고 니버는 이것을 이루기 위한 부단한 노력을 경주해야 한다고 생각했다.[46]

강원용은 하나님의 의, 성서에서 말하는 의를 정의의 출발점으로 삼았다는 점에서 차이가 있다. 강원용은 기독교인들은 그리스도의 것을 자신의 것으로 독차지한 자들에게 저항하고 버림받은 자의 권리를 되찾아주기 위해 일하라고 주장했다.[47] 물론 그는 하나님의 의가 이 땅에서 그대로, 곧바로 이루어질 것이라고 생각하지 않았다. 다만 니버가 근사적 규범의 실현을 위해 환상도 절망도 품지 않고 부단히 희

---

44) 강원용, 『강원용전집 2』, 269쪽.

45) 강원용, 『강원용전집 9』, 171~175쪽.

46) 라인홀드 니버, 이한우 옮김, 『도덕적 인간과 비도덕적 사회』, 문예출판사, 2006, 50쪽.

47) 강원용, 『강원용전집 9』, 172~173쪽.

망 속에서 전진할 것을 요구했듯, 그도 체념하지 않고 의를 위해 일하는 사람들의 대열에 설 것을 요구했다.[48]

화해와 사랑

강원용은 평생 한 번도 급진주의적 운동에 참여하거나 보수주의로 회귀하지 않았다. 그가 이 두 극단으로부터 수없이 비난을 받으면서도 꿋꿋하게 자신의 생각을 실천할 수 있었던 이유는 예수가 이 땅에서 이루고자 하는 인간의 해방이 어떤 것이었는지에 대한 그의 믿음에 기인한다. 예수는 율법으로부터의 해방, 악의 영으로부터의 해방, 모든 고난으로부터의 해방 그리고 미래에 대한 불안으로부터의 해방을 선언했다. 여기에는 가난하고, 짓눌리고, 좌절하고, 죄책과 불안에 시달리는 사람들의 정치적 · 경제적 해방도 물론 포함된다. 그리고 해방될 대상은 핍박받는 억울한 사람뿐만 아니라 모든 인간이었다.

햇빛이 모든 인간에게 비추듯이 하나님의 사랑 역시 특정한 일부에 한정되는 것이 아니라 모든 인간에게 미치는 그런 사랑이었다. 강원용은 기독교인이라면 인간들의 해방을 위해 정치 · 경제 · 사회 · 종교적 모든 행동에 참여해야 한다고 믿었다. 실천은 신앙의 연장선에 있었다. 복수(復讐)로는 예수의 해방선언을 이룰 수 없었다.

강원용은 핍박받는 사람들이 다시 빼앗는 자의 지위에 오르는 세상은 바라지 않았다. 그는 그조차 넘어서서 화해와 재결합, 상생의 길을 열어 성서에서 말하는 근본악을 극복하는 세상을 꿈꿨다. 이는 강원용 신학과 철학의 요체였다. 그는 예수가 땅에서 이루고자 했던 해방에 대해 간결하고도 명확하게 밝힘으로써 길을 제시하고 있다.

---

48) 같은 책, 175쪽.

해방될 대상은 '모든' 인간이다. 가난한 자도 부유한 자도 함께 해방되어야 한다. 억눌리는 자도 억누르는 자도 함께 해방되어야 한다. 남자도 여자도 함께 해방되어야 한다. 인간은 근본적으로 서로 돕고 사랑함으로써 존재할 수 있다. 만일 이 분명한 사실을 외면한 해방, 즉 화해 없는 해방이 주장된다면 그리고 그것이 추진된다면 그것은 성서적으로 말할 때 엄연한 거짓의 현실이다.

해방의 머리와 가슴과 발끝을 관통하고 있는 화해의 정신을 외면하면서 폭력을 근절시키겠다고 나선 폭력이 얼마나 더 큰 파멸을 초래하고 있는지 우리는 역사현실 속에서 되풀이하여 체험하고 있다.

성서가 말하는 근절시켜야 하는 근본악은 악의 순환을 타고 점점 심해져 가기만 하는 분열과 보복이다. 우리가 참으로 미워해야 할 대상은 적이 아니라 그 적과 나의 안에 공통분모를 가진 '증오'이다.

복음에 의한 해방은 관계의 변화이다. 하나님과 인간, 인간과 인간, 인간과 자연이 화해하여 사랑의 관계를 이루는 것, 이것의 해방이다.[49]

강원용은 선악은 분명히 구별되지 않으며 우리 인간들에게는 구별할 능력이 없다는 깊은 자각으로부터 화해를 통한 사회개혁을 주장한다. 추수가 가까워 가라지를 솎아내야 하지 않겠느냐는 제자들의 말에 가만두라는 예수의 말, 가라지를 뽑다가 건강한 밀뿌리까지 뽑으면 어찌하려느냐는 예수의 말을 강원용은 가슴 깊이 새기고 있었다. 쭉정이를 뽑는다고 나서다가 좋은 씨도 함께 제거하는 어리석음에 대한 경계다.[50]

49) 강원용, 『강원용전집 10』, 86쪽.

예수의 사회개혁은 미움을 미움으로 갚는 것, 보복을 보복으로 갚는 것, 눈에는 눈으로 갚는 그런 것이 아니다. 예수의 길은 미움을 사랑으로 이기는 것, 보복을 사랑으로 이기는 것, 그럼으로써 상대방을 변화시켜 함께 해방되는 것을 의미했다.[51] 이것이 그리스도의 화해였다. 강원용은 예수가 간 길을 그의 지체가 되어 함께 걸어가려 한 것이며, 고난에 동참하고자 한 것이다.

강원용이 사회참여활동을 하면서도 놓지 않으려 했던 기본적인 원칙들이 있다. Between and Beyond(중간 그리고 그것을 넘어서), 제3지대, 근사적 접근(approximately approach) 등이다. 이 바탕에는 강원용의 화해의 신학이 있음을 염두에 두어야 한다.

'Between and Beyond'는 니버의 저작에서 얻은 통찰을 이론화하는 데 기준이 되었던 원칙이다. 폴 틸리히(Paul Tillich)가 스스로 '경계선상'의 신학이라고 했던 것과도 닮아 있다. 박종화가 명쾌하게 언명하고 있듯이 강원용의 삶의 지평은 항상 양면성을 지니고 있었다. 강원용은 현실 속에서 양극단을 화해시키려 무단히 노력했으며 이 둘을 뛰어넘는 가치관을 제시하는 일에 전력을 다했다. 강원용에게 전자는 'Between'이었으며, 후자는 'Beyond'였다.[52] 강원용은 이것을 다음과 같이 표현하고 있다.

> 나는 평생 이상과 현실 사이에서 균형과 조화를 이루려고 시도하며 살아왔다. 나는 이상주의자도 될 수 없었고 낭만주의자로 살 수도 없었다. 또 허무주의자로도 살지 않으려고 노력해왔다. 모든 것이 대립과 양극화된 상황 속에서 정치적으로나 종교적, 사회적으로

---

50) 같은 책, 33~36쪽.

51) 같은 책, 254쪽.

52) 박종화, 「'사이 · 너머'는 우리가 받아들여야 할 귀중한 관점」, 이강백 · 김경재 · 박경서 외, 『여해 강원용 그는 누구인가?』, 대화문화아카데미, 2013, 9쪽.

일관되게 내가 지켜온 자리는 양극의 어느 쪽도 아니고 그렇다고 중간도 아닌, 대립된 양쪽을 넘어선 제3지대였다.[53]

제3지대는 현실정치에서는 균형의 길로 나타났다. 자신만이 옳다는 믿음 위에 서 있는 사람은 이 길에 설 수 없었다. 강원용은 인간의 모든 결정, 전제, 행동은 항상 잘못이 있으며 제한적이기 때문에 하나님의 심판 아래에 두어야 한다고 생각했다. 따라서 강원용은 스스로 절대적인 선(善)이라고 생각하는 보수파와 급진파의 길에 몸을 두지 않으려 했다. 오히려 보수와 혁신을 화해시키면서도, 제3의 길 또는 제3지대에서 양심과 타협하지 않고 싸워나가는 길을 선택했다. '보수적 사고의 굳어버린 비생명(非生命)을 타개하면서, 또한 개혁 속에 숨겨져 있는 개악의 요소를 지적'[54]함으로써 새로운 사회발전의 길을 찾는 것이 곧 강원용의 제3의 길이었다.

때문에 강원용은 항상 고뇌했다. 박정희정권이 유신체제를 선포하여 저항운동이 한국사회를 휩쓸고 지나갈 때에도 그는 저항의 방법에 대해 고민했다. 체제에 순응할 수도 없었고 산속으로 피해 달아날 수도 없었으며, 체제를 전복하고 신체제를 구축하려는 급진적 저항세력에 동조할 수도 없었다. 강원용은 중간집단을 육성함으로써 장기적으로 체제변화와 개혁의 원동력이 민중 속에서, 민중에 의해 성장할 수 있는 방법을 택했다. 근사적 접근이었다.

혁명의 길보다 점진적으로 규범에 접근해가는 니버의 방법을 나름대로 한국사회에 적용한 결과이기도 했다. 한국사회에서 정권과 운동세력 양측으로부터 모진 비판과 고초를 초래한 고통스러운 길이었다. 급진파는 보수주의자, 한국의 매카시, 친정부파라고 비난했고, 정권은

53) 강원용, 『역사의 언덕에서 5』, 297쪽.

54) 강원용, 『강원용전집 1』, 264쪽.

항상 그를 감시하며 경계했다. 강원용은 사람들에게 오해와 비난을 받아야 했다는 사실에서 오는 고통을 토로한 적이 있다. 일보다도 사람들에게 받는 상처가 더욱 컸던 것이다.[55]

제3지대를 단순히 정치적인 중립이나 진보와 보수의 중간지대, 정부와 혁명세력 사이의 중재자 정도로 파악한다면 강원용의 신학의 깊이가 간과될 수 있다. 그가 말하는 제3지대는 단순한 정치적 입장을 말하는 것이 아니다. 새 생명, 새 희망, 새 삶의 길이었고, 이 세상에서 인사이더로서 묻혀 사는 것이 아니라 아웃사이더로 사는 길을 말했다.[56]

강원용은 「누가복음」 24장 13절에서 35절의 말씀을 들어 세 가지의 길을 설명한다. 제1지대는 예수를 이스라엘을 구할 예언자로 믿고 엠마오에서 예루살렘으로 올라온 두 청년이 있던 지점이다. 이들은 종교적 · 도덕적 힘으로 이스라엘을 해방시킬 분이 바로 예수라고 확신했던 애국자들이었다. 이들이 걷던 그 길은 희망과 확신으로 가득 차 있었다.

제2지대는 골고다 언덕에서 예수의 죽음을 보고 크게 실망해 좌절 속에서 다시 엠마오로 돌아가던 두 청년이 걷던 길이다. 모든 소망을 잃어버린 허무와 슬픔으로 엠마오로 되돌아가는 그 길이다. 그들은 돌아오는 길에 다시 살아난 예수를 만났다. 강원용이 말하는 제2지대는 좌절과 허무의 길 그리고 극한적 상황하에서 새로운 세계와 만나는 지점을 말한다. 제2지대는 거기에서 더 나아가지는 않는다.

강원용의 제3지대는 두 청년이 길을 돌려 다시 예루살렘으로 향하는 길이다. 새 생명을 얻고 새 희망 속에 힘든 줄 모르고 다시 예루살렘으로 단숨에 올라가는 그 길이다. 그리고 새 삶을 사는 길이다. 그

---

55) 강원용, 『역사의 언덕에서 3: Between and Beyond』, 한길사, 2003, 357쪽.

56) 강원용, 『강원용전집 10』, 44쪽.

것은 사회의 인사이더로서가 아니라 구습과 구질서에서 벗어나 예수의 길을 따라 진리와 사랑 그리고 자유를 선포하고 전도하는 길에 오르는 아웃사이더로서의 새 삶을 사는 지대다. 이것이 강원용이 말하는 제3지대이며, 기독교인의 삶이 시작되는 지점이다.[57]

강원용은 이 제3지대에서 새로운 공동체, 새로운 역사를 형성하는 일에 참여하고자 했다. 강원용이 사회의 악과 맞서고 사회의 구조를 개혁하기 위해 들고자 했던 칼은 제3의 검(劍)이었다. 제1의 검은 예수를 체포하러 온 병사들이 들고 있던 것으로 권력자들이 휘두르는 폭력을 말하는 것이라면, 제2의 검은 그들에 맞서 제자가 빼내 든 검이다. 죄 없는 예수를 제압하려 든 검에 맞선 정당한 검이었다. 그러나 예수는 그 검을 도로 넣으라고 했다. 예수의 검은 새로운 검이다. 하나님의 말씀이며, 사랑의 검이자, 원수까지도 사랑하는 진리의 검이다.[58] 정치적 칼만을 구상하는 쪽에서는 제3지대를 이해할 수도 없었을 뿐만 아니라 동일한 분노를 느꼈을 것이다. 그들에게 강원용의 마음의 소리가 닿지 않았던 까닭이다.

강원용의 사회참여 신학 또는 철학의 핵심은 바로 사랑이다. 모든 것 위에 사랑을 더해야 한다. 화해하고 재결합하며 서로 사랑하는 것, 그럼으로써 서로 함께 사는 것이다. 강원용이 사회문제에 관심을 품고 평생 정치의 언저리에서 떠나지 않았던 이유다. 그는 마틴 루터 킹(Martin Luther King Jr)과 같이 정의와 사랑은 절대로 분리될 수 없는 불가분의 관계에 있다고 보았다.[59] 그리고 니버가 꿰뚫어 보았던 바와 같이 강원용 역시 사랑 없는 정의는 정의의 이름을 가진 불의이며, 정의 없는 사랑은 감상주의에 불과하다고 생각했다.[60]

---

57) 같은 책, 41~45쪽.

58) 같은 책, 132~137쪽.

59) 강원용, 『강원용전집 5』, 76쪽.

60) 강원용, 『역사의 언덕에서 3』, 352쪽.

사랑과 자유의지와 신앙을 가진 천사가 자신의 자유의지를 잘못 사용하여 사랑을 잃어버렸을 때 악마가 된다. 악마란 사랑을 잃어버린 천사다.[61] 악마와 천사라는 말이 상징이라 할지라도 사랑이 없는 참여는 또 다른 악이 될 가능성을 내포하고 있다. 강원용은 십자가 위에서 피를 흘리며 죽어가면서도 그를 십자가에 못 박은 사람들의 구원을 위해 기도하던 예수의 사랑을 지향했던 것이다.

61) 강원용, 『강원용전집 7』, 201쪽.

2 출생과 자각

가난의 고통과 좌절

1917년 세계는 대격변과 대혼란기였다. 1914년 사라예보(Sarajevo)에서 시작된 전단(戰端)은 온 유럽을 화염으로 몰아넣고 있었다. 대서양 건너 미국은 전쟁의 불길로 뛰어들었고, 러시아는 혁명의 불꽃과 함께 제국의 최후를 재촉하고 있었다. 아시아에서는 일본이 군국주의와 제국주의의 마수를 동아시아와 한반도로 깊숙이 뻗쳐오고 있었다. 중화체제는 붕괴되었고, 중국과 일본의 누천년 위계는 대역전으로 접어들고 있었다.

여러 거인이 태어난 해도 1917년이었다. 섬광처럼 살아간 시대의 양심 윤동주(尹東柱)와 송몽규(宋夢奎)가 태어났고, 군사쿠데타와 근대화의 주역 박정희(朴正熙)와 박정희정권의 국무총리였던 군인 정일권(丁一權)도 태어났다. 세계로 눈을 돌리면, 미국 진보와 자유주의의 상징 존 F. 케네디(John Fitzgerald Kennedy), 라틴아메리카 해방신학자 오스카 로메로(Óscar Arnulfo Romero y Galdámez) 대주교가 출생했으며, 독일에서 활약한 선구적 통일운동가이자 세계적 음악가 윤이상(尹伊桑), 언어의 마술사로 불린 미국 현대작가 시드니 셀던(Sidney Sheldon)이 출생했다. 이듬해에는 재야의 상징 문익환(文益煥)과 장준하(張俊

河)가 출생했다.

함경남도 이원군 남송면 원평리[1]의 가난한 화전민(火田民) 가(家)에서도 한 아이가 탯줄을 끊어내고 첫울음을 내었다. 오랜 기다림 끝에 태어난 사내아이였다. 어머니 염효성(廉曉星)은 10년간의 마음고생을 잊고 미소를 지어보였다. 갈등과 분열, 대결과 격동의 20세기 한국현대사를 대화와 상생의 삶과 철학으로 일이관지(一以貫之)한 강원용이었다.

그는 집안 어른들의 귀여움을 독차지하면서 자랐다. 강원용 밑으로도 사내아이 둘을 더 낳아 길렀던 어머니는 마치 강원용 하나만 기른 것 같다고 이야기할 정도였다. 어린 강원용은 한번 울기 시작하면 좀처럼 울음을 그치지 않는 울보였고, 원하는 것이 있으면 소싸움판 한가운데로 뛰어들 만큼 떼쟁이였다. 그는 누구에게도 지지 않을만한 고집과 줏대를 타고 났던 것이다. 동시에 그는 푸르고 풍요로운 자연을 벗 삼아 산으로 둘러싸인 고향땅에서 새를 좋아하는 감수성을 키워갔다. 훗날 예술에 대한 깊은 조예로 연극과 음악을 사랑했던 그의 감수성은 어린 시절 고향에서 잉태되었다.

그는 네 살 때부터 엄한 증조할아버지 밑에서 『천자문』(千字文)과 『동몽선습』(童蒙先習), 『논어』(論語)를 배웠다. 온종일 글을 읽고 저녁이면 글을 써서 바쳐야 했다. 여덟 살이 되던 해 그의 아버지 강인옥(姜仁玉, 후에 강호연姜浩然으로 개명)이 그를 20리쯤 떨어진 염분학교(鹽盆學校)로 입학시켰고, 후에 좋은 학교라고 평판이 났던 차호(遮湖)보통학교로 전학시켰다. 아버지 본인은 전통적 유교교육을 받아 집안 어른들의 바람대로 열한 살의 이른 나이에 결혼하여 농부로 살았으나, 집안의 갈등을 감수하면서까지 자기 아들은 다른 삶을 살

1) 남송면 18개 리(里) 중 원평리를 포함해서 다섯 마을이 '다보(多寶)골'로 불렸다.

게 해주고 싶어 신식교육을 고집했던 것이다.[2] 차호보통학교는 1919년 3월 11일 3·1만세시위가 발생했던 곳이기도 하다. 학생들은 차호보통학교에 결집한 이후 차호 주민 1,500여 명과 함께 헌병주재소·면사무소·차호리 시장·예수교회 등을 돌아다니며 만세운동을 벌였다.[3] 이렇듯 차호보통학교가 당시 마을에서 개화와 개혁의 상징이었음을 그의 아버지가 모를 리 없었다. 그는 아버지에 대해 다음과 같이 적고 있다.

> 아버지는 유교적인 집안의 장손인 시골 농부였지만 무척 진취적인 사람이기도 했다. 일제 치하의 산골 마을에 살아보았자 아무 희망이 없다는 것을 진작 깨닫고는 국외로 눈을 돌려 소련의 해삼위(海蔘衛, 블라디보스토크)를 다녀오시기도 한 분이다. 어느 날, 밖에 나갔던 아버지가 느닷없이 상투를 자른 상태로 돌아와 격노한 증조부님 앞에서 쫓겨난 적도 있었다. 아버지는 쫓겨나면서도 상투 자른 것은 잘못이 아니라고 끝내 의견을 굽히지 않았다.[4]

시대를 앞선 아버지의 교육관은 강원용의 진보적 교육관으로 이어졌다. 훗날 강원용은 야학(夜學), 기독학생운동, 인간화운동, 중간집단교육, 크리스찬아카데미 운동 등 교육을 통한 계몽과 인간해방에 평생을 투신하게 된다.

---

2) 강원용, 『역사의 언덕에서 1: 엑소더스』, 한길사, 2003, 39~40쪽.

3) 1919년 3월 7일 이원지역의 천도교인들이 조선독립단 이원지단을 결성하고 이들의 주도로 3월 10일 700여 군중이 모여 읍내시장에서 첫 만세시위를 벌였다. 경찰이 강제해산 시킨 이후 3월 11일 차호보통학교에서 만세시위를 재결성했다. 시위는 3월 17일까지 계속되었다. 독립유공자사업기금운용위원회, 『3·1운동사 (상)』, 독립운동사편찬위원회, 1971, 717~718쪽.

4) 강원용, 앞의 책, 39쪽.

강원용은 열네 살에 보통학교를 졸업했다. 보통학교 시절 항상 선두를 다툴 정도로 학업성적이 우수했던 그는 북청(北靑)에 있던 3년제 농업학교로 진학하고자 했다. 그러나 가족들은 진학에 반대했다. 가난한 집안형편상 타지로 진학하는 것은 생각할 수 없었다. 마을에서 그의 집이 특별히 빈한(貧寒)한 편은 아니었으나, 당대 평균적 생활수준에 비교해보았을 때 화전민들의 삶은 가난 자체였다. 1926년 전국의 화전민 인구는 116만 명에 달했는데, 일제의 삼림법으로 경작지가 감소하여 화전민 1인당 경작면적은 더욱 줄어들게 되었다. 당연히 화전민의 삶은 더욱 어려워지게 되었다.

신문에서도 굶어 죽을 지경에 이른 화전민, 유리걸식(流離乞食)하는 화전민 등 화전민에 대한 기사가 거의 매일 보도될 정도로 심각한 사회문제로 대두되고 있었다.[5] 가난을 이기지 못한 화전민들이 만주(滿洲)로 유랑의 길을 떠나는 일도 부지기수였다. 강원용이 열세 살 때 그의 아버지도 가산을 챙겨 만주로 나가 목단강(牡丹江)과 도문(圖們)을 왕래하며 화물을 수송하는 일을 하다 사업이 실패해 집에 연락마저 끊고 있었다. 다음 해에는 작은아버지마저 만주로 나가 도문역에서 열차승무원으로 취직했다. 이후 그는 다시 집에 돌아오지 않았다.[6]

열다섯의 강원용은 소년가장이 되어 남은 식구들의 생계를 짊어지게 되었다. 할 수 있는 것이라고는 아버지와 작은아버지가 보여주었던 화전 일을 되풀이하는 것밖에 없었다. 산비탈에 불을 질러 밭을 일군 뒤에 조나 콩 등의 곡식을 심고, 산에 올라가 나무를 하고, 추수가 끝나면 나무를 팔러 나가는 고달픈 삶이었다. 그러나 당시의 청년들

5) 윤석산, 「화전민 연구: 화전마을 복원을 위한 제언」, 한국언어문화학회, 『한국언어문화』, 40:0, 2009, 192~194쪽.

6) 강원용, 『역사의 언덕에서 1』, 52쪽.

처럼, 정작 그의 어깨를 짓눌렀던 것은 나뭇단보다도 더 무거운, 미래도 희망도 없다는 좌절감이었을는지 모른다.

그리스도와 만나다

강원용은 인간과 하나님의 만남을 이렇게 표현한 바 있다. "인간은 하나님 앞에 선 자기가 되는 때, 또는 하나님을 척도로 하는 자기가 되는 때, 새로운 성질을 획득하고 무한의 실재성을 획득한다."[7] 이는 자신의 삶을 진술한 것이었다. 인간이 신과 접촉할 때, 인간은 유한의 한계상황 너머에 존재하는 영원의 소망을 품게 된다. 이전 것은 지나가고 새것으로 거듭나게 된다.

그가 살던 산골마을에서는 민간신앙이나 무속종교 그리고 애니미즘(animism) 등의 문화가 거의 모든 가정에서 생활화되어 있었다. 교회라곤 찾아보기 힘들었다. 어린 강원용 역시 마을에서 가끔씩 행해지는 굿을 구경하는 것을 무척 좋아했다. 엄한 유교교육의 영향으로 제사에 대해서도 중요시했다.

강원용은 열다섯 살이 되던 1931년 처음 다보골에 들어온 전도자 강봉호 장로와의 대화를 통해 기독교에 귀의했다. 그는 처음에는 기독교를 배척했다. 누나가 예배모임에 나가기 시작하자 예배시간에 소란을 피워 예배 보러 온 사람들을 몰아내기까지 했었다. 그러나 바깥세상 소식을 듣기 위해 자주 강봉호가 머물고 있던 박성엽의 집을 찾아갔다가 결국 그리스도를 접하게 된 것이다. 1932년 11월에는 세례와 집사의 직분을 받았다.[8]

강원용이 어떤 극적인 체험을 통해 신을 만나게 된 것으로 보이지

---

7) 강원용, 『강원용전집1: 폐허에의 호소』, 동서문화사, 1995, 181쪽.
8) 강원용, 『역사의 언덕에서 1』, 59~60쪽.

는 않는다. 다만 기독교를 받아들이기로 결단한 것에 비추어 자신이 뜻을 정한 일은 확고히 견지하려는 성향을 엿볼 수 있다. 강원용과 그리스도와의 만남은 창대한 끝을 예비한 미약한 시작이었다.

당시 강원용이 품었던 신앙은 율법주의에 기초한 보수적이고 정통주의적인 신앙이었다. 그가 이후에 보이는 신학의 행보와는 다른 지점에서부터 시작한 것이다. 당시 강원용에게 하나님이란 율법 자체로 계명을 지켰는지 여부에 따라 사람을 천국과 지옥으로 나누어 보내는 존재였다. 어렸던 그는 하나님이 내리는 형벌에 대한 두려움에서 헤어나지 못하여 일을 하다가도 머리를 숙이고 열심히 기도하곤 했다. 신앙 없이 돌아간 증조할아버지와 할아버지가 지옥에 갔을 거라는 두려움에 온몸이 떨리는 경험도 했다.[9] 이처럼 율법주의적이고 보수적인 신앙에서 시작하게 된 이유를 그는 다음과 같이 설명했다.

> 그 당시에는 그런 문제들(종교, 문화, 이데올로기)에 대한 신학이 있었던 것이 아니고 몇몇 서적과 성경밖에 없었기 때문에 철저한 성경주의 신봉자가 될 수밖에 없었습니다. 그래서 재래의 전통적인 문화·종교 및 다른 이데올로기 등에 대해 기독교신앙이라는 것은 양립될 수 없는 것이라고 믿고 그것들을 무조건 배척해야만 한다는 생각이 지배적이었어요.[10]

정통주의신앙에 기초하고 있던 강원용은 자신이 의존했던 민간신앙을 전면적으로 배척했다. 계율을 지키려 성경에서 먹지 말라, 하지 말라 한 것들을 철저히 지켰다. 특히 제사 지내는 문제와 안식일을 지

---

9) 같은 책, 63쪽.

10) 고범서 외 엮음, 『강원용과의 대화: 한국사회/한국교회』, 평민사, 1987, 228쪽.

키는 문제로 집안 식구들과의 갈등을 피할 수 없었다. 제사에 참석하지 않기 위해 도망을 다니기도 했다. 제사음식도 먹지 않았다. 일요일에는 성수주일(聖守主日)한다고 가족이 매달리던 콩 수확에도 참가하지 않았다.[11]

공산주의자들과의 마찰도 심했다. 사회주의의 강풍이 한반도를 강타하기도 전부터 강원용이 살던 다보골에서 가까웠던 단천(端川)에는 공산주의세력이 뿌리 깊게 자리 잡고 있었다. 연해주가 가깝다는 지리적 이유가 컸다. 마을 주민들은 알게 모르게 공산주의 조직에 속해 있기도 했다. 그 때문인지 농민동맹과 청년동맹이 주축이 되어 누에고치 공동판매 반대, 관제(官制)인 군농회(郡農會) 반대, 농촌야학 취체(取締) 반대, 삼림조합 반대 등의 투쟁이 연이어 일어났을 정도였다. 어린 강원용으로서는 공산주의의 영향을 받지 않을 수 없었다. 그는 공산당이 부르는 노래를 따라 부르곤 했다. 노래의 뜻을 알 리가 없었다. 내용도 모르면서 공산당조직의 전단을 주머니에 넣고 다니며 독서회에 참석하기도 했다. 주재소에 잡혀갔다가 어리다는 이유로 풀려난 적도 있었다.[12] 그만큼 사회주의는 새로운 이데올로기로 사람들을 매혹했다.

강원용은 신앙을 갖게 되면서 공산주의가 신을 인정하지 않는다는 것을 깨닫고는, 공산주의는 기독교와 양립할 수 없는 것이라 믿었다. 공산주의자들은 그들이 믿는 바에 반(反)하면 폭력까지 합리화할 정도로 잔인하고 가혹했다. 기독교를 철저히 박멸해야 한다고 믿던 공산주의자들은 몽둥이를 들고 와 예배 보는 사람들을 두들겨 패기도 했다. 그러나 강원용은 자신은 하나님을 믿는 사람으로서 당연히 치러야 하는 박해를 받고 있다고 생각했다.[13]

---

11) 강원용, 『역사의 언덕에서 1』, 61쪽.

12) 같은 책, 47~48쪽.

강원용은 하나님을 믿기 시작한 이후 3년 동안 성경책 한 권만 들고 교회생활에 몰두했다. 다른 한편으로는 계몽운동의 일환으로 주일학교에서 야학을 시작했다. 동네의 문맹률이 무려 90퍼센트에 이를 때였다. 누가 가르치는 법을 알려주지 않았고 배운 적도 없는데도 그는 사람을 모으고 설교하고 가르쳤다. 주경야독(晝耕夜讀)이 3년간 이어졌다. 웅변가적 기질과 가르치는 자로서의 소양은 점점 강화되었다.

나는 왜 세상에 태어났는가

예수를 믿으면서 그의 세계관과 생활은 완전히 바뀌었다. 하지만 가난에서 벗어난 것은 아니었다. 나이는 벌써 스무 살을 바라보고 있었다. 산에서 일을 하다 허리가 아프면 잠시 쉬면서 기도에 잠기곤 했다. 그때마다 "나는 왜 세상에 태어났는가?"라는 물음이 떠나질 않았다.

> 하나님께서 나를 이 세상에 나게 하신 것이 과연 우리 할아버지처럼 농사짓고 살다가 장가가서 애 낳고 또 농사짓다가 죽으면 뒷산에 묻히라고 하신 걸까. 내가 이 세상에서 꼭 해야 할 일이 있기 때문에 태어나게 하신 것이 아닐까. 내가 이런 생활을 평생 계속하라는 뜻은 아닐 것이다.[14]

기독교는 강원용에게 한때 술과 노름에 빠져 좌절과 방탕에 힘들어했던 과거와 단절할 수 있도록 해주었다. 나아가 하나님이 세상에 자

13) 같은 책, 64쪽.
14) 같은 책, 68쪽.

신을 보내면서 부여한 사명을 찾아야 한다는 믿음을 갖게 해주었다. 소명의식은 새로운 희망과 삶의 추진력으로 이어졌다. 그가 하나님을 만나지 않았다면 다보골에서 벗어나지 못했을지 모른다. 그의 사명의식은 이미 가난하고 힘든 농민들이 잘사는 사회를 만드는 데 일생을 바쳐야 한다는 데까지 나아갔다. 강원용은 농사꾼의 자식으로 태어나 농민들이 얼마나 고생하며 사는지 잘 알고 있었다. 신앙의 수용과 함께 가난한 그들이 잘살 수 있도록 이바지하는 데 삶을 바쳐야 한다는 결론에 도달했다. 그것이 하나님께서 자신을 세상에 보낸 뜻이라고 믿었다. 그 뜻을 이루기 위해 공부를 더 하고 성 프란체스코(Sanctus Franciscus Assisiensis)처럼 결혼하지 않고 일생을 헌신하기로 마음먹었다.[15)]

강원용은 중학교에 입학할 시기를 놓친 상태에서, 형편에 맞는 학교가 있는지를 찾다가 만주 용정(龍井)에 2년제 학원이 있다는 것을 알게 되었다. 그곳에서 공부한 뒤 농촌을 위해 일하겠다는 결심을 굳혔다. 문제는 자신이 생계를 책임지고 있던 가족이었다. 수입원이라고는 밭농사와 나무장사가 전부였다. 그것을 어린 강원용이 거의 책임지고 있었으니 갈등은 깊을 수밖에 없었다. 집안 식구들을 버리고 타지에 나가 공부하는 것이 옳은 선택인지, 아니면 뜻을 접어야 하는지를 놓고 심각한 갈등에 빠질 수밖에 없었다.[16)]

사람은 누구나 어려운 선택에 직면하게 되는 순간이 있다. 나 역시 평생을 통하여 어려운 선택의 결단을 되풀이해 왔다. 선택은 그 사람이 살아온 인생을 반영하는 것이자, 그 사람의 미래를 결정하는 행위이기도 하다. 선택이 어려운 것은, 무엇이 옳은 길인지 선택

15) 같은 책, 69쪽.
16) 같은 책, 70쪽.

하는 그 순간에는 보이지 않기 때문이다.[17]

강원용은 하나님이 그에게 맡긴 뜻이 무엇인지를 찾았다. 결단을 내릴 수밖에 없었다. 일생 동안 이런 생활을 지속하라는 것이 하나님의 뜻이 아니라면 자신의 미래를 위해 탈출하는 수밖에 없다는 결론에 도달했다. 어머니는 흔쾌히 받아주셨다. 강원용이 생계를 위해 평생 농사꾼으로 지낼까 봐 걱정하던 차였다. 어머니는 다른 식구 몰래 소를 팔아 70원을 손에 쥐여주시며 집 걱정은 말라고 격려해주었다. 아들의 소원이라는 말에 힘을 다해 도와주려 한 것이다.[18] 강원용은 그 돈을 들고 국경을 넘어 용정을 향해 떠났다. 그가 만 18세이던 1935년의 일이다.

대출향의 공간, 용정

> 여호와께서 아브람에게 이르시되 너는 너의 본토 친척 아비 집을 떠나 내가 네게 지시할 땅으로 가라 내가 너로 큰 민족을 이루고 네게 복을 주어 네 이름을 창대케 하리니 너는 복의 근원이 될지라(「창세기」 12장 1~2절).

아브람은 자신의 고향, '본토 친척 아비 집'을 떠나 여호와가 지시한 가나안으로 향했다. 익숙한 곳을 떠났다는 점에서는 대출향(大出鄕)이지만, 미래의 새 터전이자 진정한 본향인 가나안을 향했다는 점에서는 대귀환이었다. 출향은 곧 귀향인 것이다. 자신의 생명을 얻었던 탯줄이요 어머니인 고향을 떠나는 고향상실의 경이를 경험한 자들

17) 같은 책, 70쪽.
18) 같은 책, 71쪽.

은 그리운 본향을 향하는 순례인의 삶을 산다. 인간의 숙명이다. 그러나 본향을 향한 소망은 삶의 추동력이 되어 절대적인 비약을 제공해준다. 출향의 역설적인 힘이요 본질이다.

김재준(金在俊), 윤동주, 문익환, 문동환(文東煥), 한경직(韓景職), 강원용……. 이들은 영원한 출향인이자 본향을 향한 나그네였다. 북한에서 만주로, 일본으로, 미국으로 그리고 다시 남한으로 순례하며 자신의 신앙과 철학을 형성하고 인간과 세계를 보는 시야를 구축했다. 이들은 식민, 분단, 전쟁, 독재로 굽이치는 한반도의 세계사적 모순을 망명과 재망명, 저항과 귀환을 반복하며 온몸으로 끌어안고 살아갔다.

일제하 만주지역은 이들이 일제의 감시를 벗어나 신교육과 민족교육의 세례를 받을 수 있는 곳이었다. 김재준, 윤동주, 송몽규, 강원용, 문익환도 용정에 자리를 잡아 시대정신을 갈고 닦아갔다. 당시 북간도(北間島)지역은 함경남도에 비하면 신천지였다. 한인들의 피땀으로 다져진 개간지에 일제의 근대기관들이 설립되어 도시문물이 발전하고 있었다. 용정(龍井)은 그중에서도 가곡 「선구자」에 등장하는 용두레 우물이 있는 마을로 지리적으로나 문화적으로나 간도 한인사회의 중심지였다.[19]

간도 용정은 다른 북간도 한인사회처럼 독립군 양성운동에 동참하지는 않았다. 일제의 침략기구와 중국지방당국의 행정기구가 밀집해 있었기 때문이다. 무장투쟁은 불가능했으나 이 지역 교육기관들은 민족의식으로 충만했다. 반일교육이 진행된 대성(大成), 은진(恩眞), 동흥(東興), 명신(明信), 광명(光明) 등 사립학교의 교사와 학생이 중심이 되어 1919년 3·1만세시위가 거세게 일어났다. 또한 학생회, 청년

19) 김태국, 「1920년대 용정의 사회문화환경과 중학교 설립운동」, 『숭실사학』 제25권, 2010, 184~185쪽.

회, 노동회, 부녀회, 소녀회 등의 사회단체들이 설립되는 등 우리 손으로 우리 일을 해내자는 열기가 대단했다.

그러나 1930년대 들어 상황이 점차 나빠졌다. 1931년에는 만주사변(滿洲事變)이 발생했고 1932년에는 만주국이 수립되어 북간도가 만주국에 편입되었다. 강원용은 1935년 용정에 발을 처음으로 내디뎠다. 일본, 미국에 이르기까지 자신이 뿌리내린 터전을 떠나 다른 토양으로 옮기는 이주 삶의 서막이었다.

도착해보니 입학하려던 2년제 농업학원은 이미 없었다. 대신 미션스쿨(Mission School)로 알려진 은진중학교(恩眞中學校)에 입학했다. 강원용은 농민들을 위해 살려던 꿈이 좌절되었다고 생각했을지 모른다. 그러나 은진중학교에서 평생의 스승 김재준을 만나면서 강원용의 삶과 신앙은 대전환을 이루게 된다.

은진중학교는 캐나다 조차지로 치외법권 지역이었던, '영국덕'이라 불린 언덕에 자리 잡고 있었다. 이 영국덕에는 은진중학교뿐만 아니라 캐나다 선교회 본부, 명신여학교(明新女學校), 자혜병원(慈惠病院) 등이 모여 있었다. 이곳의 선교사들은 일본군이나 경찰의 출입을 막을 수 있었다.[20] 문익환은 당시 은진중학교에서는 태극기를 휘두르며 애국가를 목청껏 부르는 등의 애국적 행동이 자유롭고, 비록 일본어로 된 교과서를 사용했어도 교사들은 조선말로 학생들을 가르치는 분위기였다고 기록하고 있다.[21]

윤동주, 송몽규, 문익환은 1932년 은진중학교에 함께 입학했던 동기들로 늦은 나이에 입학한 강원용보다 선배 격이었다. 그들은 이미 1908년 설립된 기독교학교인 명동학교 때부터 절친했던 사이였다. 명동학교는 항일투쟁을 위한 인재양성과 기독교 교육에 충실하여

20) 김형수, 『문익환 평전』, 실천문학, 2004, 162쪽.

21) 문익환, 「하늘 · 바람 · 별의 詩人, 尹東柱」, 『월간중앙』, 1976, 310~311쪽.

1,200명 이상의 애국청년을 키워낸 간도 최고의 민족주의교육기관이었다. 1925년 학교가 폐교된 이후 김약연(金躍淵) 교장이 자기를 따르는 학생들을 전부 용정의 은진중학교로 전학하도록 설득하여 함께 오게 되었던 것이다.[22] 저 셋은 강원용이 입학한 1935년에 모두 흩어졌는데 송몽규는 독립운동에 투신하기 위해 중국으로 갔고, 문익환은 봄 학기에, 윤동주는 가을 학기에 평양 숭실중학교로 편입한 상태였다.[23]

문익환은 강원용과 같은 반이었던 문동환의 형으로 그가 방학 때 집에 오면 함께 가까이 지냈다. 강원용은 윤동주와는 용정의 학생 웅변대회가 열리는 날 마주한 적이 있다. 강원용은 언제나 1등을 도맡아 하곤 했는데, 한번은 윤동주가 '땀 한 방울'이라는 주제로 대회에 참가하여 3등을 했던 것을 기억하고 있다.[24]

보수주의신앙에서의 해방

강원용은 중학교에 입학한 뒤 맹렬하게 종교활동을 벌였다. 당시 은진중학교의 교사와 학생은 항일에는 뜻을 같이하고 있었으나 사상적으로는 공산주의와 민족주의로 갈라져 있었다. 강원용은 고향에서의 경험 때문인지 비기독교적인 사상에 대해서는 투쟁적인 태도를 고수했다. 그가 2학년이 되던 해에 은진중학교를 비기독교 학교로 만들려는 공산주의사상을 가진 학생들의 조직적인 움직임이 있었다. 이에 맞서 강원용은 기독학생들의 조직을 결성하고 그들과의 투쟁을 주도했다. 마침내 경찰까지 개입하는 큰 싸움으로 번졌다. 결과는 기독학

22) 서대숙, 『간도 민족독립운동의 지도자 김약연』, 역사공간, 2008, 185쪽.

23) 송우혜, 『윤동주평전』, 서정시학, 2014, 124쪽.

24) 윤동주는 다니던 평양 숭실중학교가 폐교된 이유로 용정의 광명중학교로 다시 전학하여 대회에 참가할 수 있었다.

생들의 승리였다. 이후 조지 브루스(George Bruce, 부례수) 교장과 김약연 목사에게 신임을 얻게 되었다.[25)]

김약연은 1938년 이사회의 이사장으로 은진중학교에 전임하게 되었는데, 이미 명동학교 교장 시절부터 학내의 공산주의자들에게 시달린 경험이 있었다. 1923년부터 공산주의의 영향으로 학생 사이에서 학교의 종교의식을 폐지하자는 운동이 일어났던 데다가, 심지어 교장의 퇴진을 요구하면서 동맹휴학에 들어가기까지 했던 것이다. 초기 간도 개척자로서, 또한 민족교육에 전념했던 명동학교의 초대 교장으로서 인정받던 김약연에게는 적잖은 충격이었다. 그런데도 그는 공산주의를 수용하지 않고 고령의 61세에 평양신학교(平壤神學校)에 입학하여 명동교회 목사로 부임하는 등 굳건히 신앙을 지켜왔다.[26)]

대쪽 같은 성격으로 반공을 고수했던 김약연의 눈에 강원용이 들었을 것은 틀림없었다. 강원용은 공산주의학생들과 맞서는 동시에 기독교신앙에 위배되는 모든 가르침과 행위를 학교에서 추방하는 운동을 벌였다. 그러한 투쟁이 예수를 참되게 믿는 길이라고 생각했다. 어떤 교사건 성경에 위배되는 말을 하면 당장 반기를 들 정도로 거침이 없었다. 교장과 이사장의 지지로 더욱 기세등등했다. 강원용과 같은 종교부에서 활동하던 안병무는, 달변에 정치력이 대담한 노학생으로서 학생들의 분위기를 좌지우지하는 강원용을 탐탁치 않게 여겼다.[27)]

결정적인 변화의 계기는 2학년 때였다. 장공(長空) 김재준이 은진중학교에 성경교사로 부임한 것이었다. 김재준의 탁월한 지도력은 이때부터 시작되어 이후 한국신학대학교, 경동교회(京東敎會), 기독교장로회를 거치며 한국사회의 기독교개혁 · 민주화운동 · 인권운동 · 통

25) 강원용, 『역사의 언덕에서 1』, 83~84쪽.

26) 서대숙, 앞의 책, 199쪽.

27) 안병무, 「현대를 그대로 호흡하는 사상가」, 『장공이야기』, 한신대출판부, 2001, 341쪽.

일운동 분야에서 걸출한 활동가들을 배출해냈다. 김재준이 은진중학교에서 길러낸 제자들은 강원용, 안병무, 문동환, 이상철, 장하린, 김영규, 전은진, 남병헌, 김기주, 신영희 등이다.[28)]

강원용은 그에게 매료되었다. 무엇보다 학생들을 인격적으로 대하는 김재준의 품성에 크게 감명을 받았다. 김재준은 시험시간 부정행위가 심한 것을 알면서도 일부러 신문을 들고 와 읽었다. 학생들을 믿는 모습을 보여 학생들 스스로 부정행위를 하지 않도록 깨우치기 위해서였다. 그는 초라할 정도로 성빈생활(聖貧生活)을 실천했다. 안병무가 보기에도 김재준은 부임 당시부터 자그마한 체구에 어울리지 않는 한복을 입은 청렴한 모습이었다. 얼굴에서 권위와 존엄을 찾기 어려웠다.[29)] 김재준은 월급으로 받은 70원 중 48원 이상을 고학생들의 뒷바라지를 위해 쓰면서도 자신의 옷은 꿰매 입고 다녔다. 이러한 김재준의 모습은 강원용이 어릴 적부터 존경했던 가가와 도요히코(賀川豊彦)나 성 프란체스코 성자를 떠올리게 하여 더욱 흠모하게 되었는지도 모른다. 김재준은 강원용을 '키가 후리후리하고 여윈 젊은이'로서 "가슴뼈가 앙상하고 다부져 보이지는 않았지만, 병은 없었던 모양이라 앓는다는 소리는 들어본 적이 없었다"고 기억한다.[30)]

무엇보다도 강원용의 신앙을 근본적으로 변화시켰던 것은 김재준의 자유주의신앙이었다. 자유주의신앙은 보수적이던 강원용에게 벼락과도 같았다. 옹고집처럼 완고했던 강원용의 신앙관은 김재준이 성경공부시간에 불쑥불쑥 던지는 말들로 금이 가기 시작했다.

---

28) 고지수, 『김재준과 개신교 민주화운동의 기원』, 도서출판 선인, 2016, 102쪽.
29) 안병무, 앞의 글, 340쪽.
30) 고범서 외, 『강원용과의 대화』, 12쪽.

"선교사들은 율법주의의 교리로 한국 사람들을 훈련시켜 온 것입니다." 나는 충격을 받아 김 선생님께 질문을 했다. "그러면 목 매달아 죽인 짐승의 고기로 만든 보신탕이나 제사음식을 먹어도 죄가 되지 않는다는 말씀입니까?" 그는 나를 물끄러미 쳐다보고는 이렇게 대답을 했다. "사람의 밖에서 몸으로 들어간 것이 더러운 것이 아니라 속에서 나오는 것이 더럽다는 성경 말씀이 있지 않습니까?" 그 말을 듣는 순간 나는 꼭 벼락이라도 맞은 기분이었다.[31]

김재준은 수업시간에 성경의 배경과 시대적 상황에 대해 설명했다. 오늘날의 복음주의와 보수주의를 내세우는 한국신학계라도 수용할 수 있는 입장이었지만, 성경의 무오설(無誤說)과 축자영감설(逐字靈感說)이 대세였던 당시 한국신학의 지평에서는 상상하지 못할 관점이었다. 김재준의 인격적인 행동과 그로 인한 존경의 마음조차 없었더라면 당장 이단으로 낙인찍어 쫓아낼 강원용이었다. 강원용은 스승의 집을 자주 찾아가 이해하지 못하거나 받아들이기 어려운 문제들에 대해 배우고 토론했다.

그를 이해하고 받아들이면서 「마태복음」 11장 28절에 나오는 '수고하고 무거운 짐진 자들아, 다 내게로 오라. 내가 너희를 쉬게 하리라'는 구절처럼 내가 그동안 지고 있던 무거운 짐이 떨어져나가는 듯한 해방감을 느꼈다. 돌멩이처럼 굳어 있던 나의 보수적인 신앙이 깨지기 시작한 것이다.[32]

---

31) 강원용, 『역사의 언덕에서 1』, 86쪽.
32) 같은 책, 88쪽.

스승 김재준[33]

강원용의 일생을 통해 크게 영향을 미친 스승들은 김재준, 가가와, 니버, 틸리히, 본회퍼 등이다. 그중 김재준은 강원용의 인생경로와 신학과 사회참여 의식의 기초를 세워준 인물이었다.

김재준은 1901년 두만강 국경지대인 함경북도 경흥군(慶興郡)의 산촌 '산꼴'마을에서 태어났다. 사방이 산으로 둘러싸인 분지였고 가까이는 두만강이 흐르고 있었다. 어려서 아버지에게 한학을 배워 『논어』와 『맹자』를 끝까지 암송했다.[34] 외가의 영향으로 열여섯 살까지 신식교육을 받았고, 스무 살이 되던 해에 고향을 떠나 서울로 유학했다. 서울 유학 중에 기독교를 받아들였으며, 일본 아오야마(青山) 신학원과 프린스턴 신학원(Princeton Theological Seminary), 웨스턴 신학원(Western Seminary)에서 각각 근본주의신학, 구약학과 조직신학을 공부했다. 귀국 후 평양 숭인상업(崇仁商業)학교에 있다가 만주 용정의 은진중학교로 옮겨 후학을 양성했다. 그곳에서 교사로 일하던 시절에 목사안수를 받았다. 이후 조선신학교(한신대학교), 경동교회, 기독교장로회의 창립에 중심적인 역할을 수행했다.

유학 때 자유주의신학을 접한 김재준에게 보수주의적 신학과 사대적으로 선교사에 의지하고 있던 미국 북장로교 산하 평양교계는 맞지 않았다. 이에 비해 간도는 함경도 경상북도와 함께 캐나다 장로교의

---

33) 김재준은 강원용의 스승을 넘어 한국기독교사와 민주화운동의 준봉이었다. 김재준의 생애 및 사상에 대해서는 김경재, 『김재준 평전: 성육신 신앙과 대승기독교』, 삼인, 2014; 김경재, 『장공의 생활신앙 깊이 읽기』, 삼인, 2016; 장공 김재준 목사 기념사업회 엮음, 『장공 김재준의 신학세계』, 한신대학교출판부, 2006; 장공 김재준 목사 기념사업회 엮음, 『장공 김재준의 삶과 신학』, 한신대학교출판부, 2014; 장공 김재준 목사 기념사업회 엮음, 『장공 김재준의 신학세계 2』 한신대학교출판부, 2016 참조.

34) 김경재, 『김재준 평전』, 삼인, 2001, 15~16쪽.

선교구역이었다. 캐나다 장로교 측은 선교지역민을 선교활동의 평등한 공동주체로 삼아 조선이 독립을 준비할 수 있도록 그들의 도덕성과 지식과 전문기술을 증진시키는 현실적 선교방식을 택했다. 이곳에서 김재준은 자유주의적 신학이론과 실천을 발전시켰다.[35] 은진중학교 성경교사로 부임하면서는 새 세계, 새 인류의 지도자가 될 창조적 소수를 길러내기로 다짐했다. 학교를 단순한 전도기관으로 이해한 것이 아니라 시대를 이끌 인재를 양성할 학원으로 보고 사람육성에 전념키로 한 것이다.[36]

후학양성에 관심을 둔 김재준은 강원용의 비범함과 지도력을 한눈에 알아볼 수 있었다. 그의 눈에 비친 중학생 강원용은 머리가 비상한 지도력을 갖춘 행동파였다. 당시 학생회장은 3학년에서 뽑는 것이 보통인데 강원용은 2학년이었는데도 학생회장으로 당선되었고, 종교부장도 역임하고 있었다. 웅변대회에 나가면 항상 일등상을 탔고 시험은 항상 최우등이었다.[37] 김재준이 강원용을 전폭적으로 밀어주자 학생들의 불만도 높았으나, 김재준은 "나는 말주변도 없고 활동적이지도 못하다. 그래서 바로 나와 정반대되는 일이나 사람들에 대한 동경이 있다"고 답변했다.[38]

김재준은 후에 은진중학교의 종교부에서 활동하던 강원용, 김영규, 전은진 등[39]이 이끌던 '선린형제단'(善隣兄弟團)을 중심으로 경동교

---

35) 고지수, 앞의 책, 100~101쪽.

36) 김경재, 앞의 책, 61쪽.

37) 장공 자서전 출판위원회, 『凡庸記』, 풀빛, 1983, 122~123쪽.

38) 안병무, 「현대를 그대로 호흡하는 사상가」, 『장공이야기』, 342쪽.

39) 회고록에서 김영규, 전은진 등이 한 몸처럼 활약했다고 서술하면서 그들을 이렇게 평가했다. "김영규가 제일 연장자고 최고 학년이어서 어른 구실을 했다. 전은진은 그야말로 '숨은 보배'여서 안에서 남몰래 일을 꾸미고 섬겼다. 강원용은 앞장서는 행동파였다. 그들은 해란강 건너 용강동에 주일학교를 세웠다. 용강동은 전에 동흥중학교 자리여서 온통 좌익 마을이었다." 장공 자서전 출

회를 설립했으며, 교회의 담임목사직을 강원용에게 물려주었다.

이뿐만이 아니었다. 김재준은 강원용 삶의 중요한 변곡점에서 큰 영향을 미쳤다. 우선 캐나다 유학의 길을 터주었다. 1950년 국군이 38선을 돌파하던 즈음에 선교사 윌리엄 스콧(William Scott)과 프레이저(Frazier)가 요구사항이 있는지를 물어왔을 때 그는 '교회와 사회의 지도자양성'이라고 대답했다. 그러고는 강원용에게 캐나다 유학의 길을 열어주라고 요청하여 강원용은 캐나다 위니펙(Winnipeg)에 있는 신학교로 가게 됐다.[40)]

정치에서 목회로의 전환도 김재준의 영향이 컸다. 강원용은 해방 이후 기독청년운동에 적극적으로 뛰어들었다. 강원용의 뛰어난 웅변 실력에 정치가들은 큰 관심을 나타냈다. 강원용은 직접 그들을 만날 기회가 있었다. 처음에는 이승만과 접촉했다. 그러나 이승만이 정치적 계산에 밝고 인간적 도의와 신뢰를 중시하지 않음에 크게 실망하고 김규식과 가까이하며 중도진영에서 활동했다. 그때 김재준에게 길을 물었던 적이 있다. 김재준은 이렇게 말했다.

> 지금 한국의 정치란 것은 물 위에 뜬 거품 같아서 변동이 심하고 수명이 짧을 것이다. 지금 어느 정치인에게 관여했다가 그가 실각하는 때 너도 그와 운명을 같이 할 것을 생각해 봐라. 앞길이 창창한데 첫 데뷔에서 패잔병이 된다면 계산이 안 맞는다. 그보다도 한신에 들어와 신학을 공부하고 세계 교회 무대에 나서는 것이 훨씬 바른 길일 것이다.[41)]

판위원회, 앞의 책, 123쪽.
40) 같은 책, 224쪽.
41) 같은 책, 255쪽.

결국 강원용은 스승의 조언에 따라 목회자의 길을 걸었다. 강원용은 경동교회에서 시작하여 경동교회에서 늙었다. 김재준이 강원용의 인생에 중요한 지표 역할을 할 수 있었던 것은 강원용이 그의 신학에서 크게 배웠고 마음 깊이 그를 흠모했기 때문이었다. 김재준은 성경의 내용을 역사적 · 사회적 상황과 맥락으로 이해했으며, 거기에 기초해서 학생들에게 강의했다. 강원용은 이 방법을 통해 합리적으로 성서를 이해하여 자신의 보수주의신앙의 문제점을 깨닫고 해방될 수 있었다. 또한 이 방법은 성경에 기록된 문자로 화석화된 하나님이 아니라 지금 살아계신 하나님을 만나는 방법을 이해할 수 있게 해주었다.[42] 김재준은 욥, 예레미야, 아모스, 전도자 등의 인간적 고민과 신앙 자체를 하나님의 말씀으로 다루지 않고 시대와 상황을 통해 이해해야 하는 문제로 보았다. 이러한 해석은 당대 역사비평학적 관점을 받아들였던 구미 주류 성경학계의 연구경향을 반영한 것이었다.[43] 성경은 하나님의 영감을 받아 말씀을 기계적으로 받아 적은 것이라고 알고 있던 강원용에게는 충격적인 깨달음이었다.

김재준과 강원용의 신학은 성육신신앙에 기초한다. 성육신은 하나님의 아들이 인간이 된 것은 어디까지나 이 땅에서 현존하는 인간들을 사랑하신 하나님의 뜻으로 인간들을 위한다는 의미를 지닌다. 따라서 하늘이 땅에 내려온 것은 땅이 하늘로 올려가기 위함이 아니라 하늘이 땅의 몸이 되기 위함이다. 예수의 부활과 승천도 '다시 오실' 이로 올라가신 것이지, 그 반대는 아니다. 이러한 신앙관은 물질과 몸

42) 강원용은 김재준이 "성경을 해석할 때도 쓰여 있는 글자 그대로 받아들이는 것이 아니라 어떤 배경에서 이런 입장이 들어왔다든지, 이런 것은 결코 기독교 신앙의 본질이 아니라 당시의 상황에 의한 것이라는 등 합리적이고 자유로운 견해를 보여주었다"고 회고했다. 강원용, 『역사의 언덕에서 1』, 86쪽.

43) 천사무엘, 『김재준: 근본주의와 독재에 맞선 예언자적 양심』, 살림, 2003, 86~87쪽.

과 대지를 영과 정신과 분리하여 경시하거나 무시하는 '영지주의적'(靈知主義的) 신앙을 비판한다. 또한 차안과 피안을 분리, 대결, 양자택일 구조로 보지 않는다. 양자를 통전적 구조 속에서 접근하는 것이 본래적인 '성서적 실재관'이라고 이해한다. 그리스도인이 세상에서 살아가고 교회가 세상 속에 존재하는 이유는 세상이 자유, 평등, 정의, 사랑이 숨 쉬는 '공동체'가 되도록 변혁해야 할 책임이 있기 때문이라고 주장한다. 하여 김재준은 한국의 민주주의와 인권운동을 통해 현실변혁 운동에 깊이 관여한 것을 본래적 신앙에서의 '이탈 행동'이 아니라 성실한 '실천 행동'이라고 확신한다. 그리스도 신앙은 곧 삶 속에 성육신을 이루는 '생활신앙'이 되어야 하는 것이다.[44] 강원용 역시 크리스천의 과제는 이 땅에 살고 있는 인간을 위해 복무하는 것이며, 그것이 예수의 사랑을 실천하는 일이라고 생각했다. 김재준과 강원용 모두에게 인간을 위한 사회적 실천은 성육신을 이뤄 인간을 위해 이 땅에 오신 예수의 뜻을 따르는 것이었다.

'자유'에 대한 신학적 이해는 강원용 인간관의 기본 골격을 이룬다. 강원용은 예수의 제자들이 부르짖은 복음은 자유의 복음이라고 말한다. 자유를 떠나서는 하나님, 인간, 기독교를 이해할 수 없다. 자유를 위한 투쟁의 선봉에 서는 것은 크리스천으로서의 사명이었다. 이때의 자유는 인간을 노예로 만드는 죄와 죽음에서의 자유, 오직 믿음으로써만 얻어지는 신앙인의 자유였다.[45] 강원용의 자유의 신학은 김재준에게서 왔다.

김재준은 자유란 인간이 인간 되는 근본 조건일 뿐 아니라 "하나님의 형상으로 지음 받았다" 할 때의 '하나님 형상'의 핵심적 본질 또한 '자유'라고 본다. 그런데 인간이 이 '자유'를 잃으면 자유를 헌정한 대

44) 김경재, 『김재준 평전』, 143~145쪽.

45) 강원용, 『강원용전집 3: 육의 검과 영의 검』, 동서문화사, 1995, 228~229쪽.

상의 노예로 전락하고 만다. 그 대상이 정치이념이든, 돈이든, 권력자든, 종교교리이든, 성스럽다는 성직제도나 조직체이든, 일체의 것은 인간을 비인간화시킨다. 진정으로 예수 그리스도 안에서 구원받은 사람은 기독교교리에 충성하는 또 하나의 종교교리의 노예가 되지 않는다. 그리스도 안에서 새사람이 되어 그 누구에게도 그 무엇에도 매이지 않는 자유인이 되는 것이다. 자유인은 이제 지난날의 혈육적 욕심을 충족시키기 위한 삶을 스스로 버리고 '헌신과 사랑'의 자유를 향유한다. 김재준이 일평생 싸운 선한 싸움의 동기는 '복음의 자유'를 회복해 교권주의나 율법주의나 국가지상주의의 노예가 되었거나 어떤 이념이나 조직체계에 종속되어 버린 인간을 '그리스도 복음 안에서의 자유인'으로 복권시키기 위함이었다.[46]

교회에 관한 문제에서도 김재준과 강원용은 신학적 해석을 같이하고 있다. 김재준에게 교회는 인간구원뿐만 아니라 사회구원에도 책임을 다해야 하는 신앙공동체였다. 특별히 교회는 세상과 역사를 평화적으로 변화시킬 의무가 주어진 곳이었다.[47] 강원용에게도 교회는 '세상을 위해 있는 곳'이다.[48] 따라서 그리스도의 몸이라고 불리는 교회는 마땅히 고난 당하는 이웃의 도움이 돼야 하며, 같이 고난을 당해야 하는 곳이며, 힘없는 자들을 위해 함께 일하는 데 가담해야 한다.[49]

김재준과 강원용의 신학은 앞서 살펴본 것처럼 여러 면에서 닮았다. 특히 그들은 그리스도의 사랑, 즉 아가페를 강조하고 실천하고자 했다. 김재준은 항상 하나님의 사랑을 강조하고 기억하며 실천하고자 했다. 그는 자신을 이단이라고 비판하는 근본주의자들의 공격에 괴로워하면서도 사랑으로 이해하고 받아들이려 했다. 그는 하나님의 사랑

46) 김경재, 앞의 책, 110쪽.

47) 천사무엘, 앞의 책, 214~215쪽.

48) 강원용, 『강원용전집 2: 펜과 검이 부딪히는 시대』, 동서문화사, 1995, 77쪽.

49) 강원용, 『강원용전집 7: 역사의 증언자들』, 동서문화사, 1995, 65쪽, 297쪽.

을 자신의 마음에 품으려 갈구했다.

> 그리스도의 심정! 그 무한대의 '아가페'…… 이 심정 있으면 내 마음 하늘이다. 이 사랑 없으면 낙원도 황천이다. 이 심정 잃으면 교리도 신학도 발 뿌리에 널리는 '스텀블링 블록'(stumbling block)이다.[50]

마찬가지로 강원용은 항상 사랑이 모든 종교적 · 사회적 문제 해결의 바탕이 되어야 한다는 점을 강조했다. 그는 사회정의의 실현에 대해서도 사랑이 없는 정의를 부정한다. 즉 사랑은 곧 하나님이다. '하나님의 형상으로 지음을 받았다 함은, 사람은 하나님의 사랑의 대상으로 사랑으로 지음받았을 뿐 아니라 사랑을 위하여 지음받았다는 뜻'으로 이해했다.

그러나 스승과 제자 김재준과 강원용이 비판을 피할 수 없는 지점이 하나 있다. 신사참배문제다.[51] 일제강점기에 한국민들이 받은 박해는 말할 수 없을 정도였다. 한국교회가 신사참배 강요에 따라 받은 고난 역시 형극의 길이었다. 200여 개의 교회가 폐문되고, 2,000여 명의 신도가 투옥되었으며, 50여 명의 교역자가 순교의 피를 흘렸다.[52] 또한 북장로교 선교회가 경영하는 여덟 개 학교와 남장로교 선교회가

---

50) 김재준, 『자유와 보수』, 1947년 4월; 천사무엘, 앞의 책, 142~143쪽에서 재인용.

51) 신도는 본래 일본에서 발생한 전통적인 종교적 관습들로서 이러한 관습들을 뒷받침해주는 삶의 태도 및 이데올로기를 의미하는 것이었으나, 1868년 메이지유신을 전후하여 신도는 천황을 절대신으로 여기는 지도정신 및 통치원리로 채택되었다. 이러한 국가신도는 군국주의와 결부되어 제국주의적 침략정책을 수행하는 데도 이용되었다.

52) 김양선, 『간추린 한국교회사』, 대한예수교장로회총회 종교교육부, 1962, 40쪽.

경영하는 열 개 학교가 신사불참배의 이유로 폐교되었다.[53)]

신사참배는 무장한 세속권력의 강요에 굴복하여, 그리스도인으로서 실존을 포기한 변절행위이자 우상숭배로 여겨진다.[54)] 일제의 난폭한 강압하에서 교회를 지키기 위한 불가피한 선택이었다는 상황논리, 또는 종교행위로 인식하지 않고 분리하여 접근하려는 해석이 존재할 수 있으나, 절대다수 교회가 묵인 및 동조했다는 사실은 한국교회의 참담한 상흔으로 남아 있다. 아마도 일사각오(一死覺悟)로 죽음에 이르기까지 신사참배를 거부했던 주기철(朱基徹) 목사의 신앙이 더욱 빛을 발하는 연유일 것이다.

김재준은 그렇지 못했다. 김경재는 "결과적으로 김재준은 일제 때 대부분의 기독교인들이 그러했던 것처럼 신사참배에 동행했다"[55)]고 그의 신사참배 사실을 인정한다. 1940년 조선신학교 설립 시 "복음적 신앙에 기해서 기독교 신앙을 연구하고 충량유위(忠良有爲)한 황국(皇國)의 기독교 교역자를 양성한다"[56)]는 명분을 표방한 점도 부일(付日) 의혹을 비껴가기 어렵다.

다른 한편 김재준은 「성자열전」(Story of Saints)을 읽으며 초대 교회에서 황제예배를 거부하고 순교한 초대 신자들의 모습을 사모했고, 숭인상업학교 교사직을 그만둔 것도 신사참배문제 때문이었던 데서 볼 수 있듯 신사참배의 문제점을 분명히 인식하고 있었다.[57)] 비록 신

53) 1937년 10월 29일 숭실전문학교, 숭실중학교, 숭의여중학교, 대구의 계성학교, 신명학교, 재령의 명신학교, 선천의 신성학교, 보성학교, 강계의 영실학교, 서울의 경신학교, 정신여학교 등이 차례로 문을 닫게 되었다. 최훈, 「신사참배와 한국재건교회의 역사적 연구」, 김승태 엮음, 『한국기독교와 신사참배문제』, 한국기독교역사연구소, 1991, 112~113쪽.

54) 김승태, 『한국기독교의 역사적 반성』 다산글방, 1994, 340쪽.

55) 김경재, 『김재준 평전』, 54쪽.

56) 『조선야소교장로회 조선신학원 일람』, 조선예수교장로회총회 제29회 회록, 43쪽; 민경배, 『한국기독교회사』, 연세대학교 출판부, 2007에서 재인용.

사참배를 전면 거부하지는 못했을지라도 김재준은 '일제 시대 역사의 폭풍 속에서 살아남는 모욕을 감수하면서도 적응하며 저항'[58] 한 하나님의 종이었음은 분명하다.

그러나 여전한 곤혹스러움과 불편함은 불가피하다. 사후의 인식과 태도 때문이다. 김재준은 자신의 신사참배행위에 대해 회개나 반성을 표명하지 않았다. 오히려 그는 한 대담에서 다음과 같이 언급하고 있다.

> 물론 신사참배에 대해서 처음엔 교회로서 강력히 반대를 했습니다. 그러나 이것 역시 건전한 신학적 기반을 가지고 고수하려 했다기보다는 대개가 우상에 절하지 말라는 계명 때문에 우상에 절할 수 없다는 계율주의적 입장에서 신사참배를 반대한 것이라고 봐야 하겠지요. 조상 제사문제까지를 우상 숭배로 생각했어요. 이와 같은 율법적 의식이 신사참배를 반대하게 했지, 신학적으로, 일본천황을 신격화하는 인간신격화나 국가지상주의를 우상으로 하는 그 같은 태도를 의식하고 반항했다고 할 수는 없겠지요. 또 일본 조상을 섬긴다는 데에 감정적인 문제가 있었지 민족의 조상을 섬기는 것이었다면 그 반대의 강도가 어느 정도였겠는지 모르죠.[59]

이런 발언은 자칫 율법주의의 틀로 순교자들의 신앙을 폄훼할 위험이 있다. 신사참배 거부자들은 단순한 율법주의보다는 우리를 위해 못 박힌 그리스도에 대한 사랑 때문에, 하나님의 말씀과 양심에 따라 의롭게 살고자 하는 열망 때문에 고난을 감내한 자들이었다. 기실

57) 김경재, 『김재준 평전』, 54~55쪽.

58) 같은 책, 55쪽.

59) 김재준 · 백낙청, 「한국역사 속에서의 기독교」, 대한기독교서회, 『기독교사상』, 16:6, 1972, 34~35쪽.

한국교회는 이들 순교자에 대한 사죄 그리고 신사참배행위에 대한 철저한 참회로 한국사회의 깊은 상처를 치유하고 겸손하게 민족을 위해 봉사해야 했다. 그러나 외려 내부분열의 역사로 이어지고 말았다.

강원용은 스승의 신사참배문제에 대해 언급하지 않았지만, 송창근을 언급하는 대목에서 친일문제에 대한 그의 관견을 엿볼 수 있다. 그는 "일제 시대를 살아보지 않은 사람은 친일이나 항일을 너무나 쉽게 생각한다"[60]며 "자신의 안일을 위해 일제에 자진하여 협력한 사람과 생존을 위해 마지못해 침묵으로 암흑을 견뎌낸 사람이 똑같이 친일인사로 올라서는 안 될 일이다"[61]라고 언급한다. 다른 김재준의 제자들 역시 스승의 신사참배에 대해 인정하거나 비판하지 않았다.

교회개혁과 시대진보의 선두에 있던 김재준과 그의 제자들도 스승의 행적과 사상을 비판하지 못했던 것이다. 인간의 사유는 선대의 권위와 사상에 이의를 제기하면서 발전한다. 인간은 누구나 실수하고 실족할 수 있다. 인간이 신이 아닌 이유다. 문제는 인정과 회개다. 실수할 수 있는 나약함 못지않게 회개의 능력을 하나님이 인간에게 준 까닭이다. 하지만 김재준도 후학들도 신사참배 과오에 대한 인정과 사과가 없었다. 오늘에도 진보와 개혁의 이름 아래 우리는 자기 성찰과 반성에 부족하지 않은지 스스로 엄히 묻게 된다. 우리는 언제든 실수할 수 있는 나약한 인간이기 때문이다.

가가와 도요히코

강원용은 중학교 졸업 이후 일본으로 유학을 갔다. 그의 졸업을 기다리던 가족들의 반대가 심했다. 그러나 김재준이 써준 편지 한 장이

60) 강원용, 『역사의 언덕에서 2: 전쟁의 땅 혁명의 땅』, 한길사, 2003, 87쪽.
61) 같은 책, 88쪽.

부친의 마음을 돌렸다.[62] 1939년 초 도쿄에 도착했을 때 그의 수중에는 단돈 10전이 남아 있었다. 고향 선배인 김영주(金永珠)를 찾아가 한동안 신세를 졌다. 강원용은 선교사들이 세운 메이지학원(明治學院) 영문과에 입학했다. 메이지학원을 택한 이유는 두 가지였다. 하나는 전문학교에서 영문학을 공부해야 신학부에 입학할 수 있었기 때문이고, 다른 하나는 어릴 적부터 동경해오던 가가와가 다녔던 학교였기 때문이다.[63]

일본에 체류하는 동안 강원용은 세계문학전집이나 사상전집을 많이 읽었다. 특히 가가와가 읽었던 책들을 도서관에서 접할 때는 흥분할 수밖에 없었다. 가가와가 직접 책에 메모해둔 짧은 구절들을 볼 때면 마치 그와 대화하는 것 같은 느낌이 들곤 했다.[64] 가가와는 어릴 적 외삼촌 염쾌석을 통해 알게 되었다. 외삼촌의 책상 앞에는 가가와의 사진이 붙어 있었고, 강원용에게 가가와에 대한 이야기를 들려주곤 했다. 그 후로 가가와에 관한 책을 찾아 읽기 시작했다. 가가와의 삶과 신앙이 강원용의 마음을 두드린 것이다.

가가와는 1888년 7월 10일 일본 고베(神戸)에서 가가와 준이치(賀川純一)의 차남으로 태어났다. 그의 아버지는 기생 마스에(益)를 소실로 맞아들여 가가와를 낳았다. 가가와는 선교사 마이어스(H. W. Myers)를 만나 성경을 접하고 1904년 2월 세례를 받았다. 1905년에 메이지학원 고등학부의 신학부 예과를 졸업하고 고베신학교(神戸神學校)에 입학했다. 졸업 후부터는 빈민굴 전도를 시작했다. 폐렴을 진단받았는데도 가가와는 빈민굴생활을 계속했다. 그는 이때 월스트리트 반대편의 빈민가를 경험하면서 노동조합이 필요하다는 것을 깨달

62) 강원용, 『역사의 언덕에서 1』, 105쪽.
63) 같은 책, 108쪽.
64) 같은 책, 109쪽.

았다.

가가와가 말하는 기독교사회주의란 복음서에 드러나는 정치적 · 경제적 공동체생활의 실현이다. 따라서 기독교사회주의에 입각한 사회운동은 경제문제에 국한된 것이 아니며 생명과 사랑을 중심으로 한 '하나님 나라의 운동'이다. 과학, 사회, 종교, 평화 등 여러 분야에 걸쳐 가가와 사상의 핵심은 예수였다. 그렇기에 그가 말하는 사회주의운동은 예수의 생애와 사상에서 비롯된다. 그의 해석에 따르면 예수는 소유에 대한 권리의 포기를 가르치고 부유한 자는 가난한 자에게 재산을 나눠줄 것을 가르친 사회운동가로서 이미 공산주의운동의 시초를 보였다. 이는 후에 「사도행전」에 언급된 사도들의 공산생활에서부터 중세의 길드와 형제사랑운동, 재세례파, 모라비안(Moravian) 그리고 독일, 영국, 미국에까지 이어져온 역사적 운동이었다. 그러나 기독교사회주의는 경제운동만이 아닌 정의와 사랑을 기초로 한 인간운동이라는 점이 중요하다. 따라서 공산주의운동과는 다르게 경제보다 인격을 우선시하여 먼저 내부적 사회주의를 세워야 한다. 결국 기독교사회주의는 "생명가치설, 노동가치설, 인격적 가치설을 믿고 상품주의와 기계적 노예제도에 반대하는" 대운동이며, 비록 계급투쟁은 아니라 할지라도 선악투쟁이라고는 할 수 있다.[65]

가가와는 기독교사회주의자인 동시에 무저항주의자였다. 그는 자신이 예수주의자라고 불리는 것을 더 좋아했다.[66] 강원용이 가가와에게 매력을 느꼈던 이유는 가가와의 삶의 궤적에 기인한다. 젊은 나이에 폐렴이라는 중병에 걸려 좌절을 겪었는데도 빈민굴에 들어가 가난

65) 가가와 도요히코, 「기독교사회주의론」, 감리교신학대학교 한반도평화통일신학연구소, 『통일 이후 신학 연구 2』, 신앙과지성사, 2009, 103~122쪽.

66) 賀川豊彦全集刊行会編, 『賀川豊彦全集14』, キリスト新聞社, 昭和39, 1964, 207~208쪽; 김종규, 「가가와 도요히코가 한국교회에 끼친 영향」, 감리교신학대학교 대학원 석사학위 논문, 2011, 32쪽에서 재인용.

한 사람들을 위한 삶에 인생을 바친 모습이 강원용 자신의 삶과 동일시되는 측면이 있었기 때문이다. 강원용 역시 가가와처럼 병든 자, 가난한 자와 함께 살고 싶다는 생각이 남아 있었다.

가가와의 사상과 삶은 가난하고 고통받는 인간들을 위한 실천을 중시하던 강원용의 생각에 커다란 흔적을 남겼다. 강원용은 도쿄에서 그에게 편지를 써서 만나게 되었다. 강원용은 가가와를 '키가 작고 눈이 크고 유머가 풍부한 사람'으로 기억했다.[67] 강원용은 가끔 그를 찾아가 만나곤 했다. 강원용에게 가가와는 일종의 첫사랑과도 같은 존재였다. 실제로 가가와의 사상은 강원용의 사상과 맞닿아 있다. 가가와는 그리스도의 속죄애를 핵심으로 꼽는다. 그리스도는 죄를 용서했을 뿐만 아니라 죄를 대속했고 담대하게 십자가를 향해 전진했다. 가가와는 죽어가는 세상을 바로잡을 것은 그리스도의 사랑을 통한 인류구원의 길밖에 없다고 믿었다. 이것이 바로 우리에게 준 기쁜 소식인 것이다.[68]

속죄애라는 말은 일본인들이 이해하기 어려운 단어였다. 하여 그는 "밑닦기"라는 말을 사용했다. 빈민굴에 직접 들어가 아무도 돌봐주지 않는 폐결핵 환자, 버림받은 아기의 밑을 닦아주었던 자신의 경험에서 비롯된 말이었다.[69] 이렇듯 그는 사회봉사를 통해 개인구원만이 아닌 사회구원을 이루어 이 세상에 진정한 하나님 나라를 건설하고자 하는 염원을 지니고 있었다. 때문에 폐병이라는 지병이 있었는데도 스스로 빈민굴에 들어갔다.

가가와의 인간관은 빈민을 바라보는 데서 시작된다. 가가와는 빈민들을 판단하는 눈으로 보지 않았다. 오히려 빈민과의 만남을 인격과

---

67) 강원용, 『역사의 언덕에서 1』, 116쪽.

68) 賀川豊彦, 田鎬潤 驛, 『나는 왜 크리스천이 되었는가』, 大韓基督敎書會, 1952, 69~71쪽.

69) 賀川豊彦, 韓仁煥 譯, 『生涯와 重生』, 종로출판사, 1975, 27~28쪽.

인격의 만남으로 여겨 "빈민을 동정하는 것은 빈민을 모욕하는 것"이라고 생각했다.[70] 그러나 빈민굴 사람들은 가난 때문에 인간성을 상실해갈 수밖에 없음을 발견했으며, 기계문명에서는 오히려 "화물(貨物)이 노동자 이상의 좋은 대우를 받고 있다"는 것을 깨닫고 큰 충격을 받았다.[71] 그는 인격의 회복을 위해서는 인격이 곧 신격임을 깨달았다. 따라서 인격을 세우는 것이 신의 사업이라고 보았다.[72]

강원용의 활동은 가가와에게 많은 영향을 받았다. 용정에서의 활동, 선린형제단을 조직하여 농촌에 들어가 가난한 사람들을 위해 살려던 구상, 개인구원을 넘어 사회구원을 중시하여 크리스챤아카데미를 비롯한 각종 사회운동을 진행해나가는 데 그의 영향은 실로 컸다. 동시에 가가와처럼 민중을 판단하지 않고 민중의 인격을 강조하여 '인간화'를 사회운동의 최우선 목적으로 두었다. 노동자, 농민, 여성의 인간화도 같았다.

70) 김남식, 「가가와 도요히코의 빈민운동 연구」, 『신학지남』, 78:1, 2011, 164쪽.

71) 같은 글, 169쪽.

72) 賀川, 『精神運動と社會運動』, 384쪽; 같은 글, 169쪽에서 재인용.

3 해방의 격동에서

북한 출신 크리스천 민주주의자들

해방이 왔다. 강원용은 보따리 하나만을 들고 홀로 서울에 내려왔다. 한 가지 미리 말해둘 것은, 강원용처럼 월남했던 북한 출신 인사들이 70~80년대 재야세력의 중심으로 성장한다는 점이다. 익숙한 고향을 떠난 자들의 본향을 향한 고난으로서의 투쟁 때문이었다. 그들은 대부분 반정부활동을 하면서도 이데올로기에 대한 비판에서 자유로울 수 있었다. 자유민주주의자들이면서도 북한 공산주의를 반대하여 남하한 반공주의자들이었기 때문이다. 함석헌, 김재준, 문익환, 장준하, 안병무, 계훈제, 강원용…… 등이 대표적인 경우다. 이들에게 남한에서의 고난은 바로 고향을 향한 순례였다.

저명한 사상가 함석헌은 공산당의 탄압을 피하여 월남한 뒤 남한에서 자유민주주의를 위한 사상과 투쟁의 선봉에 선 인물이었다. 훗날 재야의 중심인물이 되는 문익환은 기독교와 공산주의의 격렬한 대결을 목도한 후 월남했던 인물이었다. 그는 한국전쟁에서 민주주의가 승리하기를 원했던 강한 반공주의 성향을 갖고 있었다. 장준하는 김구의 비서 출신으로 대한민국임시정부(大韓民國臨時政府, 임정) 계열의 우파인물이었다. 이범석이 이끄는 반공지상주의조직이었던 조선

민족청년단(朝鮮民族青年團, 족청) 중앙훈련소 교무처장을 역임했을 정도였다. 재야 활동을 하지는 않았지만 당시 한국을 대표하던 목회자인 한경직 역시 북한에서 조만식 계열의 조선건국준비위원회(朝鮮建國準備委員會, 건준)에 가입해 활동하다가 공산당에 체포될 위기에 처하자 월남한 인물이다.

강원용 역시 공산주의사상을 비판한 반공성향의 인물이었다. 그는 해방 후 처음 서울에 발을 내디뎠을 때 거리에 나부끼던 커다란 붉은 깃발과 곳곳에 붙어 있던 붉은 대자보를 보고 충격을 받았다. 남한에도 어지간한 좌익조직들이 정비되어 있던 것이다. 여운형은 해방이 되자마자 건준 조직에 착수했다. 보름 후에는 전국적으로 145개의 건준지부가 성립되었으며[1] 9월 6일에는 조선인민공화국(朝鮮人民共和國, 인공)이 선포되었다. 반면 우익조직들은 미군이 진주하기 전까지는 위축되어 있었다. 미군이 들어와서야 본격적인 활동을 개시할 수 있었고 숨어 있던 친일파들도 거리로 나설 수 있었다. 일본에 부역하던 자들이 거리를 활보하는 것을 보며 강원용은 울분을 참을 수가 없었다.[2]

선린형제단과 경동교회

강원용은 종종 '선한 사마리아 사람의 이야기는 종교와 함께 인간답게 사는 삶의 영원한 표상'이라고 강조했다. 종교의 진리는 율법계율 공부, 신학교리 이해, 정례적인 예배 드리기, 경전 공부하기 등에 못지않게 이웃 사랑이라는 실천 속에서 찾아야 하기 때문이다. 이 이야기는 아무 조건 없이 도움이 필요한 사람에게 자신이 감당할 수 있

1) 민주주의민족전선 엮음, 『조선해방1년사, 1946』, 문우인서관, 1946, 81쪽.
2) 강원용, 『역사의 언덕에서 1: 엑소더스』, 한길사, 2003, 192쪽.

는 작은 일을 최선을 다해 실천하는 것이야말로 구원과 영생의 길임을 말하고 있다.[3] 또한 선한 사마리아인 이야기에 등장하는 문제는 인간이 살아가는 어느 시대나 발생하는 근본문제다. 불의한 사회구조나 정치경제제도, 국제질서의 밑바닥에는 인간의 근본악인 이기심과 탐욕, 교만이 도사리고 있다. 강원용은 근본악을 직시하고 사랑의 원천인 성령의 도움을 받아 선한 사마리아인으로 살아가야 한다고 역설했다.[4]

강원용은 용정의 은진중학교 시절 처음으로 선한 사마리아인 이야기를 접했다. 성경의 선한 사마리아인 이야기를 읽고 충격을 받고 나서, 이 사람을 본받아야겠다는 마음에 중학생 40~50명을 모아서 선한 사마리아인 모임을 만들었다. 이후 졸업하면서 '평생 선한 사마리아인으로 살자' '평생 우리가 함께 이 일을 해나가자'고 약속하고 흩어졌다.[5]

해방이 되자 그는 김재준 목사를 모시고 신영희와 조향록 등과 함께 선린형제단이라는 이름의 공동체를 결성했다. 처음에는 '착한 사마리아인을 본받는 형제들'이라는 뜻에서 영어로 'Brotherhood of Good Samaritan'이라고 정했으나 너무 복잡하다고 해서 '선한 이웃이 되는 형제들'이라는 뜻인 선린형제단으로 개칭했다. 이것이 경동교회의 전신이었다. 창립 당시 구성원은 모두 22명이었고 강원용이 단장을 맡았다. 선린형제단은 '하나님의 영광과 우리 민족의 진정한 행복을 위하여 생활의 온갖 방면에 그리스도의 심정(心情)이 구현되도록 하는 것을 목적'으로 구체적인 행동 강령과 생활규범을 마련하고 전도, 농촌사업, 의료사업, 교육계몽사업 등의 분야에서 활동을 펼쳐가

3) 강원용, 『내가 믿는 그리스도』, 대한기독교서회, 2005, 139쪽.

4) 같은 책, 148쪽.

5) 강원용, 「너도 가서 이와 같이 행하라」, 2005년 12월 4일 경동교회 설교.

기로 계획했다.[6]

선린형제단의 첫 사업은 학비조달의 길이 끊긴 이북 출신 학생들을 돕는 일이었다. 이 학생들이야말로 바로 강도 만난 사람이며, 이들을 돕는 것이 사마리아인이 해야 할 일이라고 믿었다. 이북학생들을 위한 기숙사를 운영하고자 계획 후 보금자리를 마련한 것이 1945년 11월이었다. 강원용은 '선린형제단' '선린형제단 전도관'이라고 쓴 간판을 걸었다. 교회라는 이름을 붙이지 않은 이유는 교육과 의식개혁을 향한 청년학생운동으로 자리 잡고자 했기 때문이었다.[7] 선린형제단은 특히 기존의 제도화된 교회에 대한 불만을 품고 무교회주의에 끌리는 젊은 학생들의 공동체를 꿈꾸고 있었다. 당시에는 먹는 것도 변변치 못해 연명한다는 말이 어울릴 정도였으나 교회를 만들고 있다는 기쁨에 힘든 줄도 모르고 신나게 일했다.

그러던 중 강원용은 교회당에서 멀지 않은 곳에서 우익청년들이 좌익을 잡아 구타를 가하고 있다는 것을 알게 된다. 월남한 사람들이 이남에서 공산당과 반공단체로 갈라져서 서로 반목하는 일이 벌어지고 있었던 것이다. 덕분에 강원용을 비롯한 선린형제단은 이념에서 비롯된 증오로 동족에게 위해(危害)를 가하는 현실을 일찍이 깨달았다. 이후로 그는 강도를 만난 사람을 특정 부류의 소외계층뿐만 아니라 잘못된 사회구조에 희생당하고 있는 사람 모두로 보았다.[8] 그러다 "행함이 없는 믿음은 죽은 믿음이다"라는 「야고보서」 구절을 접한 후 명칭을 '성야고보교회'로 바꾸게 된다. 그러다 이단이라는 의심을 받게 되자 교회위치를 고려하여 마침내 경동교회라는 이름을 정하게 되었다. 선한 이웃이 되려던 공동체가 사회구원을 지향하는 교회로 자라

6) 강원용, 『역사의 언덕에서 1』, 196~199쪽.
7) 강호천, 「[경동교회] 통일 준비하는 한국교회 진보의 상징」, 『새가정』 1993년 3월호, 18쪽.
8) 강원용, 「너도 가서 이와 같이 행하라」.

나게 된 것이다. 현재의 경동교회는 한국기독교 진보진영의 한 상징으로 인식되고 있다.

또한 경동교회는 김재준과 강원용의 고향이었다. 선린회의 고문이었던 김재준은 1946년부터 경동교회에서 설교했으며 1958년 6월에는 당회의 고문이 되었다. 경동교회는 1953년 대한예수교장로회(예장) 총회가 김재준의 목사직 파면을 결정한 이후 한국기독교장로회(기장)가 설립되면서부터는 기장 소속의 교회로 자리 잡았다. 경동교회는 김재준을 필두로 한 진보적 신학운동의 둥지이자 보루였다. 강원용에게는 1947년 장로 장립, 1958년 담임목사 취임, 1986년 명예목사 추대에 이르기까지 항상 그와 함께해온 중심 활동공간이자 안식처였다.

교회는 하나여야

해방공간의 청년들은 정치현실에 일찍 눈을 떴다. 새로운 국가의 건설이라는 시대적 과제가 눈앞에 있었기 때문이다. 강원용이 서울에 도착하여 회원으로 참여했던 조선기독청년회전국연합회(朝鮮基督敎靑年會全國聯合會, 기독청년연합회) 역시 이러한 흐름에서 벗어나지 않았다.

기독청년연합회의 첫 움직임은 교단통합운동이었다.[9] 일제는 패망 직전인 1945년 7월 19일 모든 교파를 강제로 통합하고 일본기독교 조선교단(日本基督敎 朝鮮敎團)을 발족시켰다.[10] 교단은 일제의 강압

---

9) 이 연합회는 감리교, 장로교, 성결교 등 각 교단의 중견청년들이 결성하여 초교파적인 성격을 지니고 있었다는 점에서 이러한 통합운동은 자연스러운 것이었다.

10) 초대 통리(統理)에 장로교의 김관식(金觀植), 부통리에 김응태(金應泰), 총무에 송창근이 각각 임명을 받아 취임했다. 일본기독교 조선교단의 핵심인물이

으로 교회 내 친일세력이 한데 모인 것이었다. 해방이 되자 각 교단은 친일파를 색출하고 재정비하는 과정에서 격렬한 싸움터가 되어갔다. 해결책을 도모하고자 1945년 9월 새문안교회에서 남부대회[11]가 소집되어 대책을 논의하게 되었다. 통합파는 비록 일제가 교단통합을 이룬 것이기는 하지만 교파의 통합을 지속시켜 건국사업에 기독교의 영향력을 행사하자고 주장했다. 강원용이 속한 기독청년연합회는 이를 적극적으로 지지했다. 그러나 교파재건운동세력도 만만치 않았다.

교단을 유지하려는 노력은 계속되었다. 1945년 11월 정동제일교회에서 조선기독교남부대회(朝鮮基督教南部大會)가 개최되어 교단통합 문제를 논의하게 되었다.[12] 교단분리 반대를 외치는 무리가 회의장까지 밀고 들어와 교회분열에 결사반대한다는 유인물을 돌리고 농성했다. 강원용은 단상에 뛰어올라가 의사진행을 막기 위해 마이크를 잡고 소리를 질러댔다. 교단 싸움을 해결하려 뛰어다녔던 그로서는 몸을 던져서라도 말려야 했다.

> 모두가 뭉쳐야 할 해방된 조국에서, 게다가 38선으로 남북이 나뉘어 좌우익이 대결을 하는 이 마당에, 교회만큼은 무조건 뭉쳐야 한다.[13]

었던 김관식, 송창근 역시 남부대회에 포함되어 있었다. 민경배, 『한국기독교회사』, 연세대학교 출판부, 2007, 540쪽, 551쪽.

11) 해방 이후 '일본기독교 조선교단'은 명칭도 '조선기독교단'으로 바꾸고 1945년 9월 8일 '남부대회'를 소집했다. 발족 당시 38선이 굳어져 이북대표들이 참석하지 못해 명칭을 남부대회로 정하게 된 것이다. 남부대회는 잠정적인 교파별 연합체 형식으로 1946년 9월 '조선기독교연합회'(한국기독교연합회의 전신)로 개편되어 교회연합운동의 주도권을 잡게 된다. 김승태, 『한국기독교와 신사참배문제』, 한국기독교역사연구소, 1991, 251~252쪽.

12) 같은 책, 251~252쪽.

13) 강원용, 『역사의 언덕에서 1』, 217쪽.

당일에는 결의가 무산되었으나 결국 1946년 4월 30일 제2회 조선기독교남부대회에서 각 교파로의 환원이 결정되었다. 이 사건에 대한 교회사 연구들의 평가는 갈라진다. "외형적 교회의 기구적 통일은 그 어떤 것보다 우선한다는 사고는 극히 잘못된 것이었다. …… 교회의 진정한 통일은 기구적 · 외형적 조직에 있는 것이 아니라 신앙고백적 일치에 있는 것"[14]이라는 평가가 있는 반면, "오래전부터 단일 한국교회의 원대한 희망이 이러한 형식으로나마 계승 · 확립될 가능성을 주창한 것은 성찰과 비판을 거쳤다면 가찬할 만한 일"[15]이라는 평가도 존재한다. 후자는 강원용을 비롯한 교단통합파를 긍정적으로 보고 있는 것이다.

이승만과 김구

기독청년연합회는 주요 정치인들을 방문하여 단체를 소개하거나 정치인들이 만나는 자리를 주최하곤 했다. 강원용이 가장 먼저 만난 거물 정치인은 이승만이었다. 이승만은 1945년 10월 16일 환국하여 국민의 큰 환영을 받았다. 귀국 다음 날에는 성명을 통해 전 민족적 대동단결을 강조하고 각 정치단체를 통합하는 일에 집중했다. 10월 23일에는 조선호텔에 약 50여개 정당의 대표를 두 명씩 소집하고, 각 당에서 대표 한 명을 선정해 독립촉성중앙협의회(獨立促成中央協議會, 독촉중협)를 구성했다. 10월 25일 독촉중협의 조직과 성격을 결정하고, 11월 2일 72개 정당 · 사회단체가 참여한 가운데 발족시켰다.[16]

강원용은 기독청년연합회 주요 간부들과 함께 이승만을 만나게 되

14) 남영환, 『韓國基督教 教團史: 高神教團史를 中心으로』, 영문, 1995, 220쪽.
15) 민경배, 앞의 책, 551쪽.
16) 정병준, 『우남 이승만 연구』, 역사비평사, 2005, 468~469쪽.

었을 때의 심정을 '마치 하나님 앞에 나아가는 것 같았다'고 적고 있다.[17] 어려서 아버지에게 이름만 듣던 위대한 독립투사 이승만을 만난다는 감격을 억누를 수 없었다. 잔뜩 긴장한 상태로 기다리던 청년들 앞에 나타난 이승만은 너무나 친근하고 스스럼이 없었다. 첫 대면 이후 한동안은 이런 애국자를 위해서는 목숨이라도 바치겠다고 생각할 정도로 그를 존경하게 되었다. 이승만도 그를 각별하게 대해주었다. 일본경찰에 잡혀 고문당한 일이 없었다는 항간의 비판에도 공산당의 모함이라고 일축해버릴 만큼 위대한 애국자로 이승만을 우러러 보았다.

11월 23일에는 김구 주석을 비롯해서 임정 요인들이 귀국했다. 정부가 아닌 개인 자격으로서의 환국이었다. 미군정이 임정을 인정하지 않았기 때문이다. 미군정은 남한에서 미군정 이외에 어떠한 정부도 있을 수 없다고 발표한 바 있었다. 좌익이 주도하는 인공을 견제하기 위한 의도가 가장 컸다. 우파는 조직과 활동 면에서 좌파에 비해 두드러진 움직임을 보이지 못하고 있었다.

임정의 환국에 맞춰 기독청년연합회는 28일에 이승만과 김구, 김규식 박사, 조소앙, 최동오, 엄항섭 등을 초청하여 정동교회에서 귀국 환영회를 주최했다. 김구는 이날 "경찰서 열 개를 짓는 것보다 교회 한 개를 짓는 것이 나라의 안정에 유익하다"고 했다. 김규식은 한 손으로는 하나님을 붙잡고 다른 한 손으로는 민중을 붙잡아 굳세게 나가야 한다는 요지의 발언을 했다.[18] 기독청년들은 우리나라가 기독교 국가가 되어간다고 열광했다. 이들은 우리가 주축이 되어 공산주의에 반대하고 이승만과 임정 인사들을 더욱 지지해야 한다고 결의를 다졌다. 12월 초에는 경교장(京橋莊)을 방문해 김구, 김규식, 조소앙 등

17) 강원용, 앞의 책, 211쪽.

18) 같은 책, 214~215쪽.

을 만났다. 그 후로는 경교장을 자주 출입하여 엄항섭, 김규식과 접촉했다.

청년 웅변가 강원용

강원용은 기독청년연합회의 정치부장을 맡고 있었다. 기독청년연합회의 정치부는 본격적인 정치활동을 하는 조직은 아니었다. 다만 기독청년의 관점에서 정치상황에 대한 의견을 개진하고 참여하는 정도였다. 월남민과 귀환자를 위한 구호사업을 주요 활동내용으로 했다. 강원용은 우익은 조직 면에서 좌익에 비해 형편없다는 자각과 함께 공산주의자들이 맹위를 떨치도록 놔두어서는 안 되겠다고 생각하고 있었다.

기독청년연합회가 주안점을 둔 또 하나의 활동은 건국운동이었다. 주로 시국강연활동을 통해 국민을 계몽함과 동시에 자신들의 정치적 목소리를 현실에 반영하고자 했다. 강원용은 기독청년연합회의 정치부장으로서 시국강연활동에도 적극적으로 참여했다. 처음부터 정치에 관심을 두고 있었던 것은 아니었지만 어려서부터 웅변에 소질이 있던 그는 자연스럽게 강연활동의 선봉에 서게 되면서 차츰 현실정치 속으로 깊숙이 끌려들어 갔다.

강원용이 강연무대에 처음 선 것은 1945년 12월 전주(全州)에서였다. 전라북도 기독청년연합회에서 요청이 들어와 그가 가게 된 것이다. 기차로 10시간 가까이 걸리는 긴 여행이었다. 그는 문도 제대로 달려 있지 않은 짐칸을 타고 갔다. 역에 마중 나온 사람들은 연기와 먼지에 시커멓게 그을려 꾀죄죄한 한복 차림으로 나타난 강원용을 보고 실망했다. 주최 측은 강연시간이 다가와도 이름도 없던 강원용이 연설을 하든 말든 관심을 두지 않았다. 그가 먼저 청년회에 연락을 했다.

당신들은 내가 필요 없는 모양인데 그렇다면 좋습니다. 나는 오후에 서울로 올라가겠습니다. 그러나 가기 전에 잠깐 인사말이나 하고 가게 해주십시오.[19)]

허락을 받은 강원용은 딱 5분만 인사말을 하겠다고 약속했다. 대회장인 전주 서문밖교회는 초만원이었다. 강원용은 강단에 나가 인사말을 시작했다. 속으로 본때를 보여주겠다고 벼르고는 청중을 휘어잡았다. 특기인 웅변으로 사람들이 함성을 지르고 발을 구르게 했다. 놀란 주최 측은 그에게 시간제한 없이 강연을 계속해줄 것을 요청했다. 그러나 강원용은 5분만 더 연장해서 10분 동안 강연하고 서울로 올라왔다. 전주 강연 사건은 그의 이름을 전라북도지역에 알리는 계기가 되었다.

강연활동을 하면서 생명의 위협을 느낀 경우도 있었다. 제일 어려움을 겪었던 지역은 좌익세력이 강했던 경상북도 안동(安東)과 춘양(春陽)이었다. 안동은 당시 '경북의 모스크바'라고까지 불리던 곳으로 좌익세력의 재정 중심지였다. 강원용은 그 사실을 모른 채 안동에 강연하러 갔다가 호되게 당했다. 청중들이 강연 도중에 불화로를 던진 것이다. 사전에 누군가의 귀띔이 없었다면 크게 봉변을 당할 뻔했던 일이었다.

춘양을 방문했을 때는 좌익세력이 점령해 이미 자체적으로 토지분배까지 이루어져 경찰도 견디지 못하는 곳이라는 사실을 알고 들어갔다. 3일간의 일정이었다. 셋째 날 강연에서 강원용은 작정하고 반공에 대해 강연했다. 우선 우리나라가 민주주의가 되면 어떻게 되고 공산주의가 되면 어떻게 되는지를 설파한 후, 그가 카이산툰(開山屯)과 이북에서 겪은 공산주의 세상을 얘기하면서 왜 반공을 해야 하는지를

19) 같은 책, 222쪽.

설득하기 시작했다. 강연 도중에 야유가 터져 나오기는 했으나 심각한 정도는 아니었다. 하지만 테러의 위협 때문에 사복경찰들의 경호를 받으며 강연장에서 나와 그다음 날 아침 일찍 그곳을 떠나야 했다. 그가 원래 타려고 했던 버스는 실제로 습격을 받았다.

1945년 겨울부터는 기독청년들의 시국강연활동이 정치가들의 관심을 끌기 시작했다. 이때 강원용은 이명하, 조향록, 맹기영 등과 함께 한 조가 되어 지방순회강연에 나섰다. 이 시기 강원용은 폭력의 배제, 극우를 피한 반공을 원칙으로 삼아 강연했다. 강연의 취지를 요약하자면 '민족정신을 깨우치고 공산주의도 자본주의도 아닌, 모든 국민이 자유롭게 함께 사는 민족국가를 만들 수 있는 제3의 이념을 찾자'는 것이었다. 당시는 강연이나 웅변이 유행이었고 사람들의 관심도 높을 때여서 순회강연운동은 대단히 성공적이었다.

반탁의 열기하에서

1945년 12월 16일부터 25일까지 모스크바3국외상회의(外相會議, 3상회의)가 개최되었다. 3상회의는 최고 5년 기한의 신탁통치를 실시하고, 한국에 민주정부 수립을 돕기 위한 미소공동위원회(美蘇共同委員會, 미소공위)를 설치하기로 결정했다. 강원용은 미국, 영국, 소련의 외상들이 5년 이내의 신탁통치를 결정했다는 공동성명서를 발표한 28일에 그 소식을 들었다. 그날 배재중학교(培材中學校)에서 준비하고 있던 음악회는 반탁강연회로 급히 변경되었다. 빨리 대책을 세워야 한다는 생각에 몇 명이 경교장으로 김구 선생을 찾아갔다. 그곳에는 이미 많은 사람이 모여 있었다. 29일까지 계속된 비상대책회의로 신탁통치반대국민총동원위원회(信託統治反對國民總動員委員會)가 결성되었다. 당시의 경교장 회의는 열기가 대단했다. 좌익이고 우익이고 가릴 것 없이 신탁통치 반대를 외치며 고함을 지르고 주먹질을 하는 등 울분으로 감정이 격해져 있었다. 참석자 대부분이 신탁통치 반대가 곧 독립쟁취라는 생각으로 의분을 터뜨렸다. 반탁운동의 방법에 대해서는 이견이 있었다. 임정 측은 미군정을 접수하여 우리 민족의 자주적인 힘으로 반탁을 관철시키자는 주장이었다. 한국민주당(韓國民主黨, 한민당) 인사들은 미군정을 용인하되 신탁통치반대 국민회의를 통해 미국에 반탁 여론을 알리자는 주장을 전개했다. 반면 송진우는 매우 신중한 견해를 제시했다. 한반도는 분할통치하에 있고, 강대국 간 전후문제가 미해결인 상황이므로 한국문제를 외국과의 합의 없이 마음대로 결정하기 어려운 상태라고 진단했다. 또 신탁통치는 길어야 5년이니, 반대의 방법에 대해서는 여유를 가지고 냉정히 생각해 보자고 말했다. 장내에서는 거센 반발이 일었다. 강원용 역시 송진우의 말에 흥분했다. 안타깝게도 송진우는 회의 직후인 31일 자택에서 암살되고 말았다.

그 시절을 회고하면서 지금 깨닫는 것은 애국심이라는 감정과 현실적으로 국가를 위해 최선의 길이 무엇인가를 지혜롭게 판단하는 것은 때로 별개일 수 있다는 것이다. 특히 한 나라를 운영하려면 감정보다 앞을 내다볼 줄 아는 합리적인 계산이 앞서야 하는데, 당시 지도자들은 대부분 그런 점에서 능력이 좀 부족했던 것 같다.

지금 보면 비난을 받던 송진우 같은 사람이 오히려 합리적인 판단을 갖고 있었던 것이 아닌가 한다.[20)]

일제강점기에서 갓 벗어난 우리 민족에게 신탁은 곧 식민통치로 퇴행하는 것으로 인식되었다. 이남의 전 지역은 반탁의 열기로 들끓었다. 28일 밤부터 서울 거리는 신탁반대 선전물과 포스터가 범람했으

---

20) 같은 책, 236쪽.

며 대부분의 상점이 철시에 들어갔고 '신탁통치 결사반대'를 외치는 시위대의 행렬이 이어졌다.

반탁의 열기는 12월 31일 서울시민반탁궐기대회에서 폭발했다. 신탁통치반대국민총동원위원회가 대회를 주최했다. 대회가 열린 서울운동장에는 사람들이 운집해 동대문 뒷산까지 발 디딜 틈이 없었다. 역설적으로 국민대회는 강원용의 인생의 전환점이 되었다. 청년대표로 나가 연설하게 된 것이다. 그는 "왜 미·영·소 3국은 기왕에 카이로에서 선언된 한반도 독립 결의를 저버리고 신탁통치를 결정했는가. 카이로 회담에서는 미국의 루스벨트, 영국의 처칠, 중국의 장개석이 참석했는데 모스크바에는 중국대표 대신 소련대표가 참석해 신탁통치 결정을 내렸으니 장개석 주석을 참석시켜 다시 한번 회의를 하라"는 요지로 강연을 하여 많은 사람의 호응을 얻었다.[21)]

사실 한국에 대한 신탁통치정책이 3상회의에서 처음 언급된 것은 아니다. 이미 1945년 10월 20일 미 국무부 극동과의 존 빈센트(John Carter Vincent)가 한국에 대한 신탁통치안을 공식적으로 발표한 바 있었다. 미국과 중국이 한국에서 독립자치정부를 세우는 데 준비기간이 필요하다는 점을 합의했다고 밝힌 것이다.[22)] 또한 카이로 선언에서 말한 '적절한 절차'(in due course)를 거친 한국의 독립이라는 말 자체가 이미 신탁통치를 의미한다는 해석이 학계의 지배적 견해다. 그러나 당시에는 카이로 선언을 즉각적인 독립을 보장하는 것으로 받아들이고 있었다.

좌익이 1946년 1월 2일에 3상회의를 지지한다는 입장으로 선회함에 따라 좌우 간 첨예한 대립국면이 형성되었다. 곧바로 인공은 중앙

---

21) 같은 책, 238~239쪽.

22) 빈센트의 발표내용과 국내의 반응에 관해서는, 이완범,「한반도 신탁통치문제 1943~46」, 박현채 외,『해방전후사의 인식 3: 정치·사회 운동의 혁명적 전개와 사상적 노선』, 한길사, 1987, 234~236쪽 참조.

위원회의 이름으로 찬탁의 견해를 밝혔으며, 공산당은 5일 3상회의의 공동성명에 대한 적극적인 지지를 천명하고 나섰다. 임시정부의 김구는 비상대책회의(非常對策會議)를 개최하여 이승만과 연합하여 반탁운동을 전개하는 한편, 좌익은 민주주의민족전선(民主主義民族戰線)을 결성했다. 이에 맞서 김구의 비상정치회의(非常政治會議)와 이승만의 독촉중협이 통합하여 비상국민회의(非常國民會議)로 체제를 정비했다. 조선인민당(朝鮮人民黨, 인민당), 한민당, 국민당(國民黨), 조선공산당(조공)은 4당 코뮈니케(communique)를 통해 중립적인 입장에서 신탁통치문제를 해결하려 시도했다.[23] 그러나 정치세력 간 합의를 이끌어내는 데는 역부족이었다.

강원용은 비상국민회의에 최연소 대의원으로 참여했다. 1946년 2월 1일 명동천주교회(明洞天主敎會)에서 열린 비상국민회의는 독촉중협을 비롯한 대부분의 우익세력과 중도파들까지 포함하여 61개 단체가 참여했다. 기독청년연합회도 초빙되어 강원용이 대의원으로 참석하게 되었다. 이날 회의에서 미술가 고희동이 긴급동의를 내어 최고정무위원회의의 조직을 김구와 이승만에게 일임하자고 제안했다. 강원용은 즉각 반대했다. "아니, 세상에 정부 조직을 어떻게 긴급동의로 할 수 있습니까? 또 긴급동의라면서 어떻게 서명인 수가 대의원의 절반을 넘습니까? ……먼저 토론을 해야 합니다"라고 주장했던 것이다. 그러나 반대의견은 소수에 불과했다. 이날의 결의에 따라 이승만과 김구는 여운형을 포함한 28명의 최고정무위원을 선출했다.[24] 회의의 선전정보부장이었던 엄항섭은 비상국민회의는 미군정의 자문기관일 뿐 과도정권은 아니라고 발표했다. 비상국민회의 최고정무위원은 다음 날인 14일 남조선대한국민대표민주의원(南朝鮮大韓國民代表民

23) 같은 글, 243~265쪽 참조.

24) 신복룡, 『한국분단사연구: 1943~1953』, 한울, 2001, 247쪽.

主議院, 민주의원)으로 결성식을 개최했다. 여운형과 인민당은 즉시 민주의원에서 탈퇴하여 단 한 명의 좌익 인사도 남지 않게 되었다. 강원용은 자주적인 과도정부 수립을 지향했던 국민회의 최고위원회가 왜 갑자기 자문기관으로 격하됐는지 의문이 든다고 했다.[25)]

좌우합작의 무산

1946년 3월 20일 한국의 신탁통치문제를 논의하기 위해 제1차 미소공위가 열렸다. 미소공위는 향후 수립될 임시정부에 참여할 수 있는 단체의 자격에 대한 이견을 좁히지 못했다. 소련이 민주적이며 소련에 비적대적인 집단이나 인물이어야 할 것을 강력하게 주장하고 나섰기 때문이다. 4월 17일 미소공위 제5호 성명이 발표되었다. 미소공위에 협력할 것을 서명하는 경우 협의대상으로 할 것을 규정한 일종의 타협안이었다. 그러나 소련은 성명에 동의한 남한의 우익단체들을 거부하여 제1차 미소공위는 5월부터 무기휴회에 돌입했다. 회의 결렬은 다시 좌익과 우익 간의 대결 양상으로 발전했다. 한민당을 중심으로 한 우익은 유감을 표하면서도 회의의 재개에 대해서는 냉담한 반응으로 일관했다. 조공을 위시한 좌익은 극우진영의 반탁운동 때문이라며 비판하고, 조속히 미소공위를 재개하여 3상회의의 결정을 실행할 것을 요구했다. 반면 여운형은 낙관적인 태도를 견지했다. 회의 결렬은 양국 간 외교적 문제를 절충하는 과정에서 생긴 일시적인 문제라고 본 것이다. 그는 곧 합의점을 찾아 해결할 것이라고 전망하며 공위 재개를 촉구했다.

---

25) 이 사건은 존 하지(John R. Hodge)의 정치고문이자 이승만의 친구였던 굿펠로우(Preston Goodfellow)의 공작의 결과였다. 굿펠로우는 미 전략정보국(OSS) 출신으로 1946년 1월 25일부터 5월 26일까지 하지의 정치고문으로 근무했다. 자세한 것은 정병준, 앞의 책, 530~536쪽.

강원용은 미군정이 한국에서 좌우합작을 추진한 이유를 중국의 국공합작(國共合作)과 동일선에서 파악하고 있었다. 그는 미국이 좌우 대립지역에서 합작을 유도하던 때여서 한반도문제도 좌우합작인 미소공위를 통해 해결할 수 있다는 희망을 버리지 않았다. 미군정은 우파에서는 김규식, 좌파에서는 여운형을 중심으로 한 좌우합작을 통해 한반도문제를 해소시키려 했다. 김규식은 처음에는 자신이 나서서 좌익을 상대할 자신이 없어 회의적인 태도였다. 강원용은 김규식이 머리는 좋으나 심약했다고 기억한다. 김규식은 '좌익 기피증'이라고 할 만큼 공산주의자들을 싫어했다. 김규식은 원래 선량했던 러시아인들이 공산주의를 받아들이자 잔인해져 혁명기에 700만 명이나 숙청했다고 생각했다. 하물며 잔인한 한민족이 공산주의를 받아들이게 되면 점입가경이 될 것이라고 생각했다. 또 공산주의는 한번 빠지면 헤어나오기 힘든 사상이라고 보았다.[26] 존 하지(John R. Hodge) 중장의 정치고문이었던 레너드 버치(Leonard Bertsch) 중위가 누차 삼청동의 김규식 집을 방문하여 설득했으나 뜻대로 되지 않자 이승만까지 나섰다. 김규식은 "형님은 나를 나무 위에 올라가게 해놓고는 결국 흔들어서 떨어뜨릴 것이오. 합작을 하면 나를 공산당으로 몰 텐데 내가 왜 하겠소"라며 이승만에게 반박했다고 한다.[27]

강원용이 따르던 김규식 박사가 중도노선을 걷게 되자 강원용 역시 더 이상 반탁운동에 가담하지 않게 되었다. 좌우합작위원회(左右合作委員會)에서 강원용은 선전부에 소속되어 일했다. 강원용과 김규식은 임정의 귀국환영회에서 처음 알게 된 후 교단분열 반대운동 과정을 통해 더욱 가까워졌었다. 이를 계기로 1946년 3월 기존의 각 교파를 대표하는 청년들이 모여 '조선기독교청년회전국연합회'(朝鮮基督敎

26) 강원용, 『역사의 언덕에서 1』, 270쪽.
27) 같은 책, 271쪽.

靑年會全國聯合會, 교회청년연합회)가 결성되었다. 강원용은 총무단에 피선되어 회장 김규식과 교류하는 일이 잦았다. 김규식의 부인인 김순애도 독실한 기독교신자였기 때문에 자택에서 함께 기도하는 등 가깝게 지내게 되었다.

강원용은 여운형도 합작에 소극적이어서 회의에 참석하지 않는 경우가 많았다고 술회한다. 그러나 여운형이 적극적으로 합작에 참여했다는 학계의 분석이 있다. 미소공위가 결렬된 후 여운형이 통일정부 수립을 위한 좌우합작을 구상하고 김규식과 협의했으며, 버치 중위가 동조하고 하지 중장을 설득하여 좌우합작운동을 지지하도록 했다는 견해다.[28] 그러나 일반적으로는 하지 중장의 정치고문이었던 버치 중위가 하지에게 좌우합작 추진을 명령받아 김규식을 추천했으며, 미군정은 좌익대표로 여운형을 지목했다고 본다.[29]

좌우합작은 미 국무부의 입장이 반영된 것이라 볼 수 있다. 미 국무부는 미군정이 이승만이나 김구 등 특정 정파를 활용하는 방안에 반대해왔었다. 1946년 2월 28일에는 더글러스 맥아더(Douglas MacArthur)에게 보내는 메시지를 통해 이승만·김구와 연계되지 않고 소련의 조종도 받지 않는 세력을 찾아낼 것을 권고했었다.[30] 첫 회합은 제1차 미소공위 결렬 후 5월 25일 버치 중위의 자택에서 이루어졌다. 우익에서는 김규식과 원세훈, 좌익에서는 여운형과 황진남이 참석했으며, 원세훈의 기자회견으로 일반에게 알려지게 되었다. 좌우합작은 6월 30일 하지의 성명에 힘입어 활발하게 전개되는 듯 보였다. 7월 1일에는 이승만의 지지발언이 다음 날에는 한국독립당(韓國獨立

---

28) 여운홍, 『몽양여운형』, 청하각, 1967, 215쪽.

29) 이정식, 『김규식의 생애』, 신구문화사, 1974, 137~141쪽.

30) "Draft Message by State Department to MacArthur (February 28, 1946)," *Foreign Relations of United States 1946, Vol. VIII: Far East*, Washington: United States Government Printing Office, 1971, pp. 645~646.

黨, 한독당)의 지지담화가 발표되었고, 7월 8일에는 한민당, 인민당, 한독당, 조공 등 7대 정당의 중견간부들이 중앙정우연락협의회를 조직하여 좌우합작 촉진운동을 전개하기 시작했다. 1946년 7월 21일에는 좌우합작위원회가 정식으로 구성되었다.

그러나 좌우합작운동의 시작에서부터 좌익과 우익 간 갈등이 불거졌다. 합작의 원칙을 정하는 문제가 논란의 핵심이었다. 3상회의 결정에 대해 좌익의 합작5원칙이 7월 27일에 발표되었는데, 전면적 지지와 무상몰수, 무상분배를 원칙으로 하는 토지개혁을 조건으로 하고 있었다. 이에 반발한 우익은 29일에 합작8원칙을 발표했다. 남북을 통한 좌우합작으로 민주주의 임시정부의 수립, 미소공위 재개의 필요성은 인정하나 신탁통치 및 친일파 처리문제에 대해서는 유보적 태도였다. 10월 7일에 가서야 양측안을 절충한 합작7원칙이 등장했다. 남북한 모두의 좌우합작을 인정하고 토지개혁에서는 유상몰수와 무상분배, 친일파 처단을 위한 조례의 제정 등 그간 논란이 되었던 좌우익의 합작원칙들을 절충한 내용을 특징으로 한다.[31] 그러나 이 안은 우익과 좌익 양편 모두에게 받아들여지지 않았다. 결국 당초 계획과는 달리 여운형과 김규식의 영향력은 약화되었고, 원세훈, 송남헌, 김약수 등의 진보적 인사들이 탈당하여 한민당은 우경화되었으며 이승만은 한민당에 밀착하게 되었다. 긍정적으로 평가할 만한 결과가 있었다면 합작7원칙과 함께 제시된 입법기구 설치안에 따라 1946년 10월 중순부터 11월 말까지 입법의원 선거가 실시되었다는 점이다. 이에 따라 45명의 민선의원이 선출되어 좌우합작위원회가 추천한 관선의원 45명과 더불어 12월 12일에 최초의 근대적 민주주의 정치기구인 입법의원이 개원되었고, 의장으로 김규식이 선출되었다. 그러나 입법

31) 안정애, 「좌우합작운동의 전개과정」, 최장집 엮음, 『한국현대사 I: 1945~1950』, 열음사, 1985, 285~290쪽.

의원의 법령은 군정장관의 동의를 거쳐야 효력이 발생되는 한계를 지니고 있었다. 또한 한국인 부처장의 사무를 조정하고 책임지는 직책으로 일종의 행정부 기능을 하는 민정장관이 존재했다. 민정장관에는 안재홍이 임명되어 행정부가 한국인들에게 이양된 것처럼 보였다. 그러나 부처장 인사권만 해도 부처장들이 모이는 정무위원회의 동의를 얻어야 하는 등 전권을 행사할 수는 없었다. 당시 부처장들은 대부분 한민당의 영향력하에 있던 사람들이었으므로 주도권은 그들에게 돌아갔다.

강원용은 안재홍이 민정장관직을 수행하면서 보좌관으로 일해달라는 제안을 받았으나 매일 사무실에 출근하는 것은 힘들다며 거절했다. 대신에 도와줄 수 있는 한에서 성심껏 돕기로 했다.[32] 강원용은 합작위원회에서 선전부 차장을 맡아 합작위원회를 중심으로 정계를 민주적으로 재편성하기 위해 뛰어다녔다. 그리고 합작위원회가 위원 수를 증원할 때 김규식의 추천을 받아 청년대표로 합작위원이 되었다.[33] 1947년 5월 21에 시작된 제2차 미소공위는 제1차 때와 마찬가지로 협의대상에 관한 이견으로 난항을 겪다가 7월 10일경에 사실상 결렬되고 말았다. 며칠 뒤인 7월 19일, 한국의 문제가 유엔에 이관되는 도중 여운형이 암살되어 좌우합작운동은 좌초되었다. 좌우합작위원회와 미소공위대책협의회 등 중간세력의 결집을 위해 노력하던 세력들은 민족자주연맹결성준비위원회(民族自主聯盟結成準備委員會)를 조직하고 1947년 12월 6일 좌우합작위원회를 해체했다. 이로써 좌우합작운동은 약 1년 7개월에 걸친 활동의 막을 내렸다.

32) 강원용, 『역사의 언덕에서 1』, 317쪽.

33) 같은 책, 331쪽.

대구10 · 1사건과 부안농민사건

1946년은 좌익과 우익의 투쟁이 극렬하던 해였다. 무력투쟁과 과잉진압의 과정에서 이념과는 무관한 사람들마저 희생되곤 했다. 대구10 · 1사건, 부안농민사건, 제주4 · 3사건, 여수사건, 보도연맹사건 등이 바로 대표적인 사건들이다. 강원용은 "일제의 학정에 치를 떨며 고통받던 백성을 이런저런 사건으로 얽어매어 더 잔혹한 방식으로 짓밟았으니 아직 이 땅에는 원혼들과 그 후손들이 가득 있을 것이다. 독립투사의 후손이 아직도 고생하고 있듯 우리 국민들 역시 해방 직후의 질곡을 아직도 완전히 빠져나온 것 같지 않다"[34]고 했다. 이 땅에서는 여전히 좌우진영논리가 살아 있어 상대 진영에 낙인을 가하는 일이 반복되고 있다.

강원용은 대구10 · 1사건과 부안농민사건 당시 안재홍 민정장관의 지시로 민정조사관의 자격을 얻어 현지에 파견되었다. 남한의 민중현실에 대한 중요한 탐방이었다. 대구10 · 1사건의 경우에는 거의 진압되고 나서 파견되었으므로 그가 손쓸 수 있는 것은 거의 없었다.

대구10 · 1사건은 9월 총파업기간 동안 대치해온 노동자들과 경찰 사이의 대립이 9월 30일 대구시투쟁위원회의 간판을 철거하는 문제로 악화되어, 10월 1일 오전 8시 남조선총파업대구시투쟁위원회가 파업에 돌입하면서 시작되었다. 부녀자와 어린이들을 중심으로 약 1,000여 명이 대구부청에 몰려들어 쌀을 달라고 하며 현관과 유리창을 파괴했고,[35] 대구 시내 도처에 시위군중 약 1만 5,000여 명이 모여 경찰과 대치했다. 이 과정에서 군중과 경찰 모두 사망자가 발생했다. 결국 10월 2일 오후 미군 전차가 출동하고 계엄령이 내려지면서 사태

---

34) 같은 책, 301쪽.

35) 정해구, 『10월 인민항쟁 연구』, 열음사, 1988, 107쪽.

는 일단 진정되었다. 그러나 대구에서 발발한 사건은 며칠 사이에 경북 전역으로 확산되었고, 폭력적인 성격을 띠게 되면서 걷잡을 수 없이 퍼져나갔다. 10월 7일에서 14일 사이에는 경상남도로, 10월 17일에서 22일 사이에는 충청남도와 경기도 일부로, 10월 29일 이후에는 강원도와 전라남도로 이어졌다. 그리고 12월 중순 전주를 끝으로 마침내 마무리되었다.[36] 정확한 통계라고 보긴 어려우나, 이 사건으로 경북지역에서 총 136명의 사망자와 262명의 부상자가 발생했다는 집계가 있다.[37] 이 중 경찰의 비중이 가장 높았다.[38]

대구10·1사건의 배경에는 미군정과 좌익세력 사이의 갈등, 친일관료들의 재등용, 토지문제의 미해결 등 대구 및 경북 미군정의 심각한 정책실패가 있었다. 그러나 무엇보다도 식량문제의 실패가 가장 큰 영향을 끼쳤다. 미군정이 자유매매와 자유곡가제를 실시하여 결국 시장에서 미곡이 사라지고 쌀값이 급등하게 되었던 것이다. 미군정은 하곡에 대해서도 강제매입을 실시하며 경찰을 비롯한 공권력을 동원하여 농민들의 강력한 반발을 샀다.[39] 강원용 역시 '직접적인 도화선이 된 것은 일제의 공출이나 다름없는 미군정의 하곡·추곡에 대한 강제 매입과 극심한 식량난' 때문이었다고 평가했다.[40] 정해구는 연구를 통해 이와 일치하는 분석을 내놓고 있다.

대구10·1사건은 주로 조공의 투쟁에서 비롯되었고 급진세력에 커다란 피해를 입혀 이후 남한의 사회운동에 부정적 영향을 끼쳤다.[41]

---

36) 정해구, 「해방 공간에서의 10월 항쟁: 그 의미와 평가」, 영남대학교 통일문제연구소, 『통일문제연구』, 30:1, 2011, 12~13쪽.
37) 10·1사건 대책위원회; 정해구, 앞의 책, 156쪽.
38) 경북에서만 45명의 경찰이 사망했다. 같은 책, 156쪽.
39) 정해구, 「해방 공간에서의 10월 항쟁: 그 의미와 평가」, 9~11쪽.
40) 강원용, 『역사의 언덕에서 1』, 286쪽.
41) 김상숙, 「1946년 10월 항쟁과 대구지역의 진보적 사회운동」, 『민주주의와 인권』, 16:2, 2016, 231~232쪽.

이승만은 '매국적들의 선동'으로 벌어진 '전국적 대혼란'이라고 비난했고, 김규식 역시 '국제적으로 조선민족의 위신을 떨어뜨려 독립을 방해'한다고 했다. 좌우합작파는 "군정의 정책이 옳지 못한 데 인민항쟁의 원인이 있지만 폭력 수단으로 혼란을 일으키는 것도 옳지 못하다"며 책임이 조선공산당 중앙에 있다고 주장했다.[42] 박헌영은 이들을 비난하면서 "인민의 생활이 악화되어 굶주림과 아사선상에 있는 가운데 미군정과 친일파 등 반동파의 무력강압정책은 인민들의 분개를 일으켰으며…… 대중적 여론과 평화적 요구의 방법이 당국으로부터 무시됨에 다른 길이 없다는 것을 인민들이 깨닫게 되어 반동공세에 대하여 대중투쟁이 반격의 방향으로 발전한 인민들의 영웅적 항쟁"[43]으로 규정하고 있다. 강원용은 '미군정을 비롯한 지도층의 잘못과 이탈된 민심을 이용한 공산세력의 기도 사이에서 수많은 사람들만 무고하게 희생된 셈'이라고 평가했다.[44] 균형 잡힌 평가였다.

강원용은 부안농민사건에도 주목했다. 사건의 진행 도중에 파견되어 실상을 조사할 수 있었기 때문이다. 아직도 부안농민사건에 관련해서는 연구가 미진하다. 강원용이 남긴 기록은 진상규명 및 향후의 전문적 연구를 위한 기초자료가 될 수 있을 것으로 보인다.

부안농민사건은 3월 22일 총파업투쟁으로 시작됐기 때문에 '3 · 22 투쟁'으로도 불린다. 강원용의 회고에 따르면 대구10 · 1사건의 경우와 마찬가지로 미군정의 무리한 식량공출이 원인이었다. 미군정은 쌀값이 폭등한 상황에서 생산비보다 낮은 가격으로 공출을 단행했다. 38선이 막혀 북의 공장에서 공급받는 비료가 끊긴 상황은 고려하지 않고, 일제 당시의 자료를 근거 삼아 지역별 공출 할당량을 정해 놓았

---

42) 박헌영, 『박헌영노선 비판』, 세계, 1986, 444쪽.

43) 같은 책, 434쪽.

44) 강원용, 『역사의 언덕에서 1』, 286쪽.

던 것이다. 농민들은 "일제 치하에서는 우리 먹을 것이라도 있었는데 미국놈들이 전부 우리 쌀을 빼앗아 가고 있다. ……단결해서 공출 거부운동을 벌이자"라는 공산세력의 선동으로 크게 분개하여 공출 거부운동에 너도나도 가담하게 되었다.[45]

당시 사건에 가담했던 허영철의 글을 보면 좌익계의 입장을 잘 살펴볼 수 있다. 미소공위가 재개되면서 남로당은 당세 확장과 소련을 지지하기 위한 정치투쟁을 강화했고, 미군정은 이에 맞서 좌익계 인사들을 탄압했다. 남로당은 조선노동조합전국평의회와 지방당조직을 가동해 1947년 3월 22일 24시간 총파업을 계획했다. 이 파업으로 남로당 지방조직과 노동자들이 크게 희생되었다.[46] 부안은 좌익세가 강한데도 이러한 움직임에 편승하는 실질적인 노력을 하지 못했다는 반성이 부안 군당 내부에서 일어났다. 이에 24시간 총파업을 중앙에서 계획하고 조직을 동원하여 3·22투쟁이 발생했다. 중앙당에서는 부안 대중들의 의식이나 당조직이 도내에서도 강성이라는 점에 주목하여 이리 옆의 삼리와 함께 농민투쟁을 조직하도록 지시했다. 북에서 실행한 개혁을 골자로 한 제반 민주개혁을 실시하라는 것이 내용의 골자였다. 부안은 농업지역이니만큼 농지개혁에 초점이 맞춰져 있었다. 아울러 무기휴회에 들어가 있던 미소공동위원회를 재개하여 3상회의에서 결정된 내용에 입각해 한반도문제를 해결하라는 요구도 포함되어 있었다.[47]

부안에서는 블록을 조직하여 많은 사람을 투쟁에 참여시켰다. 보안면(保安面)에서는 사람들이 면 중심부를 가로지르는 큰길을 가득 메우고 행진할 정도였다. 대열에 참여한 사람들의 숫자가 적지 않음에

45) 같은 책, 290~293쪽.

46) 허영철, 『역사는 한 번도 나를 비껴가지 않았다』, 보리, 2006, 82쪽.

47) 한국정신문화연구원 한민족문화연구소 엮음, 『내가 겪은 해방과 분단』, 선인, 2001, 399~400쪽.

놀란 경찰관들이 농민들을 향해 총격을 가해 여러 명이 부상을 당하고 한 명이 사망했다. 그런데도 대열을 흐트러뜨리지 않고 투쟁의지를 보이자 경찰관들이 겁을 먹고 도망하기도 했다.[48] 흥분한 농민들은 도끼와 낫, 몽둥이를 들고 경찰서 등 관공서를 습격해 건물과 시설을 파괴했으며 근무자들을 살해하고 불에 태워버리기까지 했다. 줄포(茁浦)에서는 상당한 수의 시위대를 진압하려고 경찰들이 대열을 갖춰 발포하여 아홉 명이 희생당했다. 흥분한 사람들이 경찰에게 보복을 가해 경찰관 두 명이 사망했다. 조사를 끝내고 부안을 지나 줄포로 가던 강원용은 테러단을 만나 위협을 당할 뻔했으나 간발의 차이로 그곳을 빠져나왔다고 기록하고 있다.[49]

경찰력만으로 해결되지 않자, 서북청년단 같은 우익테러집단들이 부안으로 들어와 시위대를 진압하는 데 본격적으로 활용되기 시작했다. 강원용은 테러단이 무자비하게 단순 가담자들까지 눈에 보이는 대로 마구 연행했다고 증언한다. 심지어 집에 숨어 있던 노인과 여자들까지도 테러단에게 심하게 당하고 있는 현장을 목격하기까지 했다.[50]

강원용은 "행정당국이 관료주의와 타성에 젖어 현실을 무시한 정책을 강요하면 민심은 이반하게 마련이고, 공산당은 그 기회를 이용한다. 사건이 터지면 모든 원인을 공산당에 떠넘기고 가담자들을 전부 공산주의자로 몰아 탄압하는 것이 당시 빈발했던 사건들의 공통점"[51]이라고 기술했다. 그는 스스로 반공주의자임을 자처했지만 사건의 원인을 좌우 어느 한쪽의 책임으로 돌리지 않았다.

48) 같은 책, 400~401쪽.
49) 강원용, 『역사의 언덕에서 1』, 295쪽.
50) 같은 책, 294쪽.
51) 같은 책, 296쪽.

좌익이면 목숨을 바친 독립운동도 아무것도 아닌 게 된단 말인가? 우리가 존경할 만한 지도자들을 거의 다 잃어버린 것만도 억울한데, 역사에 기록조차 하지 않고 망각 속으로 밀어내버리는 것은 우리 민족으로서는 막대한 손해가 아닐까 싶다. 독립운동은 독립운동으로, 좌익운동은 좌익운동으로 우리는 역사를 제대로 기록해두어야 한다.[52]

보복을 위해서가 아니라 용서하기 위해서라도 진상은 규명되어야 한다. ……보기 싫은 우리의 얼굴이지만 제대로 보지 않으면 같은 실수를 계속하게 된다. 억울하게 죽은 고인들은 물론이고 아직도 부당한 대우와 오해로 고통받는 유가족의 명예도 아울러 회복시켜 원망과 미움을 씻어내야 한다. 원한과 미움을 가슴에 숨겨둔 채로 새 역사를 창조하자는 말은 공허할 뿐이다.[53]

해방공간의 사건들은 아직도 좌우이념 구도에 갇혀 논쟁이 끊이질 않고 있다. 그러나 강원용은 이념을 통한 평가보다는 억울하게 죽은 목숨들을 기리고, 진상을 규명해 과거를 극복하는 것이 중요하다는 관점으로 접근하고 있다. 제3지대에서 두 눈으로 보고자 한 그의 노력은 여기에서도 빛을 발한다.

52) 같은 책, 267~268쪽

53) 같은 책, 303쪽.

4 인간, 전쟁, 하나님

북한이 불참한 남한만의 총선거가 치러진 데 이어 헌법이 공포되고 이승만이 국회에서 대통령으로 선출되었다. 남한과 북한에는 각각의 정부가 시간을 다투어 들어섰다. 두 분단국가의 등장이었다. 정통성의 배타적 독점을 주장하는 두 국가의 공존상태가 도래한 것이다.

청년 강원용은 정치활동에 열의를 잃고 말았다. 그는 해방공간에서 정치활동에 적극적으로 가담했었다. 기독청년단체 정치위원, 비상국민회의 최연소 대의원, 좌우합작위원회 최연소 확대위원, 민족자주연맹 기획실장 등 여러 직위를 맡으며 청년 정치활동의 중심에서 활약했다. 따라서 정치지도자들을 가까이서 접할 기회가 많았는데도 정작 지도자들에게 매력을 느끼지 못했다. 막상 접촉해보니 욕심에 가득 차 있었고 정치적 목표를 위해서는 가장 가까운 친구도 버릴 수 있는 이도 있었다. 더 이상 기성 정치인들에게 기대를 품을 수 없었다.

강원용은 제법 오랫동안 김용기 장로의 집에서 쉬면서 지난 일들을 정리하고 앞으로 나아갈 길에 대해 숙고했다. 결론은 이 땅의 젊은이들을 육성하는 것이었다. 희망을 둘 곳이라고는 젊은 세대밖에 없다고 판단했다.[1] 향후 강원용의 인생을 결정지은 순간이었다. 이후 그

1) 강원용, 『역사의 언덕에서 2: 전쟁의 땅 혁명의 땅』, 한길사, 24~25쪽.

는 정치에서 한발 뒤로 물러나 교육과 후학양성으로 방향을 돌리게 되었다.

이분법을 넘어서

휴식을 마치고 돌아온 강원용은 신인회(新人會)와 기독학생총연맹(Korea Student Christian Federation, KSCF)을 중심으로 청년학생운동에 열성을 쏟기 시작했다. 이 과정에서 기존의 기독학생단체들과 마찰을 빚는 일도 있었지만, 한국기독교연합회(National Council of Churches, NCC) 산하에 청년국을 만들어 기독학생단체들을 관장하도록 함으로써 갈등이 조정될 수 있었다. 그는 NCC의 청년국 초대 간사로 임명되었다.

이 시기 강원용에게는 하나의 사건이 일어나게 된다. 니버의 사상을 접하게 된 것이다.

> 그의 사상을 접하기 전까지 나는 이분법적인 사고 속에서 살았다고 할 수 있다. 하나님 앞에서 선과 악을 분명하게 구분하고 악을 물리치며 선을 택하는 것만이 믿음 가진 자로서 마땅한 삶이라고 생각했다. 그러나 이런 이분법적인 도덕주의 속에 도사리고 있는 거짓을 니버는 샅샅이 파헤쳐주었다.[2)]

니버의 책은 1948년 한국 기독청년대표로 일본을 방문하여 접하게 되었다. 학생들을 미래의 지도자로 육성하려던 그에게 일본방문은 중요했다. 강원용은 이 기회로 세계사상의 새로운 흐름을 알아보고자 했다. 일본은 일찍이 서양의 문물을 받아들여 한국에 비해 양질의 서

---

2) 같은 책, 29쪽.

구 서적을 많이 보유하고 있었다.

강원용 일행은 일본을 돌아다니며 강연도 하고 종교지도자와 학자들도 만났다. 회의 가운데에는 일본 YWCA 청년학생부 좌담회가 있었다. 거기서 강원용은 일본 YWCA의 학생부 간사로 있던 다케다 기오코(武田清子)를 만났다. 그녀는 니버의 제자로 미국의 유니언 신학교(Union Theological Seminary in the City of New York)에서 수학한 뒤 니버의 저서 『빛의 자녀들과 어둠의 자녀들』을 번역한 사람이었다. 강원용이 일본에 머무는 동안 다케다는 자신의 번역서를 비롯한 니버의 저서들과 여러 신간을 골라주는 등 큰 도움을 주었다.

『빛의 자녀들과 어둠의 자녀들』은 제2차 세계대전을 소재로 쓴 책이다. 빛의 자녀들은 이기심을 보편적 선과 조화시켜야 한다고 믿는 사람들이며, 어둠의 자녀들은 자신의 의지를 최고로 삼는 도덕적 냉소주의자들을 뜻한다. 이기심의 가치를 알고 있다는 점에서 어둠의 자녀들은 빛의 자녀들보다 지혜롭다. 빛과 어둠 중 어느 한쪽이 절대적으로 옳거나 그른 것이 아니다. 또한 니버는 세계공동체의 실현 가능성과 불가능성에 관해 논했다. 그의 사상은 정치에 회의감을 느끼던 강원용에게 큰 울림을 주어, 이후 강원용이 자신의 정치사상 및 실천의 토대가 되는 'Between and Beyond'(중간 그리고 그것을 넘어서)를 구축하는 데 기초가 되었다.

창조적 소수

일본에서 구입한 책들은 강원용과 동료들에게 큰 도움이 되었다. 강원용은 책들을 신인회 회원들과 함께 공유했으며 모두 읽은 후에는 내용을 갖고 토론했다. 그동안 읽은 내용을 정리하여 학교를 돌아다니며 강연을 하기도 했다. 강연은 주로 창조적 소수의 역할과 임무에 관한 것이었다.

현대문명은 몰락해간다. 따라서 우리는 새로운 문명을 맞을 준비를 해야 하는데, 새로운 문명은 아시아가 중심이 되어 생긴다. 우리는 새 문명의 창조자로서 우리 민족의 우수성을 확인하는 한편 그동안의 잘못된 의식구조와 태도도 개혁해야 한다. 다가올 새 시대는 여러분과 같이 선택받은 소수자(creative minority)가 주도하게 되는데 이를 위해 여러분에게 요구되는 것은 새 르네상스, 새 종교개혁, 새 인간혁명이다.[3)]

강원용의 새 생각들은 그의 책 『새 시대의 건설자』에서 모습을 드러냈다. 책은 이희호의 도움으로 1949년 하반기에 출간되었다.[4)] 책에서 강원용은 트루블러드(D. E. Trueblood)의 『현대인의 위기』를 중심으로 시대의 위기를 진단하고 있다. 강원용은 과학기술은 발전했지만 윤리는 상실되었음을 한탄한다. 현대 사조는 영혼보다 육신, 정신보다 물질, 도덕보다 힘, 미래보다 현실을 중시하며, 국가들은 물력과 지력을 총동원하여 인명과 재산을 파괴하는 데 광분하고 있다는 것이다. 이러한 현대문명의 모순 때문에 인류의 내외부가 모두 파괴될 지경에 이르렀다.

문제의 원인은 '그 웅대한 과학기술이론 속에 힘차게 흘러가는 생명인 피와 같은 윤리가 고갈'되었기 때문이다. 여기서 강원용이 주장하는 윤리는 종교와 무관한 인간애로서의 '무력한 윤리'가 아닌 그리스도의 사랑에서 비롯한 '힘 있는 윤리'다. 인간관의 문제도 한몫한다. 근대인은 르네상스, 프랑스혁명, 마르크스주의의 유물사관, 미국의 민주주의 등의 사조를 따라 인간에 대해 지나치게 낙관했다. 현대문명은 인간의 악을 우연, 육의 본능, 사회환경에 돌리고, 인간 자체의 죄

---

3) 같은 책, 42쪽.

4) 강원용, 『새 시대의 건설자』, 조선기독교서회, 1949, 19~42쪽.

악을 직면하지 못하고 있다.

강원용은 '오직 그리스도교'에만 처방이 있다고 단언한다. 과학기술은 힘 있는 윤리의 토대 위에서 확립된 사회구조에 따라 발전할 때만 행복한 사회건설에 기여할 수 있다. 또한 인간은 하나님의 형상에 따라 지음받은 귀한 존재임을 자각해야 하며, 죄악에서 해방될 가능성이 인간에게는 없음을 인정하고 개인윤리와 함께 사회윤리를 추구해야 한다고 주장한다. 즉 인간의 불완전성 및 죄악이라는 비관적 면과 하나님의 형상이라는 낙관적인 면을 통일해야 자유로운 평등·평등한 자유를 실현할 수 있게 된다.

또한 새 시대의 건설자는 소명에 사는 적은 무리, 즉 창조적 소수여야 한다. 새 사업은 한 영웅에 의해서나 대중의 힘으로 이루어질 수 없다. 창조적 소수란 '성서에 계시된 모든 말씀을 확고하게 믿고 복종하는 보수주의자면서 어두운 현실을 그대로 직시하고 인간애에 불타는 심정에서 그 사랑을 실천하기 위한 명확한 프로그램을 가지고 시대의 앞에 서서 새로운 건설을 위해 싸우는 가장 진보적인 현대사상을 가진 자들'이다. 또한 현대의 병폐를 정확히 진단하기 위해 여러 분야에서 진리를 탐구하면서도, 자신들이 '포도나무의 한 가지', 즉 '한 몸의 지체'임을 기억하는 자들이 모인 인격적 결합체다.

책의 결론부에서는 영국의 종교화가 조지 와츠(George Watts)가 그린 「소망」(Hope)이라는 그림이 등장한다.

> 독신의 처녀가 남루한 옷을 입고(빈한), 발은 쇠사슬에 얽매이고(부자유), 때는 밤이건만 눈은 가리웠고(암담한 환경), 소망이라고는 손에 든 한 개의 하프인데 그것도 줄이 다 끊어지고 단 한 줄만 남은 것이다(믿었던, 기대했던 것이 하나하나 내게서 떨어져 나가는 것). 그러나 조금도 실망하지 않고 전심전력을 기울여 마지막 남은 단 한 줄의 하프를 뜯는다. 그의 얼굴과 몸에는 희망이 빛난다. 그는 지구

를 타고 앉아 있다.

나는 항상 이 그림을 내 책상 앞에 두고 무한한 격려를 받는다. 단 한 줄 하나님과 나 사이에 맺어진 줄만은 결코 끊어지지 않는다. 그것으로 족하다. 모든 것을 다 잃어버릴지라도 하나님께 붙잡힌 자로서 명랑하게 싸울 수 있는 자, 사랑하는 애인을 파묻으면서 부활의 아침을 보고 사는 자만이 새 시대의 건설자가 될 소망에 사는 자다.[5]

책에서 강원용은 문명의 흥망 및 전이를 지나치게 단순화했으며 한반도의 문화적 융성에 대해 낙관하고 있다. 그 스스로 한계를 인정했던 부분이다.

창조적 소수는 선지적 혜안과 강력한 추진력이 필요했던 시대에 적합한 것이었다. 강원용은 향후 크리스찬아카데미의 중간집단교육에서 이를 강조하여 많은 사람의 마음을 뜨겁게 불태웠다. 그리고 그들은 실제로 당대의 창조적 소수가 된다.

목사안수를 받다

강원용이 목사가 될 수 있었던 것은 오로지 스승 김재준 덕분이었다. 김재준은 거듭 목사안수를 받으라고 권유했다. 신학교를 졸업하고 1년이 지나도록 강원용은 목사가 될 생각을 하지 않고 있었다. 목사라는 직책을 받으면 교회의 틀 안에 갇히는 느낌이 들었기 때문이다.[6] 그런데도 김재준은 강원용을 목사의 길로 이끌었다. 1949년에는 목사가 되기에 필요한 청원서와 목사시험 예상문제까지 강원용에게 주

5) 같은 책, 173~174쪽.

6) 강원용, 『역사의 언덕에서 2』, 47쪽.

었다. 스승의 끊임없는 정성에 시험을 보러 갈 수밖에 없었다. 마침내 강원용은 승동교회(勝洞敎會)에서 목사안수를 받았다.

> 비록 터진 바지를 입고 있었지만, 안수를 받을 때의 내 심정은 마치 어느 불교도가 스님이 되기 위해 삭발을 하는 것처럼 숙연했다. 그동안 내가 정치와 사회 문제에 관여한 것은 사실이지만 그렇다고 해서 기독교 신앙을 떠난 것은 아니었다. 나는 지금도 목사라는 직업이 교회라는 울타리 안에 들어앉아 신도들에게 설교나 하는 것이라고는 생각하지 않는다. 그러나 안수를 받을 때의 내 마음은, 더 이상 현실 세계에 뛰어들거나 곁눈질하지 않고, 오직 하나님의 사업과 그리스도의 복음을 위해 살아야겠다는 것이었다. '이제부터 내가 사는 것은 내가 사는 게 아니라 내 안에 있는 그리스도의 삶'이라는 생각이었다.[7]

이후 사회참여의 방법에 대한 그의 생각은 달라졌다. 한 예가 1950년에 열린 제2대 국회의원 선거다. 강원용은 이 선거에 출마하는 것에 대해 고민한 적이 있다. 그를 지지하던 청년들이 경기도 광주의 후보로 내세우려 했으나, 같은 지역 후보인 거물 정치인 신익희를 이길 가능성이 없다는 현실적인 이유로 뜻을 접었다. 그러나 더욱 중요한 이유는 목사안수를 받으면서 했던 결심 때문이었다. 목사안수는, 악마와 정의의 두 얼굴을 한 정치에 직접 참여하지 않은 중대한 계기였다.

> 내 평생 정치에 본격적으로 뛰어들 뻔한 적이 몇 차례 있었는데, 그때마다 요행이랄까, 우연이랄까 정치행을 접곤 했다. 하지만 '내

7) 같은 책, 49쪽.

가 하면 진짜 정치다운 정치를 해보겠다'는 유혹이 아주 없었던 것은 아니다. 빈들에서 들려오는 권력의 유혹은 악마의 얼굴을 하고 있는 것이 아니라 오히려 정의와 흡사한 얼굴을 하고 있었다. 심지어 내가 거절하는 것이 비겁한 행동처럼 느껴지는 경우도 있었다. 누군가 나의 용기 부족을 지적한다면 부인할 생각은 없다. 그러나 비겁함에서 그랬든 소심함 때문에 거절을 했든 내가 진흙투성이의 정치판에 뛰어들지 않게 된 것은 하나님의 선택이자 은혜였음을 세월이 흐를수록 확신하게 된다.[8)]

장로교의 분열: 기장의 출범

조선신학원(朝鮮神學院)은 1938년에 평양신학교가 신사참배문제로 문을 닫자 김재준, 송창근, 윤인구의 주도로 설립되었다. 조선신학원은 '성서무오설'(聖書無誤說)을 반박하는 진보신학자가 많이 모이면서 보수적 신학에 대립하는 개혁세력의 산실로 떠올랐다.

1946년에는 조선신학교가 총회 직영이 되었다. 그러던 중 근본주의를 신봉하던 선교사들과 북한 출신 기독인들이 문제를 제기하게 된다. 장로교 인사들뿐 아니라 미국 북장로회와 남장로회, 호주장로회 선교부 소속 선교사들까지도 해방 이후 조선신학교가 남한의 총회 직영 신학교가 된 것에 불편한 감정을 지니고 있었다. 조선신학교로 편입한 평양신학교 학생들이 1947년 5월 '총회의 전통을 사랑하는 학생 일동'이라며 진정서를 제출하는 일까지 벌어졌다. 입증자료로는 김재준의 강의와 관련된 것이었다. 김재준이 정통신학을 "인본주의요 정통적 이단"이라고 표현하는가 하면, 강의시간에 정통신학을 조롱하는 등[9)] 근대주의신학과 성경의 고등비평을 거부하고 자유주의신학을 배

8) 같은 책, 51~52쪽.

척한다는 내용이었다.[10)]

장로교 총회는 심사위원회를 구성하여 진정서를 검토하고 김재준을 소환했다. 김재준은 성서는 하나님의 구속경륜을 수행한 역사적 계시로서 성경은 하나님 말씀으로 신앙과 본분에 대해 정확무오한 법칙임을 믿는다며 자신의 성서관을 진정서 형식으로 제출했다.[11)] 위원회가 1년 동안 조사했지만 '신앙은 보수, 신학은 자유'라는 김재준의 논리를 정면으로 반박할 수 없었다. 근본주의의 대표 격인 박형룡 목사는 이에 불복하여 김재준의 파괴적 고등비평의 성서관은 한국교회를 능욕하고 있다고 비판했다.[12)]

총회는 비판을 받아들여 조선신학교 개혁안을 제안했으나 김재준 목사와 그의 지지자들은 받아들이지 않았다. 한편 박형룡은 미국 장로교 선교사들의 지원 아래 1948년 6월 장로회신학교(長老會神學校)를 별도로 개교했다. 한 총회 아래 두 신학교가 존재하게 된 셈이었다. 1950년 제36회 총회에서 두 신학교를 통합하려 했지만 합의를 보지 못했다. 따라서 1951년 5월 총회에서 두 신학교를 모두 취소하고 대구에 신설학교를 건립하는 안을 가결하여 9월 총회신학교(總會神學校)가 세워졌다. 그러나 조선신학대학은 합동결의를 각 노회에 묻지 않고 총회가 결정한 것은 헌법 위반이라며 따르지 않겠다는 의사를 표시했다. 보수파는 1952년 4월에 대구 서문교회당에서 열린 제37회 총회에서 진보파에 대한 공세를 펼쳤다. 경기 노회에 명하여 김재

---

9) 정규오, 『신학적 입장에서 본 한국장로교회사 1』, 한국복음문서협회, 1991, 46~48쪽; 한국기독교역사학회 엮음, 『한국기독교의 역사 III: 해방 이후 20세기 말까지』, 한국기독교역사연구소, 2009, 87쪽에서 재인용.

10) 김양선, 『한국기독교 해방 10년사』, 대한예수교장로회 총회종교교육부, 1956, 216~217쪽.

11) 김흥수·서정민, 『한국기독교사 탐구』, 대한기독교서회, 2011, 141쪽.

12) 김양선, 앞의 책, 230쪽.

준 목사를 면직시키도록 하고 조선신학교 졸업생은 목사 장립을 불허한다고 결의했다. 한국교회의 대분열이었다.

경기 노회 부총대였던 강원용은 두 시간 넘게 세계교회와 세계신학사조의 방향을 곁들여 한국 장로교회의 맹점을 통박하며 김재준을 변호했다.[13] 김재준 목사를 성경유오설(聖經有誤說)을 펼쳤다며 이단으로 몰아 처벌하는 것은 배타적 결정이라는 논지였다. 그러나 김재준 목사의 면직문제는 총회결의로 확정되고 말았다. "지금 우리는 당신들이 내쫓아서 부득이 나가게 되겠지만 우리는 당신들을 버리지 않을 것입니다. 우리는 우리의 길을 가겠지만 10년 이내에 여러분을 다시 만나게 될 겁니다. 이것이 제가 여러분께 드리는 마지막 말입니다." 강원용은 말을 마친 후 퇴장했다.[14]

경기 노회에서는 김재준 목사 파직문제로 노회가 소집되었다. 경기 노회는 당시 전국 노회 중 가장 규모가 컸으며 조선신학교 측 인사들이 교권을 장악하고 있었다. 강원용은 경기 노회 회원이 전부 총회에 출석하여 투표권을 행사한다면 수가 많지 않아도 캐스팅 보트 구실을 할 수 있을지 모른다며 김재준이 동행할 것을 설득했다. 강원용은 노회의 목사들을 일일이 만나 설득하여 총회의 의사를 반박할 용기와 여력이 없던 그들의 마음을 돌렸다. 결국 경기 노회에서 "김재준은 처벌대상이 될 수 없다. 그의 신조는 장로교 신조에 위배되지 않는다"는 내용의 심사보고서가 통과될 수 있었다.[15]

1953년 4월 제38회 총회에서는 김재준의 목사직 박탈, 경기 노회에서의 제명, 조선신학대학 졸업생의 교역자 자격 불허, 조선신학대학파를 지지하는 캐나다 연합교회의 선교사 스콧에 대한 심사가 결의되

---

13) 김재준, 『凡庸記: 長空 金在俊 自敍傳』, 풀빛, 1983, 242쪽.

14) 강원용, 『역사의 언덕에서 2』, 157쪽.

15) 김재준, 앞의 책, 245쪽.

었다. 이 같은 결정을 받아들일 수 없었던 분립된 아홉 개 노회의 대표들은 조선신학대학에서 총회를 열어 제37, 38회 총회의 결의내용을 모두 백지화했다. 1954년 6월 10일에는 조선신학대학에서 법통 총회를 열고 대한기독교장로회(韓國基督敎長老會, The Presbyterian Church in the Republic of Korea)라는 교단을 설립했다.[16] 조선신학교 측과 오랜 친분을 맺어온 캐나다연합장로회 선교부가 지지했다. 선언서에서는 복음의 자유, 신앙양심의 자유, 자립자조의 정신, 세계교회 정신을 강조했다.[17]

강원용은 해방 직후 교단통합운동에 가세했던 적이 있었다. 이번 문제에서는 오히려 분립파에 가까웠다. 두 가지 이유에서 그러했다. 신학적인 면에서는 성경의 축자영감설(逐字靈感設)을 따르지 않는 사람을 이단자로 몰아세우는 보수신앙이 깨지기 시작했다. 역사적인 면에서는 한국교계가 외국 선교사들에게 조종받는 외세지배 시대를 벗어나야 했다. 한국에 기독교를 전래한 것은 분명히 선교사들이었으나, 한국의 기독교를 그들의 영향력하에 그대로 두기 위해 노력했던 것도 선교사들이었다. 특히 해방 직후와 한국전쟁기를 거치는 그 어려운 시기에 구호물자나 파괴된 교회당의 건설에 의존할 수밖에 없는 우리 교회의 나약함을 이용한 선교사들의 신학적 지배에서 벗어나는 계기가 된 것이라고 보았다.[18] 강원용은 후일 크리스찬아카데미 설립 시 독일 아카데미에서 상당한 지원을 받았는데도, 한국 실정에 맞는 자립적인 운동을 형성하겠다는 고집을 꺾지 않았다.

---

16) 윤정란, 『한국전쟁과 기독교』, 한울 아카데미, 2015, 72~74쪽.

17) 김양선, 『한국기독교 해방 10년사』, 288쪽.

18) 강원용, 『역사의 언덕에서 2』, 158쪽.

전쟁과 교회의 용공 논쟁

한국전쟁 이전의 사건들은 크건 작건 모두 이 전쟁으로 흘러들어 간다. 정치와 사회, 정신, 외교의 외선은 전쟁 이후의 사건들도 이 전쟁의 테두리 안에 놓였다.[19] 그만큼 이 전쟁은 한국인들에게 너무나 크고 엄청났고 너무나 가혹한 시련이었다. 전쟁은 오늘날까지도 집단적 기억으로 한국인들의 정신 속에 깊이 자리하고 있다. 한국인들에게 이 전쟁은 아직 끝나지 않은 전쟁이다. 전쟁으로 고착된 분단은 반세기를 넘게 지속되고 있다.

한국전쟁은 한국교회의 참사와 고난으로 이어졌다. 같은 언어를 공유하는 가장 가까웠던 형제 사이에 벌어진 상잔의 참상과 분열의 비극은 한국교회에서도 그대로 재현되었다. 전쟁으로 파손, 손실된 교회는 남한만 장로교가 541개 교회, 감리교가 239개 교회, 성결교가 106개 교회였으며 순교, 납치당한 교역자도 장로교 177명, 감리교 44명, 성결교 11명, 성공회 6명 등에 이르렀다.[20] 수많은 인사의 행방이 묘연했고 북한 인민군은 기독교인들을 잔혹하게 학살했다. 기존의 우익 반공주의로 출발한 개신교의 이념지형은 1950년대에 들어 더욱 절정을 이루었다. 한국전쟁으로 반공주의는 '국가나 민족을 성화(聖化)하는 신성한 담론과 실천의 체계'이자, '사탄'인 공산주의에 대항한 일종의 구원론으로 발전했다. 반공주의가 일종의 종교가 된 것이다.[21]

강원용의 회고에 따르면, 북진하는 국군을 따라 평양을 찾았을 때 '거리에는 십자가가 그려진 완장을 차고 다니는 사람들이 많았'는데, 이는 국군이 기독교신자라면 관대히 봐주었기 때문이었다.[22] 또한 피

---

19) 박명림, 『한국전쟁의 발발과 기원 1: 결정과 발발』, 나남출판, 1996, 30쪽.
20) 민경배, 『한국기독교회사』, 연세대학교 출판부, 2007, 561쪽.
21) 강인철, 『한국의 개신교와 반공주의』, 도서출판 중심, 2006, 68쪽.
22) 강원용, 『역사의 언덕에서 2』, 123쪽.

난과정에서 선교사나 종군목사들이 신자들에게 제공한 교인 증명서가 공산주의자가 아님을 입증하는 신원보증의 역할을 하기도 했다.[23]

전쟁 이후의 한국개신교는 반공주의를 내면화함과 동시에 대외적으로는 강한 친미적 성향을 형성하게 되었다. 이는 교회분열의 계기로 작용했다. 개신교지도자들은 반공주의에 너무 충직한 나머지 공산주의와 연계되는 어떤 세력과도 절연하고자 했다. 그것만이 순혈적인 반공주의를 지키는 유일한 방법이라고 생각했다.

1948년 장로교 총회가 세계교회협의회(World Council of Churches, WCC) 창립대회에 다녀온 김관식 목사의 가입제안을 받아들이면서 갈등이 격화되었다. 내부의 보수진영은 'WCC는 단일교회를 추구하는 가톨릭 교회의 일종'이므로 WCC 가입은 공산주의를 용납하는 행위라며 반발했다. 1954년 미국 에번스턴에서 열린 WCC 제2차 총회에서는 공산국가 교회대표들을 참여시키고 공산국가들과의 공존을 논의했다. 이에 명신홍은 WCC가 교리적으로 혼합주의적이며 용공적이라고 보고했다.[24] 한국 복음주의협의회의 박형룡 목사와 정규오 목사는 1955년 8월 세계복음주의연맹에 가입하여 분리의 길을 택했다.

전쟁이 낳은 이념의 골은 결국 신앙공동체를 갈라놓았다. 장로교는 끝내 대한예수교장로회 합동(合同)과 대한예수교장로회 통합(統合)으로 분리되었다. 복음주의진영에서 박형룡 목사의 교장직 복귀를 위한 선거운동을 벌이면서 WCC를 위시한 에큐메니컬(Ecumenical) 진영을 용공적인 자유주의로 비판했다. 1959년 경기 노회 총대 선출과정에서 이미 에큐메니컬 측과 복음주의협의회로 양분되어 있던 두 세력간의 갈등이 격화되었다. 결국 둘은 따로 총회를 속개하고 각각 통합, 합동으로 분리되었다.[25] 성결교회도 분단 이후 미국 복음주의협의회

23) 강인철, 앞의 책, 75쪽.

24) 한국기독교역사학회 엮음, 앞의 책, 90~91쪽.

와 WCC를 지지하는 두 파로 나뉘어, 1962년 보수 총회가 탈퇴 후 신학교를 따로 세워 예수교대한성결교회(大韓聖潔敎會)로 분립하게 되었다.[26]

일련의 전개과정을 보면 교단분열의 핵심은 'WCC가 용공이다'라는 주장에서 비롯된 것이 자명해진다. 강원용은 WCC는 '공산주의집단이나 용공단체가 아니'라고 단언한다. WCC는 모든 정치체제와 사회문화적 상황이 다른 나라의 교회들이 모인 협의체이기 때문에 어느 한 정치체제나 이데올로기를 취할 수 없다는 입장이다.[27] 또한 WCC가 북한과 어떠한 연계도 없다고 역설한다.

> WCC는 분단된 한국문제에 있어서 오늘까지는 우리의 입장을 지지하고 원조해준 많은 예가 있으나 북한을 공적으로 지지한 일은 없다는 사실이다. 다만 7·4공동성명 때 남북한 관계에다 격려하는 전보를 친 일이 있는 것뿐이다. 6·25사변 때 토론토에서 모인 중앙위원회는 UN이 북한을 침략자로 규정하고 파병한 결의를 지지하고 남하한 전쟁동포들을 위해 막대한 구호물자를 보내왔고 그 후에도 우리들의 교회활동을 위해 많은 도움을 주어오고 있는 반면에 북한을 공식방문하거나 물자를 보낸 일도 없다. "중공과 북한도 가입신청을 내고 있다" 했으나 중공은 가입신청 낸 일이 없고 북한은 낸 것이 사실이나 WCC는 묵살해버리고 말았다.[28]

반공주의는 정작 개신교 내 보수와 진보가 모두 지지하는 가치였다.[29] 에큐메니컬 계열이었던 NCC가 발표했던 각종 성명이 이를

---

25) 같은 책, 92~94쪽.
26) 김흥수·서정민, 앞의 책, 147~148쪽.
27) 강원용, 「에큐메니컬 운동과 한국교회」, 『기독교사상』, 20:11, 1976, 40쪽.
28) 같은 글, 39쪽.

입증한다. 성명에는 반공주의적 상황인식이 그대로 드러나고 있다. NCC는 1958년 미국교회협의회(NCCUSA)의 세계질서연구위원회가 공산중국을 승인하기로 결정하고 미국정부에도 중공 승인을 요청했다는 소식을 듣게 되었다. 그러자 "공산주의자들은 하나님을 부인하고 모든 기독신자를 궤멸시키려 하고 있다"는 성명서를 발표했다.[30] 1959년 12월 NCC의 「에큐메니컬 운동 선언」에서는 "에큐메니컬 운동은 용공운동을 용납하지 않을 뿐더러 공산주의와 로마가톨릭주의 그리고 신앙사상의 혼합주의 등을 절대 배척하고 있다"며 에큐메니컬 운동이 용공적이지 않음을 주장했다.[31]

결국 교회분열은 일종의 이념적 편가르기에 불과했다. 미국 복음주의 선교사들의 판단을 그대로 흡수하려 했기 때문인지, 또는 전쟁을 겪은 후 공산주의에 치를 떨게 되었기 때문인지 교회는 너무나 쉽게 용공이라는 명분으로 한 몸이었던 지체를 찢어냈다. 교단을 막론하고 반공기치를 높이 세웠던 한국교회가 역설적으로 반공으로 분열하고 말았다. 어처구니가 없을 정도로 안타까운 한국교회사의 단면이다.

강원용의 말처럼 한국문제를 해결하는 주도권은 한국인에게 있고 한국교회의 노선을 정하는 주체는 한국교회 자신이다. 우리가 우리의 태도를 바르게 정립하면 협의체에 불과한 WCC 역시 원치 않는 일을 강요하지 않을 것임이 틀림없었다.[32] 교회가 먼저 이념을 넘어 세계주의로 나아가 교회연합기구와 협의하려 했더라면, 한국교회·한국·세계교회에 공헌할 수 있었을 것이다. 한국교회 내에 현재까지도 WCC를 둘러싼 갈등이 지속되고 있다는 사실이 안타까울 따름이다.

---

29) 강인철, 『한국의 개신교와 반공주의』, 78쪽.

30) 같은 책, 77쪽.

31) 한국기독교교회협의회, 「NCC가 발표한 역대의 성명서들」, 『기독교연감: 1972』, 한국기독교교회협의회, 1972, 294쪽.

32) 강원용, 「에큐메니컬 운동과 한국교회」, 41쪽.

물론 한국교회의 교파 숫자는 이제 셀 수조차 없을 지경이다. 교회가 세상보다 더한 분열과 대립의 모습을 간직한 채 세상의 화평과 일치를 간구하는 것은 어불성설이다.

인간, 전쟁, 하나님

전쟁은 인간 어둠의 모든 면을 전면에 드러낸다. 한국전쟁은 강원용에게는 인간과 하나님에 대한 본질적인 문제를 고심하게 하는 계기를 제공했다. 그는 참혹한 전쟁으로 세상이 파괴되고 인간들의 이기적 본능이 벌거벗겨져 하나하나 드러나는 것을 목도했다.

6월 25일 주일 아침이었다. 중앙대학교에 다니던 마종명이라는 학생이 얼굴이 사색이 되어 교회로 뛰어와서는 전쟁이 났음을 알렸다.[33] 소식을 들은 강원용은 어찌할 바를 몰랐다. 사실 전쟁의 발발을 전혀 예상치 못한 것은 아니었다. 1949년 들어 휴전선에서는 충돌이 잦아졌다. 남한에서는 북진통일을, 북한에서는 국토완정을 수시로 주장했고 미소 양군마저 철수해버렸다. 특히 미군의 철수는 남북 간 힘의 균형을 현저히 약화시켰다. 조금이라도 주의 깊게 정세를 보고 있던 사람은 위기를 느끼지 않을 수 없었다. 하지만 상황이 아무리 그러했다고 해도 전쟁이 실제로 일어났다는 것은 너무나 갑작스럽고 혼란스러운 것이었다.

전쟁이 터졌다는 소식을 듣고 강원용은 집 안을 뒤져 값나갈 만한 물건을 모두 팔아 라디오 한 대를 구입했다. 당시에 며칠 분량의 보리쌀이 먹을 것의 전부였으나 양식보다 보도를 듣는 일이 더 긴요할 것이라고 생각했다. 방송보도는 정확한 정보를 제공한다고 생각했던 것이다. 그러나 그가 개전 초기에 피난시기를 놓쳤던 이유는 정확하지

33) 강원용, 『역사의 언덕에서 2』, 58쪽.

못한 방송보도 때문이기도 했다. 남북의 군사력 격차는 심각했으며 신문과 방송은 정확하지 못했다. 뉴스를 전하는 기자들도 혼란스럽기는 마찬가지였기 때문이다.

개전 초반 한국군은 북한군의 공세에 허무하게 패퇴했다. 남북 양측의 실질적인 전력(戰力)의 차이를 알지 못했던 강원용은 개전과 동시에 한국군이 그토록 허무하게 무너져내릴 것이라고는 생각하지 못했을 것이다. 강원용이 피난을 결심한 때는 개전 3일이 지난 28일이 되어서였다. 인민군이 서울에 들어온 것을 알고 나서야 더 머뭇거리다간 위험하겠다는 판단을 했다.

거리에는 이미 피난행렬이 가득했다. 그는 정해둔 목적지 없이 남쪽으로 피난을 떠나기로 결정하고 가족들을 이끌고 한강으로 갔다. 한강다리는 이미 폭파되어 있었다. 강 주변에는 피난민들이 구름처럼 몰려 배를 타기 위해 아우성을 치고 있었다. 배를 타려는 사람들 속에는 친하게 지내던 이들도 있고 돈을 넉넉히 가진 사람들도 있었다. 그러나 그들은 언제 알았느냐는 듯이 냉담한 얼굴로 외면할 뿐이었다. 강원용은 결국 남행을 포기하고 서울로 돌아올 수밖에 없었다.

강원용을 고통스럽게 했던 것은 이뿐만이 아니었다. 평소에 가까이 지내던 이가 트럭을 전세 내어 남행한다는 소식을 들었다. 혹시나 그 편에 끼어 내려갈 수 있을까 하는 기대감에 그의 집을 방문했다. 그러나 그들 역시 함께 가자는 얘기는 꺼내지 않았다. 정작 어려운 상황이 되자 도움을 주는 사람이 없었다.

다시 집으로 돌아와 가택수색에 대비해서 트집 잡힐 만한 문건은 모두 불에 태워버렸다. 이명하와 함께 김붕준 선생 댁으로 피신했다. 김붕준은 항일운동을 오래 하여 공산당이 위해를 가하지 않을 것이란 생각에서였다. 그 집 지하실에 숨어서 단파 라디오로 전황을 들으며 대책을 세웠다. 그러던 중 교계의 지도자가 대구에서 하는 연설을 듣게 되었다. 연사는 26일에 열렸던 NCC 회의에서 서울에 남아 교회를 지키고 순교해야 한다고 강하게 주장했던 사람이었다.

강원용은 충격을 받지 않을 수 없었다. 자신의 안전은 확보해놓고 위험에 처해 있는 사람들에게 공산당과 타협하지 말고 순교할 자세를 취하라는 그의 말은 위선으로 들렸다. 기독교의 최고지도자라고 하는 사람까지 그런 행동을 하는 것을 보고 그는 더욱 절망적인 상태에 빠지고 말았다.[34] 강원용은 인간이란 대체 어떤 존재인지 묻지 않을 수 없었다.

평상시라면 절대로 있을 수 없는 이런 서글픈 체험을 얘기하면서 나는 인간이란 어떤 존재인가를 묻고 싶을 뿐이다. 누구를 비난하기 위해 이런 이야기를 하는 게 아니라 인간이란 나를 포함해 모두가 한없이 허약한 존재일 뿐이라는 사실을 기억하기 위해서이다. 나는 "하나님 앞에서는 의로운 자가 하나도 없다"는 사도 바울의 말을 믿고 있고, 또 인간의 자아 중심적 특질이 잘 안보이게 가려져 있는 사람은 있을지 몰라도 진짜 성자는 존재하지 않는다는 생각을 갖고 있다. 나 자신 언제나 '인간적인 교만함'에 빠지지 않기 위해 이 말을 기억하고 있다.[35]

강원용은 결국 피난 갈 생각을 거두고 교회로 돌아왔다. 인간에 대한 기본 신뢰를 잃어버리자 기를 쓰며 살고 싶은 생각이 없어졌기 때문이다. 자신은 정치인도 아니고 이승만 대통령 세력이 아닌 사람들은 당장 피해를 입지는 않을 것이라고 생각했다. 그러나 이 판단이 잘못된 것이었다는 것을 깨닫는 데는 많은 시간이 필요하지 않았다.

---

34) 같은 책, 63~64쪽.

35) 같은 책, 107쪽.

전쟁이 악(惡)인 것은 다른 무엇보다 그것이 인간의 가치를 부정하고 인간에 대한 신뢰를 저버린다는 데에 있다. 전쟁은 인간이 믿고 있는 모든 아름다운 세계를 파괴시켜버린다. 평소 친구니 이웃이니 선배니 스승이니 하는 아름다운 관계 속에서 억제하고 감추어 왔던 이기적인 본성이 전쟁이라는 극한 상황에 처해지면 아주 적나라하게 그 모습을 드러낸다. 그것은 일반인뿐만 아니라 종교인의 경우에도 별 다름이 없다. 인간의 추한 모습을 보게 되는 것, 바로 이런 체험이 나를 가장 고통스럽게 했다.[36]

극심한 고통과 좌절은 두려움과 증오를 낳는다. 강원용은 전쟁으로 지옥 같은 괴로움에 빠지고 말았다. 전쟁이 한참이나 지난 후에도 당시를 생각하면 숨이 절로 가빠지는 경험들이 있었다. 인간에 대한 실망과 좌절을 뼈저리게 느꼈고 하나님에 대해 의심도 했다. 그러나 역설적으로 전쟁은 강원용의 사상에 심대한 내적 파열을 불러일으켜 더욱 근본적인 변화의 계기가 되었다.

인간이란 대체 어떤 존재인가

공산 치하의 서울생활은 언제 어떤 일이 일어날지 모르는 긴장과 두려움이 상존했다. 인민군도 서울점령 초기에는 민심을 얻으려는 듯 온건한 정책을 유지했다. 정부 고위관료나 경찰·군인들을 체포할 뿐 일반 시민들에게는 별다른 위협을 가하지 않았다.

그러나 7월 중순 교회에 정치보위부 사람들이 와서 신도들의 명부를 샅샅이 조사하는 등 분위기가 수상하게 돌아갔다. 신변의 위협을 느낀 강원용은 예배를 중단하고 피신생활을 시작했다. 그러던 중 은

36) 같은 책, 62쪽.

진중학교 은사이기도 한 최문식에게 서울은 위험하니 피신하라는 귀띔을 들었다. 강원용은 식구들과 함께 보따리를 꾸려 목적지도 없이 무작정 피난길에 올랐다.[37] 한여름 무더위 속에서의 피난길은 고역이었다. 저녁 무렵에서야 도농리(陶農里)라는 마을에 도착했다. 미아리(彌阿里)를 넘어 경기도지역에 위치한 시골마을이었다.

하룻밤만 그곳에서 지내기로 계획했으나 돌밭에 넘어져 다리를 크게 다쳐 어쩔 수 없이 오래 머물게 되었다. 도농리에 머물게 된 것이 천만다행이었다. 그 동네에는 전부터 친하게 지내던 이춘우라는 사람이 살고 있었고 그의 동생이 동네 인민위원장 직책을 맡고 있었다. 이춘우는 조선신학교 출신으로 김재준 목사를 잘 따르던 사람이었다. 알고 보니 김재준 목사도 그들 형제가 사는 집 문간방에 머물고 있었다. 강원용은 스승을 보고 반가운 한편 말없이 먼저 피난한 것이 서운했을 것이다.

도농리에서의 피난 생활도 강원용에게는 살얼음과 같은 긴장의 연속이었다. 전세가 인민군에게 불리해질수록 위기가 고조되었다. 9월 초가 되자 인민군들이 후퇴하는 모습을 볼 수 있었다. 도농리에서도 유엔군과 인민군 사이에서 교전이 벌어졌다. 도농리는 앞뒤로 산이 병풍처럼 둘러싸고 있는 곳이다. 언제부턴가 인민군은 북쪽 산봉우리에, 유엔군은 남쪽 산봉우리에 포대를 설치하고 포격전을 벌이기 시작했다. 인민군과 유엔군의 전투가 치열해지면서 점차 마을 가까이에서 포격전이 벌어졌다. 사람들은 마을 뒤쪽 산자락 밑으로 가서 땅을 파 구덩이를 만들어 몸을 숨겼다. 강원용 역시 겨우 은신할 구덩이를 찾아 숨었다. 그가 있는 근처까지 포탄이 날아와 흙이 튀고 돌덩이와 나무가 산산조각이 났다.

그를 더욱 고통스럽게 했던 것은 대인, 혜원, 혜자 세 아이가 떨고

37) 같은 책, 73~77쪽.

있는 모습을 그냥 지켜볼 수밖에 없다는 사실이었다.[38] 자식들이 죽음의 공포 앞에서 떠는 모습에 강원용은 전율했다. 그는 구덩이 속에 몸을 웅크린 채 몸과 마음을 다해 기도했다. 기적 외에는 그와 가족들을 살릴 수 있는 방법이 없다고 생각했다. 또한 죽음이 무섭고 피하고 싶었다. 기도의 내용은 회령(會寧) 감방에서 올렸던 것과 다름이 없었다.

1944년 겨울 강원용은 임시정부에 합류하여 독립운동을 하려 했다는 혐의로 체포되었다. 그는 회령경찰서 제4감방에 수감되어 고초를 겪었다. 단식하여 자살할 것을 결심했었지만 삼성산부인과 원장 정길환의 도움으로 가석방되었다.[39] 감방에서는 "모든 것을 하나님의 뜻에 맡기고 만약 이곳에서 살아나갈 수 있다면 죽는 날까지 전적으로 하나님만을 위해 살겠다"고 다짐했었다.[40] 그처럼 가장 절실하고 다급한 순간에 나오는 기도는 단순하고 유치할 만큼 솔직했다. 절대위기와 절대참상을 맞아 나약한 인간으로서의 본성이 절절히 드러난 순간이었다. 모든 인간의 기본 속성이었다.

> 하나님, 당신의 기적으로 만약 여기서 살아나가게 된다면 내 인생은 여기서 끝난 것으로 하고 나머지 덤으로 주어진 시간은 하나님이 원하시는 일에 몽땅 바치겠습니다.[41]

시간이 지나 총소리와 폭탄 소리가 멎었다. 구덩이 밖으로 고개를 내밀어 보니 사람들이 구덩이에서 기어 나오고 일단의 군인들이 총칼을 들고 지나가고 있었다. 국군이었다.

---

38) 같은 책, 93쪽.

39) 강원용, 『역사의 언덕에서 1: 엑소더스』, 149~175쪽.

40) 같은 책, 171쪽.

41) 강원용, 『역사의 언덕에서 2』, 94쪽.

서울이 수복되어 피난 갔던 사람들이 돌아오게 되면서 도강파와 잔류파 사이에 분열과 다툼이 일어났다. '동요하지 말고 서울에 있으라'는 말을 믿고 남아 있던 사람들은 한마디로 사기를 당한 것이나 다름없었다. 그런데도 잔류파들이 마치 용공분자나 되는 듯 심판대에 올리기 시작했다. 적반하장이었다. 기독교계라고 해서 예외는 아니었다. 먼저 피난했다가 돌아온 교역자 중에 몇몇은 자체적으로 조사위원회를 만들어 부역한 교역자를 색출한다고 돌아다녔다. 그들은 강원용에게도 화살을 겨누었지만 도농리에 피난 가 있던 사실이 확실하게 증명되자 혐의를 두지는 못했다. 그때 다리를 다쳐 서울로 돌아오지 못한 것은 하나님의 보살핌이었을 것이다.

전쟁 중 사람들 때문에 좌절하기만 했던 것은 아니다. 서울대학교 의과대학 간호학과에 다니다가 인민군에 차출되어 간호사로 병원에서 일하던 장순옥과 김옥봉, 위험을 무릅쓰고 자주 밥을 숨겨와 강원용의 가족들을 배고픔에서 구해주었던 사람들, 수상한 사람이 있으면 지체 없이 신고하라는 보위부 사람들의 얘기에도 그를 숨겨주었던 도농리의 마을사람들처럼 서로에 대한 정과 신뢰를 저버리지 않았던 사람들이 그의 곁에 함께 있었다.

전쟁 속에서 인간에 대한 깊은 불신을 경험한 강원용은 인간이란 어떤 존재인지를 묻지 않을 수 없었다. 자신을 포함해 인간이란 모두 한없이 나약한 존재일 뿐이라는 생각에 다다르자 결론은 역시 하나님, 다시 하나님이었다. 그러나 문제가 끝난 것은 아니었다. 인간의 문제는 인간이 존재하는 한 끝나지 않는다.

신앙과 회의

1951년 1월 부산에서도 인간의 추악한 행태는 되풀이되었다. 강원용은 방화일 목사와 NCC 총무 일을 하고 있었다. 중국군의 참전으로 전황이 불리해졌고, 1·4후퇴로 평택, 안성, 영월까지 전선이 내려온 상황에서 부산이 함락될 것이라는 전망이 나돌 때였다. 미군은 부산 함락에 대비해 교역자와 가족들을 제주도로 옮길 계획을 세웠다. 강원용은 수송선에 탈 목사와 가족들을 인솔하여 부산항 부둣가로 나갔다. 그런데 어떻게 알았는지 장로들까지 나와 양 떼를 버리고 어떻게 목자들만 살겠다고 도망갈 수 있느냐며 달려들었다.

항구는 먼저 타려는 목사와 장로 그리고 그들의 가족들로 아수라장이었다. 욕설과 몸싸움이 난무했다. 먼저 타려는 사람을 끌어내리는 사람도 있었다. 몇몇은 질서를 잡으려는 헌병들이 내리치는 곤봉에 맞으면서도 필사적으로 달려들고 있었다. 강원용은 차마 배 가까이 가지 못하고 멀리서 멍하니 끔찍한 꼴을 바라볼 수밖에 없었다. 죽으면 죽었지 저 틈에 끼어 타지는 못하겠다는 생각에 발걸음을 되돌렸다.[42] 다른 사람도 아닌 목사들과 장로들이 서로 자기만 살겠다고 아우성치는 모습을 보고 참담한 마음을 가눌 수 없었다.

> 기분이 그렇게 참담할 수가 없었다. 지옥이라는 것이 별 게 아니었다. 천당에 가겠다고 평생 하나님과 예수님을 믿어온 그 사람들이 서로 먼저 배를 타기 위해 보여준 그 광경이 바로 지옥이었다. 부둣가에서 발걸음을 되돌린 나는 할 수 없이 작별인사를 하고 나온 정길환 원장의 집으로 되들어갈 수밖에 없었다.[43]

과연 기독교신앙이라는 것이 무엇인가? 강원용은 믿어온 하나님에 대해 다시 한번 의문을 품었다. 회령에서 감방에 갇혔던 이후로 두 번째였다. 그는 감방과 고문의 비인간적 참상과 사람이 짐승만도 못하

---

42) 같은 책, 135~136쪽.

43) 같은 책, 136쪽.

게 죽어 나가는 기막힌 현실을 목격했었다. 어떤 병이 심한 사람이 물을 애걸하자 간수는 물을 복도에 쏟아버리면서 그냥 죽으라고 저주했다. 애국인사들과 사상범들이 비행기 태우기, 오토바이 태우기, 물 먹이기 등의 고문을 당하는 것을 지켜보아야 했다. 과연 정의의 하나님이 존재하는가? 인간성이 상실되고 인간이 없는 이곳에 과연 신은 있는가?[44] 그는 인간에 대해 신뢰를 잃고 하나님에 대해 회의를 품었었다.

이번에는 전쟁통에서 드러난 교역자들의 이율배반적인 행동들, 포연과 시체로 가득 찬 길거리의 참상과 폐허가 된 시가지, 벌거벗은 인간들의 모습을 목격했다. 전지전능하고 무소부재(無所不在)한 하나님은 과연 이런 비참한 현실 속에서 무엇을 하고 있는가? 왜 우리 민족에게 연이어 이토록 뼈아픈 시련과 비극이 닥치는가? 일제의 식민지 상태에서 벗어난 지 겨우 5년 만에 동족끼리 서로 총부리를 겨누고 살상하고 있다. 정말 기막힌 현실이 아닐 수 없었다. 한쪽에서는 북진통일만이 유일한 애국의 길인 양 떠들어대고, 다른 한쪽에서는 동족에게 총을 겨누고도 해방군을 자처했다. 도대체 이 전쟁은 무엇을 위해 그리고 누구를 위해 벌어지고 있는 것인가? 강원용은 그 이유를 찾지 못해 방황하고 있었다.

조선신학원 재건

강원용은 교육에서 희망을 찾았다. 전쟁 중에도 그는 교육을 생각했다. 그는 1951년 부산에서 정대위 박사와 함께 조선신학교 재건 작업을 추진했다. 소명의 재기는 절망과 회의를 거듭하던 영혼을 소생시킨다. 절대절망으로부터의 절대회복이었다. 이때 후학양성을 결심

44) 강원용, 『역사의 언덕에서 1』, 167~169쪽.

했던 순간을 여러 번이고 떠올렸다. 행동력에서는 둘째가라면 서러울 강원용은 우선 급한 대로 항서교회 건물을 임시로 쓰기로 했다. 또 돈을 빌려 '조선신학교가 항서교회에서 문을 여니 학생들은 모이라'고 하는 신문광고를 냈다. 그러자 학생들이 찾아오기 시작했다.[45)]

가을 무렵에는 교사(校舍)를 신축해야 한다는 의견이 대두되었다. 항남교회(港南教會)와 교섭하여 남부민동(南富民洞)에 학교부지로 쓸 땅을 얻게 되었다. 그러자 도농리에서 신세를 졌던 이춘우 장로가 앞장서서 신축작업에 들어갔다. 거제도(巨濟島)에 머물고 있던 김재준을 찾아가 다시 신학교를 시작해달라고 요청했지만, 이제 이웃을 위해 사랑을 실천하는 일에 남은 삶을 쓰고 싶다며 완강히 거절했다. 평생 신학을 가르쳤던 김재준의 삶의 면모를 생각해보면 어불성설이다. 당시는 전쟁통이라 그랬던 것일 뿐 사실 그에겐 교사가 천직이었다. 강의실, 기숙사, 교수사택까지 마련하고 나서 재요청했더니 이번엔 수락했다.

제주도에 있던 교수들까지 몰려와 교수들에게 분배할 방이 모자랐다. 정작 앞장서 고생했던 강원용은 학교에 방을 얻지 못했다. 교수가 아닌 이사회 서기 겸 강사의 신분이었기에 교수사택에 들어갈 수 없었다. 그는 착잡하고 섭섭한 마음을 떨칠 수 없었다.[46)] 다행스럽게도 방 하나를 얻어 6개월간 지낼 수 있었다. 강원용은 이때의 경험을 "다들 유학을 떠나 공부를 하고 왔는데, 나 혼자 공부가 미흡하여 한신대학교에 그토록 공을 들였는데도 다른 사람들처럼 교수가 되지 못하고 있었다"고 회고했다.[47)] 씁쓸했던 당시 경험 때문에 캐나다로의 제3의 출항을 결심하게 된 것은 아니었을까? 결국 유학을 다녀와서도 교수

---

45) 강원용, 『역사의 언덕에서 2』, 146쪽.

46) 같은 책, 148쪽.

47) 같은 책, 162쪽.

직을 얻지는 못했지만 유학을 계기로 강원용은 사상의 일대전환을 맞이하게 된다. 출향이 준 또 다른 비약이었다. 비약은 모든 출향이 주는 은혜요 혜택이었다. 강원용도 예외가 아니었다.

5 대탈출과 대비약

유학 결심

한 사람의 인생에 발전과 전진만 존재하지는 않는다. 고난과 후퇴, 좌절이 없으면 인간은 크기 어렵다. 유년 시절 지독한 가난을 겪었고, 전쟁을 통해 가족이 분리되는 아픔을 경험했으며, 교수가 아니라는 이유로 방 한 칸을 못 얻어 좌절했던 강원용이었다. 강원용은 난관에 부딪혔을 때 내면으로 침잠하거나 나태에 머물지 않았다. 계속해서 새로운 곳으로 옮기며 자기터전을 떠나는 탈출을 반복했고, 결국 삶과 사상의 비약을 이루어내었다. 캐나다와 미국 유학을 통해 강원용은 한국적 신학과 문화의 지형을 넘어서 도약했다. 강원용은 점차 크게 빚어져가고 있었다.

강원용이 캐나다 유학을 결심하게 된 것은 1953년 여름 휴전협상이 막바지에 다다랐을 즈음이다. 캐나다 성공회의 존 맥클라우드(John Mcloud) 목사가 캐나다 유학을 제의했다. 더할 나위 없이 좋은 기회였으나 강원용은 제안을 선뜻 받아들이지 못했다. 이제 갓 태어난 막내 대영을 포함해서 4남매를 둔 가장이라는 책임감 때문이었다. 가진 것은 부산 보수동(寶水洞) 산꼭대기에 마련했던 작은 판잣집뿐이었다. 바람 불면 문짝을 잡고 있어야 하고 비가 오면 물이 샐 만큼 허름해

움막이나 다름없었다. 강원용은 깊은 고민에 빠졌다. 산동네 단칸방에 살며 아내와 자식들을 책임져야 하는 가장으로서 유학은 쉽지 않은 일이었다.

워낙 바쁘게 살아왔기에 이제는 조용히 공부하고 싶다는 생각을 해오던 차였다. 학위에 대한 아쉬움도 마음 한구석에 자리 잡고 있었다. 강원용의 주변에는 김정준 목사나 정대위 목사와 같이 유학을 마치고 돌아온 사람들이 여럿 있었다. 또한 대학생들을 가르치는 데 한계를 느꼈기에 선진학문을 공부해야겠다는 절박감이 있었다. 국내에서는 일상에 얽매이므로 먼 곳으로 떠나야 제대로 공부할 수 있을 것 같았다.

> 어차피 나는 지금까지 혈연이 얽힌 사사로운 정분에는 매정하게 행동해온 사람이다. 고향에서 어머니가 소를 팔아 준 돈을 갖고 가족을 버리고 간도로 떠났을 때도 그랬고, 아버지와 싸우며 일본 유학길에 올랐을 때도 그랬으며, 해방 후 이북에 가족을 두고 혼자 서울로 내려올 때도 그랬다. 내 인생에서 선택이라는 것은 늘 그런 식으로 내려지게 되어 있고 그것이 하나님의 뜻인 모양이다.[1)]

중학교를 마친 강원용은 원래대로라면 취직하여 집안을 도와야 했다. 집안형편이 넉넉지 않았기 때문이다. 그런데도 부모의 마음을 돌려놓아 일본 유학을 다녀왔던 그였다. 그는 당시를 떠올리며 결심을 굳혔다. 아내와 상의하자 아내는 식구들 걱정하지 말고 언제 다시 올지 모를 기회니 마음껏 공부하고 오라고 했다. "아내는 그런 여자였다. 내가 하고자 하는 일에 한 번도 반대의사나 불만을 드러내는 법이 없었다. 요즘 여성들이라면 용서하기 힘들었을 남편을 아내는 평생

---

1) 강원용, 『역사의 언덕에서 2: 전쟁의 땅 혁명의 땅』, 한길사, 2003, 162쪽.

용납해왔다."[2)]

그 시기 여성들은 남편과 가정을 위해 살아야 했다. 모든 어머니, 모든 아내의 숙명이었다. 남편 없이 가정을 돌보아야 했던 아내 김명주의 삶도 강원용만큼이나 녹록치 않았다. 강원용은 '나는 가장 가까운 여자에게 고통을 준 셈'[3)]이라며 아내를 힘들게 한 자신의 행동을 인정하고 있다. 실제로 아내가 전심으로 강원용을 지지해주지 않았더라면 강원용은 존재하기 어려웠을 것이다. 여성의 인간화를 주창하며 수많은 여성을 일깨우던 그의 철학처럼, 한국사회는 좀더 빨리 모든 어머니와 아내에게 고마움과 미안함의 표현 이상의 어떤 공적 평등의 장치를 마련했어야 하지 않았을까 상념해본다. 그 시대 모든 어머니, 모든 아내는 영원한 희생자이기 때문이다.

유학을 결정하고 나서 강원용은 후배 오재식에게 '우리를 이렇게 선동해서 모아놓고 외국으로 가시면 어떡하냐'는 야단을 들었다. 몹시 흥분했던 오재식은 다른 선배들이 그의 역할을 대신할 수 있을 줄 아느냐며 핏대를 올리며 대들었다.[4)] 누나처럼 대했던 소설가 김말봉에게도 "강목사, 당신이 인간이오?"라는 소리를 들어야 했다.[5)] 마치 80년대 대학가의 숱한 장면들의 한 풍경을 보는 듯하다. 당시에도 투쟁의 현장을 벗어나 대학원에 진학하거나 유학길에 오르는 일은, 후배들에게 강한 질타를 듣지 않으면 안 되었다.

강원용의 유학은 누군가에게는 환영을 받았지만 또 다른 누군가에게는 책임감 없는 이기적인 행동으로 비쳤던 것이다. 아마도 강원용은 같은 상황이 다시 주어진다고 해도 같은 결정을 내렸을 것임이 틀

2) 같은 책, 163쪽.

3) 같은 책, 163쪽.

4) 오재식, 『나에게 꽃으로 다가오는 현장: 오재식 회고록』, 대한기독교서회, 2012, 73~74쪽.

5) 강원용, 앞의 책, 164쪽.

림없다.

그러나 나는 말하고 싶다. 주위의 비난과 말들을 귀담아듣긴 하되, 가는 길을 멈추지는 말라고. 내 가슴에서 울리는 비난 역시 안 들으려야 안 들을 수 없지만, 그래도 계속 걸어가라고. 스스로 쏟아내는 자기 비난은 불안의 다른 모습에 불과하므로, 불안이 우리의 영혼과 운명을 갉아먹도록 내버려두어서는 아니 된다고.[6]

1953년 8월 3일, 강원용은 수영비행장에서 군용수송기의 화물칸에 몸을 실었다. 이 떠남, 이 출향(出鄕)은 그의 일생에서 가장 중요한 결정의 하나였다. 새 세계와 새 신학과의 만남은 하나님에 대한 눈을 새로이 뜨는 계기가 되었으며, 강원용의 신학은 생동하는 신학으로, 실천하는 신학으로의 변모했다. 이제 강원용은 어제와는 다른 사람이었다.

캐나다 유학

캐나다 유학은 1년간 자유롭게 공부할 수 있는 자유학생의 자격으로 매니토바 대학교(University of Manitoba)에서 공부하는 조건으로 가게 되었다. 그런데 뜻밖에도 프리먼(Dr. Freeman) 학장이 학위과정을 이수하는 것이 좋지 않겠느냐고 제의했다. 4년제 대학을 졸업해야 신학교에 입학할 수 있는 학제여서 학위(B.D)를 받으려면 신학교 과정 3년을 마치고 1년의 학위과정을 별도로 이수해야 했다. 전혀 생각하지 못했던 일이었다. 한국에서의 신학교 졸업을 인정해줄 테니 학위를 받으라는 것이었다. 강원용은 그의 권유에 학위과정을 시작했다.

6) 같은 책, 165쪽.

1954년으로 접어든 후 내가 당면하게 된 가장 큰 과제는 학위논문을 쓰는 일이었다. 우선 주제를 무엇으로 잡을까 고민하던 나는 한국전쟁을 떠올리고 그것을 소재로 고난의 문제를 십자가와 연결시키고 싶어 '십자가의 신학'이라는 제목을 잡았다. 그때까지도 6·25가 준 신학적 충격에서 완전히 벗어나지 못하고 있던 나는 예수의 고난과 죽음을 기독교 신앙의 핵심으로 받아들여 그 문제를 해결해 보고자 시도를 한 것이다.[7]

담당교수의 조교와 학생 한 명의 도움을 받아 서툴렀던 영어 표현을 교정받으면서 논문작성에 매달렸다. 논문이 통과된 날 강원용은 기쁨을 느끼면서도 새 고민을 시작했다. 논문을 작성하며 고민했던 하나님, 죄, 죽음, 구원의 문제들이 관념적이고 형이상학적이어서 무언가 부족한 느낌을 떨칠 수 없었다.

내가 정말로 배우고자 했던 신학은 그런 것과는 다른, 생동하는 역사현실과 관련된 살아 있는 신학이었다. 이 정도로 공부를 끝내고 돌아간다면 고국에 돌아가서 과연 무슨 일을 할 수 있을까 하는 회의가 심각하게 다가왔다.[8]

강원용은 항상 앎에 대한 욕구와 열정이 강했다. 제대로 배우고 싶은 욕심이 매우 컸다. 배움의 열정에 머물렀다면 강원용은 목사가 아닌 학자로서의 길을 걸었을지 모른다. 그러나 강원용은 지식을 익히는 것을 넘어 현실에 적용할 수 있는 실천을 갈구했고 이를 행동에 옮기는 것에 더 큰 관심이 있었다. 강원용은 매니토바 대학교에서 학위

---

7) 같은 책, 201쪽.

8) 같은 책, 204쪽.

를 마치고 사회적 실천으로서의 기독교윤리를 제대로 배워 한국사회의 개혁을 위해 적용해보고 싶었다.

> 전쟁이 남긴 폐허 속에서 비참하게 살고 있을 가족 문제나 학비 문제 등 여러 가지 갈등도 많았으나 나는 이왕 나온 김에 다만 1년이라도 유니언 신학교에서 공부해보고 싶은 욕심을 도저히 포기할 수가 없었다.[9)]

가족에 대한 염려와 경제적 곤궁에도 뉴욕의 유니언 신학교에 진학하고자 했던 이유는 니버와 틸리히가 그곳에 있었기 때문이다. 평소 흠모하던 학자들이 있는 곳에서 공부하고 싶은 마음을 억누를 수가 없었다. 틸리히는 캐나다 유학 시절 그의 설교집 『흔들리는 터전』을 읽고 며칠 동안 잠을 이루지 못하게 만들었던 신학자다. 틸리히는 인간의 실존, 죄, 자유, 사랑의 문제에 대한 해석에서 현재까지도 최고의 학자 중 한 명으로 인정받고 있다. 니버는 강원용이 다케다가 번역한 『빛의 자녀들과 어둠의 자녀들』을 접한 후부터 마음속에 담고 있었던 스승이었다. 강원용은 니버와 틸리히에게 사회적 실천으로서 신학을 바라보는 기독교윤리학과 근원적인 인간 실존의 문제에 대해 체계적으로 배우고자 하는 갈망에 가득 차 있었다.

스승 니버: 근사적 규범

강원용은 니버를 알고 난 후 사회를 보는 눈이 새롭게 열렸다고 할 정도로 큰 영향을 받았다. 니버는 신학뿐만 아니라 강원용의 삶과 정치상황 속에서의 구체적 선택과 결단에도 큰 영향을 미쳤다. 따라서

9) 같은 책, 205쪽.

니버의 사상을 이해해야 강원용의 철학에 한 걸음 더 다가설 수 있다. 니버는 18권의 저서와 수많은 저술을 남긴 20세기 최고의 신학자 중 한 사람으로 평가받는 인물이다. 몇몇 개념이나 주제를 가지고 니버의 사상 전체를 말할 수는 없을 것이다. 여기서는 강원용의 정치참여의 핵심사상이었던 '중간 그리고 그것을 넘어서'의 기초가 되는 '근사적 규범'(approximate norm)의 문제를 중심으로 간략하게 접근해보고자 한다.

니버는 이상을 현실 속에서 실현하고자 부단히 실천에 옮겼던 사람이다. 그는 1892년 독일이민 2세로 태어나 에덴 신학교(Eden Seminary)와 예일 대학교(Yale University) 신학부를 졸업하고 디트로이트(Detroit)에서 13년간 목사로 활동했다. 1928년에는 유니언 신학교 교수로 초빙돼 그 후 32년간 기독교윤리학과 실천신학을 강의했다. 니버는 제1차 세계대전과 디트로이트에서의 목회활동 중 경험했던 사건들을 통해 낙관론에 기초한 사회복음주의와 작별한다. 이후 마르크스주의 기본이론을 기초로 하는 관점에서 기독교윤리학을 해석하는 저술활동을 지속했다. 동시에 사회주의 기독교인 협회(The Fellowship of Socialist Christians)를 결성하여 미국의 사회당과 협력하여 자본주의사회를 변혁하고자 하는 노력을 기울였다.

그러나 마르크스주의의 프롤레타리아 절대론이나 폭력혁명의 정당성까지 인정했던 것은 아니었다. 그는 절대론의 진리독점적 입장은 결국 자기 합리화와 도그마에 다시 함몰될 위험이 있으며, 프롤레타리아 중심론 역시 이와 마찬가지의 논리구조를 지니고 있다고 비판했다. 니버는 이 두 관점에서 벗어나는 것이 중요함을 강조했다. 또한 혁명의 방법에서 폭력을 거부하고 개인의 차원에서는 사랑에 기초한 정의, 집단의 차원에서는 세력균형에 기초한 정의의 방법을 통한 변혁이 이루어져야 한다고 보았다. 그러나 나치즘과 스탈린주의라는 전체주의사회가 등장하자 사회당과 결별한다.

니버의 신학은 기독교현실주의 또는 기독교실용주의(Christian Pragmatism)로 불린다. 그는 현실주의를 사회적 · 정치적 상황의 기성 규범에 저항하는 모든 요소를 고려하는 경향이라 해석한다. 니버의 기독교현실주의는 개인윤리에는 합리적 호소와 설득을 본질로 하는 '도덕적 방법'을 적용해야 하는 반면, 집단이기심을 통제해야 하는 사회윤리에는 강제력에 기초한 '정치적 방법'을 적용해야 한다는 이원론적 방법론을 특징으로 한다. 현실문제의 맥락과 본질에 따라 해소시키는 방법 역시 달라져야 한다는 입장이다.

기독교실용주의에 대해서는 "단순하게 계승한 도그마와 일반화는 아무리 존경받고 존중할 만할지라도 그것들이 주어진 상황에서 정의 수립에 공헌하지 않으면 수용하지 않겠다는 확고한 결의로 기독교적 자유와 책임감을 경제와 정치문제에 적용하는 것이라고 주장하는 것"[10]이라고 정의했다. 다시 말해 니버의 기독교실용주의는 역사적 · 합리적 · 경험적 타당성에 반하는 독단적 주장을 배격한다. 마르크스주의의 프롤레타리아 절대주의나 칼 바르트(Karl Barth)의 절대적 신중심주의가 그 예다. 기독교실용주의는 공공선의 실현과 주어진 상황을 기초로 한 정의의 수립을 추구하고자 하는 접근법이었다.

니버의 가장 큰 관심은 인간의 현실에서 발생하는 문제를 해결하는 것이다. 현대의 종교는 두 가지의 문제를 해결해야 하는 책무를 지니고 있다고 보았다. 하나는 인격성을 상실해가는 현대사회에 인격성을 회복할 수 있는 방안을 제시할 수 있어야 한다. 다른 하나는 집단간 관계에서 나타나는 문제, 즉 집단 사이의 관계를 지배하는 비도덕성에 대응할 수 있어야 한다는 것이다. 간단히 말해서 종교는 개인의

10) Reinhold Niebuhr, "Theology and Political Thought in the Western World," Ronald H. Stone ed., *Faith and Politics* (New York: George Braziller, 1968), p. 55; 고범서, 『라인홀드 니버의 생애와 사상』, 대화문화아카데미, 2007, 100쪽에서 재인용.

인격을 고양시키는 동시에 사회문제에 대한 해답을 제시할 수 있어야 한다. 이것이 니버가 생각하는 참되고 바른 종교였다.

우선 인격성의 회복에 대한 니버의 설명을 간략하게 살펴보자. 현대사회에서 왜 인간의 인격성 회복이 필요한가? 현대사회는 인격성의 훼손을 특징으로 하고 있기 때문이다. 현대는 과학의 발전으로 자연과 신에 굴복하지 않는 인간의 탄생, 기계화에 따른 인간 간 관계 훼손, 인간보다 상품의 생산과 유통을 더 중시하는 인격손상 현상들이 대두되었다. 이에 못지않게 인간론에 대한 서구의 철학적 전통 역시 비인간화를 부추기고 있다. 인간이 제외된 이성, 자연을 중시하는 사조들이 그것이다. 서구철학에서 인간론은 합리주의적 인간론과 자연주의적 인간론이 서로 대립하며 발전해왔다. 합리주의자들은 자연을 극복하고 이성의 작용을 극대화하고자 했던 반면, 자연주의자들은 인간 이성의 인위적인 작용을 버리고 자연으로 돌아감으로써 참된 인간화가 가능하다고 보았다.

니버는 합리주의자들이나 자연주의자들 모두 전체 속에서 인간을 보지 못함을 지적했다. 현대의 인간문제는 시간과 '영원' 그리고 전체적인 환경의 관점에서 이해해야 한다. 니버에게 '영원'이라는 개념은 인간의 정신이 지닌 세계초월의 능력이었다. 인간이 이러한 초월의 능력을 지닌 이유는 하나님의 형상을 닮아 창조된 피조물이기 때문이다. 동시에 인간은 하나님의 '피조물'이라는 특성 때문에 의존성과 유한성을 가진 존재다. 이때의 자기초월이란 '이전 행위에 나타난 자아의 부당하고 불의한 행동을 판단하고 비판하는 현재의 능력'[11]을 뜻한다. 이 능력은 마땅히 갖춰야 하는 관점에서 판단하는 능력으로, 보편적 성질을 지닌 자아의 능력이다. 이러한 보편적 성질로 인간은 자

11) 이상원, 『라인홀드 니버: 정의를 추구한 현실주의 윤리학자』, 살림, 2006, 77쪽.

기결정을 할 수 있는 존재가 된다. 다시 말해 피조물이면서도 자기가 피조물임을 잊고 창조를 시작할 수 있는 존재다.

니버는 인간의 유한성을 선한 피조계의 정상적인 과정으로 간주한다. 인간의 유한성, 의존성, 불충분성은 하나님의 창조의 계획에 속해 있다. 인간의 짧은 생애는 하나님의 엄위성(嚴威性)과 대조되면서도 하나님의 엄위성의 증명일 뿐이다.[12] 하나님이 인간을 창조하셨고 하나님의 모든 피조물은 선한 연유다. 인간은 유한성으로 존재의 소멸에 대한 불안을 느낀다. 이 불안은 인간에게 주어진 자유와 피조물로서 유한한 존재라는 역설에 불가피하게 뒤따르는 동반자다. 자신이 보편적 정신과 동일시되는 경지에 이를 것이라는 오만에 빠져, 하나님께 의존하는 방법으로 불안을 극복하려 하지 않는다. 그러나 인간은 하나님께 의존함으로써 불안에서 해방되고자 하지 않는다. 오히려 피조성의 한계를 뛰어넘는 권력에 의지함으로써 불안을 극복하고자 시도한다. 이 과정에서 인간은 니버에게 인간의 죄는 인간이 자신의 피조성과 유한성 그리고 하나님에 대한 의존성을 인정하지 않으면서 자신의 삶을 독립적이고 안전한 삶으로 세우고자 하는 노력이다.

니버는 보편적 존재의 경지에 이르고자 하는 인간의 오만을 죄의 상태에 있는 것이라고 보았다. 기독교에서는 예수의 사랑을 실천하라는 명령으로 해결책을 제시한다. 사랑 절대주의라고 할 수 있는 예수의 윤리를 지키라는 요구다. 이때 말하는 예수의 사랑은 그리스도의 십자가의 사랑으로서 측량할 수 없는 사랑, 즉 아가페를 의미한다. 그러나 예수의 사랑의 윤리는 자연인이 구체적인 상황에서 실현할 수 없는 불가능한 제안이다. 그럼에도 이 사랑은 다른 규범들의 수준을 끌어올리고 용서를 통해 가능하다는 점에서 가능성이다. 니버는 이를 '불가능의 가능성'(impossible possibility)[13]이라는 개념으로 설명했다.

12) 같은 책, 79쪽.

우리가 용서해야 하는 이유는 무엇인가? 답은 하나님이 용서하시니 우리도 용서해야 한다는 것이다. 즉 하나님의 사랑이 편중된 사랑이 아니므로 우리도 원수를 사랑해야 한다는 명령이다. 우리가 예수의 사랑을 현실세계에서 실천하는 것은 불가능하다. 그러나 용서라는 사랑에 가까운 실천의 가능성이 있으므로 이로써 예수의 사랑을 실천할 수 있다. 이것이 니버가 말하는 개인윤리에서의 '근사적 실현'(approximation)의 방법이다.

종교가 해결해야 하는 두 번째 문제는 사회문제다. 현대사회에서 사회집단은 개인을 규율하는 사랑의 윤리가 바로 투사되지 못한다는 문제를 지닌다. 니버는 개인의 문제와 사회의 문제의 본질이 동일하지 않기 때문에 개인에게 요구하는 규범적 명령을 사회에 적용하기 어렵다고 생각했다. 따라서 종교가 개인과 사회의 문제를 해결하는 방법도 달라야 한다고 보았다. 니버가 말하는 사회는 개인을 넘어서는 일체의 집단을 말한다. 단체, 인종, 민족, 계급, 국가, 국제사회 등이 모두 여기에 포함된다.

니버는 먼저 개인과 사회 또는 집단의 도덕률이 동일하지 않다는 점을 지적했다. 개인은 도덕적이다. 왜냐하면 자기의 이익뿐만 아니라 타인의 이익을 고려할 줄 알며, 때로는 타인의 이익을 더욱 더 존중할 수도 있기 때문이다. 게다가 개인윤리의 최고이념은 사랑으로 표현되는 이타성이며 이에 가까이 가도록 요구할 수 있다.

그러나 사회는 통제받지 않는 이기주의의 지배를 받는다. 문제는 사회의 이기주의는 개별적으로 나타나는 것이 아니라 무정형의 다중에게 공통된 어떤 충동의 연합으로 나타나는 경우가 대부분이다. 이성의 힘이 적기 때문에 사회는 무절제한 이기심에 의해 움직인다. 니버는 합리적인 조정과 설득으로는 사회 또는 집단 간의 문제를 해결

---

13) 불가능의 가능성에 관해서는 고범서, 앞의 책, 189~192쪽 참조.

할 수 없다고 보았다. 집단 간의 관계는 항상 정치적이며 각 집단의 권력에 비례해 결정되는 속성을 지니고 있다는 것이다.[14)]

니버는 순수한 무욕의 도덕을 집단적 관계에서 실현시켜보려던 모든 시도는 실패했다고 보았다.[15)] 실현된다 하더라도 친밀한 종교적 공동체 내에 국한될 가능성이 높다. 순수한 사랑을 지닌 집단은 존재하지 않기 때문이며, 있다 하더라도 고차원적인 사랑의 표식인 희생에 따르는 대가가 너무 크기 때문이다. 그는 개인은 자신의 이익을 희생할 수 있지만 집단의 이해관계를 책임지고 있는 사람은 자기 집단의 이익을 버리고 다른 집단에 이익을 주는 행위를 정당화할 수 없기 때문이라고 설명한다.[16)]

니버는 집단의 이기심이 비정상적으로 확장될 경우 이에 맞서는 다른 집단들의 이기심으로만 견제할 수 있다고 한다. 또한 도덕적이거나 합리적인 설득 이외에 강제력에 의한 방법도 병행되어야만 견제가 실효성을 거둘 수 있다고 주장한다. 결국 인간사회의 집단적 이기심은 불가피한 것으로 보아야 한다.[17)] 이기심을 기초로 대립하는 두 집단을 화해시키려 하기보다 개인과 집단적 도덕의 이원론을 받아들이는 편이 나을 것이라고 조언한다.[18)]

그렇다고 해서 개인의 엄격한 도덕적 훈련이 필요 없는 것은 아니며, 또한 가장 비타협적인 이상주의를 배제해야 하는 것도 아니라고 보았다. 정치적 현실주의를 그대로 받아들인다고 해서 개인의 맹목적인 이기주의를 견제하고 서로 간의 이해와 협력을 넓혀야 하는 의

14) 라인홀드 니버, 이한우 옮김, 『도덕적 인간과 비도덕적 사회』, 문예출판사, 2006, 23쪽.
15) 같은 책, 359쪽.
16) 같은 책, 357~358쪽.
17) 같은 책, 364쪽.
18) 같은 책, 362쪽.

무가 사라지지는 않는다.[19] 집단 간의 관계에서 니버의 대안은 사랑이라는 궁극적인 규범 대신에 '정의'라는 근사적 규범을 설정한다. 이 정의는 완전한 평화와 정의로 충만한 이상적 사회의 건설을 전제로 삼지 않는다. 오히려 "충분한 정의는 있되 그의 공동작업이 전적으로 재앙에 빠지지 않도록 강제력이 충분히 비폭력적인 그런 사회의 건설"을 목표로 한다.[20]

강원용은 니버의 근사적 규범을 '근사적 접근'(approximately approach)[21]이라는 말로 바꾸어 사용했다. 예수의 절대적 사랑과 같이 인간이 실현해낼 수 없는 가치를 목표로 하기보다, 그와 근접하면서도 인간이 실천할 수 있는 최선의 목표를 설정하고 이를 달성하기 위해 노력하는 방법이었다. 이 실천은 대립하는 양극단의 어느 편에 서는 것을 의미하지 않는다. 오히려 이들을 뛰어넘어 새로운 지평을 여는 관점이다.

강원용은 신앙의 영역이든 현실정치의 장이든 극단적인 보수와 진보 한쪽 편에 서는 것을 부정해왔다. 극단은 인간의 존엄성으로부터 너무나 쉽게 멀어질 가능성이 있다는 것, 아니 실제로 그러한 행태를 보여주고 있다는 것을 그는 체득하고 있었다. 니버는 그러한 체험 위에 있던 강원용에게 사유의 넓은 지평을 열어주었다. 그에 바탕을 둬 강원용은 평생의 실천원칙인 'between and beyond'(중간 그리고 그것을 넘어서)를 체계화했다.

19) 같은 책, 367쪽.

20) 같은 책, 50쪽.

21) 강원용의 삶에서 중심이 되어왔던 낱말인 '보다 큰 선' '보다 적은 악' '근사적 접근' 등은 그의 스승들에게서 배워 강원용이 살면서 만들어온 말이다. 강원용, 『역사의 언덕에서 5: 비스가 봉우리에서』, 한길사, 2003, 297쪽.

스승 틸리히: 인간의 실존과 하나님

틸리히는 강원용의 신앙의 터전을 완전히 흔들어버린 스승이다. 틸리히와의 만남은 니버에 못지않게 충격적인 사건이었다. 강원용은 틸리히를 만나기 전 미래에 대한 비관적인 의문과 함께 수많은 부조리에 대한 기억들로 짓눌려 있었다고 고백한다.[22] 특히 그는 하나님의 무력함에 회의하기를 거듭했다. 핍박받고 고통으로 신음하는 식민지 백성에게 나약하기만 한 하나님, 그는 어디에 계시는가? 강원용이 지옥을 보았고 너무 고통스러워 스스로 목숨을 끊을 생각까지 해보았던 회령경찰서, 그곳에서 보았던 사람의 얼굴을 한 악마들, 그 고통의 현장에 진정 하나님은 있는가 묻기도 했다. 광신이라고 할 정도로 철석같았던 자신의 신앙이 동요하기 시작하는 것을 느꼈다고 했다.

나는 감방과 고문실의 비인간적 참상과 사람이 짐승만도 못하게 죽어나가는 기막힌 현실을 보면서 '과연 정의의 하나님이 존재하는가'하는 회의를 갖게 됐다. 거기서 본 일본 경찰은 사람의 얼굴을 가진 악마였고 사람을 사람 이하의 존재로 만드는 야비한 기술자들이었다. 감방에 있는 우리들 모두는 짐승에 불과했다.
'인간성이 상실되고 인간이 없는 이곳에 신은 있는가'
잠도 잘 수 없는 깊은 밤, 사람들 틈에 끼여 감방에 쭈그리고 앉은 나는 간절한 기도로 하나님을 찾았으나, 그 깊은 절망 속에서 하나님은 어디에 계신지 내게는 보이지 않았다.[23]

또한 강원용은 전쟁 중에 보였던 교회의 파렴치한 행태에 절망했었

22) 강원용, 『역사의 언덕에서 2』, 258쪽.
23) 강원용, 『역사의 언덕에서 1: 엑소더스』, 한길사, 2003, 169쪽.

다. 그러한 사람들을 잘살도록 두는 하나님을 이해할 수 없어 더 분노했다.

6·25 사변 중에 여러 차례 죽음의 아슬아슬한 고비를 겪으면서 무참히 죽어 가는 수많은 사람들과, 다시 눈을 떠 보다 밝게 보게 된 소위 기독교적인 국가들과 권력을 잡은 사람들의 파렴치한 모습과, 그들의 어처구니없는 사기술 등을 몸으로 체험한 나는 분노와 슬픔과 함께 모든 일에 회의를 느끼기 시작했다. 더구나 하나님을 믿고 그리스도를 위해 모든 것을 바치며 산다는 교역자(教役者)들과 기독교회의 무능과 타락한 추태에 몸서리쳐지는 걸 느꼈다.

착하고 순진한 그 많은 백성들과 비교적 순수한 애국자들은 비참하게 죽어가고 끌려가고, 아주 파렴치하고 잔인하고 잔꾀와 욕심투성이인 인간들은 잘 살고 심지어는 추앙 받고 교회는 그들에게 하나님의 축복을 받았다고 아첨하고 선교사들은 구제품과 돈 보따리로 교회를 분열시키고 타락시키고…… 이 기막힌 일들을 누가 하는가. 도대체 누가 하는 일인가. 전능하신 하나님, 자비하신 하나님, 불의와 악을 심판하시는 하나님은 어디서 무엇을 하고 있는 것일까. 이러한 질문에 대한 대답은 많이 있었으나 그 대답들은 나의 걷잡을 수 없는 분노와 회의를 풀어 주기에는 너무도 천박하고 힘없는 것이었다.[24]

이랬던 강원용의 신앙을 뒤집어놓은 사람이 틸리히였다. 니버에게 정의와 사랑, 근사적 접근에 기초한 제3의 길(수차 강조했듯 그 길은 단순한 중간이 아닌 양극을 초월하는 것이다)을 통해 사회문제에 대한 참여의 방법을 배웠다면, 틸리히에게는 현실 속에서의 인간의 구체적 문

24) 강원용, 『강원용전집 7: 역사의 증언자들』, 동서문화사, 1995, 293쪽.

제에 대한 신앙적 해답을 찾을 수 있었다.

틸리히는 복음이 갖는 신적 계시보다는 구체적인 인간의 현실 속에서 의미를 찾고자 한다. 그래서 그의 신학은 상황적 맥락에서 출발하는 인간 중심적 신학 또는 경험 중심적 신학이라고 불리기도 한다. 이 관점은 맥락적 적실성(contextual relevance)은 가질 수 있으나 기독교 진리를 왜곡할 위험성도 존재한다. 그러나 틸리히는 계시 중심적인 전통적 방식으로는 현대인들이 복음의 의미를 이해하는 데 어려움이 있다고 보고 왜곡의 위험을 감수하는 길을 택했다.[25] 그에게 신학은 보고, 듣고, 이해하고, 행함으로써 삶과 구원에 도움을 줄 수 있는 것이어야 했다.

루터파 목사의 아들로 태어난 틸리히는 제1차 세계대전 전까지는 하나님께서 인간을 진보의 방향으로 이끌어주실 것이라는 개신교 사상을 지니고 있었다. 그러나 군목으로 제1차 세계대전에 참전하여 인간 실존의 너무나 깊은 암흑을 겪고 난 후부터는 실존 속에서의 인간의 문제와 구체적인 역사에 관심을 갖게 된다. 근본적인 변화였다. 후에 틸리히는 어떤 진리나 도그마를 부정하는 입장을 기초로 그의 신학을 전개했다. 경계선상의(On the Boundary) 삶의 시작이었다.

> 삶을 통해 나의 사상이 어떤 식으로 발전해 왔는지 묻는다면, 경계선이란 개념이 나의 개인적·지적 발전을 설명하는 적절한 상징이라고 생각한다. 나는 거의 모든 순간에 대안적인 실존의 가능성들 사이에 서야 했으며, 그 중의 하나에 완전히 속하여 다른 쪽을 명확히 반대할 수는 없었다.[26]

---

25) 박만, 『폴 틸리히: 경계선상의 신학자』, 살림, 2003, 6쪽.

26) Paul Tillich, *On the Boundary: An Autobiographical Sketch* (New York: Charles Scribner's Sons, 1966), p. 13; 같은 책, 55쪽에서 재인용.

니버와 마찬가지로 틸리히의 신학 역시 서로 대립하는 양극단이 아닌 그 사이에서 현실적인 대안을 찾고자 했다. 틸리히는 인간의 실재 속에서 발생하는 성경의 여러 문제에 대해 성경의 말씀을 기초로 질문하고 답하는 형식을 택했다. 강론서 3권이 그 대표적인 예다. 3권의 설교집 『흔들리는 터전』[27) 『새로운 존재』[28) 『영원한 지금』[29)에서는 '인간' '하나님' '예수' '죄' '용서' '구원' '역사' 등 주요한 신학적 문제가 등장한다. 틸리히는 통상적으로 사용해오던 신학적 용어를 깊이 파고들어 그 근본 의미를 파헤치는 작업부터 시작한다. 예를 들어 틸리히는 죄(sin)라는 말을 분리(separation)라는 말로, 은혜(grace)라는 말을 재연합(reunion)이라는 말로 대치(對置)했다. 신학을 전공하기 전에 철학을 공부해 라틴어에 능통했기 때문에 언어에 대한 깊이 있는 이해가 가능했다.

틸리히는 어떤 개념을 이야기할 때 개념을 규정하기보다는 문제가 되는 상황에 대한 질문에서부터 시작한다. 인간에 관한 논의도 마찬가지다. 「이사야」 40장을 기초로 인간은 성장과 죽음의 법칙에 규율받을 수밖에 없는, 풀과 같은 유한성을 본질로 하는 존재라고 설명한다.[30) 인간은 한 세대에 이어 다음 세대가 일어나 성장하고 싸우고 고생하고 즐기다가 사라지는 존재다. 즉 인간의 육체는 풀에 불과해서 시간이 지남에 따라 풀이 시들고 꽃이 지는 것처럼 유한하다. 문제는 이러한 유한성에도 불구하고 인간이 강력하고 의롭게 되는 과정에서 하나님의 영역을 건드려 교만해지는 데 있다.[31) 이 때문에 하나님에게서는 물론 인간들 상호 간에도 서로 분리되는 소외가 발생한다.

---

27) 폴 틸리히, 김광남 옮김, 『흔들리는 터전』, 뉴라이프, 2008.
28) 폴 틸리히, 강원용 옮김, 『새로운 존재』, 대한기독교서회, 1960.
29) 폴 틸리히, 김광남 옮김, 『영원한 지금』, 뉴라이프, 2008.
30) 폴 틸리히, 『흔들리는 터전』, 38쪽.
31) 같은 책, 41쪽.

또한 틸리히는 하나님을 설명할 때 단순히 하나의 존재가 아니라, 이 세상 모든 존재의 원천과 근원이 되는 존재 그 자체(Being Itself)라고 말한다.[32] 우리가 더불어 편하게 살 수 있는 신들이 아니다.[33] 또한 틸리히에 따르면 무신론자들이 신의 존재를 부정하거나 신에게서 도피하고자 하지만 실은 어떤 도피도 불가능하다. 보통 신은 전지전능하며 세계 모든 곳에 편재한 분으로 묘사되는데, 그런 개념들은 유용한 만큼 위험하다고 지적한다. 신을 '모든 것을 알고 모든 것을 할 수 있는 존재'라고 여기기 시작하는 순간 하나님과 자신의 과도한 일체감이라는 종교적 위험에 빠지기 쉽다. 마치 나의 적은 하나님의 적이 되는 것이고 하나님의 적이 나의 적인 듯 생각하게 되는 광신의 위험이다. 이러한 하나님에 대한 생각은 인간의 유한성을 자각하는 것과 관계된다. 인간은 자신의 유한성과 덧없음을 깨달음으로써 하나님의 뜻에 따라 사는 법을 알게 되며 하나님의 은총으로 재결합하게 된다.

강원용은 하나님의 존재성격 및 하나님과 화해하는 법에 대해 명확하게 인식하고 있었다. 그는 1972년 직후 암울한 정치현실에 좌절하면서도 현실을 극복하라면서 하나님을 찾는 길은 교회에 나가 예배를 드려야만 되는 것이 아니라는 내용의 설교를 했다. "하나님의 뜻을 개인 생활, 사회 생활 속에서 완성하고 사는 것이다. 하나님의 정의를 바탕으로 공의(公義)를 완성하는 것이 진정 하나님을 찾는 길이고 사는 길이라는 요지였다."[34] 이로써 하나님의 정의를 실천하는 길이 곧 하나님께 나아가는 길임을 분명하게 했다.

틸리히는 예수를 새로운 존재라고 설명하고 있다. 예수는 곧 새로운 창조의 메시지이며 인간을 새롭게 하여 하나님과 연합할 수 있

---

32) 박만, 앞의 책, 154쪽.

33) 폴 틸리히, 『흔들리는 터전』, 77쪽.

34) 강원용, 『역사의 언덕에서 3: Between and Beyond』, 359쪽.

도록 하는 존재다.[35] 이때 새로운 존재는 단순하게 옛것을 새것으로 교체하는 것이 아니라 낡은 옛것을 새로운 피조물로 변화시킨다는 의미다.[36] 틸리히는 화해(re-conciliation), 재결합(re-union), 부활(re-surrection) 등이 새로운 존재로 변화되었는지를 가늠하게 하는 지표가 된다고 설명한다. 화해는 하나님과의 화해, 자기 자신과의 화해, 동시에 다른 사람과의 화해를 의미했다. 재결합은 하나님과의 재결합을, 부활은 무덤에서 시체가 되살아나오는 것과 같은 현상을 말하는 것이 아니라 낡은 존재의 소멸과 새로운 존재의 탄생을 의미했다.[37]

강원용은 틸리히의 화해와 재결합, 부활, 죄(sin)의 개념을 통해 사회모순의 본질을 파악하고 대안을 제시하고 있다. 죄의 의미로 쓰이는 'sin'이라는 단어는 산산이 부서진다(asunder)는 말과 동일한 어원을 갖는다. 죄는 갈라지는 것이며 죄의 상태에 있다는 것은 분리(separation) 상태에 있다는 말과 같다. 또한 죄는 행위이기에 앞서 '분리되어진 상태'를 일컫는다. 분리된 상태는 하나님의 은총에 의해 다시 하나로 결합할 수 있다. 강원용은 틸리히의 해석을 빌려 한국사회의 구조를 파악하고 있다. 대표적인 것이 1970년대 이후의 양극화문제다. 강원용은 부자와 빈자, 기업가와 노동자, 도시와 농촌, 남자와 여자 등 사회의 각 부분에서 극단으로 나뉘어 진영별로 결집하는 현상을 양극단 간의 분리라고 인식했다. 이는 곧 죄의 상태에 있으므로 극복되어야 하는 대상이다. 양극의 어느 진영에 서서 상대진영을 눌러 이겨서는 해결할 수 없다. 양 집단이 함께 바라볼 수 있는 보다 높은 차원의 가치를 향해 두 집단의 화해, 즉 재결합을 위해 노력해야 하는 것이다.

35) 폴 틸리히, 『새로운 존재』, 29쪽.

36) 같은 책, 37쪽.

37) 같은 책, 37~44쪽.

6 두 개의 혁명 그리고 더 작은 악

귀국

1957년 10월 16일이었다. 유학을 떠난 지 약 4년 3개월 만에 오산 비행장에 내려 고국 땅을 다시 밟았다. 강원용은 앞으로 펼쳐질 자신의 생활을 예고하는 것 같아서 조심스럽고 불안한 기분이었다.[1] 변화된 자신을 무기로 삼아 고국에서 벌어지고 있는 전횡과 독재에 맞서 싸울 마음을 앞세우고 돌아왔기 때문이다. 강원용의 귀향은 단순히 익숙한 곳으로의 회귀가 아니었다. 자신이 살아왔던 곳을 변화시키고자 하는 의지가 충만해 있었다.

강원용은 무엇과의 전투를 준비하고 있었던 것인가? 이를 이해하려면 강원용의 두 가지 생각을 들여다보아야 한다. 하나는 유학을 결심했던 의도이고, 다른 하나는 하나님의 뜻에 따라 살고자 했던 의지다. 유학 중 강원용은 자신의 공부를 한국사회의 실정에 맞게 어떻게 적용할 것인지의 문제를 끊임없이 고민했다. 자신의 신앙과 신학을 근본부터 뒤흔들었던 틸리히 그리고 실천의 원칙을 깨닫게 해준 니버 밑에서 공부를 마친 후에도 한국에 돌아가 할 일에 대해 고민했던 그

1) 강원용, 『역사의 언덕에서 2: 전쟁의 땅 혁명의 땅』, 한길사, 2003, 291~292쪽.

였다. 강원용이 문제를 느꼈던 부분은 분석대상과 적용의 문제였다.

> 그러나 내가 유니언 신학교에서 공부한 대상은 미국 사회지 그와는 엄청나게 다른 한국사회가 아니었다. ……'지금까지 내가 공부한 내용을 갖고 한국에 돌아가 무엇을 할 수 있을 것인가, 기껏해야 우리 사회와는 동떨어진 미국 사회의 모습이나 공허하게 떠들게 되는 것이 아닌가' 하는 심각한 회의에 빠지지 않을 수 없었다.[2]

이러한 고민으로 강원용은 뉴스쿨의 사회학 박사과정에 등록하여 사회조사 방법론을 배웠지만 한국인들에게는 적용하기 어렵겠다는 것을 깨달았다. 공부에 전념하기가 점점 어려워지던 차에 서울의 김재준 목사에게서 편지가 날아왔다. '이제 그만 한국으로 돌아오라'는 내용이었다.[3] 그 무렵 강원용의 생활은 공부하기에 부족하지 않을 정도로 나아져 있었다. 워싱턴에 있는 한인 침례교회의 주말목사로 일하게 되면서 학비와 생활비를 해결할 수 있었고 영주권도 받았다. 이렇게 되자 가족들을 미국으로 불러들이는 문제가 그를 괴롭혔다. 당시만 해도 영주권을 얻고 미국에서 산다고 하면 극락에서 사는 줄 아는 때였다.

> 현실적으로 보자면 고민이고 뭐고 할 필요도 없었다. 영주권도 나왔겠다, 교회에서 가족들이 생활할 집도 제공해 주겠다, 목사 월급만으로도 내 학비와 생활비가 다 해결되겠다, 도대체 망설일 이유가 없었다. 무엇보다 그 동안 고생만 한 가족들에게 고생도 면하게 해주고 아이들 교육도 선진국에서 제대로 시킬 수 있지 않느냐

2) 같은 책, 280쪽.

3) 같은 책, 286~287쪽.

는 생각에 이르면 솔직히 가족과 함께 미국에 눌러앉고 싶다는 유혹을 물리치기 어려웠다.[4)]

강원용은 고민 끝에 공부는 계속하되 가족은 데려오지 않기로 결정을 내렸다.

아무리 고민을 해봐도 그런 현실적인 요구에 맞춰 내 인생을 수정해나갈 수는 없었다. 어린 나이에 소 판 돈을 가지고 만주로 뛰쳐나갔을 때 이미 나는 내 한 몸 편해지기 위해 그랬던 것이 아니었다. 만약 그랬더라면 그렇게 가족들을 곤경 속에 내버려두면서까지 나서지 못했을 것이다. 경찰서에서 또 전쟁 중 죽음의 고비를 맞을 때마다 나는 하나님 앞에서 내 목숨을 살려주시면 나머지 인생은 하나님의 뜻을 받들며 살겠다고 약속하지 않았던가.[5)]

강원용은 영주권 하나로 일신의 편안함을 취함으로써 하나님의 뜻대로 살겠다는 다짐을 내던질 수 없다고 판단했다. 결국 1957년 여름 귀국을 결심하고 나서 영주권을 불태워버렸다. 혹시라도 떠나기 전에 미국에 눌러앉고 싶은 유혹에 흔들리지 않기 위해서였다.

당시 강원용은 한신대학교 이사장이던 함태영 목사가 보낸 편지도 받아놓고 있었다.[6)] 어서 귀국하라는 내용으로, 이를테면 이사회의 정식 교수초빙이나 마찬가지였다. 강원용은 교수로서의 생활을 계획하며 고국으로 돌아갈 준비를 서둘렀다.

---

4) 같은 책, 282쪽.
5) 같은 책, 283쪽.
6) 같은 책, 290~291쪽.

두 번의 혁명: 'Context'와 '더 작은 악'

일 년 사이에 두 번의 혁명을 겪었다. 한 번은 무능하고 부패에 찌든 비민주적 정권을 젊은이들이 피로써 무너뜨린 혁명이었다. 두 번째는 무기력한 정권을 군대가 뒤엎어버렸다. 일제에 해방된 지 15년, 전쟁이 끝난 지 채 10년이 지나지 않은 시기에 두 번의 정치혁명을 겪은 것이다. 격변의 시대를 정확하게 꿰뚫어 본다는 것이 쉬운 일은 아니지만, 강원용은 원칙보다는 일의 시종과 맥락(context) 안에서 시대를 판단하고자 했다. 또한 하나님을 중심에 두는 것이 시대를 이해하고 옳은 행동을 선택할 수 있는 방법이라고 생각했다.

강원용은 4·19에 대해 "그것은 부정에 대한 항거, 즉 젊은 세대의 가슴에 끓고 있는 정의감이 폭발되어 정의를 실현하고자 하는 투쟁"이라고 답했었다.[7] 부정을 보고 참을 수 없는 것은 인간의 상정이다. 1960년 4월 부정에 대한 투쟁에 전 시민이 호응한 것은 당연했다. 이승만정부가 무너져 내릴 당시에는 모두가 외면할 만큼 부패해 있었다.

4월혁명 이후의 정치상황은 어수선했다. 강원용은 하나님이 돌봐주시기 전에는 전혀 희망이 없다는 암담한 생각만 들 정도였다. 그가 보기에 4·19는 데모크라시(democracy)를 위한 혁명이었지만, 민주당 정권 아래에서의 데모는 데모 크레이지(democrazy)였다.[8] 실제로 심상치 않은 움직임들이 군부를 비롯한 곳에서 감지되고 있는 상황이었다. 1961년 당시 청년운동을 하던 박대완이 강원용을 찾아와 군을 배후로 한 혁명에 동참해줄 것을 요청한 일이 있었다. 그러나 강원용은

---

7) 강원용, 『강원용전집 2: 펜과 검이 부딪히는 시대』, 동서문화사, 1995, 265쪽.
8) 2005년 12월 28일 강원용의 구술, 연세대학교 김대중도서관, 「강원용 1차 녹취록」, 2006, 16쪽.

끝내 수락하지 않았다. 김홍일 장군에게는 "구국을 위해 누군가 나서야 할 것 같은데, 목사님 같은 사람도 나서야 하지 않겠습니까"라는 말을 듣기까지 했다.[9)]

상황이 급박하게 돌아가고 있는데도 위정자들은 현실을 제대로 파악하지 못하고 있었다. 강원용이 이필석 상업은행장의 집에 초대받아 저녁식사를 하러 간 적이 있다. 그 자리에서 한통숙 체신부 장관에게 대통령과 각료들의 식사 자리에서 오갔던 이야기를 들을 수 있었다. 당시 김영선 재무부 장관은 "고름이 빠져 몸이 홀쭉해졌다고, 또 자르고 꿰맨 수술의 상처가 아프다고 소리를 지르고 있는 겁니다. 수술이 잘 되었으니 이제 시간만 지나면 별문제가 없을 것입니다"라는 말로 쉽게 넘기려 했다.[10)]

군 당국의 상황인식과 대처능력 역시 마찬가지였다. 쿠데타에 관한 설들이 난무했던 까닭이었을까, 아니면 『사상계』 1960년 1월호에 실렸던 미국의 「콜론 보고서」의 결론과 같이 쿠데타를 일으킬 능력이 있는 군인이 한국에는 존재하지 않는다고 확신했던 탓일까. 「콜론 보고서」는 한국민주주의의 심각한 시련을 분석한 뒤 "만일 정당·정부가 완전히 실패하면 언젠가 한 번은 군사지배가 출현할 것이라는 것은 확실히 가능하다. 그러나 가까운 장래에 그것이 발생될 것 같지는 않다"[11)]고 결론 내리고 있다. 군 지도부는 박정희의 쿠데타 계획을 사전에 탐지하고도 적극적인 저지노력을 수행하지 않았다. 심지어 당시 장면 총리조차 5·16 일주일 전에 군사쿠데타 모의에 대한 네 번째 정보를 입수할 정도였다. 그 역시 박정희 소장이 주동이라는 것을 알고 있었다.[12)]

---

9) 강원용, 『역사의 언덕에서 2』, 371~372쪽.

10) 같은 책, 373쪽.

11) 콜론어쏘시에이츠, 「미국의 대아세아 정책」, 『사상계』, 1960년 1월호, 127쪽.

12) 희망출판사 편집부 엮음, 『사실의 전부를 기술한다』, 희망출판사, 1966, 395쪽.

김종필에 따르면 박정희의 첫 번째 쿠데타 계획은 1961년 4·19혁명 1주년 기념행사를 마친 후 대규모의 시위가 열리면 진압군을 혁명군으로 전환한다는 것이었다. 기대와는 달리 데모가 일어나지 않자 이 계획은 자연스럽게 취소되었다. 박정희는 5월 12일에 다시 거병할 것을 계획했으나 이종태 대령이 포섭하려던 동료가 방첩대에 신고함으로써 중단되었다. 당시 군 당국은 이종태 대령 한 명만 구속시키고 수사를 더 이상 확대하지 않아 쿠데타의 주체세력은 역량을 보존할 수 있었다. 이 외에도 여러 경로를 통해 군 수뇌부가 박정희의 쿠데타 계획에 대해 보고받았는데도 군 당국은 '그럴 리가 없다'거나 '대단치 않은 일'이라며 심각하게 받아들이지 않았다.[13]

강원용은 새벽에 '탕탕' 하는 총소리를 들었다. 직감적으로 군사혁명이 일어났음을 알고 서둘러 라디오를 틀었다. '여기는 군사혁명위원회입니다'라는 경직된 방송이 울려 나오고 있었다. 윤보선 대통령은 그 스스로 고백하듯 5·16군사쿠데타 당일 "올 일이 오고야 말았다"는 유명한 말을 남겼다.[14] 강원용 역시 올 것이 왔다는 생각이었다. 무능력한 민주당정권이 무너지고 새로운 정권이 들어서게 된 것을 피할 수 없는 현실로 받아들였다. 당시 대부분의 진보, 재야인사들과 마찬가지의 생각을 한 것이다.

> 솔직히 말해서 나는 5·16이 터졌을 당시 이미 터진 군사혁명이 성공하기를 바란 사람 가운데 하나다. 원칙적으로는 무력에 의한 군인들의 쿠데타를 결코 지지할 수 없었지만 당시 우리나라가 처했던 상황을 고려할 때 차선의 선택으로 그것을 받아들일 수밖에 없

13) 김종필, 중앙일보 김종필증언록팀 엮음, 『김종필 증언록 1』, 와이즈베리, 2016, 61~63쪽.

14) 윤보선, 「역사적인 신축년을 보내면서」, 『최고회의보』 제3호, 4294년 12월, 3쪽.

다고 생각했다.[15)]

강원용의 당시 생각을 이해하기 위해서는 그의 혁명관을 들여다봐야 한다. 강원용은 혁명이 인간을 속박에서 풀기 위한 수단이라면 긍정적으로 볼 필요가 있다고 보았다. 예수도 인간에게 덧씌워진 온갖 억압과 굴레에서 벗어나 참 자유를 얻게 하려 이 땅에 왔다. 물론 혁명을 긍정한다는 것이 예수의 혁명과 세속적 혁명을 무조건 동일시하는 것은 아니다. 그가 강조한 것은 '보수파로부터는 위험한 혁명분자로 몰리고 이스라엘의 급진적 민족주의자들로부터는 반동분자로 비난받았던 예수가 행한 혁명' '근본적이고 지속적인 혁명, 인간과 하나님의 관계, 인간과 인간과의 관계를 회복시키고 인간의 궁극적인 운명을 해결하기 위한 혁명'이다.[16)]

세속의 혁명 역시 동일한 논리로 접근한다. 강원용은 먼저 맥락(context)[17)]에 따라 혁명을 이해해야 한다고 생각했다. 그는 혁명을 무조건 죄악시하거나 긍정하거나 하는 무비판적 이해는 혁명에 대한 바른 접근이 아니라고 생각했다. 5·16 역시 같은 맥락으로 보았다. WCC 제3차 총회에 참석했을 때 5·16은 군사쿠데타로 명백한 악이라는 비판에 대해서도 강원용은 "그것은 우리가 처한 구체적인 현실을 모르는 원칙론에 불과한 얘기일 뿐"[18)]이라고 맞선 적이 있다. 우리가 처한 현실을 먼저 세계적인 차원, 아시아적인 차원과의 연관성 또

15) 강원용, 『역사의 언덕에서 2』, 382쪽.

16) 강원용, 『역사의 언덕에서 3: Between and Beyond』, 한길사, 2003, 29~31쪽.

17) 강원용은 이 'context'를 거의 동일한 의미로 번역되는 'situation'과는 구분한다. 자세한 내용은 강원용·김경재·박원훈·홍기선, 『기독교 윤리강좌』, 경동교회 교육위원회, 1995, 71~72쪽. 강원용의 상황윤리에 관해서는 강원용, 『믿는 나 믿음 없는 나』, 웅진출판, 1998, 180~189쪽을 참조.

18) 강원용, 『역사의 언덕에서 3』, 31쪽.

는 맥락으로 이해해야 한다고 본 것이다. 당시 세계는 혁명의 소용돌이 속에서 격동하고 있었다. 아시아의 경우 구태의연한 제도와 인습을 타파하고 변혁시켜 경제적 궁핍에서 벗어나는 동시에 개인의 자유를 확립하고자 혁명이 발생했다.[19)]

강원용은 5·16쿠데타가 일어난 후 설교를 통해 '옷을 팔아 검을 사야 할'[20)] 비상시국이라면서 기독교인으로서 지금 무엇을 해야 하는지에 대해 강론했다.

> 우리는 무너져 가는 것이 무엇이며 그것이 마땅히 무너져야 하는 것이냐 아니냐를 보는 동시에, 이 옛 것이 무너지고 가시덤불이 타버린 잿더미에서 심고 키우려는 새싹이 무엇이냐를 보아야 한다. 다시 말하면 현재의 이 상황에서 옛 것을 그대로 두고 문제를 해결할 수 있느냐, 어느 것이 새것이 생겨나오게 할 가능성을 가지고 있는 것이냐 하는 점을 정확히 보아야 한다.[21)]

무너져 내리고 있던 것은 국가적 무질서와 타락한 권력이었다. 한국정부는 경제적으로 무능했으며 권력층과 사회상층부의 부정과 부패를 차단할 의지가 없었다. 또한 보릿고개라는 말로 대변되던 가난과 굶주림이 만연했다.

강원용이 보기에 자유당은 '권력욕과 이권욕(利權慾)에 사로잡힌 인간들이 감투를 쓰고 돈벌이를 하기 위해 모인 무리로 구성'[22)]된 썩은 기둥이었으며, 부정축재자들과 경찰력이 이를 받쳐주고 있었다.

---

19) 같은 책, 29~31쪽.

20) "이르시되 이제는 전대 있는 자는 가질 것이요 주머니도 그리하고 검 없는 자는 겉옷을 팔아 살찌어다"(「누가복음」 22장 36절).

21) 강원용, 『역사의 한가운데서: 해방40년간의 증언』, 종로서적, 1986, 108쪽.

22) 강원용, 『강원용전집 2: 펜과 검이 부딪히는 시대』, 동서문화사, 1995, 58쪽.

젊은 사자들이 이 썩은 기둥에 불을 질러버린 것이 바로 4·19혁명이었다. 이후 집권한 민주당정부는 시민들의 피로 획득한 자유를 공고히 하고 앞으로 나아갈 방향을 제시해야 하는 막중한 책임을 지고 있었다. 그러나 민주당은 '이권(利權)문제'와 '감투' 분배를 둘러싸고 내부에서부터 분열하고 말았다. 집권자들의 부정과 부패, 사회기강은 자유당정부 시절과 비교해서도 나아진 것이 없었다. 이런 과정을 보면서 강원용은 '권력이 다시 천사의 얼굴에서 악마의 얼굴로 타락해가는 과정을 보는 국민의 가슴이 싸늘해져 가는 것은 당연한 이치'라고 탄식했다.[23]

문제는 집권한 민주당에게만 있었던 것이 아니었다. 4·19혁명 직후의 한국사회는 강력한 혼돈의 회오리에 말려들어간 듯 어지러웠다. 이승만 대통령이 하야한 1960년 4월 26일부터 1961년 5월 16일에 이르는 시기는 역사상 가장 자유가 많았던 기간으로 평가되고 있다. 정치적으로도 격변기였다. 1년 남짓한 기간 동안 정권이 네 번이나 바뀌었다. 3·15부통령선거를 비롯해서 여섯 번의 선거를 치렀다.[24] 거리는 하루가 멀다 하고 시위대의 함성으로 채워졌다. 여기에 혁명의 젊은 주체들마저 새로이 맛보게 된 권력을 탐미하는 현상까지 나타나고 있었다.

강원용이 역설했던 한국의 현실은 그러한 것이었다. 권력의 부패와 무능력, 정치적 혼란, 경제적 빈곤상태의 지속적 악순환이다. 이러다 무슨 일이 날 것이라는 대화가 일상이 될 정도의 상황을 보아야 한다.

> 나는 그 같은 생각에서 민주당 정권의 무질서와 혼돈보다는 군사

---

23) 같은 책, 58쪽.

24) 민주화운동기념사업회 연구소 엮음, 『한국민주화운동사 1: 제1공화국부터 제3공화국까지』, 돌베개, 2008, 161쪽.

정권의 질서를 택하면서 다른 세 기둥 즉 자유·정의·평화를 이제 우리에게 부과된 과제로 받아들이려고 했다. 내가 동감하고 있는 기독교 윤리 가운데, "어떤 것을 선택해야 할 때 선택 대상이 선과 악이 아니라 둘 다 악일 때는 '더 작은 악'(lesser evil)을 택하라"는 것이 있다. 그같은 관점에서 본다면 나는 무질서와 독재라는 두 가지 악 중에서 상대적으로 더 작은 악인 독재를 선택했던 것이다.[25]

강원용은 5·16쿠데타를 지지했다. 그가 주목했던 것은 "반공을 국시(國是)의 제1의(義)로 삼고"로 시작하는 6개조의 혁명공약이었다. 자신들이 뜻한 바를 이루고 민간에 정권을 이양함과 동시에 군에 복귀하겠다는 내용이 담겨 있었다. 공약을 보면서 그는 앞날에 대한 희망을 품고 이것이 틀림없이 실천되기를 바랐다. 그리하여 강원용은 박정희의 쿠데타를 혁명이라고 인식했으며 이 혁명에 적극적으로 가담해야 한다고 생각했다. 이는 하나님의 이름으로 혁명을 인정하거나 재가(裁可)한다는 것을 의미한 것은 아니다.

그가 보기에 당시는 옷을 팔아 검을 사야 할 때였다. 즉 사회적으로 혼란과 쿠데타가 발발한 당시는 조국이 흥망의 기로에 서 있는 준엄하고도 위급한 시대였다. '검'은 하나님의 말씀을 뜻한다. 기독교인으로서 혁명을 무조건 죄악시하여 배척하거나 무조건 받아들여 혁명지도부를 추종하는 것이 아니라 하나님의 말씀을 가지고 나아갈 바를 적극적으로 관철시키려 노력해야 한다는 것이다.

앞으로 이 나라의 권력을 잡을 집권자들에게 이 말씀의 검이, 즉 예언자적인 음성이 날카롭게 전달되어야 한다. 집권자들이 이 검을 무서워하지 않는 한 권력은 쉽게 천사의 얼굴에서 악마의 얼굴로

---

25) 강원용, 『역사의 언덕에서 2』, 383쪽.

변해 버릴 것이다. 다시 권력욕에 사로잡혀 눈이 흐려지고 부정과 부패의 박테리아가 생겨나기 쉬운 것이므로, 항상 말씀의 검이 예언자적 과제를 다하여 권력을 하나님의 충실한 종의 자리에서 이탈되지 않도록 해야 한다.[26]

그러면 말씀의 검을 가지고 기독교인들은 혁명에 어떻게 참여해야 하는가? 기독교인들은 하나님의 뜻이 무엇인지를 바르게 증언해야 하며 증언은 봉사를 동반해야 한다. 봉사란 사회구조 자체의 개혁을 통한 적절한 입법조치의 구현을 위해 싸우는 일이다. 봉사가 결여된 증언은 증언을 무효로 만든다. 마지막으로 개개인의 회개와 교회 이기주의가 타파되고, 교회가 성령으로 갱신되고 강화되어야 한다.[27]

강원용은 인간의 변화와 사회구조의 변화는 동시에 이루어져야 하는 불가분의 관계에 있는 것으로 보았다. 인간은 공동체 안에 사는 인격적 존재를 말하기에 인간의 생활은 제도와 불가분의 관계를 맺기 때문이다. 인간은 결코 제도의 반영에 불과한 존재가 아니다. 기성정치기구 안에서의 누적된 부패와 부정을 소탕하여 새롭고 좋은 제도를 만들 수는 있지만 혁명은 국가와 사회의 구성원들의 마음에서 비로소 완수된다.[28] 즉 제도의 혁명과 인간의 혁명은 동시적으로 해결해야 하는 문제이며 결코 양자택일이 될 수는 없다는 요지였다.

5·16쿠데타

5·16에 대한 강원용의 인식이 그가 보수주의적 성향을 지닌 인물

---

26) 강원용, 『역사의 한가운데서』, 109쪽.

27) 강원용, 『강원용전집 2』, 94~99쪽.

28) 같은 책, 65쪽.

이었다는 것을 말하지는 않는다. 당시 재야 및 북한 출신의 주요 인사들 역시 쿠데타 초기부터 5·16에 대해 긍정적으로 평가했다. 이들은 후에 박정희정부에 대한 강력한 반대 그룹으로 부상했으며, 70년대와 80년대에 민주화를 위해 투신했다.[29] 당시 재야는 대부분 북한 출신, 기독교, 반공주의 계열의 인물이었다. 김재준, 계훈제, 문익환, 장준하, 백기완, 안병무, 리영희 등이 그들이었다. 여기에 함석헌을 빼놓을 수 없다. 세 가지 요소의 절묘한 결합으로 인해 훗날 이들은 권위주의에 강력하게 저항하면서도 이념적으로 오해를 사지 않을 수 있었다. 즉 공산 북한을 탈출한 반공주의자들, 기독교도들, 우파 민족주의자들이었기 때문에 이념적 성향에 대한 의심을 받는 일 없이 권위주의체제에 강력하게 도전할 수 있었던 것이다.

먼저 이들은 반공을 내세웠으며 사회주의, 급진민주주의가 아닌 자유민주주의적 우파였다. 60년대 재야의 문건과 활동 어디에서도 정통 마르크스-레닌주의의 교리나 분명한 사회주의 지향성을 발견하는 것은 불가능했다. 북한 주체사상의 영향 역시 전무했다. 오히려 이들은 북한 공산주의자들이 적화통일의 야욕을 포기하지 않는 한 남북의 대화나 교류도 실현되어서는 안 된다고 강조하는 강력한 반공주의를 내세웠다.

이들이 북한 출신이면서도 반공주의를 표방했던 이유는 무엇인가. 당시 분단국가인 한국에서 특정 조직의 북한연루가 확인된다는 것은 정치적·이념적 사형선고나 다름없었다. 북한과 이념적으로 멀수록, 그리고 조직적 연계가 적을수록 남한 내 반대세력의 주장은 이념적 안정성을 보장받을 수 있었다. 말을 바꾸면 재야의 강력함의 한 요인은 바로 북한과의 연계를 차단한 데 있었다. 공산주의를 반대하여 내

---

29) 박명림, 「박정희 시대의 민중운동과 민주주의: 재야의 기원, 제도관계, 이념을 중심으로」, 『한국과 국제정치』, 24:2, 2008, 254쪽.

려온 그들에게 다시 공산주의 혐의를 덮어씌울 수는 없으므로 이념공세가 불가능했던 것이다.

또한 이들은 미국과의 관계에서도 반미가 아닌 우호적 입장을 견지했다. 건국 과정에서 미국의 역할과 공산침략에서의 구출 경험, 현실적으로 공산 북한과의 대결 및 경제발전을 위해 요구되는 미국의 후원, 인권과 민주화를 위한 미국의 지원이 필요했기 때문이었다.

박정희가 강원용을 직접 찾아와 국민운동을 맡아달라고 부탁한 적이 있다. 강원용은 국민운동이란 밑에서부터 자발적으로 일어나야 하는 것인데 어떻게 정부가 주도할 수 있겠느냐면서 박정희의 청을 거절했었다.[30] 알고 보니 박정희가 말했던 국민운동이란 재건국민운동본부를 중심으로 한 운동이었다. 1962년 2월 15일 재건국민운동본부 중앙위원 명단을 보면 함석헌, 김재준, 장준하 등 훗날 재야 핵심들이 각각 국민교육 분과위원, 문화생활 분과위원, 경제생활 분과위원으로 전부 참여하고 있었다. 나중에 박정희정부에 강력한 비판자가 되는 이희호와 김성식도 참여하고 있었다. 나중에 박정희정권에 대한 강력한 도전세력이 된 재야가 5·16에 대해서는 지지하고 있었던 것이다.[31] 장준하 등 『사상계』 핵심들은 쿠데타 직후 쿠데타군과 미국의 대립관계를 개선시키려 『사상계』 주최로 박정희와 주한미국대사를 포함한 쿠데타군과 미국 측의 만남을 주선하기도 했다.

그러므로 초기 재야와 비판세력의 5·16 지지는 단순한 실수나 개별적인 참여가 아니라 집단적인 지지에 가까웠다. 즉 강원용만이 사후적으로 비판받아야 할 사안은 결코 아니다. 6·3사태 이전까지 재야와 사회운동이 침묵했던 것은 박정희세력에 대한 집단적인 진보적 이

30) 강원용, 『역사의 언덕에서 2』, 381~382쪽.

31) 박명림, 「박정희 시대 재야의 저항에 관한 연구, 1961~1979」, 『한국정치외교사논총』, 30:1, 2008, 29~62쪽.

해와 인식 때문이었다. 당시의 많은 진보, 재야인사들처럼 강원용은 5·16을 군사쿠데타나 군사독재로 보지 않았다. 민주당에 대한 큰 실망 때문이었는지, 그들은 민주주의 대 군사독재의 대결에 대해 정확한 인식이 아직 없었다.

독재가 초래할 억압과 인권유린에 대한 인식도 부재했다. 물론 그들의 반응은 군사독재에 대한 체험이 없었기에 일면 이해 가능하다. 그러나 이제 막 첫걸음을 떼기 시작한 한국의 민주주의를 무능과 부패와 파벌투쟁의 장으로 왜곡함으로써, 헌법파괴적 군사쿠데타를 감행한 측의 논리에 동조할 뿐만 아니라 지지했다는 점은 쉬이 동의할 수 없는 일이다.

박정희의 좌익경력

박정희에 대한 강원용의 평가가 바뀌기 시작한 것은 민주주의나 인권의 문제가 아니라 박정희의 사상에 대한 의심이 생기고 나서부터였다. 그 전까지만 해도 강원용은 체제의 안정과 민주주의의 공고화를 위해서라면 박정희에게 조언할 수 있다고 생각했다. 박정희가 장도영을 제거하고 국가재건최고회의의 의장에 취임한 뒤로 강원용은 박정희가 점차 권력의 맛에 빠져 변해가고 있다고 생각했다. 박정희에게 솔직한 충고를 해주고 싶었다. 가난한 농민의 아들로 태어나 가난을 해결하고 부정부패를 척결하고자 했던 사람이 변해가는 듯한 모습에서 안타까움을 느꼈기 때문이었다. 그러나 중앙정보부의 감시와 견제가 있을 것으로 예상하고 포기했다.

그러던 중 강원용은 박정희의 좌익경력을 듣게 되었다. 강원용은 당시 내무부 장관으로 있던 한신 장군에게 이 사실을 털어놓는 한편, 8군 정보책임자 로버트 키니(Robert Kinney)와 주한미국대사관 정치담당 참사관 필립 하비브(Philip Habib)를 통해 미국에 알렸다. 미국의 역할에 대해 어느 정도 기대를 하고 있었기 때문이었다. 후의 일이기는 하지만 박정희 권한대행의 비서실장으로 있던 이동원이 강원용에게 박정희의 연설문 작성자(speech writer)를 제안했을 때 강원용은 이렇게 답했다. "내가 왜 그런 일을 합니까? 그리고 이 정권은 오래 안 갑니다. 아마 미국사람들이 그냥 놔두지 않을 겁니다." 강원용의 이 말은 박정희의 과거에 대해 사적으로 정보를 취득한 것과 미국에 은밀히 정보를 제공한 스스로의 행동을 과대평가하고 있었다는 것을 보여준다.[32)]

쿠데타 전까지 박정희나 김종필 등 주역들의 이름을 들어보지 못한 강원용이 박정희의 좌익경력에 대해 모르고 있었다는 점은 당연했다. 하지만 당시 정부와 군 내에서는 비밀이 아니었다. 김종필은 1960년 9월의 '16인 하극상 사건'의 배후로 지목되어 구속되었던 적이 있다. 그는 군법회의를 통해 군 내부의 비리와 모순을 알리려던 계획을 포기해야 했다. 박정희의 좌익경력을 함께 문제 삼겠다는 상부의 압력을 이기지 못했기 때문이었다. 이 정도로 박정희의 좌익경력문제는 공공연한 비밀이었다. 공개된 여러 비밀자료가 보여주듯 미국도 이미 박정희의 좌익경력에 대해 상세히 알고 있었다.[33)]

---

32) 강원용, 『역사의 언덕에서 2』, 397쪽. 이동원은 며칠 뒤 하비브와 강원용과의 저녁식사 자리를 마련해 미국과의 관계에 문제가 없음을 과시했다. 자신의 은밀한 정보제공이 무시된 것이 분명한 이 사건 이후 강원용은 한국인이든 미국인이든 믿을 수 있는 인물은 없다는 생각을 굳히게 된다. 그러나 이 하나의 일화는 여러 정치적 사안에 대한 강원용의 자기중심적인 이해의 일단을 보여준다. 안타깝게도 강원용은 자기에 앞서 미국이나 한국정부, 군 모두 박정희의 좌익경력을 이미 상세히 알고 있었다는 점을 회고록을 작성할 때까지도 인정하지 않고 있다. 한 사람의 민간인 목회자로서 뒤늦게 사적으로 듣고 알게 된 개인신상정보를 마치 혼자서만 알고 있는 최고급 비밀정보처럼 표현한 그의 공적 자세는, 방대하고 체계적인 국가공공영역의 존재를 인정한다면 이해하기 어려운 것이다. 특정한 공적 사안에 대한 강원용의 이러한 자기중심적 사태접근은 반복된다.

몇몇 사건은 박정희에 대한 강원용의 의심을 키웠다. 황태성 사건이 대표적인 경우였다. 북한 무역부 부상으로 있던 황태성이 1961년에 남파되어 김일성의 밀사라고 주장하면서 박정희와의 면담을 꾀하다 체포되었던 사건이다. 황태성은 박정희의 형 박상희의 친구였으며 박정희가 어릴 적에 형님으로 따르던 사람이었다. 그는 체포된 지 2년이 지나 처형되었는데 박정희가 처형을 끈질기게 반대했다든지, 사체의 신원이 불명하다든지 하는 논란이 있었다. 1962년 1월의 '민족청년단 반혁명 사건'이나 1963년 3월의 '군부 내 쿠데타 음모사건' 역시 강원용의 의심을 증폭시켰다. 특히 후자는 알래스카 작전으로 명명된 사건으로, 5·16 주체세력이던 해병대의 김윤근, 김동하, 박창암 등 함경도 출신의 거물급 인사들이 제거되는 계기가 되었다.[34] 강원용은 이러한 일련의 사건들이 단순한 권력투쟁이나 특정 세력에 대한 정치적 탄압이라기보다는 사상적인 문제로 보았다. 김동하나 박창암 같은 사람들은 혁명세력 중에서도 우익 쪽이었기 때문이다.

좌익사상에 대한 의심과 경계는 강원용과 죽산 조봉암과의 관계에서도 잘 나타난다. 조봉암은 강원용을 영입하기 위해 상당한 노력을 기울였다. 강원용이 귀국하던 당일부터 시작해서 수차례에 걸쳐 함께 일하자는 제의를 해올 만큼 적극적이었다. 강원용은 정치상황이 자신의 뜻을 펼치게 놔두지 않을 것 같다는 판단과 정치에 뛰어들지 않겠

---

33) 박명림, 「현대한국과 박정희 시기의 등장: 4월혁명 및 5·16군사쿠데타와 미국의 역할을 중심으로」, 박명림 엮음, 『한국의 대통령 리더십과 동아시아 협력전략』, 법현, 2015, 39~75쪽.

34) 황태성 사건은 1963년 대통령 선거과정에서 야당이 박정희의 좌익경력을 문제 삼아 제기한 의혹 가운데 하나로 중앙정보부가 이에 대응하여 내용을 공개했던 사건이다. 그리고 후에 알려진 것이지만 용매도 비밀회담이 있다. 김종필은 그의 자서전을 통해 황태성 사건과 용매도 회담에 대해 자세히 서술하면서 박정희와의 관련성에 관한 의혹에 대해 부정했다. 김종필, 앞의 책, 148~169쪽.

다는 소신 때문에 이를 거절했다.[35]

강원용은 1946년 조봉암이 박헌영과 결별하고 삼청동의 김규식 집에 찾아왔을 때 처음 조봉암을 알게 되었다. 김규식은 그를 신임하지 않아 민족자주연맹에도 관계시키지 않았다. 강원용은 박헌영이 조봉암이 있던 인천지역에 이승엽을 밀어넣었기 때문에 공산당과의 관계를 끊었을 뿐이지 사상을 버린 것까지는 아니라는 말을 전해 들었다. 이승만정부에서 농림부 장관직을 역임했다는 것도 사실 강원용의 마음에 들지 않았던 부분이다.[36] 이러한 평가는 후일 상당 부분 변한다. 강원용은 조봉암을 남북문제나 민족문제에 대해 30년 앞을 본 혜안을 가진 능력 있는 정치인, 원칙을 가지고 현실에 융통성 있게 대처할 줄 알며 자신의 신념을 실현시켜낼 수 있는 정치인으로 평가한다. 또한 민주적인 방법으로 서민층과 소외계층을 생각하며 현실정치를 했다는 점에서 사회주의자였다고 재평가했다.[37]

좌익사상에 대해 일관적으로 강경하고 민감하게 반응했다고 해서 강원용이 공산주의를 무조건 반대했던 것은 아니다. 강원용은 공산주의자들이 기독교를 부정하고 박해한다는 이유로 공산주의를 반대했을 뿐이다. 일본 제국주의에 저항하거나 무산자를 지주나 자본가의 착취에서 해방시키려는 의도까지 부정적으로 본 것은 아니었다. 가난하게 살아온 그로서는 환영했으면 환영했지 반대할 이유가 없었다.[38]

1961년 『기독교사상』에 쓴 논문[39]을 보면 강원용은 단순한 반공주의라기보다는 승공에 가깝다. 북한의 노동당까지 인정하는 통일된 정치체제하에서 공산당을 극복하는 방법을 제시한 것이 논문의 핵심요

35) 강원용, 『역사의 언덕에서 2』, 301쪽.
36) 같은 책, 303~304쪽.
37) 같은 책, 308~309쪽.
38) 강원용, 『역사의 언덕에서 1: 엑소더스』, 한길사, 2003, 170쪽.
39) 강원용, 「남북통일과 우리의 과제」, 『기독교사상』, 5:2, 1961, 40~47쪽.

지다. 결국 상대를 인정하지 않으면 대화는 불가능하다는 그의 지론이 공산주의의 이해에도 맞닿아 있는 것이다. 공산주의에 대한 인정, 대화, 승공의 순서는 당시로서는 매우 선구적이었다.

7 제3지대에서 그리고 두 눈으로

박정희 사상 전력 논란과 한일회담

박정희정부 전반기에 강원용은 크리스챤아카데미를 중심에 두고 한국의 민주주의의 발전을 위한 활발한 활동을 펼쳐나갔다. 앞서 언급했던 '제3지대'에서의 참여다. 제1지대는 '기존적인 것, 체제적인 것, 전통적이고 관습적인 것, 일상적인 것들이 있는 지대'다. 현재에 안주하여 안전하고도 살아가기에 편한 자리인 반면에 미래를 만들어 가는 일이 포기된 폐쇄적인 곳이다. 제2지대는 '반체제적인 혁명의 길'이자 '오늘의 해방자가 내일은 또 다른 억압자가 되고 악순환을 거듭하는 길'로 인간성이 상실된 공간이다.[1] 강원용이 서고자 했던 제3지대는 엠마오의 두 청년 이야기에서 비롯된 제1지대와 제2지대를 극복하여 새로운 길을 여는 곳이다. 단순한 중립이 아니었다.

> 현상유지나 현상파괴가 아닌 새로운 창조의 길이요, 영원에서 시간을 보고 시간에서 영원을 보며 수직선과 평행선이 마주치는 길인 동시에 환상적인 이상주의나 좌절과 냉소와 허무의 길이 아닌 참

1) 강원용, 「自序」, 『제3지대의 증언』, 문맥, 1978, 1쪽.

현실을 보는 장소요, 사랑이 밑받침된 자유의 길이요, 양극화가 해소된 함께 사는 세계의 건설과 부단한 개혁, 계속적인 해방을 모색하는 미래지향적인 길, 다양성 속에서 일치를 모색하는 자리인 것입니다. 그러기 때문에 주체성과 연대성이 조화된 길을 찾아가는 이 지대를 나의 삶의 거점으로 삼은 것입니다.

그러나 이 길은 결코 쉬운 길은 아닙니다. 더욱이 내가 살고 있는 오늘의 한국사회는 흑백논리가 지배적이고 모든 것이 평행선이 아니면 양극으로 치닫은 상황에서 '제3지대'의 폭은 매우 좁고 험합니다.

그러나 이 좁고 험한 오솔길이 참된 삶에 이르는 유일한 길임을 믿는 까닭에 나는 때로는 메아리 없는 고독한 소리일지라도 이 '제3지대'에서의 증언을 멈출 수 없습니다.[2)]

제3지대에 대한 철학은 사회운동가나 정치인들의 관점에서는 관념적으로 받아들여지기 쉽다. 구체적인 실천방법이 제시되어 있지 않기 때문이다. 제3지대에서는 제3의 검에 대한 인식에서 출발하여 실천으로 나아간다. 강원용의 사회참여의 시작과 끝은 하나님이었다. 나라 현실에 항상 관심을 두면서도 현실정치에 몸담거나 어느 특정 정치조직에 속하여 활동하지 않았던 이유도 여기에 있었다.

강원용은 유학을 마치고 돌아온 이후 정치현장에 뛰어들 기회가 여러 번 있었다. 조봉암으로부터 진보당에 들어와 함께 일하자는 요청을 받았던 일, 5·16쿠데타 이후 국민운동에 참여해달라는 박정희의 부탁,[3)] 신민당의 양일동과 윤길중이 제안한 대통령 후보 당내 경선제

2) 같은 글, 2쪽. 맞춤법은 원문을 그대로 따랐다.

3) 이때 박정희가 부탁한 국민운동은 1961년 7월 7일 출범한 국가재건국민운동본부를 말한다.

안 등이 그것이다. 정치로 진출할 수 있는 기회는 많았다. 그러나 그가 선택한 길은 특정 정치 조직이나 단체와는 거리를 두고 독자적으로 자신의 목소리를 내는 것이었다. 강원용은 어떤 조직이나 단체의 논리나 도그마에 얽매이지 않고 자신의 의사를 피력하고자 했다. 이 원칙이 없었다면 활동의 폭은 특정 정파로 크게 축소되었을 것이다.

5·16쿠데타 이후 점차 권력이 공고화되자 민간정부 수립을 위한 정치갈등이 본격화되었다. 쿠데타 주도세력은 민주공화당(공화당)을 창당하여 정권을 창출하려는 계획을 갖고 있었다. 박정희는 민정불참과 군 복귀선언, 군정연장을 묻는 국민투표 실시 선언 구상과 내부 반발로 인한 철회를 어지럽게 반복했다. 박정희는 끝내 "'다시는 이 나라에 본인과 같은 불운한 군인이 없도록 합시다'"[4]라는 유명한 말과 함께, 전역과 동시에 공화당에 입당하고 대통령 후보를 수락했다. 야당은 정치활동 금지가 풀리면서 대통령 선거를 겨냥한 창당 작업에 속도를 올렸다. 윤보선을 대통령 후보로, 김병로를 대표위원으로 하는 민정당(民政黨)에 이어 민주당, 신정당, 민우당 등 군소정당도 잇따라 창당식을 가졌다.

강원용은 항상 정치 곁에 있었다. 그는 한시도 정치 곁을 떠나지 않았다. 자신이 판단하기에 옳지 않은 현실정치에 대한 발언과 개입을 중단하지 않았다. 이는 그가 진보와 보수의 교계로부터 동시에 비판받은 중심 요인 중 하나였다. 대통령 선거를 앞두고 강원용은 박정희 사상을 검증하고 야당의 대통령 후보 단일화를 시도했다. 야당 후보들이 난립해서는 박정희의 집권을 막을 수 없다는 생각에서였다. 당시 야권 대통령 후보로 등록한 사람은 윤보선, 허정, 변영태, 송요찬을 포함해 모두 6명이었다. 강원용은 조향록, 이명하, 맹기영 등 기독청

4) 박정희, 「전역식에서의 연설」(1963년 8월 30일), 『박정희 장군 담화문집』, 대통령비서실, 1965, 496쪽. 강조는 원문을 그대로 따랐다.

년활동을 함께 했던 동지들과 후보 단일화 운동을 펼쳤다.

강원용은 특히 박정희의 사상 전력에 관한 문제를 분명하게 짚고 넘어가고자 했다. 그는 윤보선을 찾아가 박정희의 사상 전력에 대해 이야기했다.[5] 강원용의 박정희 사상 전력 문제제기는 그가 공산주의를 얼마나 경계했는지 가늠할 수 있게 한다. 박정희의 좌익 경력이 당시 정부와 군에서는 알려진 공공연한 비밀이었고, 미국 정보 관계자들은 이미 깊이 인지하고 있던 사실이었다 하더라도 강원용과 같은 일반인에게까지 상세히 알려져 있던 것은 아니었다. 따라서 강원용이 사실을 알았을 때 받은 충격은 대단했을 것이다.

선거를 이틀 앞둔 1963년 10월 13일에는 박정희 후보가 좌익 혐의로 군사재판에서 무기징역을 언도받았다는 내용의 『동아일보』 호외가 서울시내 중심가에 뿌려졌다. 윤보선 후보가 증거자료로 제시한 것은 1949년 2월 17일 자 『경향신문』, 2월 18일 자 『서울신문』 기사와 자체적으로 입수한 문건이었다. 두 신문의 내용은 박 후보가 군사재판에서 무기징역을 언도받은 사실을 소개한 내용이었다.[6] 강원용은 내심 박정희의 정체가 밝혀지는 것을 바랐으나 정작 선거가 끝나자 잠잠해졌다.

종교영역의 목회자가 민주주의 선거에서 정치에 개입하여 이념적 편가르기에 앞장서 타 후보를 통해 은밀히 이념공세를 부추겼다는 점은 심각한 문제를 안고 있는 행위였다. 이는 화해와 상생의 철학을 견지하던 강원용의 삶과도 부합하지 않는 이념공격 부추기기 행위였다. 이 점은 단순히 종교와 정치의 분리 차원에서 목사의 정치참여를 문제 삼는 원칙 차원을 넘는다. 전쟁을 치른 분단국가의 민주선거에서 빨갱이·친북·좌경·용공을 함의하는 이념공세가 어떤 의미를 갖고

5) 강원용, 『역사의 언덕에서 3: Between and Beyond』, 한길사, 2003, 93~94쪽.
6) 정운현, 『실록 군인 박정희』, 개마고원, 2004, 138쪽.

있는지를 알았다면 대화와 화해를 추구해온 목자로서 강원용의 행동은 해서는 안 되는 것이었다.

이념문제에 대해 완강한 태도를 보여온 강원용은 오히려 민족주의 문제에서는 그렇지 않았다. 그는 한일협정 체결문제에 대해서는 적극적인 반대투쟁에 나서지 않았다. 하지만 박정희정권의 굴욕적인 대일 저자세에는 분명히 문제가 있다고 생각하여 1965년 7월의 한일회담 비준 성토대회에서 연설을 하기도 했다.[7] 한일회담문제는 한국의 정부 수립 이후 지속되어온 한국과 일본, 미국 간의 오랜 숙제였다. 1951년부터 시작된 한일회담은 4·19 이후 민주당정부에서도 추진되었으나 합의점을 찾지 못하고 쿠데타 이후 소강상태에 놓여 있었다. 한일회담은 미국이 일본 중심의 동북아 질서를 구축하려는 구상의 일환으로 추진되었다. 성사 과정에서도 미국이 핵심적인 역할을 수행했다는 점은 주지의 사실이다.

미국은 한일 양국의 협상에 직접 개입하지는 않았지만 양국의 상호 이해와 관계진전을 위해 노력한다는 일관된 정책방향을 유지했다. 이승만정부 시기 한일관계의 민감성을 깨달은 미국은 한일회담문제에서도 타이밍이 중요하다는 것을 인식하고 있었다. 그런데 미국은 한국의 쿠데타정부가 일본의 기술력과 자본 도입에 적극적으로 접근하고 있다는 점을 파악하고 이 기회를 활용하고자 했다. 한국과 일본 양국에 회담의 성사를 강력하게 요구한 것이다.[8]

박정희는 한동안 한일회담 재개를 공개하지 않았다. 알려지게 된 시점은 1964년 1월이었다. 딘 러스크(Dean Rusk) 미 국무장관이 방한하여 박정희 대통령과 공동으로 한일회담의 조기타결에 한국과 미국

7) 강원용, 앞의 책, 106쪽.

8) "Visit of Prime Minister Ikeda to Washington, June 20~21, 1961, Japanese-Korean Relations", National Security Archive(NSA), 1961. 6. 16.

양자가 합의했다는 내용의 성명을 발표했다. 이 발표는 곧바로 국민적인 저항을 불러일으켰다. 야당은 즉각 '대일굴욕외교반대 범국민투쟁위원회'를 결성하고 전국순회 시위에 돌입했다. 학생시위도 거세게 일었다. 3월 24일 서울대, 고려대, 연세대 학생 3,000여 명이 한일회담 즉각 중지를 요구하며 가두시위를 벌인 것을 기점으로 삽시간에 전국으로 시위가 번져나갔다.

잘못된 정보에 의한 잘못된 판단은 강원용의 어이없는 제안으로 나타나기도 했다. 6월 3일 약 1만여 명의 시위대가 광화문까지 진출하고 파출소가 방화되는 등 시위가 과격해졌다. 학생들의 시위에 시민들이 가담하면서 시위의 규모도 크게 확대되었다. 새뮤얼 버거(Samuel D. Berger) 주한 미 대사와 해밀턴 하우즈(Hamilton H. Howze) 주한 미 군사령관이 시위대에 막혀 헬기로 청와대로 들어가 박정희 대통령과 면담하고 있었다.

강원용은 이들이 박정희 대통령에게 망명을 권하고 있을 것이라고 생각했다. 그를 담당했던 정보부원이 급히 쫓아와 대통령에게 하고 싶은 조언이 있으면 말해달라고 했다. 강원용은 "대통령께 더 이상 주저하지 말고 미군 헬리콥터를 타고 도망가라고 하시오. 그것이 박대통령이 살 수 있는 길이오"라고 했다.[9] 그러나 박정희의 도망을 권유한 강원용의 예상과는 정반대로 박정희는 그날 밤 8시를 기해 서울시 일원에 비상계엄을 선포했다.

당시 청와대를 방문 중이던 버거 대사는 계엄령이 문제해결의 방안은 되지 않을 것이라고 조언하면서도, 선포한다면 한국정부의 주권적 권한에 의거하여 취한 조치라는 것을 분명히 했다. 미국이 연루되는 것을 피하려는 의도였다. 박 대통령이 요구한 2개 사단의 동원에 대해 동의하면서도 계엄령에 동의한 것은 아니라는 점도 명확히 했다. 계

9) 강원용, 앞의 책, 104쪽.

엄령 선포와 미국의 책임 간에는 관계가 없다는 것을 분명하게 하려는 의도였다.[10]

대통령에게 망명을 권유한 강원용의 판단은 황당한 오판이었다. 월남 이후 계속되어온, 중앙 권력과 지도자 중심으로 문제를 풀어보려는 자세가 여전히 남아 있었기 때문이었다. 이러한 지도자 중심의 문제접근 방법은 강원용의 현실참여의 일관된 중요한 특징이었다. 이 점에서 크리스찬아카데미를 통한 사회기층과의 연대와 중간집단교육은 그로서는 매우 중대한 전환이었다. 그리고 물론 이것은 한국사회 개혁운동사 전체에서도 빛나는 위치를 차지한다.

한일협상에 관한 미국의 문서들을 보면 당시 미국은 유인과 압박 정책을 통해 협상을 촉진시키는 역할을 수행하고 있었음을 알 수 있다. 이러한 촉진책의 대표적인 경우가 일본과의 협상타결을 조건으로 다양한 자금지원의 옵션을 제시한 것이다.[11] 1965년 2월 박정희 대통령은 계엄을 통해서라도 일본과의 협상을 타결시킬 계획이 있음을 밝히기도 했다. 그는 국민 다수는 일본과의 협상 타결을 바라고 있는 것으로 인식하고 있었다.[12]

공교롭게도 학생들의 한일회담 반대시위와 관련해 강원용은 한때 학생들의 배후로 의심을 받기도 했다. 당시 시위의 주동자들과 가담자들 여럿이 경동교회에 다니는 학생들이었기 때문이다. 청년학생들을 위한 교육프로그램을 꾸려왔던 경동교회는 1960년대 초·중반에

---

10) POL 23-8 KOR S, RG59, National Archives and Record Adminstration (NARA), 1964. 6. 3.

11) 예를 들면 국제적 원조자문단 구성과 1억 달러 원조 차관 프로그램 설치, PL480의 제공을 통한 재정안정자금을 지원하는 문제를 협상의 타결과 결부시켜 제시하는 방법이었다. Political Affairs & REL., JAPAN-S. KOR, RG59, NARA, 1964. 5. 12.

12) POL Japan-Korea S. 1/1/65, RG59, NARA, 1965. 2. 22.

는 젊은이와 지식인의 교회로 성격이 굳어져 있었다. 강원용은 율법주의에서 해방된 개인의 신앙과 기독교인으로서의 사회참여에 관한 기독교윤리를 강의하고 있었다. 이러한 활동이 의심의 빌미를 제공했으나 그가 한일회담 반대운동과 직접적인 관련은 맺은 일은 없었다.[13]

베트남전 참전문제는 한일회담과는 양상을 달리했다. 베트남 파병문제는 군인들의 생명과 관련한 사안임에도 반전운동이 일지는 않았다. 공산주의로부터 민주주의를 수호한다는 정서가 지배적이었기 때문이다. 민주주의 수호에 반대할 이유가 없었다. 문제는 전투병의 증파였다. 강원용은 증파를 통해 세계 자유진영이 결속하여 공산 침략자를 후퇴시키는 데 도움이 될 것이냐가 문제라고 보았다. 한미 간의 유대관계를 고려하여 우리의 입장에서 국민적 합의안을 제시할 수 있어야 했다. 즉 전국민적 총화를 바탕으로 하는 증파안이어야 했다. 또한 파병군인들의 처우문제를 미국에 알려 시정케 하는 것이 한미 유대를 강화시키는 길이라고 강조했다.[14] 베트남 파병을 한미유대 및 자유진영 결속의 문제로 보고 있는 것이었다.

3선개헌 반대

1967년 6월 8일의 제7대 국회의원 선거 결과 공화당은 130석의 국회의원을 확보하여 개헌선인 117석을 넘는 의석을 차지했다. 신민당은 44석에 불과했으며 대중당 1석을 제외한 군소정당의 당선자는 전무했다.[15] 이 선거는 부정선거로 악명이 높았다. 선거운동 기간 중 공

13) 강원용, 앞의 책, 101~102쪽.
14) 강원용, 『역사의 한가운데서: 해방40년의 증언』, 종로서적, 1986, 135~137쪽.
15) 『동아일보』, 1967년 6월 10일.

화당은 관 조직의 지원과 풍부한 선거자금을 동원하여 공공연하게 불법과 부정, 폭력을 자행했다. 사람들은 공화당의 행태에 의심의 눈초리를 보냈다. 박정희가 헌법에 따라 정권을 이양할 것인지 확신할 수 없었기 때문이다. 박정희가 재집권하기 위해서는 헌법을 개정하지 않으면 방법이 없었다. 『동아일보』는 6월 9일 자 1면 톱기사를 "공화당, 개헌선 돌파"라고 뽑음으로써 향후 정치가 어떻게 전개될 것인가를 예고했다.[16)]

강원용은 박정희가 정권을 순순히 내려놓지 않을 것이라고 보았다. 강원용은 1968년 4월에 '국회와 국민'이라는 주제로 2박 3일간 여야 국회의원들을 초빙하여 대화모임을 개최했다. 야당의원들은 헌법에 따라 박정희는 이번 임기를 끝으로 권좌에서 내려오는 것이 당연하다고 주장했다. 그러면서도 박정희 스스로 권좌에서 내려오지는 않을 것이라고 예상했다.[17)] 반면 여당의원들은 이러한 추측을 강하게 부정했다. 하지만 박정희가 권력을 내놓지 않을 생각이라면 개헌을 단행하여 다시 출마할 것이라는 점은 인정하고 있었다. 강원용도 동의하는 바였다.[18)]

박정희정권의 개헌 추진 결정에 야당과 재야는 거세게 반발했다. 1969년 7월 19일 3선개헌반대 시국 대연설회에서 김대중[19)]은 "3선

16) 『동아일보』, 1967년 6월 9일.

17) 강원용, 『역사의 언덕에서 3』, 238쪽.

18) 같은 책, 237~239쪽.

19) 강원용이 김대중을 처음 만난 것은 1960년경이었다. 결혼 상대로서 김대중이 어떠한 사람인지 보아달라는 이희호의 부탁 때문이었다. 강원용은 김대중을 정치가로서 기발하고 소질이 있으며 야심이 큰 사람이라고 평했다. 이희호에게는 평범한 남자와의 행복한 결혼생활을 원하는 것이 아니라 정치적 동반자로서 그와의 결혼을 생각한다면 좋은 상대가 될 것이라고 조언했다. 강원용, 『역사의 언덕에서 2: 전쟁의 땅 혁명의 땅』, 한길사, 2003, 350~351쪽; 이희호, 『이희호 자서전 동행』, 웅진지식하우스, 2008, 66쪽.

개헌이 통과되는 날은 대한민국은 민주공화국이라고 선포한 헌법 제1조 1항을 장사 지내는 날"이며, "민주주의의 적은 공산 좌익독재뿐만 아니라 우익독재도 똑같은 적"이라는 유명한 연설로 박정희정권을 강력하게 비판했다.[20] 개헌을 헌법 제1조 민주공화국의 조종과 연결시키고, 우익독재를 좌익독재와 마찬가지의 민주주의에 대한 적으로 공격하는 놀라운 연설이었다. 김재준 역시 3선개헌 결정은 대통령 자신이 헌법 위에 군림하면서 자신의 입맛에 맞게 헌법을 좌지우지하는 '독재선언'이라고 규정했다. 그는 한국의 민주주의의 사활의 기로에 서있다고 판단했다.[21]

박정희정권의 3선개헌은 한국 민주주의 역사에서 두 가지 점에서 중요한 계기였다. 첫째, 재야로 대표되는 거리의 정치의 확장과 한국 개신교의 보수와 진보로의 분화였다.[22] 우선 재야는 1969년 7월 17일 김재준 목사를 위원장 겸 운영회의 의장[23]으로 하는 3선개헌반대 범국민투쟁위원회(범투위)를 출범시켰다. 범투위는 3선개헌 선언 직후 신민당이 결성한 대통령3선개헌저지 투쟁위원회와 재야의 3선개헌반대 범국민투쟁위원회를 결합한 조직이었다. 범투위는 3선개헌을 '자유민주체제의 방향을 경시, 왜곡 또는 역행하는 정권이나 운동은 결코 용납할 수 없는 민족사의 이단'이라고 규정하고 전국적인 개헌반대운동을 전개했다.[24] 또한 재야는 정권과 국가를 분리하여 반국가투

20) 김대중, 「3선개헌은 국체(국체)의 변혁이다」, 지산미디어 엮음, 『후광 김대중 대전집 11권, 연설집』, 중심서원, 1993, 36쪽.

21) 장공 자서전 출판위원회, 『凡庸記: 長空 金在俊 自敍傳』, 풀빛, 1983, 348쪽.

22) 박명림, 「박정희 시대 재야의 저항에 관한 연구, 1961~1979」, 『한국정치외교사논총』, 30:1, 2008, 36~39쪽.

23) 김재준이 범투위 위원장을 수락하는 과정과 이유에 대해서는, 장공 자서전 출판위원회, 앞의 책, 347~351쪽.

24) 민주화운동기념사업회 연구소 엮음, 『한국민주화운동사 1: 제1공화국부터 제3공화국까지』, 돌베개, 2008, 519~539쪽.

쟁이 아닌 반정부투쟁에 나섰으며, 비판의제에 박정희정권의 반공주의와 발전주의를 포함시키기 시작했다.[25] 주목할 만한 변화였다.

둘째, 3선개헌반대투쟁 과정을 통해 개신교는 본격적으로 보수와 진보로 분화되기 시작했다. 범투위의 위원장을 현직 원로 목사인 김재준이 맡았다는 점이 큰 영향을 미쳤다. 대다수의 기독교교역자들은 박정희정부 하에서도 친정부적 정치행태를 지속하고 있었다. 김윤찬, 박형룡, 조용기 등은 성명서를 통해 교역자들의 3선개헌반대투쟁을 순진하고 선량한 뭇 성도들의 양심에 혼란을 일으키는 '선동적 행위'라고 비난하기도 했다.[26] 이러한 분위기에서도 김재준은 범투위 위원장으로서 저항운동에 기독교의 참여를 촉구하면서 "그리스도의 종으로서의 멍에를 지고 방방곡곡에 우리의 결단을 전파하고 민중의 운동을 조직하고 실천하여야 하리라고 생각한다"고 호소했다.[27] 이들의 저항은 기존의 기독교에 대한 저항임과 동시에 비민주적 독재정권에 대한 항거였다.

강원용은 박정희의 3선개헌에 분명하게 반대했으나 범투위에 이름을 올리지는 않았다. 스승 김재준 목사가 위원장인 범투위에 참여하지 않은 것을 이상하게 생각하는 사람들도 있었다. 그러나 강원용은 특정 조직이나 단체에 속하지 않고 독자적으로 발언한다는 원칙에 따라 나름대로 반대활동을 벌였다. 그는 평소 "어느 특정 세력을 기독교라는 이름으로 갈음해버리거나 정치세력화해서는 안 된다"고 생각하고 있었다. 기독교가 정치적 입장을 취해야만 하는 경우라면 어느 한 정치적 입장에 설 것이 아니라 독자적으로 발언해야 한다는 신념이었다.[28]

25) 박명림, 앞의 글, 37쪽.

26) 박정신 · 박규환, 「'뒤틀린 기독교' 굳히기: 박정희 시대 한국 개신교의 자취」, 『현상과 인식』, 36:1, 2012, 45쪽.

27) 김재준, 「전국의 신앙동지 여러분!」(1969.8.5.), 『신앙계』 1969년 10월호, 108~111쪽; 박명림, 앞의 글, 38쪽에서 재인용.

개인적으로도 나는 조직이나 그 조직의 도그마에 얽매임이 없이 자유로운 입장에 서서 상황 변화에 따라 유연하게 내 의사를 밝히고 싶었다. 개인적 활동이 가지는 한계가 있기는 해도 단체의 일원이 됨으로써 조직의 논리에 밀려 개인적 탄력성을 상실하고 싶지는 않았기 때문이었다. 그같은 이유로 삼선개헌이 추진되는 과정에서 설교나 강연, 언론 매체 등을 통해 개헌에 반대하는 내 입장을 분명히 밝히며 독자적으로 반대 활동을 벌였다.[29)]

강원용은 3선개헌에 반대하여 공화당 대변인 김재순 의원을 상대로 공방을 벌이기도 했다. 김재순 의원은 박 대통령이 이룩한 경제발전과 국방태세의 완벽성을 고려했을 때 임기 4년을 연장하면 국가적 이익이 더 클 것이라며 개헌에 찬성했다.

강원용은 3선개헌논리를 반박하며 다음과 같이 분명하게 언명한다. 당시 한국현실과 민주주의에 대한 강원용의 수준 높은 객관적인 사고가 아주 잘 드러나 있다. 나아가 아래 진술은 당시의 수많은 3선개헌반대 문건들 중에서도, 선동적이지 않으면서도 본질과 현실을 함께 꿰뚫는 단연 압권이다.

박대통령이 계속 집권해서 경제발전과 국방 강화라는 국가 지상목표를 달성할 수 있도록 개헌을 해야 한다고들 주장한다. 우리의 국가 지상목표는 민주주의를 토대로 한 남북통일이고 민주 발전이다. 이를 위한 개헌이라면 찬성이지만 이번 개헌은 그렇지 않은 것 같다. 이는 박정희의 정권 연장욕에 불과하며 설득력이 부족한 억지논리에 불과하다. 또, 우리나라의 경제발전은 한 개인의 역량으

---

28) 강원용, 『역사의 언덕에서 3』, 240쪽.

29) 같은 책, 240~241쪽.

로 된 것이 아니라 국민의 노력과 국제 여건이 동원된 결과이다. 지도자의 리더십은 개인의 역량이 아닌 국가 여건과 정당의 바탕에서 이루어진다. 탁월한 지도자라면 끝을 잘 마무리하고 후계자를 두었어야 했다.

개헌은 국제 관계상에서도 대외 신뢰도를 떨어뜨릴 것이며, 개헌을 한다 해도 정당 내 자유로운 의사표시가 제한되어 있어 부정투표가 우려되는 상황이다. 국민투표 법안도 국민의 의사 표시를 제한하고 있어 언론, 집회, 결사의 기본권을 제한하는 것이다.

개헌을 하기보다 기존 헌법을 지킨다고 하며 국민의 잠재 능력을 존중할 때, 또 국민들이 어디서나 개헌안에 대해 토론할 수 있을 때 공정한 투표 및 국가의 민주 성장에 더 큰 기여를 할 수 있을 것이다.[30]

김재순은 "현행 헌법은 1차에 한해 중임할 수 있는데 첫 번 임기는 계획 수립에 대부분을 보내고 둘째 번 임기는 일하다말고 넘겨주어야 하므로 일을 소신껏 하기엔 너무 짧다. 이는 대통령 자신의 경험에서 나온 얘기로 안다"[31]고 언명했다. 3선개헌이 박정희의 의중에서 나왔음을 분명히 알 수 있다. 권력을 스스로 놓지는 않을 것이라는 예측이 옳았음을 알 수 있는 대목이다. 결국 1969년 9월 14일 새벽, 공화당 의원들은 국회 제3별관에서 불과 6분 만에 3선개헌안을 변칙적으로 통과시켜 버렸다. 강원용은 이 소식에 "이 나라 민주주의는 어디로 가 버렸는지 참담한 심정이 되었다."[32]

---

30) 강원용, 『강원용전집 6: 근대화와 인간화』, 동서문화사, 1995, 103~108쪽. 대담은 1969년 9월 12일 자 『동아일보』에 「삼선개헌의 허와 실」이라는 제목으로 실렸다.

31) 같은 책, 103쪽.

32) 강원용, 『역사의 언덕에서 3』, 246쪽.

7·4남북공동성명: 남북관계는 두 눈으로 보아야

1972년 7월 4일 오전 10시 중앙정보부장 이후락은 내외신 기자회견을 통해 "평양에 다녀왔습니다"[33]라는 충격적인 말을 시작으로 '7·4남북공동성명'을 발표했다. 평양에서도 같은 시각 동일한 내용의 공동성명이 부수상 박성철에 의해 공개되었다. "청와대를 까러 왔다"는 김신조 사건이 일어난 지 겨우 4년이 지난 시점이었다. 남북대립이 살벌하다고 해도 전혀 어색하지 않을 시기였는데, 간첩이 아닌 다음에야 어떻게 평양을 다녀왔다는 말인가? 게다가 통일방안에 서로 합의했다니 믿을 수 없었다.

강원용은 이 놀라운 소식 저변에 무엇이 있었는지 좀처럼 갈피를 잡을 수 없었다. "박정희의 의중을 도대체 종잡을 수가 없었다. 안보와 대화를 양날의 칼로 삼아 장기 집권의 기반을 마련하려는 정치적 계산에서 나온 결과인지 아니면 다른 숨은 이유가 있는지 제대로 알 수가 없었다."[34] 통일을 말할 수 있을 정도로 남북 교류가 있었던 것도 아니고 정부의 반공정책에 어떤 변화도 없었다. 그런데 갑자기 중앙정보부장이 평양을 다녀왔고 남북이 화해키로 했다는 선언이 튀어나왔던 것이다.

갑작스러운 정부의 발표를 이해할 수 없었던 것은 당연했다. 남북접촉에 관한 사항은 박정희 대통령과 중앙정보부가 중심이 되어 극도의 비밀리에 진행되었던 사안이다. 국무총리 김종필조차 4월 말에서야 이후락 중정 부장의 방북계획을 들을 수 있었다. 1971년 8월에 제기했던 남북적십자회담을 빌미로 중앙정보부의 정홍진이 물밑작업을

---

33) 김종필, 중앙일보 김종필증언록팀 엮음, 『김종필 증언록 1』, 와이즈베리, 2016, 401쪽.

34) 강원용, 앞의 책, 328쪽.

해오고 있었던 것이다.[35] 이후락 부장은 5월 2일부터 5일까지 4일간 평양을 방문했고, 북한에서는 박성철 제2부수상이 5월 29일에서 6월 1일까지 서울을 방문했다. 한국정부가 일반에 공개하기로 결정한 것은 6월 말경이다. 특히 남북이 같은 날 합의내용을 공개키로 한 것은 미국의 권고에 따른 것이었다.[36] 미국은 이미 한국정부와 북한의 접촉을 사전에 인지하고 있었다.

발표 이후 남북관계는 급속도로 진전되는 모습을 보였다. 남북관계의 추이는 한편으로 국민들의 기대감을 크게 달아오르게 했다. 8월에는 평양에서, 다음 달에는 서울에서 남북적십자회담이 열렸다. 북한 대표단이 서울에 도착하던 날에는 금방이라도 통일이 될 것처럼 환영하는 시민들로 거리가 가득 찼다.

강원용은 전쟁을 겪은 지 그리 오랜 세월이 지나지 않았음에도 불구하고 같은 동포라는 이유로 쉽게 흥분하는 분위기에 위기감을 느꼈다. 그는 이날 KBS 텔레비전의 좌담 프로그램에 출연을 자청하여 남북대화를 신중하게 볼 것을 당부했다.

> 지금 북한 적십자대표단이 서울에 오는데 우리는 이들을 두 눈을 가지고 보아야 한다. 한쪽 눈으로는 그들이 우리의 동포라는 사실을 보되, 다른 쪽 눈으로는 우리와는 이질적인 체제에 속한 사람들이라는 전제 아래 보아야 한다는 말이다. 지금까지 우리는 그들을 우리에게 적대적인 공산주의세력으로만 보도록 강요받아왔으나, 요즈음은 또 완전히 그 눈은 감아버리고 같은 피를 가진 동포라는 감정의 눈으로만 보는 것 같다. 그러나 어느 쪽이든 한쪽 눈만 가지

35) 김종필, 중앙일보 김종필증언록팀 엮음, 앞의 책, 395~396쪽.

36) "South-North Korea Contacts", POL KOR N-KOR S, 6-29-72, Box 2421, RG59, NARA, 1972. 6. 29.

고 그들을 보는 것은 위험하기 때문에 두 눈을 똑바로 뜨고 대해야 한다.[37]

바로 어제까지만 해도 북한은 남한을 적화시키는 데 혈안이 된 집단이었으며 그들의 사상은 우리의 가치와 양립할 수 없었다. 그러나 갑자기 하룻밤 사이에 그들은 우리와 피를 나눈 선한 집단이며 헤어졌던 혈육들을 만나게 해주고, 곧 통일을 위해 노력할 집단인 것처럼 회자되고 있었다. 어딘지 어색했고, 무엇이 달라졌단 말인지 냉정하게 짚고 넘어가야 할 일이었다. 미국과 중국이 화해하는 국제정세 변화를 고려한다고 해도 정부발표를 믿고 흥분하기에는 석연치 않은 부분들이 많았다.

남북이 극도의 대결을 거쳐 전쟁까지 치러야 했던 이유는 한반도에 이념이 다른 두 체제가 수립되었기 때문이다. 동족끼리 서로를 학살했던 원인이 전혀 해소되지 않았음에도 불구하고, 갑작스레 화해가 이루어지고 평화적 방법에 의해 통일의 길로 함께 나아갈 수 있을 것처럼 생각할 수는 없었다. 가슴에 깊이 박혀있는 상처와 기억은 단순히 두 당국 사이의 왕래와 몇 마디 정치적 수사로 치유될 수는 없었다. 강원용이 남다르게 꿰뚫어본 정부의 정치적 의도를 의심할 수밖에 없는 연유였다.

물론 강원용은 남북적십자회담에 대한 기대의 끈을 놓지 않았다. 강원용은 북한대표단이 서울에 도착한 다음 날 『동아일보』에 글을 기고했다. 적십자회담은 정치회담으로 악용되어서는 안 되고 인도주의에 기초한 이산가족의 비극을 해결하는 것에 주력해야 한다며, '오직 적십자대표로서 그 사명만을 완수'할 것을 요구하는 내용이었다. 이산가족의 한을 풀어주어 서로에 맺힌 감정을 먼저 풀어낸 뒤 각계각

37) 강원용, 앞의 책, 329쪽.

층의 남북교류가 이어져 궁극적으로 통일을 위한 회담이 가능할 것이라 전망했다.[38]

강원용의 바람과는 달리 북한이 정치적 선전의 장으로 회담을 활용하면서 이내 막다른 골목에 봉착하고 말았다. 북측 자문 위원 윤기복이 '우리 민족의 경애하는 김일성 수령' '영광스러운 민족의 수도 평양' 등의 찬양발언을 시작으로 반공법 폐지와 주한미군의 철수를 주장했다. 텔레비전을 통해 생중계를 지켜보던 국민들은 물론이고 언론도 크게 반발하면서 회담분위기는 급속히 냉각되었다.[39] 강원용은 남북한 모두 자신들의 체제·습관·이데올로기의 껍질에서 조금도 벗어나지 못하고 있음에 실망했다.

그는 「둘을 하나로 만드시는 힘」이라는 제목의 설교를 통해 우선이 두터운 껍질을 부정하는 작업이 선행되어야 하며 자신을 얽어매고 있던 모든 법을 상대화시킬 수 있는 용기가 있어야 한다고 했다. 서로 분리되어 있던 남북한이 다시 하나가 되기 위해서는 무한한 인내와 끈기가 절대적으로 필요하다고도 했다. 또한 남북한 간의 조직과 기구의 통합에 앞서 서로가 함께 수행할 수 있는 공동과제를 찾아 협력해서 성취해야 한다는 점을 지적했다.[40] 남북관계 개선은 스스로의 체제와 습관, 이데올로기를 깨는 일로부터 시작하여 공동의 노력으로 이룰 수 있는 일부터 찾아야 한다는 판단이었다. 당시의 냉전대결을 고려할 때 날카로운 지적이었다.

이후 남북관계는 기대와는 다른 방향으로 전개되었다. 남북조절위원회 회담이 몇 차례 더 열렸지만 활로를 찾지 못했다. 남북 모두 관계개선의 진의를 의심받았다. 북한은 침묵과 적대의지 표명을 반복하

---

38) 강원용, 「人道에 忠實하면 政治도 열린다」, 『동아일보』, 1972년 9월 13일.
39) 『동아일보』, 1972년 9월 14일.
40) 강원용, 『강원용전집 8: 중간집단과 좁은 길』, 동서문화사, 1995, 47~48쪽.

며 국내정치 활용 의도를 분명히 했다. 박정희정권은 미 · 중 데탕트로 인한 국제정세변화로 인해 미국이 한국의 안보이익을 고려하지 않을 때 발생할 수 있는 전쟁을 방지하려는 대책이었다고 설명했다. 북한의 진의를 테스트하기 위해서라는 요지였다.[41] 결국 대화는 단절되었다. 미국은 남북한 간의 대화 과정에서 나타난 상호 비방과 선전 정치를 '새로운 형태의 경쟁'[42]이라고 평가했다.

강원용이 『서울신문』 9월 15일 자에 기고한 「남북 적십자 서울 회담을 지켜보고」[43]라는 제목의 글을 보자. 그는 북한이 주장하는 혁명의 길을 막고 평화적인 통일을 지향하려면 대화의 방법에 의해 달성되어야 한다고 했다. 대화의 전제조건으로는 민주적으로 우리의 국론을 결속시켜야 한다는 점을 강조했다. 그는 마치 박정희정권의 체제변동의 속내를 파악하고 있는 것 같은 우려의 목소리를 쏟아냈다. 강원용 특유의 예의 예리한 현실감각과 촉수였다. 사실 그는 수차 시대를 앞서가는 진단을 보여준 바 있었다.

> 저들의 체제와 목적과 수단을 꿰뚫어 볼 줄 아는 눈을 국민 전체가 갖출 수 있도록 하는 무장이 시급하다. 그렇다고 해서 이런 이질적인 체제와 그 야욕을 알아챘다고 해서 '히스테리컬'하게 회담무용론(會談無用論)을 부르짖거나, 소극적이고 폐쇄적인 태도를 취한다거나, 더구나 그것에 대항하기 위해 우리도 그와 똑같은 수단과 방법을 쓰기 위한 체제로 바꾼다거나 하는 일이 있어서는 결단코 안 될 것이다.

---

41) "Asst Secretary Green's Conversation with President Park Chung Hee, July 6, 1972", POL KOR N-KOR S 7/4/72, Box 2421, RG59, NARA, 1972. 7. 7.

42) "A Status Report on Contacts Between North and South Korea", POL KOR N-KOR S 7/4/72, Box 2421, RG59, NARA, 1972. 10. 6.

43) 강원용, 앞의 책, 41~44쪽. 강조는 인용자가 표시했다.

두 눈으로, 그리고 두 눈을 넘어 남북관계를 보는 강원용의 지혜였다. 마지막 문장은 박정희정권의 의표를 찌르는 말이었다. 불행하게도 그의 날카로운 우려는 현실이 되고 말았다. 10월 17일 계엄령이 선포되었고 12월 27일에는 유신헌법이 공포되어 유신체제가 구축되었다. 박정희는 계엄령을 선포하고 헌법을 개정할 예정이라는 뜻을 북한에 미리 알렸다.[44] 북한에 미리 알려주었다는 점에 비추어 볼 때, 유신선포의 목표가 단순한 반공체제 구축이 아니었던 점은 분명했다. 다른 한편 그것은 내부 독재체제 구축용이었던 것이다. 유신체제 추진에 대해 북한보다 뒤늦게 통보받은 미국은 사실을 알고는 당혹함을 감추지 않았다.

북한 역시 12월 27일 사회주의헌법을 채택하면서 주석체제를 도입하여 전제정치에 가까운 유일독재체제를 공고히 했다. 공교롭게도 같은 날 남과 북에서 헌법개정을 통해 전제적 독재체제가 수립되었다. 남과 북에 동시에 상호 암묵적 동의하에 철통독재의 적대적 공생체제가 수립된 원인과 과정에 대해서는, 향후 각각의 민주주의 발전과 남북통일을 위해 더욱 면밀히 탐구되어야 한다.

지배권력의 관점에서 볼 때 박정희정권이 유신체제를 구축하게 된 동기는 7·4남북공동성명을 준비하는 과정에서 촉발되었다는 설명이 일반적이다. 남한의 정부수반 역시 김일성처럼 절대권력이 있어야 남북대화의 주도권을 쥘 수 있다는 판단 하에 유신체제를 구축하게 되었다는 내용이다.[45] 괴물에 맞서기 위해 괴물이 되자는 것이었다. 이

---

44) "North South Contacts", POL KOR N－KOR S 10/12/72, Box 2422, RG59, 1972. 10. 31; "Intelligence Note: South North Talks, A Pause Follows Rapid Progress", POL KOR N－KOR S 10/12/72, Box 2422, RG59, NARA, 1972. 12. 18.

45) MBC, 「이제는 말할 수 있다: 박정희와 김일성」, 2004년 7월 4일 방영, 이후락 증언분; 이동원, 『대통령을 그리며』, 고려원, 1992, 324쪽.

러한 주장은, 자유민주주의체제가 사회주의 독재체제를 압도해왔다는 보편적 관점에서 보더라도 논리적으로 성립이 불가능하다. 또한 남한과 북한에서의 실제 사건 전개의 선후과정과도 일치하지 않는다.

김종필에 따르면 이후락이 유신체제를 건의한 것은 1971년 말경으로 추정된다.[46] 그가 "대통령 직접선거는 무질서와 비용의 문제, 정치적 혼란을 일으키므로 국회에서의 간선제가 필요하다"는 요지의 말을 한 날짜는 1972년 4월이다.[47] 그리곤 이후락은 1972년 5월 2일에서 5일까지 4일간 평양을 다녀왔다. 박정희 대통령이 총리 김종필에게 유신이 추진되고 있음을 알려준 것이 5월경이고 유신헌법의 초안 작성에 본격적으로 착수한 것은 5월 이후부터이다.[48]

결국 7·4남북공동성명은, 분단 이후 당국 간에 최초로 시도된 평화통일을 위한 남북관계 개선노력이었음을 인정하더라도, 유신체제와 주석제체로 가는 길목에서 명분 구축을 위해 서로 상대를 동원하고 공동으로 활용하는 부정적인 역할을 수행했다. 서로의 양해 하에 내부 강화를 위한 상대의 상호 동원이었던 것이다. 즉 자기를 위한 적의 상호 동원이었다. 시대적 촉수가 남달랐던 강원용은 이미 사태의 진행에 앞서 이 점을 미리 지적하고 있었다. 당시에 이 점을 가장 선명히 인식하고 지적한 것은 강원용이 거의 유일했다. 정직하게 말해 강원용의 때이른 이 지적은 상당한 놀라움을 자아낸다.

남북관계를 날카롭게 꿰뚫었던 이홍구와 이호재에게서도 강원용

---

46) 이 시점은 아직도 분명하지 않다. 김종필에 의하면 이후락의 건의는 1971년 말쯤으로 짐작된다. 김종필은 1971년 대선에서 예상보다 적은 득표수 차이로 승리한 것이 유신의 계기가 되었으며, 박정희 대통령이 구상하고 실천에 옮긴 것이라고 주장한다. 김종필, 중앙일보 김종필증언록팀 엮음, 앞의 책, 403쪽.

47) "Yi Hu Rak on Elections", POL 14 KOR S 6/1/71, Box 2425, RG59, NARA, 1972. 4. 7.

48) 김종필, 중앙일보 김종필증언록팀 엮음, 앞의 책, 405쪽.

과 유사한 통찰과 혜안이 보인다. 상호 간의 직접적 대화를 통해서였든 통일의 문제의식에 대한 깊은 공유를 통해서였든, 두 사람의 사상적 현실적 접근과 처방은 강원용과 거의 같았다. 다시 강조컨대 강원용은 설교를 통해 남북대화가 성공하고 평화의 길로 들어서기 위해서는 남북한 모두 서로의 체제·습관·이데올로기의 두꺼운 껍질을 깨고 함께 협력해 해나갈 수 있는 공동의 과제부터 찾아 실천해나가야 할 것이라고 말했다.

이호재는 남북한이 '상호변질'해야만 평화통일이 가능하다고 주장한다.

> 이질적이고 독립적인 두 개 집단이 평화스럽게 통일될 수 있는 유일한 길은 상호변질하는 데 있다고 판단되기 때문에, 남북은 모두 상호통합이 요구하고 있는 방향으로 자체변혁을 위하여 보다 과감히 노력하여야 한다는 것이다.[49)]

더불어 이호재는 '잘못된 통일'보다는 공존을 전제로 하는 건실한 길이 통일에 이르는 빠른 길이라는 점을 강조했다.

> 지금의 현실에서는 조금이라도 더 나은 남북공존체제를 유도하는 것이 사실상 통일에의 첩경임을 좀더 강조하여 교육하여야겠다. 공존하는 '두 개의 한국'은 피상적으로 보면 통일과 먼 거리가 있고 모순되는 것 같지만, 사실 지금과 같은 현실에서는 통일에 접근할 수 있는 건실한 길로 판단된다.[50)]

---

49) 이호재, 「냉전적 사고의 수정」, 『냉전시대의 극복: 이호재 정치평론집』, 동아일보사, 1982, 69쪽. 이 글은 1973년 3월에 학술잡지 『북한』에 실렸다. 이렇게나 빨리 두 국가론을 주창한 것은 이호재의 놀라운 탁견이 아닐 수 없다.

50) 같은 글, 69쪽.

북한에 대한 인정을 전제로 상호공존하는 통일을 주장한다는 것은 당시로서는 결코 쉬운 일은 아니었다. 이호재의 이 주장은 1961년 강원용이 논문[51]을 통해 말한 것과 그 맥락을 같이하고 있다. 한반도 남북에 실질적인 두 정권이 존재하는 상황을 인정하는 것이 평화를 보장하는 길이 될 수 있다는 내용이다. 이호재는 국제정치학자로서 한 걸음 더 나아가 '두 개의 한국'론을 주장하고 있다. '두 개의 한국'론은 당시 실정법마저 위반한 매우 혁신적인 주장이었다. 사유와 관점의 획기적 전환이라 아니할 수 없다.

남북관계를 두 눈으로 보아야 한다는 강원용의 선구적 생각은 이후 정부에서 통일문제를 직접 담당했던 이홍구와도 닮아 있다.[52] 이홍구는 남한과 북한의 적대지향성과 통일지향성, 즉 적대대상과 통일대상이라는 '상황의 이중성'을 정통으로 꿰뚫은 상태에서 정부의 남북관계를 담당했다. 이는 그가 노태우와 함께 남북관계를 이전과는 달리 한 단계 진전시킬 수 있었던 철학적 원천이었다. 이홍구의 '상황의 이중성' 문제의식은 오늘날 남북관계에 대한 정부·사회·학계에 하나의 정통시각이자 정론인 동시에 사회적 합의이자 상식이 되었다.[53] 그에 바탕한 한민족공동체 통일방안 역시 거의 그러하다.

---

51) 강원용, 「남북통일과 우리의 과제」, 『기독교사상』, 5:2, 1961, 40~47쪽.

52) 이홍구 역시 통일지상주의가 내포하는 평화에 대한 위협의 가능성을 경계했다. 남북관계는 '폭넓은 국민적 대화'와 '최대한의 국민적 합의'를 통해 실현 가능한 것부터 우선순위를 정해 차분히 나아가는 것이 중요하다는 것이 그의 지론이다. 이홍구, 「'통일지상주의' 신화에서 깨어나자(2005. 11. 14)」, 『전환시대의 위기 통일 한국의 미래: 이홍구 칼럼집』, 지식산업사, 2010, 34~36쪽.

53) 이홍구의 탁월한 '상황의 이중성' 문제의식과 발언은, 그가 남북관계를 담당하고 있을 동안 정부 담화, 국회답변, 언론 인터뷰를 통해 지속되었다. 『경향신문』 1989년 5월 22일. 『동아일보』 1989년 6월 22일, 1989년 9월 22일, 1994년 5월 1일, 1994년 11월 16일. 『한겨레』 1990년 1월 1일, 1994년 5월 1일 등 참조.

이홍구에 따르면 민족공동체 통일방안은 '두 국가체제'의 공존·협력의 제도화(two states solution)를 통해 평화의 구축과 통일에 이르기 위한 처방이었다. 예의 사실상의 두 국가론인 것이다. 이 구상은 남북기본합의서, 유엔 동시가입, 비핵화공동선언으로 이어졌다. 하지만 남한과 북한 사이에는 물론 두 국가체제의 안정화를 위한 국제적 보장의 기재를 마련하는 데는 실패했다. 이홍구는 시간적·규범적 차원에서 평화의 제도적 구축이 우선되어야 한다고 한다. 지극히 타당한 말이다. 그리고 미·중·일·러는 두 국가체제의 평화적 공존을 조약으로 보장하고 지원할 필요가 있음을 주장했다.[54] 이때 평화는 남북 분단의 현상 유지를 말하는 것이 아니다. 공존과 협력의 제도화이며, 통일을 향한 남북 상호 간의 적극적 의지의 표현이다. 강원용의 상호 이해와 합의, 그리고 공존을 통한 평화적 통일 구상이 오래도록 부각되는 대목이다.

54) 이홍구, 「평화통일을 위한 분단체제의 제도화」, 『중앙일보』, 2015년 9월 15일.

8 대화운동

대화

일찍이 아리스토텔레스(Aristotle)는 인간은 언어(logos) 능력을 가진 유일한 동물이라고 했다.[1] 하여 대화의 역사는 인간의 역사와 함께 한다. 대화는 인간의 존재를 확인하고 지식을 탐구하며 실천(*praxis*)을 낳는 가장 중요한 통로이다. 마틴 부버(Martin Buber)는 진정한 대화란 상대방의 현존과 본질을 그대로 인정하고 생동하는 상호성을 만드는 것이라 설명한다.[2] 한국사회의 의식화에도 큰 영향을 준 바 있는, 교육을 통한 인간화를 모색한 파울로 프레이리(Paulo Freire)에 따르면 대화는 인간들이 인간으로서의 의미와 실존을 확인하는 방법이다. 그는 사랑, 겸손, 믿음에 바탕해 수평적인 동시에 비판적으로 사고할 수 있을 때 인간화가 가능하다고 본다.[3]

훗날 한국사회에 하나의 큰 흐름으로 자리 잡게 된 강원용의 대화운동은 대화에 대한 그의 철학적 인식의 연장선에 놓여 있다. 강원용

1) 아리스토텔레스, 천병희 옮김, 『정치학』, 숲, 2002, 21쪽.
2) 크리스찬아카데미 엮음, 『대화의 철학』, 서광사, 1992, 236쪽.
3) 파울로 프레이리, 성찬성 옮김, 『페다고지』(*Pedagogy of the Oppressed*), 한마당, 1995, 107~113쪽.

에게 대화운동은 인간화를 이루기 위한 방법이자 한국사회에 민주문화를 형성하기 위한 점진적 사회개혁운동이었다. 그는 한 나라가 민주주의를 이루기 위해서는 우선 국민들의 생각이 객관성과 합리성에 기초해야 한다고 보았다. 객관성과 합리성이 서려면 타인의 생각이 나와 같지 않더라도 이를 인정하는 사고방식이 필요하다.

대화는 내 자신의 정당성을 인정하면서도 내 자신 속에 내가 모르는 오류가 있다는 것을 전제로 한다. 동시에 상대방의 주장이 옳지 않다 하더라도 내가 모르는 정당성이 숨어 있을 수 있다고 본다. 대화철학의 선구자라고 할 수 있는 소크라테스의 대화법 역시 그러했다. 이것이 전제되어야만 대화를 통해 그동안 인지하지 못했던 나 자신의 오류와 상대방의 정당성이 드러나면서 서로에 대한 편견과 선입견이 깨질 수 있다. 이렇게 서로의 다름을 인정함으로써 오히려 민주주의가 촉진되며 서로 다른 생각들을 창조적으로 발전시킬 수 있게 된다.[4)]

강원용이 우리나라에 대화운동이 필요하다고 본 이유는 한국의 민주주의는 '대화를 상실한 민주주의'라고 판단했기 때문이다.[5)] 중요한 진단이었다. 한국에는 타인의 의견이 자신의 생각과 다를 때 배척하는 풍토가 널리 퍼져 있다. 그에 따르면 이러한 현상의 근저에는 문화적 이유와 정치적 이유가 복합적으로 얽혀 있다. 특히 계층과 역할, 상하관계를 중요시하는 유교문화의 탓이 컸다. 유교적 전통 하에선 상호 동등한 입장에서 서로의 의견을 교환할 수 있는 문화가 아닌 데다가 명령만 하면 오직 복종해야 하는 상명하달식 결정구조가 당연시된다.

또한 한국사회에서는 정치의 문제, 기업과 노사 간의 문제, 종파 간

4) 강원용 외, 「대화운동 20년과 새 방향」, 이문영 엮음, 『한국아카데미총서 12: 민주사회를 위한 대화운동』, 문학예술사, 1985, 279쪽.

5) 같은 글, 280~282쪽.

의 문제, 남북문제 등에서 합의된 발전방향이 존재하지 않았다. 그러나 이들 분야는 특히 더 서로 간의 이해를 바탕으로 한 대화 없이는 해결할 수 없었다. 따라서 이들 영역으로부터 대화운동을 시작하여 비민주적이며 비합리적인 풍토를 개혁하고, 갈등을 평화적으로 해결하며, 서로 다른 의견들을 발전적으로 끌어올려 국가발전에 기여하려 시도했던 것이다.[6)]

초기의 대화운동은 크게 세 개의 시기로 구분된다. 첫 번째 단계는 대화운동의 출발기로서 1959년부터 1963년까지로 1959년에 '한국기독교사회문제연구회'(韓國基督敎社會問題硏究會, 기사연)를 창설한 이후 1962년 독일의 에버하르트 뮐러(Eberhard Müller) 박사를 만나 아카데미 운동의 발전방향을 논의하게 되기까지의 기간이다.

두 번째 단계는 대화운동의 발전기라 할 수 있다. 기사연은 강연을 중심으로 한 월례회 형식의 모임에서 1964년부터 대화형식의 모임으로 전환되었으며 이후 새로운 형태의 프로그램을 진행하는 단계로 발전했다. 1965년에는 한국기독교학술원의 설립, 한국 크리스찬아카데미로의 명칭 변경 등 본격적으로 대화운동이 전개되기 시작했다.

세 번째 단계는 수원의 사회교육원 '내일을 위한 집'이 건립되는 1970년 11월 16일 이후이다. 이때는 대화모임과 연구조사활동, 교육훈련이 동시에 이루어지는 체계가 완성됨으로써 대화운동이 본 궤도에 올라 정착 단계에 이르게 되었다. 또한 인간화, 중간집단, 복지화 등 우리나라의 민주주의 발전을 위한 핵심적인 주제에 관한 대화와 교육이 이루어졌다.

1980년대 이후에는 헌법의 문제를 다루는 등 핵심적인 정치체제의 기초를 다루는 문제를 논의하기도 했다. 또한 당시 대화모임은 민주

---

6) 강원용, 「대화정신과 민주사회」, 한승헌 엮음, 『한국아카데미총서 8: 역사발전과 민주문화의 좌표』, 문학예술사, 1985, 4~5쪽.

문화공동체 형성(Fromation of the Communities of Democratic Culture) 프로그램과 창조적인 대안 문화 형성 프로그램 개발에 집중했다.

현재에도 크리스찬아카데미의 변경된 이름인 대화문화아카데미는 헌법개혁, 삶의 정치, 교육개혁, 환경, 여성, 평화, 종교 등 한국사회의 핵심적인 의제에 관한 다양한 대화프로그램과 대화모임을 활발하게 운영하며, 한국사회의 대화문화와 대화운동을 이끌고 있다. 오래도록 대화의 씨를 뿌려온 강원용의 거대한 그림자가 아닐 수 없다.

대화의 신학

강원용의 대화운동은 신학적 문제의식에 바탕을 두고 있다. 강원용은 말(word)을 천지창조의 원리라고 이해한다. 천지는 빛이 있으라 함에 빛이 있었던 것과 같이 하나님의 말로부터 창조되었다.[7] 그러므로 말은 곧 우주 안에서의 모든 힘의 근원이 된다.

강원용은 중세 이래로 하나님은 명령만 하고 인간은 복종하는 것으로 성서가 왜곡되어 왔다고 해석했다. 사실 해, 달, 나무 등과 같은 법칙으로 이루어진 물질계만이 하나님의 명령을 그대로 복종한다. 사람은 하나님의 형상과 언어기능을 받았으므로 최초의 인간 아담과 이브도 대화로 하나님과의 관계를 시작했다.[8]

말은 창조력과 파괴력을 함께 지니고 있다. 비록 속아서 한 말이라도 말은 한 번 나가게 되면 돌이킬 수 없는 에너지가 된다. 성서에서는 악마의 특징을 거짓말 또는 남의 말을 자기에게 유리하게 왜곡하는 것으로 묘사한다. 즉 올바른 말은 역사를 건설적으로 창조하는 에

---

7) 강원용, 『강원용전집 5: 힘의 균형과 악령 추방』, 동서문화사, 1995, 166쪽.

8) 강원용, 「한국에서의 대화운동」, 크리스찬아카데미 엮음, 『한국아카데미총서 2: 양극화시대와 중간집단』, 삼성출판사, 1975, 359~362쪽.

너지요, 거짓말이나 왜곡된 말은 파괴력으로 나타난다.[9] 강원용은 부정과 부패의 악순환을 끊고 건전한 공동 인간성이 실현되는 복지사회를 건설하기 위해서는, 말의 파괴력으로부터 창조적인 방향으로 전환되어야 한다고 주장한다. 거짓말이 아닌 참말을 하는 도덕운동이 아니라 진정한 대화로 바꾸는 대화운동만이 이를 가능하게 한다는 주장이다.[10]

> 대화는 우선 우리를 일체의 편견에서 해방하며 자기 자신과 현실을 똑바로 보게 하고 현실의 근원에까지 거슬러 올라가 현실을 빠르게 파악하여 그것을 풀어 가는 인간이 되게 한다. 대화의 결과가 중요한 것이 아니라 대화 자체가 중요하다. 인간은 대화를 나누지 않을 때 곧 고립된 인간, 독백을 하는 인간이 되든지 자기 선입주견(先入主見)의 노예로 비인간화한 인간이 된다.[11]

대화에 대한 강원용의 신학적 해석은 니버의 대화관에 의해 한 단계 더 나아간다. 니버는 대화는 올바른 역사를 형성하는 토대라며, 대화가 매끄럽게 이루어지는 사회는 부패와 파괴를 면하고 혁신해갈 수 있다고 보았다. 강원용 역시 출발점을 이 대화의 윤리에서 찾고자 했다. 그에 따르면 성서에서는 말과 행동의 이원론은 존재하지 않는다는 인식에 기초하고 있다. 즉 말과 행동, 정신과 물질, 육체와 영혼, 이념과 현실을 둘로 유리시키는 이원론적인 윤리는 희랍적인 것, 이교적인 것이지 히브리적인 전통에서는 찾아볼 수 없다. 말과 행위는 둘이 아니고 하나이며, 창조주인 하나님과 피조물 사이에 아주 엄격한

9) 강원용, 『강원용전집 5』, 185쪽.
10) 강원용, 『강원용전집 4: 아래로부터의 혁명』, 동서문화사, 1995, 132쪽.
11) 같은 책, 132쪽.

구별이 있을 뿐이다. 다만 창조자인 하나님과 피조물인 만물과의 사이를 이어놓는 것은 오직 말씀이다. 우리는 말을 통해 하나님과 대화하며 그의 사랑을 확인할 수 있다.[12]

말을 이해할 때 반드시 함께 수반되어야 하는 관념이 있다. 기독교가 인간의 자기 절대화를 가장 무서운 파괴력으로 해석하고 있다는 사실이다.

> 기독교가 보는 가장 무서운 파괴력은 자신의 주장과 의(義)를 절대화하는 것이다. 자신이 최고의 심판자로 군림하는 자는 인간이 아니라 악마이다. 우리가 공산주의를 반대하는 이유 가운데 하나도 그들이 자기 주장을 절대화시키기 때문이다. 자유에의 길을 걷는 오늘 이 민족이 가장 경계해야 할 것도 바로 이 자기 절대화이다.[13]

강원용은 자기 말의 오류 가능성을 인식하여 자신을 절대화시키는 오류에서 벗어나야 함을 강조하고 있다. 경청과 같은 맥락이다. 나아가 극단적 상대주의를 경계하여, 부정과 불의에 대한 항거를 위축시킬 필요는 없다고 본다. 자유를 위한 싸움과 그것을 통한 변증법적 발전을 함께 고려해야 할 필요성이 여기에 있다.[14]

아카데미 운동의 기초: 기독교사회문제연구회

강원용은 1959년 크리스챤아카데미의 전신인 '기독교사회문제연구회'를 조직했다. 정치, 경제, 사회, 문화, 종교에 걸친 뚜렷한 문제의

12) 같은 책, 128~130쪽.

13) 강원용, 『강원용전집 5』, 22쪽.

14) 같은 책, 23쪽.

식을 가진 사회과학자 및 신학자들이 모여, 기독교적 관점에서 한국 사회를 분석·연구하고 구체적인 대책을 세우고자 하는 모임이었다. 연구회는 기독교를 사회변혁을 위한 힘으로 인식하고 있었다.

> 나는 평소 신학은 상아탑 안에 머물러 있는 것이 아니라 우리가 살고 있는 삶의 현장 속에 들어가 성육신화(成肉身化)해야 한다는 소신을 갖고 있었다. 이 같은 생각을 갖게 된 직접적인 계기는 6·25였다. …… 그 같은 문제의식을 바탕으로 나는 '기독교의 메시지는 추상적인 공허한 울림으로 그쳐서는 안 되며, 구체적인 삶의 현장에서 상황을 변화시켜나갈 수 (있는) 힘이 있어야 한다'는 생각을 굳히게 되었다. 이런 생각은 뉴욕에서 사회학을 공부하면서 더욱 구체화되었고, 기독교사회문제연구회를 발족시킨 취지도 다 여기에서 나온 것이다.[15]

기사연은 초기에는 사회의 문제들에 대해 토론하며 서로 의견을 교환하던 개인적인 모임이었다. '한국인들은 과연 민주주의에 대해 어떻게 생각하며 민주주의를 할 수 있는 잠재력이 있는가', 즉 한국의 민주주의와 발전 가능성을 핵심 주제로 했었다.[16] 하지만 이승만정부 말기의 부패와 비민주적 통치행태, 4·19와 같은 정치적 격변을 거치면서 기독교인으로서 인간의 존엄성과 자유, 사회정의를 실현하고자 하는 목적의식이 보다 강해졌다. 강원용이 기독교의 진리와 현실을 변증법적으로 통일시키고자 한 실천의 초기 단계가 기사연이었다.

1962년은 기독교사회문제연구회 활동이 본격적인 궤도에 접어든 해였다. 강원용은 이제 한국교회는 정확한 사회과학적 인식을 기

---

15) 강원용, 『역사의 언덕에서 2: 전쟁의 땅 혁명의 땅』, 한길사, 2003, 330~331쪽.
16) 같은 책, 331~332쪽.

반으로 하나님의 뜻에 따라 현실개혁에 나서야 한다고 생각했다. 이러한 강원용의 신학적 반성을 배경으로 기사연은 동아시아 교회협의회와 함께 '사회참여의 새로운 형태'(New Forms of the Social Action Participation)라는 주제의 회의를 개최했다.

그때 강원용은 1962년 8월 초 취리히(Zűrich)의 아카데미 하우스 모임에서 뮐러 박사를 소개받았다. 뮐러는 1945년 독일 밧볼(Bad Boll) 지역 아카데미(Protestant Academy Bad Boll)의 설립자였다. 아카데미는 루터교와 국가기관이 협력하여 나치로 인한 독일 국가의 실패를 극복하고, 기독교적이고 민주적이며 평화로운 독일을 논의하기 위한 대화[17]의 장소였다. 점차 아카데미는 정치 · 경제 분야의 전문가, 교회, 신학적 관심을 지닌 비전문가들에 이르기까지 다양한 배경의 참가자들이 모인 평등한 대화의 장소로 자리 잡았다. 설립 50주년 기념식에서 독일의 프로테스탄트 아카데미 연합은 "프로테스탄트 아카데미는 사회 내의 모든 집단들로부터 높이 평가받고 있으며, 대화를 위한 독립된 곳, 시민적 논쟁이 가능한 곳으로 받아들여지고 있다"고 공표한 바 있다.[18] 독일의 아카데미 운동이 독일사회의 재건과 민주문화에 큰 공헌을 했음을 짐작할 수 있는 부분이다. 강원용은 이날의 만남을 "몇 년 후 한국 크리스찬아카데미가 세워지는 데 중요한 계기가 된 이 만남은 웅장한 알프스의 절경 속에서 내게 더할 나위 없는 기대와 흥분을 안겨줬다"라고 회고했다.[19]

---

17) '타궁'(tagung)에는 함께 먹고 자며 모든 것을 얘기하는 것이고 '대화'에는 단지 함께 모여앉아 얘기하는 것이므로 다소 의미가 다르다. 그래서 우리말에서 적당한 단어를 찾아보았지만 말을 찾지 못해 잠정적으로 '대화'라는 말을 사용하게 되었다. 강원용 · 고범서 · 김문환 · 이화수 · 이영희 · 이강백, 「대화운동 20년과 새 방향」, 타궁좌담평가, 이문영 엮음, 『한국아카데미총서 12』, 문학예술사, 1985, 278쪽.

18) Thomas Schlag, *Church as Politeia: The Political Self-Understanding of Christianity*, Berlin: De Gruyter, 2004, p. 275.

이날 뮐러와의 만남은 한국의 아카데미 운동에 획기적인 전환점이었다. 1962년 12월 하순부터는 연구회를 정식기구로 등록하기 위한 준비를 시작하여 1963년 3월에는 정식 공공단체로 활동을 개시했다. 정식기구로서의 첫 모임은 1963년 4월 YMCA회관에서 개최되었다. 1963년 10월에는 뮐러 박사와 아카데미의 이사인 알프레트 슈미트(Alfred Schmidt) 박사가 내한하여 독일의 아카데미 운동과 유럽 평신도운동의 신학적 배경을 설명했으며, 향후 두 나라 사이의 구체적인 협조 방안에 관한 실질적인 문제들을 토의했다. 독일 아카데미와 긴밀히 관련을 맺게 되면서 기사연은 아카데미 운동 형태의 모임으로 자연스럽게 변화되었다. 또한 '모든 이해와 의견을 달리하는 사람들의 잘못된 선입관념과 편견에 사로잡힌 정신 구조를 개혁할 수 있도록 대화의 장을 제공하는 역할을 담당'하는 것으로 전략을 구체화했다.[20)]

이때까지만 해도 '대화'의 의미를 명료화하지 못한 상태였다. 다만 독일을 모델로 삼되 우리 현실에 맞아야 한다는 원칙은 분명하게 세워두고 있었다. 취리히에서 뮐러를 만났을 때부터 강원용은 다른 나라의 아카데미 운동을 그대로 우리나라에 이식할 수 없고, 또 새로운 형태의 종교사업을 시작할 마음이 없다[21)]고 하여 한국의 아카데미운동은 한국의 실정에 맞는 프로그램이어야 한다는 생각을 확고히 했다. 때문에 의견 차이가 발생하여 몇 차례 부딪치기도 했다.

아카데미 운동 형식의 대화모임은 1964년 4월 25일부터 27일까지 3일에 걸쳐 열렸다. 주제는 '한국 아카데미 운동의 방향'이었다. 김경동 교수는 한국과 같이 이중, 삼중의 복합성을 지닌 사회에서는 통일된 규범이 결여된 아노미 현상 때문에 사회통합이 이루어지기 어렵다

---

19) 강원용, 『역사의 언덕에서 3: Between and Beyond』, 한길사, 2003, 66쪽.

20) 같은 책, 96쪽.

21) 같은 책, 97쪽.

고 보았다. 오히려 무규범적 상황이 아카데미 운동이 자리 잡을 바탕이 된다고 했다. "통합이란 단순히 한데 모여 사는 것만으로 이루어지는 것이 결코 아니다. 거기에는 공통된 바탕을 찾으려는 노력이 있어야 하며 서로가 마음을 교환하는 깊은 커뮤니케이션이 있어야 한다."[22] 김경동의 제안은 아카데미 운동의 방향에 영향을 주어 아카데미의 중간집단교육의 한 이론적 배경이 되었다.

독일 밧볼 아카데미의 부원장이었던 베르너 짐펜되르퍼(Werner Simpendörfer)는 1968년 1월 7일부터 6일간 한국에 초청되어 '한국 아카데미 운동을 위한 지도자 수련회'에서 강연했던 적이 있다. 그의 이론은 아카데미의 대화 프로그램의 체계화에 결정적인 영향을 미쳤다.[23] 짐펜되르퍼에 의하면 전통적 의미의 대화모임은 서로 다른 생각과 이해관계를 가진 모두에게 개방적이어야 하며, 서로의 마음을 터놓고 이야기를 나눌 수 있을 정도로 내용이 다양해야 한다. 또한 대화는 논쟁이 아니라 토의이다. 논쟁이 상대를 눌러 자신의 관점을 관철시키는 것을 목적으로 함에 반해 토의는 상호 이해와 서로 다른 점에 대해 발전적인 해결방향을 찾는다. 따라서 아카데미는 대화의 세세한 기술적인 부분에 대해서도 준비되어 있어야 하며, 명상을 포함하여 언어를 초월한 상호소통이나 함께하는 체험을 통해 공동체의 일원임을 느낄 수 있는 기회를 제공해야 한다. 아카데미는 대화 프로그램에 짐펜되르퍼의 이론을 충실히 반영하여, 교육생들의 토의를 장려하고 연극과 촛불의식을 도입함으로써 교육생들의 폭발적인 변화를 끌어냈다.

---

22) 같은 책, 98쪽.

23) 베르너 짐펜되르퍼, 「대화 모임은 어떻게 운영할 것인가」, 크리스찬아카데미 엮음, 『한국아카데미총서 2』, 삼성출판사, 1975, 378~402쪽. 이 문서에는 명확히 1965년 1월에 짐펜되르퍼가 방한한 것으로 기록되어 있다. 그러나 당시 스태프였던 이삼열의 요청에 따라 1968년 1월로 수정했다.

크리스챤아카데미의 출범

1965년 2월 19일 한국기독교학술원(韓國基督敎學術院, 학술원)이 설립되면서 우리나라에서 아카데미 운동이 정식으로 첫 모습을 드러냈다. 한국기독교학술원이라는 이름은 영어를 사용하지 않는다는 것을 원칙으로 오랜 토의를 거쳐 정해진 것이다. 학술원 출범과 함께 이사회가 구성되었다.[24]

학술원은 한국사회의 건전한 발전을 위한 모든 문제를 조사·연구하고, 사회적 갈등을 대화를 통해 합리적으로 해결하는 데 이바지하며, 모든 분야에서 봉사할 일꾼을 훈련시키는 것을 목적으로 했다. 이를 위해 8개의 전문 분야별(종교, 정치, 경제, 사회, 문화, 교육, 청년학생, 평신도 문제위원회)로 연구위원회를 두었다. 김활란 박사는 학술원이란 명칭을 바꾸어야 한다고 문제를 제기했다. 고답적인 지식인들의 기관이나 학술적 회합이란 인상을 주어 대다수 중산층이 거부감을 느낄 수 있다는 이유였다. 그리하여 '한국 크리스챤아카데미'로 명칭을 변경했다. 1965년 10월에는 재단법인으로 형식을 바꾸었다.[25]

크리스챤아카데미는 교회의 선교와 사회봉사, 경제자립의 문제, 소외그룹, 여성, 유아 등을 중심으로 한 다양한 주제를 다루었는데, 그중에서도 특히 한국의 경제문제에 관심을 두었다. 기사연에서 처음 다룬 문제도 '한국 경제의 특수성'이었고, 1965년 1월의 주제도 '경제자

---

24) 이사장에는 홍현설, 총무이사에 조민하, 재무이사에 최태섭이 추대되었다. 이사로는 강신명, 김재준, 김옥길, 김형남, 길진경, 오재경, 이양구, 전택보, 정대위 등이 참여했다. 고문은 백낙준, 한경직, 김활란, 이환신, 독일인 슈미트 등 다섯 명이었다. 강원용은 학술원의 실질적 일을 처리하는 사무국 원장직을 맡았다.

25) 홍현설, 강원용, 최태섭, 조민하, 이양구, 김옥길, 오재경 등 모두 일곱 명이 재단 이사로 참여하게 되었다.

립과 외국원조'였다. '경제협력과 자주성'이라는 타궁에서 발표한 강원용의 글을 보면 이 점이 명확히 드러난다. 강원용은 "우리나라에서 가장 긴급한 과제가 있다면 그것은 민생고를 해결하고, 민주적인 복지사회를 지향하여 경제발전을 꾀하는 일"이라고 분명하게 밝히고 있다.[26] 더구나 일본과의 경제협력 관계가 수립되어 경제적 자주성의 문제가 대두되던 상황이었기에 경제의 중요성이 더욱 강조되었을 것이다.

아카데미는 1965년 출발 첫해부터 15회의 대화모임을 가졌으며, 동원된 인사는 400명에 이르렀다. 당시의 대화모임을 보면 아카데미의 특징이 드러난다. 첫째, 초기 아카데미의 참여대상이나 운영방식을 기층민중이나 소외된 계층이 함께하는 프로그램이었다고 말하기는 어려웠다. 주로 한국사회의 지도급 인사들, 즉 장관, 사장, 대학교수, 장성 등을 대상으로 하고 있었기 때문이다. 우리 사회에서 소외되어 온 그룹, 아니면 덜 중요시된 그룹의 문제해결에 소극적이었다는 의미는 아니다. 그럼에도 참가자의 다양화문제는 분명 아카데미가 개선해야 할 부분이었다.

둘째, 아카데미는 자신들과 동일한 가치관을 강제하지 않아 참가자들로부터 긍정적인 반응을 얻었다. 아카데미는 '사람들로 하여금 생각게' 하며 '피차 말하게' 하는 방법 자체를 유지함으로써 민주주의의 기본적인 훈련의 기회로 삼고자 했다.

셋째, 시민과 중산층을 훈련시키는 것이 중요한 훈련과제로 부각되었다. 당시 한국에서는 서구적인 중산층(부르조아)이 생성되지 못했다. 설사 유사 계층이 존재했다 할지라도 명확한 정체성이 없었다. 하나의 통일된 세력으로 사회적 영향력을 행사할 만큼 체계적이지 못했

26) 민경배, 「아카데미운동의 형성과 한국사회」, 이문영 엮음, 『한국아카데미총서 12』, 문학예술사, 1985, 22쪽.

고 시민과 중산층을 형성하거나 조정할 만한 힘도 없었다. 따라서 가장 적극적인 저항세력이었던 사회주의계열은 하류층의 농민이나 노동자들의 쟁의, 아니면 인민투쟁에 의존하게 될 수밖에 없었다. 때문에 아카데미는 사회발전을 위해서는 이 문제의 해결이 시급하다고 보았다.[27)]

종교 간 대화

강원용은 서로 다른 종교 간 대화의 통로를 여는 데 앞장섰다. 그는 "어느 종교를 가지고 있든 항상 자기가 절대적으로 옳다고 믿는 신앙 속에는 알게 모르게 과오가 있고, 나와 대립되는 믿음을 갖고 있거나 다른 종교를 가진 다른 집단 속에서도 나의 편견만 버리면 이해할 수 있는 정당성을 발견할 수 있다"고 보았다.[28)] 즉 "다르다고 하여 서로 등 돌리고 싸우기보다는 기독교인은 기독교인대로 불교도는 불교도대로 열심히 살아간다면, 서로 도울 일은 있어도 싸울 일은 없다" "서로 다른 것을 인정하면서 대화하고 협력할 수 있다는 것이 타종교에 대한 나의 입장"이라는 것이다.[29)]

종교 간 대화를 적극 추진했던 배경에는 하나님과 예수에 대한 강원용의 신학적 이해가 있다. 그는 "세계 교회의 선구자들이 종교의 다양성을 긍정적으로 수용하고, 전 인류를 구원하시는 하나님의 신앙은 그의 구원과 능력과 활동 영역에 제한할 수 없으며, 다른 종교인들의 삶과 전통 속에서 성령의 활동하심을 고백하는 것은 당연하다"[30)]는

27) 같은글, 26~28쪽.

28) 강원용, 『역사의 언덕에서 1: 엑소더스』, 한길사, 2003, 25~26쪽.

29) 강원용, 『역사의 언덕에서 3: Between and Beyond』, 한길사, 2003, 142쪽.

30) 1994년 5월 22일 '종교 간의 대화와 협력'이라는 주제로 경동교회에서 강연; 고범서, 『여해 강원용의 삶과 사상』, 종로서적, 1995, 258쪽.

생각이었다. 또한 하나님의 유일성을 강조하거나 '그리스도만'의 신앙을 주장하는 것은 다원화된 현대사회에서 오히려 반사회적 역기능을 초래하고 있다고 보았다. 강원용에게 하나님은 기독교에만 국한된 하나님이 아니라 '전 우주와 만물을 창조한 창조주로서 우리가 알 수도 볼 수도 없는 초월적인 존재'로, 사랑의 에너지 그 자체였다. 이렇게 본다면 하나님은 전 인류의 하나님이 되어 다른 종교와 대화도 가능하게 된다고 생각한 것이다. 고범서의 분석에 의하면 그는 그리스도를 보편적 예수(universal Christ)이자 우주적 그리스도(cosmic Christ)로 보아 기독교의 배타성과 폐쇄성을 극복할 수 있었다.[31]

강원용은 당시 세계의 종교적 동향에 밝아 이를 적극 수용했던 것이 틀림없다. 1965년에는 교황 바오로 6세(Pope Paul VI)가 제2회 바티칸 공의회를 폐회하며 그리스도교가 아닌 종교에 대해서도 개방적인 태도를 천명하여 종교 간 대화협력 분위기를 조성하는 등 종교 간 대화운동의 서막을 알리고 있었다.[32] 같은 해 10월, 크리스찬아카데미에서 '한국 제종교의 공동 과제'라는 주제로 다른 종교와의 만남을 시도했다. 물론 이전에도 종교지도자 사이의 친교와 대화가 없었던 것은 아니지만 대화의 주제를 놓고 일종의 대화모임이란 틀을 갖추게 된 것은 이때가 처음이었다.[33] 또한 개신교, 천주교, 불교, 유교, 천도교, 원불교 등 6대 종교 지도자들이 한데 모인 혁명적인 사건이기도 했다. 강원용은 이 모임에서 허브(hub) 역할을 했다. 참가했던 종교 지도자들은 종교인으로서 한국사회에 공동으로 지고 있는 과제들을 각자 입장에서 발표한 후, 한국의 정신 풍토에 관한 종교의 역할 등에 관해 자유롭게 토론했다. 그리고 모든 종교의 공동 과제로 구심력 회

31) 같은 책, 252~256쪽.

32) 김화종, 「종교연합운동의 갈등과 지속성 연구: 한국종교인평화회의(KCRP)를 중심으로」, 서강대학교 대학원 박사학위논문, 2012, 34쪽.

33) 같은 글, 34쪽.

복과 주체성 확립이 필요하다는 점에 동의하여 각 종교 내부의 개혁 운동이 필요하다는 데 합의를 보았다.

모임 이후 기독교 내에서는 엄청난 반발이 일어났다. 1960년대 한국 기독교의 핵심 과제는 이웃 종교인의 개종을 포함한 민족 복음화였다. 강원용이 제시한 '선교가 아니라 대화'라는 틀은 근본주의적인 국내 개신교 풍토에서는 받아들일 수 없었다. 그들의 입장에서 강원용은 이단자요, 혼합종교주의자였다. 강원용은 끝내 "나는 대화를 통해서 다른 종교의 신자들을 개종시킬 의도는 전혀 없습니다"[34]라고 하여 비난을 더 점화시키기도 했다.

하지만 국내 종교계의 정서에도 불구하고 강원용은 종교 간 대화운동을 포기하지 않았다. 1968년 1월에는 한국교회 사상 개신교 목사로는 최초로 명동성당에서 설교를 하게 되었다. 당시 그는 「에베소서」 2장 14절에서 '막힌 담을 헐자'는 주제를 택했다. 종교 간 차이와 다양성을 인정하면서도 그리스도 안에서 사랑으로 교회의 일치를 이루어야 한다는 내용의 설교였다.[35] 크리스챤아카데미의 종교 간 대화운동은 이후로도 40년이 넘는 기간 동안 지속되었으며 수많은 대화모임과 연구모임, 종교 간 대화교육모임이 열렸다.

국외적으로도 종교 간 협력은 가속화되고 있었다. 1966년 3월에는 '미국종교평화회의'와 세계종교평화회의(World Conference on Religion and Peace, WCRP)가 개최되었다. 1970년에는 일본 교토에 종교지도자들이 39개국에서 300여 명이 참가한 가운데 WCRP를 창립했다. 이때 한국에서는 WCRP에 원불교대표들이 참관인 자격으로 참여하게 되면서 점차 종교 간 연합운동으로 확장되었다.[36] 강원용은 이 흐름

34) 강원용, 앞의 책, 142쪽.

35) 같은 책, 206~209쪽.

36) 김화종, 앞의 글, 34쪽.

에 가장 적극적으로 뛰어든 종교지도자였다. 1986년 아시아종교평화회의(Asia Conference on Religion and Peace, ACRP)의 회장직에 취임했고, 1989년부터 WCRP에 참석했으며 1994년에는 회장에 당선되었다.[37] 종교 간 대화운동이 전 세계적으로 확장되고 심화되는 흐름 속에 강원용은 누구보다 앞장서서 종교 간 매개체의 역할을 선도했다.

아카데미 하우스

지속적인 대화운동을 위해서는 대화의 공간이 필요했다. 아카데미(akademy)라는 말의 기원은 플라톤이 세웠던 고대 그리스의 아카데메이아(*akadēmeia*)에서 찾을 수 있다. 강원용은 흡사 아카데메이아와 같은 마음껏 대화가 오고 갈 수 있는 장소를 구상하고 꿈꾸고 있었다. 실제로 아카데미 하우스의 건립과정을 보면 아카데메이아를 건립하되 한국의 아카데메이아여야 한다는 강원용의 생각이 잘 나타나 있다.

한국문제를 논하고 해결 방안을 모색할 수 있어야 했다. 독일 아카데미 운동의 취지와 성격, 방법 등을 배우기는 하되 독일식을 무조건 모방하는 것이 아니라 어디까지나 한국 사람에 의해 주도되고 한국사회의 실정에 맞는 한국적 운동으로 거듭나야 한다는 원칙이었다. 강원용은 아카데미 하우스 건립에 두 가지 기준을 세웠다. 하나는 독일 돈으로 짓되 땅은 우리 돈으로 사겠다는 것이었고, 다른 하나는 건축설계 역시 우리 손으로 하겠다는 것이었다. 이 점은 뮐러와 강원용 간의 갈등요인이기도 했다. 이미 조선신학원과 기독교장로회의 분리과정에서부터, 선의라 할지라도 외국으로부터의 지원이 초래할 수 있는 식민화의 위험을 깊이 자각하고 있던 강원용이었다.

37) 고범서, 앞의 책, 257쪽.

뮐러의 약속에도 불구하고 독일교회와 일본이 원조자금 공여와 한국 독자적인 아카데미 운동의 실효성에 대해 반대하여 사업진행에 차질을 빚기도 했다. 마침내 건축자금 원조 신청에 대한 독일교회의 정식 승인서를 받아 1966년 4월 16일 아카데미 하우스의 기공식이 거행되었다. 공사가 시작되자 강원용은 주일을 빼고는 하루도 빠짐없이 현장에 나가 일일이 공사 감독을 하는 등 혼신의 노력을 기울였다. 어려움 끝에 아카데미 하우스는 1966년 11월 16일에 북한산 자락 수유리에 건물 모습을 드러냈다. 강원용은 준공식사를 통해 다음과 같이 건축 목적을 밝혔다.

> 우리는 우리 의식 밑바탕에 광범위하게 깔려 있는 비합리성을 고쳐나가는 일에 노력하고자 합니다. 과학의 발달과 기술혁명이 일어나고 있는 오늘, 우리들은 과학적인 분석 위에서 모든 문제를 처리할 수 있는 침착한 이성의 소리를 우리 민족이 해결해야 할 모든 문제들에 들려주는 연구 사업에 힘쓸 것입니다.
>
> 그리고 이 나라 정당과 정당간, 종교와 종교간, 기업주와 노동자간, 세대와 세대간에 쳐진 장벽을 허물고 서로 진실한 이해와 협조의 길을 모색하는 대화의 광장으로 이 집이 쓰일 것입니다.
>
> 우리는 이 집이 이 나라 정신 풍토를 개혁하는 데에 혁명적인 역할을 다할 것을 다짐하는 바입니다. 조국 근대화의 제일선에서 개척자 노릇을 담당할 일꾼들을 이 집에서 길러낼 것이며 국제적인 유대 관계를 강화하는 터전으로도 이 집이 쓰일 것입니다.[38)]

강원용은 아카데미 하우스의 용도를 크게 두 가지로 생각했다. 하나는 입장을 달리하는 각계각층의 지도자들이 함께 모여 대화를 갖는

38) 강원용, 앞의 책, 179쪽.

대화운동의 기지가 되는 것이었다. 견해가 다른 사람들이라도 숙식을 같이하며 말문을 트게 되면 문제를 건설적으로 해결할 방도를 찾을 수 있다는 확신에 기초하고 있었다. 다른 하나는 명실공히 연구와 훈련 센터로 이용하겠다는 구상이었다. 대화운동을 뒷받침하기 위해서는 대화의 주제에 대한 연구활동이 필요하고, 또 대화를 통해 드러난 우리 사회의 문제점을 인식하고 앞장서서 해결해 나갈 젊은 세대들을 훈련해야 한다고 보았기 때문이다. 모든 사업이 하나의 물줄기로 맥락을 같이하는 셈이었다.[39)]

준공식 바로 다음 날부터 9일에 걸쳐 '대화를 찾는 한국사회'라는 주제로 여는 등 본격적으로 대화운동이 전개되었다. 이 시기 대화운동은 종교문제, 기독교의 제문제, 문화와 예술, 언론, 어린이의 교육과 성장, 노동과 노사문제 등 대화의 폭을 사회문제 전반으로 확장해나갔다.

초기에 강원용은 특히 언론문제와 노동문제에 관심을 보였다. 그는 언론은 국민들이 올바른 방향을 향하여 행동할 수 있도록 한다고 생각했다. 따라서 그에게 언론은 민주주의 사회에서 제왕의 자리에 있다고 할 만큼 중요했다. "19세기가 소설가의 시대라면 20세기는 저널리스트의 시대"라는 것이다. 하여 대화의 장에 올려 보다 바람직한 언론의 역할과 행동을 위해 노력을 경주하기 시작한 것이다.

또한 강원용은 노동문세에서 독일 아카데미 운동이 노사의 분제를 대립과 투쟁 그리고 일방적 억압이 아닌 합리적 협력관계를 구축함으로써 해소하고자 노력한 것에 주목했다. 특히 법적으로 노동자가 기업경영에 직접 참여할 수 있도록 제도화한 것에 주목했다.

공간이 마련되자 대화운동은 본격적인 날개를 달았던 것이다. 강원용은 종교, 정치, 대화, 사회운동…… 어느 영역을 막론하고 만남과 교

39) 같은 책, 179~180쪽.

제의 인간적 물리적 공간이 마련되기만 하면 마치 신명이 나듯 자신을 마음껏 던져 일하는 스타일이었다. 그 열정과 에너지는 영역을 불문하고 타의 추종을 불허했다.

9 인간화, 중간집단, 아카데미사건

국가와 시민사회를 연결하는 매개집단의 존재는 언제나 민주주의의 핵심 문제였다. 한국도 마찬가지였다. 한국에서 중간매개집단의 발전에 끼친 강원용의 기여는 매우 컸다. 1974년부터 1979년까지 실시된 중간집단교육은 한국민주주의는 물론 강원용 생애에서 중요한 한 부분을 차지하고 있다. 어쩌면 그의 삶의 가장 중요한 절정일지도 모른다.

중간집단교육은 기독교신앙을 바탕으로 온건하나 보다 근본적인 방법으로 민주화를 추구했던 실천운동이었다. 궁극적으로는 인간화를 실현하려는 강원용의 신학적 · 철학적 입장이 구체적으로 투영된 운동이었다. 강원용은 중간집단교육이 있는 날이면 예배와 피치 못할 일을 제외하고는 항상 참석했을 정도로 한국에서 중간집단을 훈련·육성시키려 혼신의 노력을 기울였다.[1]

양극화와 인간화

인간화(humanization)는 강원용 철학의 골간이자 크리스챤아카데미

1) 강원용, 『역사의 언덕에서 3: Between and Beyond』, 한길사, 2003, 381쪽.

의 핵심사업이었다. 인간화 개념은 때 이르게도 1970년 10월 아카데미 하우스에서 각 분야 학자와 전문가 61명이 참석한 대화모임에서 처음으로 등장하여 논의되었다.

비인간화를 넘어 반인간화의 현상이 분출하는 오늘의 한국현실에 비추어 볼 때 당시에 마치 지금의 상황을 정확히 예견하기라도 한듯 하여 놀랍다. 특히 1970년 같은 해에 남미와 한국에서 두 선견적 사회 사상가가 동시에 인간화를 말하고 있음은 주목할 만하다. 먼저 강원용을 보자.

> 인간생활 전반에 걸친 '비인간화' 현상은 이 시대, 특히 우리가 사는 한국의 경우 매우 심각한 문제요 또 기본적인 문제로 대두되고 있다.[2)]

> 오늘의 상황은 하나의 혁명적인 상황이라고 규정지어도 좋을 줄 압니다. 기술혁명, 사회혁명이 세계 전체 내에 일어나고 있기 때문입니다. ……누구도 도도하게 흐르는 이 세계사적 흐름에 역행할 수는 없습니다. ……우리들의 최대의 관심은 이러한 발전 속에서 인간이 어떻게 되어가고 있느냐 하는 문제입니다. 그러므로 인간가치를 중심으로 한 국가목표를 세우고 그것에 비추어 지금까지 우리 사회가 추구해온 발전의욕을 검토해보아야 하겠습니다. 이것이 바로 오늘 우리의 사회가 진정한 발전을 찾기 위하여 가장 요청받고 있는 문제라고 생각합니다. 여기에 한국 크리스찬아카데미는 1970년 10월 9일에서 11일까지 인간화를 위한 대화의 광장을 마련하고자 합니다.[3)]

---

2) 강원용, 「비인간화에의 도전」, 『크리스찬 아카데미 대화의 모임, 인간화: 국가건설을 위한 인간문제 자료집』, 1970, 1쪽.

당시 독일 개신교의 '세계 봉사국'(Dienste in Übersee)의 협력으로 연세대학교 초빙교수로 와 있던 독일의 신학자이자 사회학자 게어하르트 브라이덴슈타인(Gerhard Breidenstein)이 회의에 참석하여 인간화의 윤리에 대해 발표했다. 그는 인간화는 비인간화, 즉 인간이 아직도 인간다운 인간이 못 되고 있음을 전제로 한다고 파악했다. 또한 '인간화의 신학'을 주창하여 인간화는 곧 '인간이 인간답게 되어가는 변혁의 질서'라 주장했다.[4] 브라이덴슈타인의 발표는 인간화문제에 대해 고민해온 대표적인 신학자인 박종화(朴宗和)가 맡아 통역했다. 그의 책 『인간화』 역시 박종화에 의해 번역되었다. 박종화는 1999년 12월부터 경동교회의 담임목사로 재직하여 2015년 12월 은퇴한 바 있다.

회의에 참여했던 저명한 정치학자 이홍구(李洪九)는 근대화가 초래하는 인간 자유의 제약을 날카롭게 인식하며 "인간화와 비인간화의 문제는 곧 자유화와 노예화의 문제"라고 진단했다. 이는 가치판단에 토대하지 않은 행동은 인간의 동물화와 식물화를 초래할 수 있다고 보는 그의 철학적 인식에 근거하고 있다. 이홍구는 근대화가 과연 인간의 윤리적 판단의 가능성과 영역을 증대시켜왔는지 무겁게 묻고, 근대화를 물질적 빈곤 극복의 문제로만 생각해온 세계와 한국의 한계를 지적하는 데로까지 나아간다.

따라서 그는 인간화를 위한 윤리적 판단에 바탕한, 비인간화하는 사회에 대한 카뮈(Albert Camus)적 의미의 반항을 강조한다. 그러나 이홍구는 동시에 인간화를 위한 체계화된 시도 역시 비인간화의 요소를 품고 있지 않은가 반문한다. 인간화의 실천노력들에 대한 가장 무겁고 어려운 문제제기가 아닐 수 없다. 이홍구는 궁극적으로 인간적 방법을 통한 인간화를 제기하고 있는 것이다. 교육과 대화를 통해 인간

---

3) 같은 글, 2쪽.

4) G. 브라이덴슈타인, 박종화 옮김, 『人間化』, 대한기독교서회, 1971, 63~65쪽.

화를 실현하려한 강원용의 철학과 조우하는 지점이다.[5] 이는 그의 정치철학의 깊이를 보여준다.

인간화 개념은 멀리 남아메리카의 교육사상가인 프레이리에 의해서도 제기되었다. 여기에서 우리는 인류문제에 대한 보편적 상황인식과 사상의 놀라운 지구적 가로지름을 알 수 있다. 같은 언어를 통한 동일한 개념화는 같은 현상 진단과 의식의 표현을 말한다.

> 인간화(humanization)의 문제는 가치론적 관점에서 볼 때 부단히 인간의 핵심문제가 되어왔고 이제 그것은 하나의 불가항력적인 관심의 성격을 띠게 되었다. 그리고 인간화에 대한 관심은 곧바로 존재론적 가능성으로서 뿐만 아니라 역사적 현실로서의 비인간화(dehumanization)에 대한 인식으로 직결된다. 사실 인류가 비인간화의 정도를 인지할 때 과연 인간화가 가시적인가를 자문하게 된다. 역사를 통해서 볼 때 인간화와 비인간화 양자가 모두 구체적이고도 객관적인 선후관계 속에서 자신의 불완전성을 의식하는 불완전한 존재인 인간에게 가능한 것들이다. 그러나 인간화와 비인간화가 실제로 택일해야 할 양자이면서도 오직 전자만이 인간의 소명이다. 이 소명은 부단하게 부정되고 있지만 그러나 그것은 바로 그 부정에 의해서 긍정받는다.[6]

5) 이홍구, 「근대화와 비인간화: 다른 측면에서」, 『대화』 제17호, 1970; 효당 이홍구선생 문집간행위원회 엮음, 『이홍구 문집 II』, 나남출판, 1996, 39~43쪽.

6) 파울로 프레이리, 성찬성 옮김, 『페다고지』, 한국 천주교 평신도 사도직 협의회, 1979, 25쪽. 인간화교육의 가장 중요한 사상가라고 할 수 있는 프레이리의 교육과 인간화사상에 대한 잘된 설명은, Peter Roberts, *Education, Literacy, and Humanization: Exploring the Work of Paulo Freire*, Westport, Connecticut: Bergin & Garvey, 2000; John Dale & Emery J. Hyslop-Margison, *Paulo Freire: Teaching for Freedom and Transformation*, New York: Springer, 2010 참조.

강원용이 말하는 인간화란 '자율적이고 주체적인 인간이 되는 과정'을 의미한다.[7] 이는 무엇보다도 인간에 대한 강원용의 관점과 연관된다. 강원용에게 인간은 하나님의 형상으로 창조된 피조물이자 하나님의 영(靈)이 거하는 성전(聖殿)으로서 궁극의 존엄성을 지닌 존재다. 모든 인간은 인격적으로 동등한 존재라는 의미다.

둘째로는 성육신(成肉身)의 신학과 관련이 있다. 강원용은 1970년 인간화를 아카데미 운동의 슬로건으로 표방하면서 "그리스도교의 기본정신은 하나님이 인간의 몸으로 구체적인 공간과 시간 속에 태어나(化肉) 인간과 연대성을 갖고 인간화를 위해 모든 것을 희생했다", 따라서 "엄밀한 의미에서 기독교의 사명은 세상을 기독교화하는 데 있는 것이 아니라, 인간화하는 데 있다. 하나님은 크리스챤이 된 것이 아니라 인간이 된 것이다. 모든 것은 오직 인간을 위한 수단을 뿐 그 자체가 목적이 될 수 없다"고 했다.[8] 이러한 성육신신학을 바탕으로 크리스천은 예수를 본받아 참된 인간으로 살아야 한다는 것이 크리스챤아카데미 인간화운동의 핵심이었다.

프레이리는 인간화교육은 '지배당하고 억압당하는 자들을 위한 하나의 유토피아적인 구상'이자, '억압자의 세계를 근본적으로 변혁시키고자하는 교육'이라고 했다. 이에 반해 비인간화는 현상유지를 원하는 자들의 행위라고까지 주장했다.[9] 강원용은 불의하고 사악한 사회구조를 그대로 둔 채 정의를 주장하는 것은 인간과 사회구조의 이원론에 기초한 것으로 이해했다. 개인의 삶과 사회구조는 불가분의 관계다. 따라서 사회구조적 개혁이 인간의 개혁과 동시에 진행되어야 한다. 이러한 그의 관점은 니버와 일맥상통한다. 개인윤리를 넘어 사

7) 강원용, 『역사의 언덕에서 3』, 267쪽.

8) 같은 책, 266쪽.

9) 파울로 프레이리, 한준상 옮김, 『교육과 정치의식』(*Politics of Education*), 한국학술정보, 2003, 197쪽.

회윤리 차원으로 확대시키는 점에서 특히 그러하다.

반면 양극화(兩極化)는 사람을 사람답지 못하게 살아가게 하는 '비(非)인간화'를 낳는 핵심 요인으로 간주되었다. 양극화는 사회 각 분야가 상층과 하층의 양극에 밀집해 있는 현상을 의미한다. 정치적으로는 남한과 북한, 소수 권력층과 힘 없는 다수 국민, 부자와 빈자, 도시와 농촌, 기업주와 근로대중이, 문화적으로는 세대 간과 남녀 간에 양극화가 발생하여 상호 대화와 소통이 단절되었다. 상황을 심각하게 본 강원용은 무거운 질문을 던진다.

> 우선 우리들은 공업화에 성공하고 소비가 미덕이라는 부유한 사회들이 오늘날 걷잡을 수 없는 비인간화 현상으로 심각한 진통을 겪고 있는 것으로 보고 있다. 인간 존엄의 사상이 뿌리 깊게 깔려 있는 그 사회들이 오늘 이런 문제에 부딪치고 있는데 하물며 이런 인간 존엄의 깊은 뿌리가 없는 우리 사회가 이에 대한 아무 대책도 없이 고도의 경제성장만 향해 밀고 나가도 좋을 것인가.[10)]

중간집단은 양극화 현상에 따른 비인간화를 해소하기 위한 방안이었다. 사회의 제3세력 또는 제3계층을 육성하여 양극을 중화시키자는 의도에서였다. 1974년 1월 초 강원용은 "예측 못할 격동기가 될 1974년에는 특별히 민주사회 건설을 위한 중간집단교육에 정성을 쏟아 매진하고자 합니다. 우리 사회를 파멸 일보 전까지 몰고 갈 극심한 양극화 현상을 해소할 수 있는 길은 창조적인 힘을 발휘할 수 있는 중간집단의 강화밖에 기대할 수가 없다고 우리는 믿고 있습니다"[11)]라고 힘주

10) 크리스찬아카데미 엮음, 『한국아카데미총서 10: 대화의 역사』, 삼성출판사, 1975, 184쪽.

11) 『교회연합신보』, 1974년 1월 6일 자.

어 강조하고 있다.

인간화, 제2의 전태일을 막는 길

> 다 같은 인간인데 어찌하여 빈(貧)한 자는 부(富)한 자의 노예가 되어야합니까? ……왜 가장 청순하고 때묻지 않은 어린 연소자들이 때묻고 부한 자의 기름이 되어야합니까? 이것이 사회의 현실입니까? 빈부(貧富)의 법칙입니까? 인간의 생명은 고귀한 것입니다. 부한 자의 생명처럼 약한 자의 생명도 고귀합니다. 천지만물 살아 움직이는 생명은 다 고귀합니다.[12]

전태일. 한 시대의 불꽃이었던 그는 '모든 인간이 모든 인간으로부터 외면당하는, 인간이 죽어버린 시대'[13]를 고발하고, 인간으로서의 최소한의 요구를 주장하며 1970년 11월 13일 스스로 몸을 태웠다. 그는 어떠한 인간적 문제이든 외면할 수 없는 것이 인간이 가져야 할 인간적인 과제라고 생각했다.[14] 그의 죽음은 당대 노동자 및 지식층에 엄청난 충격을 주어 1970년대 노동운동의 활화산 같은 기폭제가 되었다. 한국사회에 지진과도 같은 충격을 불러일으켰다.

전태일은 평화시장의 재단사였다. 1948년 대구에서 태어나 어려운 가정형편 탓에 어려서부터 돈벌이를 해야 했다. 그는 1965년에 평화시장에 견습공으로 들어왔다. 평화시장의 작업환경은 열악하기 그지없었다. 통풍과 채광은 기대하기 어려웠고 환기시설은 아예 설치되어 있지 않았다. 좁은 작업공간에서 하루 14시간 이상의 노동을 해야 했

---

12) 전태일, 『내 죽음을 헛되이 말라』, 돌베개, 1988, 153~154쪽.

13) 전태일 기념관 건립위원회 엮음, 『어느 청년노동자의 삶과 죽음: 전태일 평전』, 돌베개, 1983, 159쪽.

14) 같은 책, 164쪽.

다. 임금 역시 형편없었다. 그것도 몇 달씩 밀리거나 받지 못하는 경우가 적지 않았다. 정액월급제가 아니라 완성된 피복 개수에 따라 임금을 받는 성과급제로 운영되고 있었기 때문이다.[15)]

두 차례의 해고와 재취업을 거치면서도 전태일은 준법투쟁을 통해 노동자들의 노동환경을 개선하려 많은 노력을 기울였다. 그럼에도 그의 노력은 여지없이 무너졌다. 동료들과 함께 평화시장 앞에서 벌이려 했던 가두시위가 제지당하자 그는 감연히 분신했다. 그는 "우리는 기계가 아니다" "근로기준법을 준수하라" "내 죽음을 헛되이 하지 말라"고 외쳤다. 이 외침들은 지금에 들어도 온몸을 오싹하게 만드는 인간적 절규였다. 그의 어머니 이소선 여사는 자신의 죽음을 헛되이 하지 말라는 아들의 뜻을 이어받아, 8개항 노동환경개선 요구조건[16)]이 받아들여지지 않으면 장례식을 치르지 않겠다고 선언했다. 그 뒤 학생들의 항의집회와 단식 농성이 이어지자, 시위 확대에 부담을 느낀 정부는 8개항을 무조건 수용한다고 함으로써 11월 18일 장례식을 치르게 되었다.

전태일의 비극적인 죽음은 한국사회에 인간화 담론을 결정적으로 확산시켰다. 그의 사상의 고갱이가 인간화였기 때문이었다. 이소선과 삼동회 회원들이 11월 27일 전국연합노동조합 청계피복지부의 결성대회를 개최함으로써 70년대 민주노조운동이 출발했다.[17)] 이어서 원풍모방 노동조합, 동일방직 노동조합, 콘트롤데이타 노동조합, YH 노동조합 등의 민주노조들이 조직되면서 전태일의 인간선언이 실천되어나갔다.

---

15) 민주화운동기념사업회 연구소 엮음, 『한국민주화운동사 1』, 돌베개, 2008, 623~627쪽.

16) 주일 휴가 실시, 임금인상, 8시간 근로제 실시, 건강진단 실시, 여성 생리휴가 실시, 이중 다락방 철폐, 노조 결성 지원 등이었다.

17) 전태일 기념관 건립위원회 엮음, 앞의 책, 282~283쪽.

강원용에게 전태일의 죽음은 큰 충격으로 다가왔다. 전태일 사건 바로 한 달 전에 크리스찬아카데미는 인간문제에 깊은 관심을 갖고 이미 인간화운동의 첫발을 뗀 바 있었다. 전태일 분신과 강원용의 인간화, 당대의 두 인간선언이 같은 시기에 나왔다는 것은 상당한 놀라움을 자아낸다. 앞은 자신을 불살라 혼신을 다해 인간문제를 제기하여 이 땅의 다른 생명들을 살려내려 했고, 뒤는 자신의 믿음과 신앙으로 인간화를 추진하여 다른 생명들을 인간본령에 올려놓으려 했다. 강원용은 "우리는 기계가 아니다"는 전태일의 외침을 '인간을 비인간화시키는 사회를 거부하고, 인간의 존엄성이 보장되고 인간 사이의 연대와 사랑이 유지되는 사회를 갈구하는 인간선언'이라고 받아들였다.[18]

그는 전태일 분신 사건이 일어난 다음 주 주일 '밀알 하나'라는 제목으로 설교했다. 설교에서 그는 교회가 예수를 관념적으로 따르고 있지 않았는지, 곤경에 처한 이들을 보고도 아무 행동도 하지 않고 지나간 대제사장이나 레위 사람은 아니었는지를 되물었다. 강원용은 이 젊은이의 호소가 우리의 잠든 양심을 깨우쳐주는 기회가 되어야 한다고 강조했다. 우리를 둘러싼 두터운 껍질을 깨고 제2의 전태일이 생기지 않도록, 사회의 부조리를 제거해서 인간이 정당한 대접을 받는 사회를 건설하는 데 힘을 합치자고 역설했다. 이것이 그의 죽음에 보답하는 것이며, 우리에게 주어진 생명을 올바르게 쓰는 길이요, 그리스도의 죽음과 통하는 길이라는 것이었다.[19] 비극적인 전태일 분신의 의미를 간결하게 압축한 명설교였다. 이는 그가 이미 인간화 문제를 절실히 인식하고 있었기 때문이었다.

며칠 후 강원용은 중앙정보부장 김계원을 만났다. 김계원은 강원용

---

18) 강원용, 『역사의 언덕에서 3』, 270쪽.

19) 강원용, 『강원용전집 6』, 동서문화사, 1995, 289~292쪽.

의 설교, 강론은 물론 주요활동 내용이 적힌 서류 뭉치를 내보이며 정부를 너무 몰아세우지 말고 당분간이라도 목소리를 낮춰달라고 설득했다. 종교의 자유에 대한 국가공안기관의 명백한 침해였다. 강원용은 받아들일 수 없었다.

> 나는 언제나 목사로서 내 양심에 따라 행동할 뿐입니다. 내 목적은 정부를 공격하는 데 있는 것도 아니고요. 어떻게든 이 사회를 인간답게 만드는 것이 저와 같은 사람들이 할 일 아닙니까? 정부가 지금부터라도 제대로 된 정책을 편다면 나는 언제라도 정부를 지지할 것입니다.[20]

중간집단: 등장 배경과 이론 I

크리스챤아카데미는 1971년 5월 '중간매개집단의 강화'라는 대화모임을 갖고 중간집단을 현실화하고자 했다. 구상은 좋았지만 당시의 한국사회 상황으로는 실현이 어렵고 자금도 부족했다. 그러다 강원용이 1972년 4월 그리스의 크레타에서 WCC의 주최로 열린 기독교 기구(들) 협의회[21]에 참가하여 돌파구를 찾았다. 이 회의의 목적은 소외당한 대중의 해방을 위해 기독교기관들이 공동 추진할 수 있는 전략을 찾는 데 있었다.

---

20) 강원용, 『역사의 언덕에서 3』, 275쪽.

21) WCC 주최로 사회개혁을 위해 일하는 전 세계 기독교운동기관과 단체대표들이 참가한 협의회였다. 이는 1969년 결성된 아시아 기독교 사회운동기관 협의회(ACISCA)를 세계적 차원으로 확대한 모임이었다. 협의회는 4월 5일부터 17일까지 그리스 정교회가 운영하는 크레타 아카데미 하우스에서 열렸다. 아시아, 아프리카, 북남미, 유럽 등 각 지역에서 약 60명의 대표가 참가했다. 같은 책, 323쪽.

이때 의장이었던 강원용은 중간집단을 육성하고 강화하는 전략을 내놓아 대표 모델로 채택되도록 노력을 기했다. 그 결과 중간집단 육성 모델이 아시아지역 기독교사회교육의 시범 프로그램으로 낙찰되고 크리스챤아카데미가 시행기관으로 위촉되었다. 아카데미는 계획안을 작성하여 WCC의 인준을 받은 뒤, 독일교회에 계획안을 제출하여 1973년 자금 지원을 받아 1974년부터는 중간집단교육을 실시했다.[22)]

1972년 10월 등장한 유신독재체제의 반대세력에 대한 폭압통치 역시 중간집단교육의 현실화 계기를 제공해주었다. 특히 중간집단교육이 본격적으로 실시되었던 1974년은 긴급조치의 해라고 할 정도로 긴급조치가 남발되었다(1~4호). 또한 동년 4월에 '전국민주청년학생총연맹 사건'(민청학련사건)과 제2차 '인민혁명당 사건'(인혁당사건)이 언론에 발표되는 등 비민주적인 억압이 더욱 심화되었다.

강원용은 "너무나 충격적으로 변해가는 국내 정세로 인해 1973년 우리 상황이 어떻게 변화해갈는지 알 수 없기에 오늘 우리의 계획도 구체적으로 세울 수 없는 실정"이라고 밝힐 정도로 불안함과 암울함을 느끼고 있었다.[23)] 그는 정부와 급진저항세력의 양면 협공에서 자유로울 수 없는 상황에 놓이게 되었다. 그에 따르면 운동권으로부터는 보수주의자, 투항주의, 한국의 매카시, 친박정희파라는 비판을 받았고, 정부로부터는 감시와 위협에 시달려야 했다.[24)] 중간집단에 대한 교육은 이러한 양 극단으로부터 벗어나기 위한 시도이자 저항의 방법이었다.

22) 같은 책, 323~325쪽.
23) 같은 책, 346쪽.
24) 같은 책, 357쪽.

나는 교체 가능성이 전혀 보이지 않는 군사 독재 상황이긴 하지만 내가 할 수 있는 일이 무엇인가 구체적으로 고민하기 시작했다. 비록 작은 몸짓에 그치더라도 내가 할 수 있는 일을 찾아나가야겠다는 생각을 한 것이다. 다만 무모한 희생은 피하기 위해 그들의 사정권 안에서 직접적으로 저항을 펼치는 것은 자제하자는 생각이었다.[25)]

독재 정권과 급진 세력 사이에서 나름대로 뚜렷하게 할 수 있는 일을 찾던 내 노력이 구체적인 형태로 드러나기 시작한 것은 크게 두 가지 일에서였다. 하나는 교회 갱신 운동이었고 다른 하나는 아카데미의 주력 사업으로 중간집단을 육성 강화하는 프로그램을 실시하는 일이었다.[26)]

중간집단운동은 당시 한국사회의 정황에 비추어 시의 적절했다. 역사적으로 볼 때 인권, 자유, 평등의식으로 무장한 시민계층이 자율성과 발언권을 획득하고, 정당·조합·시민단체를 포함한 정치사회적 중간결사체들이 대의기능을 행사할 때 민주주의는 발전해왔다. 그러나 자율적인 시민집단 및 중간매개조직의 형성이 정체된 국가에서는 아래로부터의 저항이 근본적인 사회·정치 민주화로 연결되지 못하는 경우가 많았다.[27)]

민주주의 발전의 역사에 비추어 일반적으로 직접민주주의·민중민주주의·대중민주주의 교의는 자주 기능적이며 집단적인 대의의 과

---

25) 같은 책, 362쪽.

26) 같은 책, 369쪽.

27) 크리스찬아카데미 사회교육원, 「중간집단 형성의 필요성」, 한승헌 엮음, 『한국아카데미총서 8: 역사발전과 민주문화의 좌표』, 문학예술사, 1985, 245~250쪽.

정을 생략한다. 이익의 중간매개(intermediation)를 허용하지 않는 것은 물론이다. 왜냐하면 대의민주주의가 발달하지 않은 조건 하에서 직접 민주주의가 제대로 기능하기는 어렵기 때문이다. 직접민주주의는 국가와 국민을 직접 연결하려는 동시에 국민의 계층적 · 기능적 · 직업적 이익의 상이성을 인정하지 않는다.[28] 즉 어떤 중간매개조직으로부터도 견제받지 않으므로 국가권력은 무제한적이 되어간다. 국가와 인간의 배타적인 직접적 관계는 곧 대중의 순응을 의미한다. 이는 사회조직의 다층성 · 다원성에 반대될 뿐만 아니라 인간의 자발성에 근거한 다원성에도 반대된다.[29]

중간매개조직이 결여된 상황에서 국가와 사회, 권력과 대중의 직접적인 관계형성은 오히려 대표체계의 문제해결능력을 소멸시켰다. 하여 충돌과 억압 사이의 양자택일을 강요하여 혁명과 독재 중의 하나로 나아가지 않으면 안 되는 결과가 초래되었다. 1960~70년대 사회 · 정치이론의 한 중심에 있었던 윌리엄 콘하우저(William Kornhauser)의 대중사회(mass society) 이론이 이를 뒷받침한다. 사회가 기층, 중간집단 · 중간매개관계(intermediate relations), 국가의 3층으로 이루어져 있다고 한다면, 중간집단 · 중간매개관계가 허약할 때 기층과 국가 간 직접적인 관계가 형성되며, 결국 직접적인 억압과 대중행동이 초래된다. 즉 매개관계가 결여되었을 때 참여는 매개를 통한 소통과 여과보다는 양자의 직접적인 충돌형태를 띠게 된다.[30] 국가기구의 중앙집중화 역시 독립적인 사회조직들에 의한 중간집단 · 중간매개구조를 발전시키지 못한 결과였다.

---

28) J. L. Talmon, *The Origins of Totalitarian Democracy*, Boston: Beacon Press, 1952; Boulder: Westview, 1985.

29) 같은 책, 249~251쪽.

30) William Kornhauser, *The Politics of Mass Society*, London: Routledge and Kegan Paul, 1960, pp. 79~101.

초기 한국사회에서도 유사한 상황이 표출되었다. 그레고리 헨더슨(Gregory Henderson)은 그의 책 『한국: 소용돌이의 정치』(*KOREA: The Politics of the Vortex*)[31)]에서 한국사회의 특징을 분석할 때 중간매개집단의 결여에 대한 문제의식에 착안했다. 그의 저작은 크리스찬아카데미의 중간집단이론에 중요한 이론적 배경이 되었다. 강원용 자신도 "우리 안에 건전한 민주적 압력세력으로서의 중간집단이 약한 데 중요한 요인이 있다. ……이런 우리들의 생각은 헨더슨의 『한국, 소용돌이 속의 정치』라는 책에서도 지적되어 있다"며 헨더슨을 직접 언급하고 있다.[32)]

헨더슨의 담론은 강원용과 크리스찬아카데미의 중간집단교육의 획기적 전환점이었다. 강원용이 헨더슨의 주장에 깊은 관심을 갖게 된 것은 남재희가 대화모임에 참석하여 중간매개집단론을 소개한 이후부터이다.[33)] 남재희는 1968년에 하버드 대학교에서 니먼언론연구원(Nieman Fellow) 과정을 밟을 당시 헨더슨이 한국 정치에 관한 저술 출판을 준비하고 있다는 것을 알게 되었다. 남재희는 급히 한 권을 구하여 그 내용을 국내에 상세히 소개했다.[34)] 그가 헨더슨의 저서를 처음

31) 이 책은 1968년에 초판이 출간되었고, 한국어 초판은 2000년에 출간된 바 있다. 하지만 한국어 초판은 헨더슨이 1988년에 수정한 내용을 완전하게 반영하지 못하고 있었다. 2013년에 이르러 비로소 그의 수정본이 모두 반영된 완역본이 출간되었다. (그레고리 헨더슨, 이종삼·박행웅 옮김, 『소용돌이의 한국정치』, 한울, 2013) 헨더슨의 수정된 원고는 미국에서도 출판되지 않았다. 수정된 견해를 정확하게 한국어로 접할 수 있도록 해준 역자들의 노고와 함께 이 번역본이 갖는 의미도 그만큼 클 수밖에 없다.

32) 강원용, 『강원용전집 8: 중간집단과 좁은 길』, 동서문화사, 1995, 147쪽.

33) 강원용·고범서·김문환·이화수·이영희·이강백, 「대화운동 20년과 새 방향」, 타궁좌담평가, 이문영 엮음, 『한국아카데미총서 12: 민주사회를 위한 대화운동』, 문학예술사, 1985, 292쪽.

34) 남재희, 「그레고리 헨더슨의 『한국: 소용돌이의 정치』」, 고은·김우창·유종호·이강숙 엮음, 『책, 어떻게 읽을 것인가』, 민음사, 1994, 214쪽.

한국에 소개한 날은 1968년 6월 27일로[35] 미국에서의 실제 출간일보다 오히려 하루가 빨랐다. 한 탁월한 언론인의 시대적인 동시에 학술적인 감각이 아니었다면 이리도 빠른 국내소개는 불가능했을 것이다. 그 점에서 헨더슨과 중간집단이론과 크리스챤아카데미를 연결해준 남재희의 기여는 강조될 필요가 있다. 그는 헨더슨의 문제인식과 처방이 당시로서는 획기적이었으며 한국문제해결에 적실성을 지니고 있다고 보았다.

헨더슨의 주장을 남재희로부터 전해 듣기 전까지는 강원용은 한국의 민주화를 인간화운동의 가장 핵심적인 과제로 두고 있었다. 인간화를 가로막고 있는 양극화는 우리나라의 정치적 · 구조적 문제이며 민주화를 달성하는 것이 가장 급선무라고 인식하고 있었기 때문이다. 헨더슨의 담론은 인간화 실현을 위한 하나의 실천방안의 전환을 이끌어낸 것이다. 즉 한국의 민주화를 위해서는 중간집단을 육성, 강화하여 다원화한 사회를 이루는 것이 가장 빠른 방법이자 과정이라는 것이다. 중간집단의 육성이 곧 민주화라는 인식에 도달한 것이다.[36] "중간집단을 육성함으로써 한국의 민주화를 이룩한다. 이를 통해 인간화를 저해하고 있는 양극화를 극복하여 인간이 인간으로 살 수 있는 사회의 건설을 현실화한다", 이것이 강원용의 중간집단 이론의 핵심 구상이었다.

헨더슨은 한국의 민주화의 진척이 지체된 원인을 규명하고자 했다. 그는 권력과 국민들 사이에서 양자를 중재할 매개집단의 부재가 그 원인이라 보았다. 이러한 현상은 국민들을 개별적 원자상태에 머물도록 하는 데에서 비롯된다. 헨더슨은 『한국: 소용돌이의 정치』 초판

35) 남재희, 「소용돌이 정치론: 헨더슨 저 한국의 중앙집권체제 100년」, 『조선일보』, 1968년 6월 27일.

36) 크리스챤아카데미 엮음, 『한국아카데미총서 10』, 삼성출판사, 1975, 210~213쪽.

에서 콘하우저의 대중사회 개념을 원용하여 중간매개집단의 부재현상을 설명했다. 우선 한국사회의 단일성(unity)과 동질성(homogeneity)이 대중사회를 형성하는 역할을 하고 있다. 이때 대중사회란 군주와 백성들 사이에 강력한 제도나 자발적 집단이 부재하는 사회로서, 정치적으로 독자적인 입장이나 행동의 중심이 될 만큼 충분한 응집력을 가진 세력이나 계급이 형성되어 있지 않다. 대중사회는 사회의 개별적 단위들(개인 또는 집단)이 응집된 힘을 보유하지 못하고 원자화된 상태로 사회 내에 존재하는 것을 특징으로 한다. 권력과 원자화된 단위들을 중간에서 중재할 힘을 가진 집단이 부재함에 따라 권력 엘리트와 백성들이 직접 대결하게 된다. 원자화된 개별 단위들 역시 단위들 간의 수평적 연합이나 연대가 차단된 채 국가 권력을 통해서만 서로 교류하게 되는 특성을 갖는다.[37]

헨더슨은 한국정치의 동학은 권력의 중심으로 모든 능동적인 요소들을 빨아들이는 강력한 소용돌이의 형태를 닮았다고 평가했다. 이러한 현상이 발생하게 된 원인은 중심으로 모든 것을 감아올리는 수직적 압력을 제어할 만한 수평적인 힘의 부재현상에 기인한다. 대중사회는 보통 중앙집권화와 전제정치로 흐르는 경향을 보인다. 헨더슨은 한국의 경우 대중사회의 여러 유형 가운데서도 특히 오랜 기간 중앙집권화와 전제정치가 유지되었다는 점이 특징이라고 보았다. 오랜 기간의 전제적 통치로 한국사회는 종교, 정치, 이데올로기 등 여러 방면으로 분산될 기회를 봉쇄당함으로써 권력과 개인들을 매개·중재할 수 없게 되었다. 헨더슨은 거듭 한국사회의 소용돌이 정치의 원인은 권력과 일반 대중들 사이의 관계를 조정해줄 강력한 매개집단이 존재

37) Gregory Henderson, *KOREA: The Politics of the Vortex*, Cambridge, Massachusetts: Havard University Press, 1968, p. 4. 헨더슨은 1988년 개정판을 통해 대중사회 개념의 한국사회 적용에 관한 그의 견해를 전면 수정한다. 이에 대해서는 뒤에서 상세히 설명할 것이다.

하지 않았기 때문이라고 강조한다.[38] 중간매개집단의 역할을 수행할 집단이 형성되기 전부터 상승기류의 강력한 힘이 하층부에서 원자화된 개별 요소들을 권력의 정점으로 끌어올리고 있었던 것이다.

헨더슨의 논의를 종합하면 그가 말하는 중간매개집단이란 자신의 독자적인 정치적 입장을 행동에 옮길 힘을 가진 강력한 조직이나 집단을 말한다. 이들은 국가의 권력 엘리트와 일반대중 사이에서 양자의 충돌을 중재·조정할 수 있는 집단이며, 국가 권력의 수직적 압력을 제어·제동하는 민간의 수평적 집단이다. 조선사회의 경우에는 양반과 평민 사이에 '공통의 이해를 가진 광범위하고 동시에 조밀한 기능적 또는 신분적 집단'이 중간계급 혹은 중간집단이라고 볼 수 있다. 그러나 조선은 기본적으로 지배자와 피지배자의 양극화사회였으므로 중간계급이 존재하지 않았다. 그는 현대 한국사회의 주요 중간집단으로 정당, 군부, 학생, 노동자, 교회, 재벌 등을 들고, 이 중에서 교회·노동자·학생 집단의 역할에 주목했다.

아카데미는 헨더슨의 분석을 중간집단 이론 형성에 참고했다. 구상 초기에는 헨더슨이 제시한 대로 '중간매개집단'으로 명명하기도 했으나 후에 쉽고 명료하게 줄여 '중간집단'이라고 부르기 시작했다.[39]

헨더슨의 중간집단 이론과 관련하여 대중사회론은 여러 비판에 직면해야 했다. 1968년 출판된 『한국: 소용돌이의 정치』에서 그는 한국사회를 '단일성과 동질성에 의해 형성된 대중사회'로 보았다. 이때의 대중사회는 콘하우저의 이론을 원용한 것으로 앞서 언급했듯 '촌락과 제왕 사이에 강력한 중간기구나 자발적인 단체의 형성이 결여된 사회'를 의미했다. 헨더슨의 대중사회 개념에 따르면 과거 한국과 중국은 대중사회, 일본은 대중사회가 아닌 것으로 분류된다. 한배호는 이

38) 같은 책, 5쪽.

39) 강원용, 『역사의 언덕에서 3』, 380쪽.

같이 괴이한 결과가 나타나는 이유는 일반적으로 사용되는 대중사회의 개념과 헨더슨의 개념이 크게 다르기 때문이라고 지적하고, 콘하우저의 개념과는 어떻게 다른지 의문을 제기했다.[40)]

남재희는 대중사회론에 대한 비판을 소개하면서, 콘하우저의 대중사회론은 서구사회를 기초로 했으므로 동양사회에 적합하지 않다고 비판했다. 또한 한국의 경우 개인들은 '복종적인 신민정치문화'(臣民政治文化)이고 위계질서 하에 놓여 있어 원자화되어 있다고 보기 어렵다고 지적했다.[41)]

한국학과 한국전쟁연구의 권위자 브루스 커밍스(Bruce G. Cumings)는 헨더슨이 한국사회를 대중사회로 본 점을 두 가지 측면에서 비판했다. 하나는 콘하우저를 비롯한 대중사회 이론가들이 쉽게 범하는 것으로서 대중들의 정치참여에 대한 귀족주의적 비판(aristocratic critique)의 특성을 보이고 있다는 점이다. 다른 하나는 양반을 중심으로 하는 과두적 관료사회를 대중사회로 설명하는 것은 한국의 사회적 조건에 대한 면밀한 검토를 거친 결론으로 보기 어렵다는 것이다.[42)]

전술한 바와 같이 1968년의 초판에서 헨더슨은 한국사회는 중간매개집단이 부재한 대중사회라고 주장했다.[43)] 그러나 1988년의 수정판

---

40) 한배호, 『한국의 정치』, 박영사, 1984, 7~8쪽.

41) 남재희, 앞의 글, 217~218쪽.

42) Bruce G. Cumings, "Is Korea a Mass Society?", *Occasional Papers on Korea*, No. 1, April 1974, pp. 65~81.

43) 헨더슨은 그의 주장이 콘하우저의 대중사회 개념의 영향을 받았고, 대중사회 개념이 헨더슨의 주장을 보다 명확하게 해주고 있음을 밝히고 있다. 헨더슨의 서론에서 각주 1번의 일부 내용을 소개한다.
"William Kornhauser, *The Politics of Mass Society*, Glencoe, Ill, 1959, p. 228. My definition of mass society owes much to Kornhauser (pp. 31~32, 228 and passim) and his concept has greatly clarified my materials. I did not, however, read his book until the completion of my own first draft indicated to others that my materials tended to confirm the pattern he describes." Gregory

원고에서는 '대중사회'라는 말을 모두 삭제함으로써 초판의 주장에 중대한 수정을 가했다. '대중사회'에 관한 오해로 자칫 자신의 이론마저 오인할 수 있다는 이유에서였다. 헨더슨이 관찰한 한국사회는 중간집단이 존재하지 않는다는 점에서 콘하우저의 대중사회와 유사한 특성을 갖는다. 헨더슨은 자신의 이론은 자신이 한국을 관찰하여 도출해냈다는 점을 명확히 하고자 했다. 콘하우저의 개념을 통해 도출해낸 것이 아니라는 주장이다.[44] 그의 설명을 보자.

> 콘하우저는 중간 기구의 사회구조적 취약성이 가져오는 결과에 대한 이론에서 대중 사회의 개념을 발전시켰다. 나는 이전 판에서 그 용어를 사용하면서 그의 생각을 많이 포함시켰다. 그러나 비판과 오해를 받고 나서 나는 '대중 사회'라는 용어 사용이 내가 강조하는 주제에 대해 오해를 부추겨 오히려 이해를 훼손했다고 믿게 되었다. 그러므로 나는 그러한 인용을 대부분 없앴다. 콘하우저의 이론은 내 책이 강조하는 이론이 전혀 아니며, 1900년 이전 한국의 원시 커뮤니케이션 시스템을 지닌 근대 이전 국가들에 적용되는 이론도 아니다. 그것은 내가 초고(草稿)를 완성한 뒤 접하여 내 생각을 명백히 해준 이론일 뿐이다. 그 이론을 부분적으로 사용했다고 해서, 때때로 비난하듯, 내 생각이 서구의 사상을 동아시아 문물에

Henderson, *KOREA: The Politics of the Vortex*, p. 379.

44) 이에 대한 자세한 논의는 김정기, 『국회 프락치사건의 재발견 I: 그레고리 헨더슨의 한국정치담론II-중간 지대의 정치 합작』, 한울, 2008, 310~313쪽을 참조할 것. 김정기의 탁월한 연구는 헨더슨을 이해하기 위해서는 필수적으로 읽어야 할 만큼 충실한 깊이를 갖추고 있다. 그의 연구 가운데 특히 중간집단과 관련하여 참조할 부분은, 『국회 프락치사건의 재발견 I: 그레고리 헨더슨의 한국정치담론I-회오리정치와 미국의 대한책임론』, 한울, 2008, 387~473쪽; 『국회 프락치사건의 재발견 II: 그레고리 헨더슨의 한국정치담론II-중간지대의 정치 합작』, 302~370쪽 참조.

부과한 것에 불과하다고 보는 것은 잘못이다. 나의 핵심적인 생각은 콘하우저 박사나 그의 책에 관해 듣기 전, 한국을 관찰한 것만을 근거로 하여 개발된 것이다.[45)]

그러나 헨더슨은 "한국사회에는 중간집단이 부재한다"는 핵심 주장까지 변경한 것은 아니었다. 신판에서도 그는 한국사회는 "엘리트와 대중 간에 중재를 매개할 수 있는 집단이 취약하기 때문에 권력 엘리트와 대중이 서로 직접 대결하게 되는 사회"라고 자신의 주장을 재확인했다.[46)] 유럽사회에 대한 이론의 틀을 사용해 한국사회를 분석하려 했다는 비판 때문에 대중사회 개념에 한정하여 수정을 가한 것이다.

강원용은 중간집단 이론을 창안할 당시에 헨더슨의 견해를 받아들이면서도 한국사회에 적합한 형태로 적용하려 했다. 또한 신학적 이해를 바탕으로 양 극단의 화해와 협력을 지향하는 중간집단 이론으로 발전시켰고 교육을 통해 현실화하고자 했다. 즉 기존 이론을 통해 한국사회의 문제를 분석·진단하고 처방했으나 중간집단의 형식과 내용은 강원용의 독자적인 체험과 고민, 철학과 인식을 기초로 채워졌다. 중간집단교육은 강원용의 탁월한 현실감각과 독창성을 토대로 했던 것이다. 오늘에 봐도 이는 매우 높이 평가해야 할 부분이다.

---

45) 김정기, 『국회 프락치사건의 재발견 II』, 311쪽, 각주 11번. 헨더슨의 해명은 그레고리 헨더슨, 이종삼·박행웅 옮김, 『소용돌이의 한국정치』, 한울, 2013, 39쪽, 각주 3번에도 소개되어 있다. 김정기의 번역과 이종삼·박행웅의 번역 간에는 그 의미에 있어 미묘한 차이를 보이고 있다. 헨더슨의 수정 원고를 직접 확인할 수 없어 부득이 두 번역 가운데 문맥에 보다 적합한 것으로 판단되는 김정기의 번역을 인용했다.

46) 김정기, 앞의 책, 311~312쪽.

중간집단: 등장 배경과 이론 II

중간집단이라면 그 명칭 때문에 단순히 억압자와 피억압자 사이의 완충지대나 중산층으로 이루어진 계급집단으로 오인하기 쉽다. 그러나 중간집단은 강원용의 철학적 인식에 기초하고 있는 사회발전을 위한 개념이다. 강원용은 다음과 같이 정의를 내리고 있다.

> 중간집단이란 우선 자율적이고 민주적인 바탕 위에 형성된 집단으로, 힘없는 민중 속에 뿌리를 내리는 집단이다. 다시 말해 힘을 가지지 못한 자의 편에 확실히 서서 그 힘을 조직화하고 움직여내는 동인이 되어 그들과 함께 압력과 화해의 길을 여는 집단을 뜻한다. 중간집단에는 민중과 엘리트가 다 같이 연대하여 참여한다. 그래야 엘리트 집단이 가지는 귀족주의와 민중 집단이 가지는 비합리성, 비전문성을 동시에 지양할 수 있기 때문이다. 좀 더 구체적으로 말하자면 중간집단이란 정치의식을 지니고 있으며 항상 사회 개혁에 관심을 가지고 있는 비정치적 민간단체를 말한다.[47]

정리하면 다음과 같다. 첫째, 자율적이고 민주적인 바탕 위에 형성된 집단으로 힘없는 민중과 함께 압력과 화해를 선도한다. 둘째, 민중과 엘리트가 함께 연대의 관계를 가지고 공동으로 노력하는 집단이다. 셋째, 사회구조를 개혁하고자 노력하는 정치의식을 가진 비정치적인 민간단체이다.

중간집단은 일반적인 이익집단과 분명한 차이를 갖는다. 만약 계층이나 단체, 조직 등의 이익을 추구하는 집단의 필요성을 강조할 것이었다면 이익집단의 자율성과 민주성, 그리고 타 집단과의 협력 내지

---

47) 강원용, 『역사의 언덕에서 3』, 381~382쪽.

는 연대의 관계를 언급하는 것으로 충분했을 것이다. 그러나 강원용의 중간집단은 단순히 계급, 계층, 집단 등의 이익만을 대변하고 쟁취하기 위한 조직이 아니다. 민중의 입장에 기초하여 이들과 함께 사회개혁을 위해 노력하는 집단이 중간집단이었다. 중간집단은 가지지 못한 자가 부당하게 억압을 당하지 않도록 엘리트와 민중 간 연대를 구축하여 가진 자에게 압력을 가한다. 반대로 가지지 못한 자의 조직된 힘이 남용될 경우도 존재할 수 있는데, 이때는 가진 자의 편에 서서 화해를 추구할 수도 있다.[48]

초기 중간집단의 개념을 정립하는 과정에서 잠시 타협을 보지 못한 지점이 있었다. 중간집단이 "점진적 · 개혁적 역할을 담당하는 집단인지 아니면 급진적 투쟁을 추구하는 이른바 전위역할을 담당하는 집단인지"에 관한 견해 차이였다. 이를 두고 크리스챤아카데미의 핵심 멤버 간에 해석과 이해가 달랐다. 심지어는 중간집단의 이념과 철학을 정립한 사람들 사이에서도 의견의 일치를 보지 못했다.[49]

중간집단 이론이 확립되기 전인 1969년에는 아카데미의 사회교육 프로그램에 사울 D. 알린스키(Saul D. Alinsky)[50]의 이론을 도입한 적

48) 고범서, 『여해 강원용의 삶과 사상』, 종로서적, 1995, 100쪽.

49) 같은 책, 101쪽.

50) 미국의 대표적인 급진주의 이론가이자 운동가요 지역사회조직의 조직운동가다. 1950년 후반에는 시카고를 넘어 미국 전역에서 가난하고 소외된 이들이 착취당하는 곳이면 그의 명성과 조직이론이 이름을 날렸다. 전 미국대통령 버락 오바마(Barack Obama)도 청년 시절 그의 책을 읽었다며 그를 여러 차례 언급한 바 있다. 그의 이론과 관련한 논문은 Lawrence J. Engel, "The influence of Saul Alinsky on the campaign for human development," *Theological Studies*, 59:4, 1998, pp. 636~661; Saul D. Alinsky, "The war on Poverty—Political pornography," *Journal of Social Issues*, 21:1, 1965, pp. 41~47; Saul D. Alinsky, "The basis in the social sciences for the social treatment of the adult offender," *Proceedings of the National Conference of Social Work*, Chicago: University of Chicago Press, 1938, pp. 714~724; Meegan, Joseph, Saul Alinsky, and Bishop

도 있었다. 필요 없는 갈등은 해소하고 필요한 갈등을 조장시키기 위해 민중 차원의 지도자를 훈련하고 이를 강화하여 상승구조와의 균형을 맞추는 작업을 해야 한다는 내용이 주였다.[51]

알린스키는 미국의 지역사회에서 대중조직가로 크게 이름을 알린 사회운동가로, 당시 Organization in Back of the Yard, The Woodlawn Organization, FIGHT(Freedom, Independence(Integration), God, Honor, Today) 등의 조직을 만들어 사회운동을 승리로 이끌었다.[52] 당시 운동가들 중 알린스키의 급진이론에 영향을 받지 않은 사람은 거의 없을

Bernard J. Sheil, "Catholics, organizing and chicago," *Social Policy*, 32:3, 2002, pp. 43~47; Saul D. Alinsky, "Prelate of the people," *The Progressive*, 73:4, 2009, p. 58; Saul D. Alinsky, "Youth and morale," *American Journal of Orthopsychiatry*, 12:4, 1942, pp. 598~602; Jaffe, A. J., and Saul D. Alinsky, "A camparison of jewish and non-jewish convicts," *Jewish Social Studies*, 1:3, 1939, pp. 359~366; Saul D. Alinsky, "Of means and ends," *Union Seminary Quarterly Review*, 22:2, 1967, pp. 107~124; Mike Miller, "Alinsky for the left: The politics of community organizing," (New York: University of Pennsylvania Press, 2010) Vol. 57, pp. 43~49. 참고.

51) 강원용 · 고범서 · 김문환 · 이화수 · 이영희 · 이강백, 앞의 글, 286쪽.

52) Organization in Back of the Yard: 알린스키는 1939년 7월 14일 파시스트에 대항할 목적으로 이를 조직하기 시작한다. 95퍼센트의 주민이 로마 카톨릭 신자인 점에 착안, 공산당 노동조합이 노동자들을 착취하는 것을 발견하여 가톨릭 신부들이 지역사회조직에 참여하고 함께 싸워가면서 결국 공산당 노동조합을 몰아내는 쾌거를 이룬다; The Woodlawn Organization: 우드론지역은 시카고의 흑인 빈민지대이다. 알린스키는 시카고 대학교가 도시계획에 따라 우드론지역을 철거하도록 연구한 것을 알게 되어, 신구교회 성직자들과의 협의를 통해 조직을 만들어 철거 계획 철회를 위해 목소리를 내었다. 이로써 철거 계획은 중단되었다; FIGHT: 이는 코닥 필름 회사와 싸울 때 내건 슬로건이다. 이 이름으로 흑인들을 뭉치게 하여 로체스터 지역사회 조직에 성공한다. 당시 알린스키는 로체스터의 강력한 흑인지도자인 프랭클린 플로렌스(Franklin Florence) 목사를 앞장세워 코닥 회사와 치열하게 싸운 결과 주민조직이 승리하게 되었다. 사울 D. 알린스키 외, 조승혁 편역, 『알린스키의 생애와 사상』, 현대사상사, 1983 참고.

정도였다.

알린스키의 급진주의이론과 아카데미의 중간집단이론은 서로 일치하는 부분이 많았다. 현대 산업문명으로 인해 파괴적 결과가 발생했다는 문제의식을 포함해, "평등, 정의, 평화가 이룩되며 완전하고 공평한 교육의 기회, 완전하고 만족할 만한 고용, 건강 및 사람들에게 삶의 의미를 부여해주는 가치에 따라 살 수 있는 환경의 조성 등 진정한 민주주의의 실현"을 목표로 한다는 점이 특히 그러했다. 힘을 가지지 못한 자의 편에 서서 그 힘을 조직화하고 동력화한다는 점에서도 같았다. 또 민중 속으로 들어가 함께 호흡하며 함께 조직을 구성해야 한다는 것도 마찬가지였다.

하지만 구체적 전략에서 둘은 반대였다. 중간집단 이론에서는 "어떻게 하면 급진적 과격에 흐르지 않으면서도 지속적으로 사회구조개혁을 통한 정의실현 과제를 수행할 수 있는가"라는 고민으로 조심스레 접근했다.[53] 집단의 능력이 채 무르익기도 전에 섣부르게 행동에 나설 경우 조직이 와해되거나 저항동력이 상실될 것을 우려했기 때문이었다. 또한 아카데미는 개혁운동을 지속하기 위해 정부로부터의 직접적인 탄압과 압제를 피하고자 노력했다. 때문에 투쟁의 현장보다는 교육기관을 통해 중간집단을 양성하는 온건한 방법을 택했던 것이다.

이에 반해 알린스키는 "대중교육의 성격 자체에는 투쟁성이 내포"되어 있다며, 사회악에 대한 투쟁에서는 페어플레이의 규칙이 없으므로 대중조직이 투쟁하는 과정을 통해 교육이 이루어진다고 보았다.[54] 심지어 고의적으로, "자주 그리고 끊임없이" 투쟁상황을 만들어내야 한다고 역설할 정도였다.[55] 또한 자유주의자와 급진주의자를 대비시

53) 고범서, 앞의 책, 101~102쪽.

54) 사울 D. 알린스키 외, 조승혁 편역, 앞의 책, 131쪽.

55) 같은 책, 39쪽.

키며, 양면을 다 보려고 하면서 토론만 일삼다가 정작 행동해야 할 때는 주저하는 자유주의자들의 행태를 비판한다.[56] 그에 따르면 급진주의자는 자유주의자와는 달리 행동을 통해 권력을 이용하면서 사회적 위기를 촉발한다. 그리하여 인류가 꿈꾸는 세계를 실제로 건설해내는 이들이다.[57] 알린스키의 관점에서는 대화를 강조하는 크리스챤아카데미는 자유주의단체로 비춰졌을 것임에 틀림없다.

신인령 역시 "1970년대 한국사회변혁에 기여한 대표적인 두 가지 기독교사회운동은 미국 시카고 빈민운동에서 비롯한 알렌스키 메소드를 주로 도입한 '도시 · 농촌선교회 운동'(URM)과 독일의 뮐러 박사가 창안한 아카데미 운동을 주로 도입한 '크리스챤아카데미 운동'이 중심이었다"고 말하고 있다.[58] 이에 관해 도시 농촌 선교회의 주역이었던 오재식과의 일화가 있다.

오재식은 아카데미가 설립되기 전 강원용의 부탁으로 알린스키의 급진주의이론을 반영하여 프로그램을 설계했다. 이 때문에 강원용과 마찰을 빚게 되면서, 오재식은 아카데미와는 멀어져 급진주의 노선에 투신했다.[59] 강원용이 지향하는 중간집단은 점진적 개혁을 추구하는 집단이지 급진적 변혁을 추구하는 집단이 아니었음을 알 수 있다.

같은 맥락에서 강원용은 운동권과는 다르다는 점을 강조하기도 했다. 그가 보기에는 절대선도 절대악도 없으므로 한 쪽이 한 쪽을 제거하려 해서는 안 되었다. 또한 현상유지도, 혁명도 성공할 수 없으니 양쪽이 함께 목표를 향해 점진적으로 한 단계씩 노력해야 한다는 입

56) 사울 D. 알린스키, 정인경 옮김, 『래디컬: 급진주의자여 일어나라』(*Reveille for Radicals*), 생각의힘, 2016, 61쪽.

57) 같은 책, 64~65쪽.

58) 신인령, 『나의 인연 이야기』, 지식공작소, 2016, 291쪽.

59) 그는 후일 강원용의 부탁으로 1994년부터 96년까지 크리스챤아카데미의 사회교육원장을 역임했다.

장이었다.[60] 다음 강원용의 말은 보다 분명하다.

> 압력과 화해는 동전의 앞뒷면과도 같은 관계다. 화해와 통합의 기능은 없이 압력집단만이 존재하는 사회는 한 번 생긴 상처가 또 다른 상처를 부르는 악순환에 빠지기 쉽다. 반면 압력을 행사하는 역할은 포기한 채 화해만을 내세운다면 이는 거짓 화해로서 결국 지배자 편에 서게 되게 마련이다. 심판을 동반하지 않은 화해는 진정한 화해가 될 수 없다. 그러므로 사회를 개혁해 가는 데 정의와 사랑은 양자택일이 아니라 동시에 추구되어야 하는 필요 사항인 것이다.[61]

급진세력이 현실의 모순에 대한 투쟁을 우선시했던 반면 중간집단은 압력과 화해를 동시에 추구하는 것을 목표로 했다. 중간집단이 급진세력과 달랐던 결정적인 이유도 화해의 추구에 있었다. 급진주의자들의 입장에서 압력은 쉬이 수긍할 수 있었지만 화해문제는 약간 달랐다. 자칫 타협적인 자세로 비추어져 비난을 살 수 있기 때문이었다. 강원용에게 화해는 그리스도의 십자가로부터 비롯한 개념이었다. 궁극적으로는 십자가의 구원과 해방을 통해 사랑에 기반한 인간관계를 의미했다. 미움을 미움으로, 악을 악으로, 복수를 복수로 갚지 않는 것, 그리하여 서로 이해하며 사랑함으로써 공존하는 것이 화해였다. 화해는 사회문제를 해결하는 강원용의 이상이 응축된 개념이었다. 중간집단에게 부여된 가장 중요한 의무도 대화를 통해 사회 내에서 화해를 실현해내는 일이었다.

---

60) 2006년 1월 20일 강원용의 구술, 연세대학교 김대중도서관, 「강원룡 2차 녹취록」, 2006, 34~35쪽.

61) 강원용, 앞의 책, 382쪽.

중간집단의 교육 방법과 내용

크리스챤아카데미가 펼치는 사업은 크게 대화모임과 연구조사활동, 그리고 교육훈련 세 가지로 나뉘어 있었다. 아카데미 하우스 설립 이후 대화모임과 연구조사활동은 큰 문제없이 진행되었으나 교육훈련 사업은 계획대로 진행하기 어려웠다. 저변대중 사회계층의 참여를 위해 보다 새로운 사회건설과 교회개혁을 위한 훈련공간이 필요했다. 강원용은 두 차례에 걸쳐 독일의 관계자들을 만나 훈련원 건립문제를 협의한 끝에 훈련원 설립을 위한 자금을 확보할 수 있었다. 1970년 11월 드디어 수원에 많은 한국교회지도자들의 산실인 '크리스챤아카데미 사회교육원', 이른바 '내일을 위한 집'이 완공되었다.[62]

사회교육원은 시민의식의 계발, 기독교정신을 생활 속에 전달하고 건설적인 사회참여 유도, 효율적인 직무 수행 및 정신 수양 등을 교육목표로 삼았다. 특히 교육 참가자들이 스스로 인간화와 자유를 성취하는 의식을 갖게 하는 것에 중점을 두었다.[63] 이로써 사회문제해결의 실질적 원동력을 조성할 수 있는 교육에 힘을 쓸 수 있었다. 다른 한편 정치세력으로 발전되지 않도록 실천기관과 교육기관의 경계를 유지하려 많은 노력을 기울였다. 교회사회, 산업사회, 농촌사회 및 여성사회 등의 분과로 나뉜 중간집단 육성교육 등 본격적인 훈련과 교육이 시작되었다.

중간집단교육 프로그램은 사회구조에 대한 이해를 토대로 현실에 대한 직시에 주안점을 두었다. 교육의 내용에는 사회의식과 개인의식, 그리고 역사의식을 스스로 깨닫게 하고, 각 분야별로 활동에 필요한 전문지식을 추가했다. 교육 방식은 강의, 토론, 워크숍(과제 작업),

62) 크리스챤아카데미 엮음, 『한국아카데미총서 10』, 185~186쪽.
63) 강원용, 앞의 책, 264쪽.

생활과정, 의례 등으로 구성되었다. 주입식 교육을 지양하고 민주적 활동양식에 대한 직접 체험과 참가자 간의 경험 교류, 그리고 정서적 감동 중심으로 구성하여, 각자 자기 삶의 방향을 결단하게 하는 교육이 되도록 짜여져 있었다.[64)]

중간집단의 교육대상은 종교사회, 산업사회, 농촌사회, 여성사회, 학생사회 총 5개 분야로 우리 사회에서 가장 잠재능력이 풍부한 집단으로 선정했다. 종교영역은 사제와 교직자, 대중인 신도가 골고루 분포되어 있고, 대중의 고통을 외면할 수 없는 신념을 가진 사람들로 구성되어 있다는 평가를 받았다. 또한 평화적인 방법으로 사회정의를 실현해야 하는 과제를 가지고 있다는 특성에 주목했다. 노동자단체는 처음에는 한국노총에 주목했다. 한국노총은 당시 어용단체라는 비난을 받았으나 잠재적 가능성이 큰 조직이라는 점을 중요하게 생각했다.

농민단체의 경우에는 처음에는 중간집단으로서의 가능성을 낮게 보았다. 농민단체는 보수적인 경향이 강하고 관 주도의 농촌운동에 익숙해 있어 조직화에 어려움을 겪을 것으로 예측되었다. 그러나 차츰 교육수준과 의식수준이 높은 젊은 지식층들이 농촌의 현장에 투신하는 경향이 강해지고 있어 의식화의 가능성이 높은 집단으로 재평가하기에 이르렀다.

여성단체의 경우에는 중간집단으로서의 잠재력은 의심의 여지가 없었으나 정치사회의식의 미비와 비민주적 조직운영 등의 여러 단점들이 존재한다는 문제점이 있었다. 그러나 높은 교육수준, 능력, 높아지는 여성의 사회진출 등으로 교육 및 잠재력이 매우 컸다. 학생집단은 가장 전위적이고 역동적인 저항세력으로서 가능성이 큰 집단임에도 불구하고 과격하게 흐르는 경향이 강해 이를 조절하고 이상과 현

64) 신인령, 앞의 책, 274쪽.

실을 함께 중시하는 능력을 키워야 했다.[65)]

강원용은 새로운 중간집단을 형성하는 것이 아니라 기존의 중간집단 요원들을 교육함으로써 기존 단체들을 중심으로 육성 강화하는 방법을 택했다. 예를 들어 노동자집단의 경우 미조직 현장에서는 신규 노조를 결성하거나 노동자 소그룹을 조직하고, 이미 조직된 기존 노조의 경우에는 어용노조를 극복하고 민주적이고 자주적인 노조로 발전하도록 교육했다. 이는 정치적 탄압을 피하기 위한 방법이기도 했다.

아카데미의 프로그램은 초기부터 정규교육과 후속교육으로 나누는 등 체계적이고 단계적으로 시행되었다. 각 전문분야의 헌신적인 젊은 학자들과 주요 시민단체지도자로 구성된 프로그램 준비위원회에서 논의하여 틀을 잡고, 운영 실무자들의 사전 훈련과 수차례의 시범교육을 실시하여 프로그램 내용을 확정하는 절차를 통해[66)] 치밀하게 프로그램을 준비했다. 또한 한국의 실정에 맞는 교육방법과 내용을 개발하고 적용시키려 했다.

초창기의 크리스챤아카데미는 독일 아카데미로부터 재정 지원은 물론 교육의 방법에 관해서도 많은 지원을 받았다. 하지만 강원용은 이것을 그대로 한국상황에 적용하려 하지 않았다. 그는 한국은 독일과는 많이 다르다는 것을 인지하고 있었고, 독일의 모델을 그대로 적용해서는 안 된다는 생각을 굽히지 않았다. 이 때문에 뮐러 박사와 갈등과 마찰을 빚기도 했다.[67)]

정규교육과정은 총 3차에 걸쳐 진행되었는데, 의식화교육인 1차교육(4박 5일)을 30명을 대상으로 실시한 후 약 6개월에서 1년 이내에

65) 강원용, 앞의 책, 383~384쪽.
66) 신인령, 앞의 책, 284~285쪽.
67) 강원용, 앞의 책, 97쪽.

2차교육(5박 6일)을 실시하고, 3차교육은 5개 분야의 특징에 맞추어 유연한 형태로 실시했다.[68)]

1차의 의식화교육은 아카데미교육 프로그램의 핵심이었다. 강의·세미나·과제작업·명상·생활과정 등을 통해서 중간집단 이념을 인식시킴으로써 민주적 지도자 양성, 사회의식, 미래지향적인 역사의식을 불러일으키는 것을 중심으로 했다.[69)] 우리 사회에서 '의식화'라는 용어는 아직도 민중들을 선전 선동하는 것으로 이해되는 경향이 있다. 이는 1980년 광주항쟁의 여파로 마르크스주의가 확산되면서 한국 민중교육운동에 영향을 미친 탓이다.[70)]

아카데미의 의식화교육은 브라질의 사회교육자 프레이리의 이론에서 유래한다. 강원용은 회고록에서 '의식화'에 대한 기존의 마르크스주의에 기반한 이해와는 관계가 없음을 밝혔다.[71)] 프레이리는 의식화란 "사람들이 수용자로서가 아니라 지식습득의 주체로서, 그들의 삶을 형성하는 사회문화적 현실과 그 현실을 변혁시키는 그들의 능력에 대해 깊이 자각케 하는 과정"을 가리킨다고 했다.[72)] 그의 이론은 인간은 주체적이며 의식적인 존재로 설정되어, 인간만이 세계를 인간화 또는 비인간화할 수 있다는 것에서 출발한다.[73)] 의식화교육은 교육대

---

68) 신인령, 앞의 책, 276쪽.

69) 크리스챤아카데미 엮음, 『한국아카데미총서 2: 양극화시대와 중간집단』, 삼성출판사, 1975, 233쪽.

70) 홍은광, 『파울로 프레이리, 한국 교육을 만나다』, 학이시습, 2010, 203쪽.

71) 강원용, 앞의 책, 385쪽.

72) 파울로 프레이리, 『교육과 정치의식』, 137쪽.

73) 여기서 말하는 '의식'이란, 의식의 최고 수준인 비판적(critical) 의식이다. 이 의식은 문제를 깊이 있게 설명, 시험, 검증한다. 문제 파악 시 왜곡과 선입관을 배제하고, 논박보다 대화를 택한다. 프레이리는 이러한 비판적 의식으로 변화하기 위해서 의식화교육이 필요하다고 본 것이다. 파울로 프레이리, 성찬성 옮김, 『페다고지』, 한마당, 1995, 113~115쪽.

상자 스스로가 자신의 문제를 발견하고 해결하면서 자신들의 힘을 인식해나가고, 사회문제에 대해 의식화의 과정을 경험하도록 하는 것이었다. 크리스찬아카데미의 의식화교육 및 인간화의 내용과 일치하고 있음을 알 수 있다.

아카데미는 교육자와 피교육자 구별 없이 혼연일체가 되어 서로 가르치고 배우는 경험을 하면서, 강원용을 포함하여 프로그램 운영자들은 함께하며 뒷바라지하는 교육 방식을 고수했다.[74] 또한 강사들이 강의를 진행하면서도 토론과 워크숍을 위해 논의의 실마리를 던지는 역할을 맡았을 뿐, 교육생들이 스스로 부딪히며 씨름하면서 토론을 통해 터득하도록 했다.[75] 이처럼 아카데미는 단순히 마르크스주의교육이나 주입식 교육으로서가 아닌, 주체적 인간상에 기반한 프레이리의 교육이론을 충실히 따랐던 것이다.

1차 교육의 첫날에는 강원용의 '자유 평등 인간화'라는 민주주의 교육이 이루어졌다. 교육생들은 인간으로서의 스스로의 존엄성을 깨달았고 자신의 문제도 사회구조적인 모순에서 비롯되었다는 것을 배웠다.[76] 마지막 날 밤에는 교육생들이 저마다 감동을 느끼고 결단하도록 하는 '내일을 위한 잔치'를 벌였다. 강의 · 토론 · 워크숍보다 중요한 시간이었다. 교육생들은 자신들의 이야기를 재구성하여 역할극을 만들었다. 이때 강원용을 포함하여 간사와 교육위원들도 역할을 나누어 맡곤 했는데, 악역은 아무도 맡으려 하지 않아 강원용이 자처하여 악덕 기업주나 포주의 역할을 맡기도 했다.[77] 여성사회에서는 주로 자신을 학대한 남편이나 부모, 기업주, 사회를 고발하여 역할극을 보

74) 신인령, 앞의 책, 284쪽.
75) 같은 책, 274쪽.
76) 한명숙, 『한명숙 부드러운 열정, 세상을 품다』, 행복한책읽기, 2010, 60쪽.
77) 신인령, 앞의 책, 277쪽.

는 동안 교육장이 눈물바다를 이루곤 했다.[78)]

밤 12시에는 촛불의식을 진행했다. 엄숙한 분위기에서 각자 초를 들고 들어와 원을 지어 둘러선 다음, 차례로 촛불을 붙이고 시와 글을 낭독했다. 더 이상 부당한 제도와 인습에 굴하지 않고 새로운 세상을 위해 다시 태어날 것을 기도했다. 각자 돌아가면서 현재의 심정과 운동가로서 결심한 운동 과제를 얘기하는 두 시간이 흐르는 동안 감격에 겨워 눈물을 흘리지 않는 사람이 없을 정도였다.[79)]

아카데미교육에 대한 교육생들의 호응은 기대 이상이었다. 참석자들은 첫날에는 대부분 굳어 있지만 둘째 날이 되면 눈에 띄게 긴장을 풀었으며, 셋째 날이 되면 한 가족이 되어 기탄없이 흉금을 털어놓았다.[80)] 교육을 이수한 후에는 "개구리가 하늘을 본 기분입니다" "타락할 수밖에 없는 순간에 구원을 받았습니다" "다시 살아났습니다" "나를 사랑하게 되었습니다" 등 자신이 변화된 감격을 표현했다.[81)]

의식화교육이 끝나면 6개월에서 1년 이내에 2차교육을 다시 5박 6일 동안 실시했다. 1차교육을 이수한 사람이 계획했던 과제를 갖고 활동한 경험을 상호 교환하고 평가하면서 구체적 실천에 대한 확신을 갖게 하는 의식화를 목적으로 했다. 그래서 1차교육 이후 실제 실천적 활동을 하지 못한 사람은 참여하지 못했다.[82)]

2차교육 이후 다시 6개월간의 실습과정이 끝나면 3차교육을 실시한다. 동력화 단계다. 짜여진 일정으로 진행하지 않고, 교육대상의 필요 및 5개 분야별 특징에 맞추어 융통성 있는 교육과정을 시행했다.[83)]

---

78) 한명숙, 앞의 책, 60쪽.

79) 최용탁, 「농민운동의 요람 크리스찬아카데미」, 『한국농정신문』, 2016년 1월 10일. http://www.ikpnews.net/news/articleView.html?idxno=24952

80) 강원용, 앞의 책, 386쪽.

81) 한명숙, 앞의 책, 61쪽.

82) 이우재, 『한국농민운동사연구』, 한울, 1991, 194~195쪽.

최종교육이기 때문에 전문가들이 장기적으로 실천해갈 계획을 세우는 것을 도와준다.

정규교육 이후의 후속교육 과정은 실제 현장에서 교육 효과가 나타나고 있는 것을 확인·평가하고 교육 이수자들의 활동을 격려하기 위한 프로그램이었다.[84] 주로 현장방문 상담활동, 현장교육 지원, 교육 이수자들의 동문회활동 지원 등을 하는 내용으로 구성되어 있었다. 후속교육과 관련한 역동성은 아카데미 관계자들의 기대를 훨씬 앞서나갔다. 주요 간부들이 교육을 다녀간 후 자기 조직의 보조 간부들을 교육에 보내고, 자신들이 직접 아카데미 강사들을 초청하여 강의를 듣기도 했다. 원풍모방 노조는 2,000~3,000명쯤 되는 조합원을 3교대로 나눠 대강당에 모아 계속 교육을 하기도 했다.[85] 농민 지도자의 경우에는 20박 21일이 걸리기도 했다.[86]

신인령은 아카데미 프로그램이 이렇게 성공을 거둘 수 있었던 이유 중 하나로, 교육이수자들을 아카데미의 자체 조직으로 만들지 않으려 한 점을 꼽는다. 때문에 기존 단체들과의 갈등 없이 상호 보완과 협력이 가능했다.[87] 정작 교육이 진행되는 동안에는 아카데미교육 참가자들을 중심으로 새로운 조직을 만들자는 주장이 제기되기도 했다. 강원용은 그런 주장의 타당성을 인정하면서도 아카데미가 탄압을 받을

83) 예를 들어 농촌사회는 농한기에 약 3주간 합숙교육을 했고, 산업사회의 3차 교육은 '노동대학 안(案)'을 마련하여 1979년부터 실시할 예정이었는데, 아카데미 사건이 벌어지는 바람에 시작도 못하고 그냥 안으로 남고 말았다. 신인령, 「현실 참여와 크리스찬아카데미 운동 경험」, 김경재·박경서·안재웅·법륜·이강백·윤여준·신인령 외, 『여해 강원용 그는 누구인가?』, 대화문화아카데미, 2013, 190쪽.

84) 같은 글, 193~194쪽.

85) 신인령, 앞의 책, 280~281쪽.

86) 강원용, 앞의 책, 386쪽.

87) 신인령, 앞의 책, 285쪽.

것을 우려하여 교육기관으로서의 정체성을 유지하고자 했다.[88]

일부는 고집을 꺾지 않고 새 조직을 만들기도 했지만, 강원용은 교육 이후의 활동은 교육참가자들의 자유 의사로 보았기에 반대하지 않았다. 실제로 노동조합, 산업선교회, 가톨릭노동청년회, 가톨릭농민회, 기독교농민회, 각종 여성단체 등 자기 소속 단체로 돌아간 교육이수자들은 활동하면서 부딪히는 고민을 아카데미에 와서 상의할 정도였다고 한다.[89]

중간집단교육에서 가장 성공적이었던 세 분야는 여성, 노동, 농촌 분야였다. 아카데미는 현재 한국사회의 여성운동, 노동운동, 농촌운동에 크게 이바지했다.

중간집단교육과 여성의 인간화

> 가부장제 역사에서 고이 모셔와 찬양의 대상이 되고 있는 현모양처야말로 양처가 아닌 장기간의 '매춘'이나 마찬가지가 아니고 무엇이냐? 매춘부는 버젓이 화대라도 받는다. 그리고 맘에 안 들면 시중을 거부할 수도 있고, 몹쓸 짓을 하면 밖으로 내쫓을 수도 있다. 그런데 현모양처라는 아내는 그 모든 수모와 고통을 참아내야 부덕의 여성으로 칭송된다.[90]

강원용이 1975년 세계여성의 해를 맞아서 YWCA에서 했던 강연의 요지다. 현대에서도 현모양처의 상징인 신사임당이 5만 원권의 모델로 쓰인 것을 감안한다면, 당대의 '좋은 여성상'의 상징이던 현모양처

88) 강원용, 앞의 책, 387쪽.

89) 신인령, 앞의 책, 285쪽.

90) 강원용이 1975년 세계 여성의 해를 맞았을 때 YWCA에서 한 강연의 일부이다. 김남조 외, 『강원용과의 만남 그리고 여성운동』, 여성신문사, 1998, 102쪽.

를 매춘부로 비유한 그의 질타는 파격적인 발언이었다.

강원용은 일찍이 어린 시절부터 여성문제에 대한 문제의식을 갖게 되었다. 어머니와 누이가 차별받는 것을 보면서부터였다. 두 사람은 단지 여자라는 이유로 상상할 수 없을 정도로 억울한 일을 많이 겪었다. 유교집안의 장손으로 대접받던 자신과 대조되어 어린 강원용은 크게 충격을 받았다.[91] 이후 강원용은 여성을 대상으로 한 교육과 사회운동에 적극적으로 나섰다. 일찍이 용정에서부터 여성을 대상으로 야학을 진행하고, 반탁운동 당시에 활동했던 여자청년단, 애국부녀동맹에게 교육과 강연을 실시하기도 했다. 또한 크리스찬아카데미에서는 여성 인간화 프로그램을 도입하여 한국에서 새로운 단계의 여성운동으로 도약하는 데 촉매구실을 했다.

강원용의 여성운동은 다음 세 가지의 철학이 반영되어 있다. 첫째, 중간집단의 연장선이었다. 소수 엘리트 여성에게 국한된 여성운동이 아닌, 여성의 중간집단을 형성하여 의식화된 소수 엘리트가 대중과 공감대를 갖고 연계할 때에야 비로소 여성문제의 해결을 기대할 수 있다고 생각했다.[92]

둘째, '여성의 인간화'였다. 이는 강원용의 인간관에서 비롯된다. 강원용은 인간 자체가 남자와 여자 사이에서 태어난 존재이며, 가정, 사회, 국가, 문명 역시 남자와 여자가 함께 만드는 것이라고 생각했다. 하여 어느 한 쪽이 잘못되면 양쪽 모두가 반신불수가 되고, 가장, 사회, 국가, 문명도 불구가 될 수밖에 없다는 생각이었다. 여성차별은 인간의 본질적인 문제로, 인종차별과 마찬가지로 반문명적이고 비인간적일 뿐 아니라, 여자만이 아닌 남녀 모두에게 구속이다.[93] 따라서 그

91) 고범서 외, 『강원용과의 대화』, 평민사, 1987, 70쪽.

92) 김남조 외, 앞의 책, 91쪽.

93) 같은 책, 80쪽.

는 "우리의 삶과 관련한 모든 분야에서 양성이란 구별은 있으나 차별 없는 동반자 관계라는 사고전환이 신속히 이루어져야 한다"[94]고 했다. 실제로 강원용의 삶에서 함께했던 여성들은 모두 그의 동지이자 친구였다. 그는 일할 때 남녀의 차이를 염두에 두지 않았다. 김현자는 '신인회'에서 이희호와 박기순 등이 함께 모여 일하는 것을 보며 단순한 제자라기보다는 동지처럼 일하는 것 같은 느낌을 받았다고 증언한다.[95] '여성의 인간화'는 1975년 아카데미의 "여성의 인간선언"[96]에도 잘 드러나 있다.

셋째, 사회구조의 변혁이다. "여성문제의 해결은 단순한 캠페인으로서가 아니라 사회구조의 변혁을 지향"[97]하는 접근이 필요하다는 것이었다. 강원용은 사회가 여성에게 요구하는 의무와 굴레, 차별을 꼬집고는 "새장에 갇힌 여성보다 독립된 인격체로서의 여성이 사회악을 근절하는 데 더 적합하다"고 했다. 한발 더 나아가서 "깨어 있는 여성들은 혼인하지 말고, 즉 여성해방과 사회민주화를 위해 역할을 다해야 한다"고 독려했다.[98] 즉 여성을 단순히 수동적 존재로 보는 것을 폐하고, 오히려 사회구조 개선의 아방가르드로 인식하여 여성에 의한 사회변화를 믿었고, 적극적으로 지지했다.

강원용의 철학은 크리스찬아카데미의 여성 중간집단교육에서 구체화되었다. 이를 통해 한국여성운동의 지도자들이 대거 배출되었다. 1974년 당시에 전(前) 국무총리 한명숙, 전 이화자여대학교 총장 신

---

94) 강원용, 「왜 노인을 활용 안 하나」, 『경향신문』, 1994년 11월 18일.

95) 김남조 외, 『강원용과의 만남 그리고 여성운동』, 68쪽.

96) 이에 윤후정(김대중 대통령 직속 여성특별위원회 위원장, 이화여자대학교 명예총장)이 크게 공헌했는데, 1974년 여성운동지도자들에 대한 교육 워크숍에서 강연했다.

97) 김남조 외, 앞의 책, 143쪽.

98) 같은 책, 176쪽.

인령, 전 이화여자대학교 여성학과 교수 장필화, 한국통일여성협의회 회장 이정자는 아카데미 간사로 교육에 참여했다. 이뿐만 아니라 한국여성민우회 이사 김경애, 여성자원금고 이사장 김근화, F커뮤니케이션즈 대표 김미령, 전 문화관광부 장관 신낙균, 전 한국방송개발원 원장 이경자 등도 중간집단교육을 통해 여성문제에 눈을 떴다. 한명숙은 여성 중간집단교육의 실시과정은 "한 편으로는 힘에 겨웠지만 한편으로는 환희에 찬 것이었다"고 말했다. 그는 자신 역시 스스로에게 익숙해져 있던 '여성비하적 인습'으로부터 벗어날 수 있었다고 고백하고 있다.[99)]

강원용은 여성의 인간화교육을 넘어서 제도 개선에도 적극적이었다. 자신이 속한 기독교장로회에서 여성목회자제도를 개선하는 데에 앞장섰다. 강원용은 여성목회자제도에 찬성한 최초의 남자 목사였다. 강원용의 남다른 신학적 관점이 뒷받침되었기에 가능했던 일이다. 그는 "남성지배체제가 인류 역사상 가장 긴 지배체제로 존속"되었기 때문에 "성차별을 합리화하는 신화, 종교적 계율, 문화, 도덕률이 생겨났다"고 비판한다. 따라서 "양성이 동반자이자 반려자로 지어졌다는 것은 틀림없는 사실이며 창조주의 섭리다. 그동안 이런 기본원칙에 어긋났던 학설 도덕, 그리고 종교 경전 등은 이제 재해석되거나 개편되어야 할 것이다"고 했다.[100)]

여성목회자문제에 실질적으로 나섰던 김윤옥은 원래 자신의 이름으로 1974년 기독교장로회 제59차 총회에 여목사제도 헌의안을 올리려 했다. 총회에 헌의안을 제출하려면 총회원이나 노회원 자격을 지닌 남성 목사의 이름으로 제출해야만 했다는 사실을 알았다. 그래서 김윤옥은 강원용에게 이를 부탁했고, 강원용은 쾌히 승낙했다. 이러

---

99) 한명숙, 앞의 책, 56~57쪽.

100) 강원용, 「왜 노인을 활용 안 하나」, 『경향신문』.

한 노력 덕분에 1974년 기독교장로회의 '여목사제도'가 통과되었다. 통과된 조문은 "서울노회에서 여자 목사를 제도화하는 헌법개정 헌의건은 헌법 제4장 19조 목사 자격에 '사람'이란 단어 속에 남자와 여자가 포함되어 있음을 재확인하기로 가결"했다.[101)]

다음으로 진행한 것은 가족법 개정[102)]이었다. 1차 가족법[103)]이 개정되기 전인 1974년, 강원용은 신문회관 강당에서 YWCA에서 매주 목요일마다 열리는 '가족법 개정에 대한 찬반토론회'에 참석하곤 했다. 강원용은 다음과 같이 말하여 자리에 참석한 여성들뿐 아니라 유생들의 박수갈채를 받았다.

> 내가 법을 공부한 사람도 아니고, 목사이면서 보시다시피 남성인 사람이 여성단체가 운동을 벌이고 있는 가족법이 반드시 개정되어야 한다는 사명으로 이 자리에 선 이유는 아주 평범한 개인적 이유에서부터 찾을 수밖에 없습니다. 옳은 법 만들자는데 남성 여성이 어디 있습니까? 이 자리에 와보니, 어쩜 이렇게 다들 갈라 앉아 있고 박수소리도 갈라져 나오니 안타깝습니다. 내겐 누구보다도 아주

101) 김남조 외, 앞의 책, 53쪽.

102) 이태영 변호사를 비롯한 당시의 여성지도자들이 1948년 신민법 제정 당시부터 가족법개정운동을 시작했다. 60년대부터는 한국가정법률상담소가 중심이 되어 1973년 '범여성가족법개정촉진회'(YWCA, 한국여성단체협의회 등 참여)와 1984년 '가족법개정연합회'를 거쳐 60년 동안 가족법개정운동을 지속했고, 1989년에는 새로 탄생한 한국여성단체연합(여연)이 가족법 개정운동에 동참했다. 같은 해 박영숙 의원의 주도로 153명의 국회의원의 서명을 받아 민법 개정안이 국회에 제출되었다. 12월 19일 국회 본회에서 가족법 개정안이 통과되었다. 2005년 3월 2일에는 호주제 폐지를 골자로 하는 민법 개정안이 통과되었다. 한국가정법률상담소, 『가족법 개정운동 60년사: [1948~2008]』, 한국가정법률상담소, 2009 참고.

103) 이태영 변호사와 한국여성단체협의회(여협)가 힘을 합쳐 1977년 1차 가족법 개정에 성공했다. 그러나 재산상속과 호주제는 제외된 상태였다.

사랑하는 딸이 있습니다. 우리 부부는 그 딸을 아들과 다른 생각으로 키워본 적이 없습니다. 그런데 그러한 내 딸이 잘못된 법에 의해서 이 사회에서 반쪽짜리 인간으로밖에 대접받지 못한다는 사실에 대해 분노치 않을 수 없습니다. 감히 누가 사랑하는 내 딸을 2분의 1짜리 인간으로 만들 수 있습니까? 감히 누가 사랑하는 내 딸을 인간 밑의 인간으로 만들 수 있단 말입니까?[104)]

강원용은 향후 호주제 폐지 논란이 가열되었을 때에도 자신의 입장을 명확히 했다. "목사님, 손자 없이 손녀딸만 두셨는데 섭섭하지 않으세요? 대가 끊어진다고 생각하지 않으시는지요?"라고 누군가가 질문하자, "나는 그 문제에 있어선 명확합니다. 호주제라는 것, 이거 유명무실한 것이에요. 아니, 대를 잇는다니 그게 무슨 의미가 있는 것입니까?"[105)]라고 대답했다고 한다. 이렇듯 강원용에게 여성문제는 인간의 문제로, 동등한 인간의 관점에서 이견의 여지가 없는 확고한 것이었으며, 토론을 넘어 제도화로 보장되어야 할 중대한 사안이었다.

산업사회 중간집단교육

산업사회 중간집단교육의 핵심 원칙은 역시 대화와 인간화였다. 강원용은 해방 직후 기존의 노동운동이 공산주의에 기반한 프롤레타리아 혁명운동으로만 점철되어 있는 것에 문제의식을 느끼고 있었다. 그가 보기에 공산주의는 능력 이하로 일하고 필요 이상으로 분배받기를 원하는 인간의 죄성을 간과했을 뿐 아니라, 인간을 사회구조의 요소로만 인식하는 등 인간을 제대로 이해하지 못해 실패한 이데올로기

104) 김남조 외, 앞의 책, 81~82쪽.
105) 같은 책, 156쪽.

였다.

강원용은 1970년대 노동운동의 주역들은 카를 마르크스의 『자본론』(*Das Kapital*)을 읽어서가 아니라, 자신들의 노동 현장에서 생존권이 위협받고 인간다운 대우를 받지 못했기 때문에 운동을 펼친 것이라 했다.[106] 실제로 신인령, 이총각 등 당시 대표적인 노동운동가들은 공산주의 때문이 아니라 전태일의 인간선언으로 노동운동에 뛰어들게 되었다고 회고한다.[107] 노동문제는 곧 인간의 문제와 직결되며, 결국 인간화를 지향해야 한다는 강원용의 주장을 관통하는 통찰이었음을 알게 하는 대목이다.

강원용은 노동문제를 해결하려면 인간의 욕구를 존중하면서도 방향을 올바로 잡아주어야 한다고 생각했다. 특히 노동문제 가운데서 노사관계를 문제의 핵심으로 파악했다. 기업주는 많은 이윤을 위해 적은 임금을 주장하고, 노동자는 많이 분배받으려는 과정에서 노사는 갈등할 수밖에 없다는 점을 인정했다. 노사 간 갈등을 해소하기 위해서는 사용자와 노동자 간, 노동조합 내 간부와 조합원 간의 관계를 유교적 가족주의적인 관점에서 지배와 복종의 관계로 보지 않아야 한다고 역설했다.

특히 노사 간의 문제에 관한 교회의 역할은 노동자의 편에서 투쟁하는 것만이 아니라, 노동자와 사용자 간의 화해가 이루어지도록 애쓰는 것이라 보았다. 노동자의 주장 가운데 지나친 부분은 기업주의 입장에 서서 설득시킬 줄도 알아야 된다는 것이다. 기업주들 역시 인간이며 함께 살아가야 할 대상이기 때문이다.[108] 이러한 그의 철학을 기반으로 강원용은 소위 '동일방직 똥물 사건'의 해결 현장에 김수환

106) 고범서 외, 앞의 책, 48~68쪽.

107) 신인령, 앞의 책, 287~288쪽; 박수정, 『숨겨진 한국여성의 역사』, 아름다운사람들, 2004, 22쪽 참고.

108) 고범서 외, 앞의 책, 65쪽.

추기경, 김관석 목사와 함께 직접 중재하러 나서기도 했다. 결국 회사측과 당국으로부터 협상안을 받아냈지만, 이들이 약속을 하나도 지키지 않았던 것을 뒤늦게 알고 나서는 무력감을 느꼈다. 당시는 박정희 유신체제하였다.[109]

산업사회 중간집단교육의 목표는 미조직 현장과 조직 현장에서의 경우로 나뉘어 있었다. 미조직 현장에서는 신규노조를 결성하거나 노동자 소그룹을 조직하고, 조직된 기존 노조의 경우는 노조간부가 가장 밑바닥에 있는 노동자의 의견까지 수렴하게 할 수 있는 민주적이고 자주적인 노조로 발전되도록 하는 목표를 삼았다. 점차 간부로부터 젊은 활동가로 교육대상을 확대해갔으며, 매회 노동문제를 고민하는 지식인 참가자를 2, 3명으로 제한하여 지식인 중심의 프로그램이 되지 않게 했다.[110] 산업사회교육은 1기부터 19기까지 진행되었다.

후속모임에서 각 기수별 노동자들끼리 교류를 지속했고 마침내 노동조합 간의 연대활동, 연대투쟁으로까지 발전했다. 여기서 여러 전문 지식인 참가자들과의 관계 속에서 노학 연대의 시초도 만들어졌다. 아카데미 '노동사례연구회'는 후속모임으로 만들어졌다가 아카데미사건으로 1979년 중단되었으나, '70민노회'(1970년대 민주노동자회)라는 이름으로 계승되어 현재에도 활동하고 있다. 강원용은 노년까지 '70민노회'의 매년 송년의 밤 모임에 불편한 다리를 이끌고 참석하여 노동자에 대한 각별한 사랑을 보였다.[111]

73년부터 시작된 크리스챤아카데미의 중간집단교육을 통해 배출된 이수자들은 70년대의 노동운동을 주도했으며 교육내용 및 후속관리에서 커다란 영향력을 행사했다. 교육생조직들이 곧 운동조직의 중심

109) 강원용, 『역사의 언덕에서 3』, 394~395쪽.
110) 신인령, 앞의 책, 272쪽.
111) 같은 책, 289쪽.

역할을 수행했던 것이다. 또한 '민주노조'라는 말도 아카데미에서 처음으로 쓰기 시작했다. 아카데미사건으로 연행된 사람들 가운데 최순영(YH무역), 장현자(반도상사), 이총각(동일방직), 박순희(원풍모방), 이영순(콘트롤데이타) 등의 면모만 보아도 알 수 있으며, 유신체제가 아카데미를 탄압했던 본질적인 이유도 바로 여기에 있었다.[112] 교육이수자들은 1990년대에 와서 민주노총을 결성하는 데 참여하기에 이르렀다.

특별한 일만 없으면 수원사회교육원에 내려와 4박 5일 프로그램에 함께했을 정도로 중간집단교육에 대한 강원용의 관심은 지대했다. 그는 종종 스태프들에게 "내가 이 산업사회에 관심을 갖는 것은 다만 노동조합 조금 잘되기를, 노동자들의 생활조건이 조금 나아지기를 바라는 것이 아니고 멀리 통일에 대비하는 것이다"라고 강조하곤 했다. 당시 스태프들은 노동문제 현안에 천착하여 그 말의 의미를 이해하지 못했다.[113] 결국 중간집단교육을 비롯한 강원용의 행보는 대귀환을 향한 소망으로 집약된다는 것을 다시금 상기하게 한다.

농촌사회 중간집단교육

중간집단교육 중에서도 농촌 중간집단교육은 가장 큰 성공을 거두었다. 사실상 아카데미교육이 농촌에 대한 최초의 의식화교육이라고 할 수 있었다.[114] 크리스찬아카데미에서 2기로 교육받은 고성의 농민운동가 이호원은 "아, 이게 새 세상이구나, 그랬어요. 인생을 이렇게

112) 「[1979년]크리스찬아카데미사건, 지식인과 노동자가 만나다」, 성공회대학교 민주자료관 기록콘텐츠, 2016. 10. 19. http://demos-archives.or.kr/content/286

113) 신인령, 앞의 책, 273쪽.

114) 강원용, 앞의 책, 388~389쪽.

사는 방법도 있구나, 그런 걸 크게 깨달았지요. 교육을 다 받고 나니까, 여기에 목숨을 걸고 싶다는 생각까지 드는 거예요. 뭐랄까, 결연한 의지가 생겼다고나 할까"라고 당시를 회상했다.[115] 아카데미 교육이 입소문을 타서 무작정 보따리를 들고 올라와 참석하게 해달라고 요청하는 농민도 있었다.[116]

농민운동은 강원용의 삶에서도 밀접한 관계를 갖고 있다. 그는 연소할 때부터 화전민의 아들로 고생했으며, 가가와의 책을 접한 후 농민을 위한 삶을 살기로 결단했다. 또한 용정 은진중학교에서도, 선린형제단을 조직해서도 농촌을 다니며 농민교육을 실시하기도 했다. 강원용의 열정을 공유한 이우재, 황한식, 장상환, 권영근 등이 교육간사로 농민교육에 헌신했다. 그 결과 농촌사회 중간집단교육은 가장 뒤늦게 시작된 중간집단교육이었음에도 큰 성과를 낼 수 있었다. 3차 과정까지 간 장영근, 권종대, 배종렬, 정광훈, 노금노, 윤정석 등은 농민운동의 지도자로 성장하게 되었으며, 무려 800여 명의 농민들이 아카데미교육으로 의식화되어 자신의 고장에서 농민운동가로 거듭났다.[117] 1970년대 대표적 농민운동으로 기록되는 함평 고구마 피해 보상 투쟁은 아카데미에서 교육받은 노금노,[118] 서경원[120] 등이 주동이

115) 「농민운동의 요람, 크리스천 아카데미」, 『한국농정신문』, 2016년 1월 10일, http://www.ikpnews.net/news/articleView.html?idxno=24952

116) 강원용, 앞의 책, 386쪽.

117) 「농민운동의 요람, 크리스천 아카데미」.

118) 가난한 농민의 아들로 태어난 노금노는 농민운동에서 이론가 역할을 했다. '크리스챤아카데미' 농민교육의 1, 2차 과정과 장기전문 과정을 거치면서 사회과학이론을 스펀지처럼 흡수하여 농민운동에 적용했다. 그는 농민운동의 주체와 조직문제를 두고 치열한 논쟁을 벌였다. 투쟁과 함께 이론적 토대를 갖춘 동지의 농민운동에 대한 열정은 모든 농민운동가의 모범이었다. 항상 농촌 현장의 이해와 농민의 요구에 바탕을 두고 조사하고 학습하면서 일반 농민들을 교육시키고 조직하고 현장 농민들과 함께 투쟁하는 대중투쟁의 모범적인 운동가였다. 노금노 유고집 간행위원회, 『땅의 아들 3: 농민운동가 노

되어 시작한 것이었다.

농촌사회 중간집단의 의식화교육 첫날에는 다른 중간집단교육과 마찬가지로 강원용의 강의가 있었다. 강원용은 농민들은 언제나 가난했다는 사실을 일깨우고, '그 원인은 사회구조에 있다' '농민들은 민주적인 조직을 형성해야 한다'는 요지의 강연을 진행했다.[120] 그 다음날부터는 농업정책과 농민운동, 그리고 부락과 지역, 전국 단위에서의 농민운동의 과제와 방법을 토론했다. 또한 농협의 본질과 현재의 비민주성, 비농민성 등을 파헤치고 진정한 농민조합을 운동과제로 받아들이게 했다. 후기에 와서는 아카데미에서 교육을 받고 지역에서 실제로 투쟁했던 사례를 발표하기도 했다. 단골로 사례 발표를 한 사람이 가톨릭농민회에서 활동하던 구례의 최성호였다.

> 아카데미 교육이 진짜 교육이었어. 체계적으로 4박 5일, 일주일, 한 달 반 코스로 장기 교육을 하고 또 집에 까지 와서 교육을 했어. 내가 중학교 나왔는데 대학교 경제학까지 공부를 시키는 거야. 어려운 경제학 책을 읽으면서 모르는 내용은 금을 긋고, 읽은 소감을

금노 유고집』, 돌베개, 2013, 17~20쪽.

119) 1974년 크리스찬아카데미교육을 받아 70년대 농민운동에 가담했다. 교육 후 농민운동에 눈이 뜨인 서경원은, 교육 이후 가톨릭농민회와 인연을 맺게 되면서 본격적으로 농민운동에 뛰어들었다.
그는 함평고구마투쟁을 시작한 장본인이기도 하다. 1976년 고구마 가마니가 쌓여 있는 야적장 앞을 지나다가, 고구마가 부패하는 냄새를 맡고 분개한 그는, 농협의 음모를 파헤치고자 대책위원회를 구성했다. 투쟁 도중, 농협이 타협안으로 제시한 송아지를 받을 것인가의 문제를 두고 크리스찬아카데미의 간사인 이우재와 논의했는데, 그가 "유혹에 넘어가지 말라. 원칙을 지켜라"라고 말하여 투쟁을 지속할 힘을 얻기도 했다. 서경원, 「잃어버린 진실: 함평 고구마 사건-농민운동의 고뇌와 희망」, 『기억과 전망』, 3:0, 2003, 215~220쪽.

120) 이우재, 앞의 책, 199쪽.

쓰고. 하여튼 그렇게 공부를 해놓으니까 농민운동가로서 이론이나 조직력 같은 걸 통달하게 돼. 그러니까 싸우고 싶지. 구례에서 경지정리 담당하는 농관소하고 싸움이 붙었는데 결국 소장이 우리한테 와서 큰 절하고 잘못했다고 빌었어. 그 때 승리했던 기분은 이루 말할 수가 없어.[121]

이우재는 농민교육으로 인해 개인은 봉건적 의식의 잔재가 갖는 잘못에 대한 인식이 철저해지고 민주적 의식이 높아졌다고 증언한다. 또한 자체적인 정기모임과 조직을 구성하여 비민주적 협동조합과 지방행정의 민주화에 상당한 성과를 거두는 등 농민조직의 압력적 기능이 강화되었다고 보고했다.[122] 교육에 참가한 농민들은 처음으로 자신이 당당한 사회의 주체라는 깨달음을 얻게 되었다. 농촌사회교육은 23기까지 이어지다가 아카데미사건으로 중단되었다.

아카데미사건, 중간집단교육의 중단

크리스찬아카데미는 농민운동, 노동운동 및 사회운동에 깊이 연관되어 있었던 만큼 유신정권의 감시와 견제에 직면할 수밖에 없었다. 마침내 1979년 3월 대대적인 탄압이 닥쳐왔다. 아카데미는 크게 세 가지 시련을 겪게 된다. 첫 번째는 『내일을 위한 노래집』(『노래집』) 사건이고, 두 번째는 1970년대 언론들의 가려진 눈과 막힌 입을 대신하여 현장의 목소리를 전했던 월간 『대화』지 폐간사건, 세 번째가 대대적인 검거로 시작된 '크리스찬아카데미사건'이다. 1970년대 유신체제가 속으로 곪아가면서 아카데미 운동에 대한 탄압 역시 그 강도를 더

121) 「농민운동의 요람, 크리스천 아카데미」.

122) 이우재, 앞의 책, 223~224쪽.

해간 것을 알 수 있다.

『노래집』은 1975년 크리스챤아카데미에서 곡을 만들거나 외국의 곡을 번역하여 129곡의 노래를 수록한 책이다. 이 『노래집』에 수록된 곡들 중 당국은 킹 목사의 「우리 승리하리라」를 비롯해서 「혼자 소리로는 할 수 없겠네」 「흔들리지 않게」 등 여러 곡을 문제 삼았다. 『노래집』이 운동권 노래의 진원이 되고 있다는 이유였다. 「우리 승리하리라」는 세계 여러 나라에서도 많이 불릴 정도로 보편적인 노래였음에도 규제의 대상이 되었다. 당국은 강원용 목사를 불구속 입건했다가 불기소처분함과 동시에 『노래집』을 모두 소각하라는 조치를 내렸다.

『노래집』은 아카데미교육에 모인 참가자들이 함께 느끼고 함께 의식하자는 목적으로 제작된 것이었다. 공동체적 의식의 집단적 체험은 아카데미교육이 지향하는 중요한 내용 가운데 하나였다. 노래로써 동질감을 경험하고자 했던 것은 사회 전체의 구원을 지향하는 의식을 예술적으로 표현하고자 했던 아카데미의 노력이기도 했다. 『노래집』은 1977년에 당국에서 문제시한 노래들을 모두 제외하고 비매품으로 재출간되었다.

『대화』지는 크리스챤아카데미의 자체 대중매체지로, 1965년부터 1976년 10월까지는 회보로, 1976년 11월호부터 1977년 10월까지는 사회문화 종합지로 발간되었다. 아카데미 운동의 대화모임, 연구, 교육의 활동을 확산시키고 한국사회의 여러 문제점을 제기하고 해결책을 모색하는 내용이 『대화』지의 주를 이루었다. 그러나 1976년 11월호부터 폐간되기까지는 노동자, 농민, 빈민문제 등 기층 민중들의 관한 문제를 다루기 시작했다. 당국이 예민하게 촉각을 곤두세우던 주제였다. 종합지로 전환한 뒤인 1976년 12월호부터 문제가 되었다. 광고가 전면 취소되어 광고란이 하얀 공백으로 출간된 것이다.

당시 편집진은 "1970년대 한국사회는 경제 성장에 역점을 두고 무리하게 양적인 확대를 꾀해왔다. 여기에서 파생하는 국민의 생존권이

나 최소한의 복지 문제는 아예 고려 대상에 넣지도 않았다. ……이에 『대화』는 경제주의로 일관돼 오는 과정에서 경제 발전의 주역이어야 할 생산 현장이 외면당하고 짓밟히는 모습을 묵과할 수 없었다. 『대화』지는 기층 민중의 삶의 현장에서 들리는 목소리를 되도록 원음 그대로 담고자 했고 이를 학생이나 지식인, 그리고 중산층에 널리 확산시켜야 할 시대적 책임감을 느꼈다"[123]고 편집에 대한 입장을 밝혔다. 이러한 입장은 '대화'라면 반대편의 목소리도 전해야 하는 것 아니냐는 강원용의 생각과는 달랐다.

> 『대화』지의 성격은 설명할 필요도 없이 제호 그대로 '대화'라는 것임을 명백히 해둔다. 대화가 단절되고 독백만 있을 때 모든 것은 파괴된다. 민주주의가 위대한 점은 그것이 대화의 윤리 위에 세워져 있기 때문이다. 인간이 주체성을 상실함이 없이 공동체를 창조해 나가는 힘은 오직 대화에서 나온다.
>
> 어느 누구의 의사에도 정당성과 함께 오류도 있게 마련이다. 편견에 사로잡힌 흑백이론은 오류와 오류의 대결로 몰고 간다. 대화는 인간과 집단을 흑백 이론에서 해방해 오류를 제거하고 정당한 공통성을 창조한다.[124]

이는 강원용의 평소 관점을 그대로 보여준 것이라 하겠다. 편집진은 동의하지 않았다. 강원용은 이때를 마치 전화선이 끊어져버린 것만 같은 답답함을 느꼈다고 술회했으나, 『대화』지가 남긴 의의에 대해서는 긍정적으로 평가했다.

123) 강원용, 『역사의 언덕에서 4: 미완성의 민주화』, 한길사, 2003, 61~62쪽.
124) 같은 책, 63쪽.

독재 권력의 정치적인 탄압과 불균형한 경제 성장으로 시달리던 1970년대의 척박한 상황 속에서 『대화』지는 가려진 현장의 모습과 억눌린 목소리를 전하는 매체로서 소임을 다한 것이었다. 특히 나와는 방법상 차이점을 드러내기는 했지만 당시 편집진들은 신념을 가지고 한국의 기층 문제를 사회적으로 널리 알리고 숨겨진 진실에 대해 사람들이 눈뜨도록 촉구하는 언론 본연의 구실을 충실히 이행했다.[125)]

『대화』지는 1977년 10월호가 긴급조치 9호 위반으로 고발됨으로써 편집장 및 필자들이 입건되어 조사를 받았고, 『대화』지는 결국 폐간되고 말았다.

중간집단교육은 1979년의 이른바 '아카데미사건'으로 중단되었다. 유신체제 말기에 이 프로그램을 중단시키기 위해 군사정권의 탄압이 시작되었고 1979년 3월 실무 간사 6명이 중앙정보부에 전격 구속되면서 교육사업 전체가 좌초되었다. 간사들뿐만 아니라 강원용을 비롯하여 각 사회별 교육위원과 교육지원자들, 그리고 수많은 교육이수자들이 중앙정보부에 불려가서 고초를 당했다.

삼엄하고 철통 같은 유신정권 하에서도 일부 공장과 농촌 현장에서 '유신 반대, 민주화 요구'의 의식이 서서히 자라고, 그 세력이 점차 커지는 등 교육의 성과가 가시화되기 시작하자 마침내 유신정권이 위협을 느낀 것이다. 사실 아카데미교육 자체는 당시 '긴급조치(1~9호)'의 어느 조항에도 위반되지 않을 정도로 합법적 테두리 내에서만 이루어졌다. 결국 박정희정권은 아카데미교육에 '반공법 위반'이라는 이념적 색을 덧칠했던 것이다. 1980년 '서울의 봄'을 맞아 신인령을 포함해 구속되었던 일부 간사들이 출소했고, 크리스찬아카데미는 다시 중

125) 같은 책, 68쪽.

간집단교육을 재개하려고 준비에 들어갔다. 그러나 그해 5·17사태가 터지면서 결국 또다시 좌초되고 말았다.

사건에 관한 경위와 공소사실, 결과에 관해 방대한 한국기독교교회협의회의 자료를 중심으로 살펴보도록 한다.[126] 1979년 3월 9일 오전 10시 30분경, 한명숙이 연행된 것을 시작으로, 농촌사회 담당간사 이우재, 황한식, 장상환, 산업사회 담당 신인령, 김세균 등이 연행되었고, 가택수색과 소지했던 노트, 수첩 등을 압수당했다. 그해 3월 15일 중앙정보부는 강원용에게 연행된 아카데미의 간사들이 반공법 위반 혐의로 조사받고 있음을 정식 통고했다. 이어 아카데미 관련 인사들과 연행된 간사들의 친지들, 교육참가자들을 포함하여 약 50명의 인원이 중앙정보부에 소환되어 조사를 받았다. 3월 27일에는 강원용까지 연행되어 5일간 반공법, 국가보안법 위반, 방조 혐의로 수사를 받고 석방되었다.

개별적 공소사실 중에서 주요한 내용을 간추려보면 다음과 같다. 이우재는 북괴방송 및 불온서적(『현대사상연구』『경제학교과서』『자본론』)을 간사들에게 권유 및 배포했으며, 『공산당 선언문』을 읽게 하는 등 간사들에게 사상교육을 실시하고 김일성 신년사를 듣게 했다. 한명숙은 『경제학교과서』『조선여성독본』『현대사상연구』『가족, 사유재산 및 국가의 기원』 등의 책자를 보관, 탐독했으며 이를 반포했다. 또한 라디오를 제공받아 북괴방송을 청취하고 변증법적 유물론을 반포했다. 황한식은 『조선여성독본』『세계의 명저』 등을 받아 이를 탐독했다.

신인령은 『현대사상연구』『조선여성독본』을 보관 및 탐독했다. 김세균은 『공산당 선언문』을 낭독하고 『세계의 명저』『자본론』 등의 책

126) 한국기독교교회협의회, 『1970年代 民主化運動 : 기독교 인권운동을 중심으로, 2』, 한국기독교교회협의회, 1987, 1525~1562쪽.

자를 수수, 보관, 탐독했다. 장상환은 『공산당 선언문』을 낭독했다. 정창열은 이우재에게 『경제학 교과서』 『조선여성독본』 등의 책자를 복사해주었으며, 『경제학 교과서』 『조선여성독본』 『자본론』 등 이외 다수 서적을 수수, 보관, 탐독, 제공했다.[127]

8월 6일에 열린 이 사건에 대한 제7차 공판에서 피고인들에 대한 고문이 있었다는 사실이 드러났다. 구타, 협박, 모욕 등을 통해 억지진술을 받아낸 것이다. 이 사건 해결을 위해 강원용은 물론 국내 기독교계 및 여러 사회단체의 노력에도 불구하고 선고공판에서 이들에 대한 공소사실이 대부분 인정되어 이우재는 징역 및 자격 정지 7년, 한명숙은 징역 및 자격 정지 4년, 장상환과 신인령은 징역 및 자격 정지 3년 6개월, 황한식과 김세균은 징역 및 자격 정지 2년, 정창열은 징역 및 자격 정지 1년 6개월의 중형이 선고되었다. 1980년 1월 30일의 항소심에서는 비밀 서클 결성부분이 무죄로 판결되어 황한식과 정창열에게 무죄가 선고되었으나, 이우재는 징역 5년 및 자격 정지 5년, 한명숙은 징역 및 자격 정지 2년 6개월, 장상환은 징역 및 자격 정지 2년, 신인령은 징역 및 자격 정지 2년에 집행유예 3년, 그리고 김세균은 선고 유예로 판결이 내려졌다. 대법원에서는 항소심에서의 형을 그대로 확정했다.

아카데미사건으로 형을 선고받았던 피고인들은 반인간적인 고문으로 고통을 받았다. 석방된 이후 이들은 7명 모두가 노동, 여성, 농촌,

127) 이들은 1979년 12월 26일 1심판결에 의하면 이우재의 제의와 한명숙, 신인령, 김세균, 황한식, 장상환의 동의로 조직체를 결성하기로 공모, 사회주의사상 무장을 조직체 활동을 통하여 그리고 아카데미교육을 통해서, 또 교육이수자에 대한 후속 관리를 통하여 그들에게 사회주의사상을 주입시키고 소단위 이념그룹으로 편성하여, 사회주의사회 실현을 위한 정치세력으로 양성할 것을 기도했다는 것이다. 서광필, 「아카데미운동의 수난」, 이문영 엮음, 『한국아카데미총서 12』, 201쪽.

농민 등의 분야에서 정력적으로 활동하며 한국의 사회운동에서 대표적인 주역들이 되었다. 크리스찬아카데미의 교육이 낳은 인재들이었다.

한명숙은 크리스찬아카데미 여성사회 간사를 거쳐 한국여성민우회 회장, 한국여성단체연합 대표를 지내는 등 재야에서 여성운동에 헌신하다 김대중정부에서 초대 여성부 장관을 지냈다. 또한 환경운동연합 지도위원으로 환경문제에서도 활동하여 노무현정권 때는 제8대 환경부 장관이 되었다. 이후 여성으로서는 한국 최초의 국무총리를 역임했다. 국회에서는 제16대, 제17대, 제19대 국회의원을 지냈으며, 이명박정부 때는 야당인 민주통합당의 당대표였다. 한명숙은 한국 여성운동 · 민주화운동과 환경운동에서도 대표적인 인물이다.

크리스찬아카데미 노동사회간사였던 신인령은 이화여자대학교 법학과 교수와 법대 학장을 거쳐 같은 대학교 총장을 역임했다. 또한 노동부 고용정책심의위원, 전태일기념사업회 이사, 중앙노동위원회 공익위원 한국노동법학회 회장으로 활동했다. 한국가정법률상담소 이사, 환경운동연합 공동대표, 삼성고른기회교육재단 이사장 등 노동문제와 사회문제의 다양한 문제에 적극적으로 참여했다. 신인령은 한영숙과 함께 여성운동 및 민주화운동에서 맹활약한 아카데미가 배출한 대표적 인물로, 노동법 분야에서 평생 올곧은 연구와 실천을 병행했다.

농촌사회위원이었던 이우재는 한국농어촌사회연구소 소장, 한국농업근대화연구회 사무국 국장, 대통령직속 농어촌발전위원회 위원을 지냈다. 또한 민중당 상임대표를 역임했으며 15대 및 16대 국회의원으로 활동했다. 그는 한국사회에 농촌문제와 농업문제를 일관되게 진보적 민중적 관점에서 제기해온 드문 농민운동가다.

정창열은 한양대학교 사학과 교수로 있던 도중 아카데미사건으로 해직되었다가 다음 해 무죄판결로 복직되었다. 같은 해 '한국사회민주화를 위한 134인 지식인 선언'에 참가해 다시 해직되는 수난을 겪었다. 한국사연구회 회장, 친일반민족행위 진상규명위원회 위원으로 활동하며 한국 사학계에 민중사적 관점의 업적으로 중요한 족적을 남겼다.

아카데미 산업사회 간사였던 김세균은 아카데미사건 이후 독일로 유학을 가서 베를린 자유대학교에서 정치학 박사를 취득했다. 이후 한국에 돌아와 서울대학교 정치학과 교수로 재직했다. 한국노동이론정책연구소 소장 및 이사장을 역임하고, 전태일기념사업회 이사, 전국민중연대 공동대표로 활동하며 진보학계와 노동계에서 두드러지게 활약했다.

농촌사회 간사였던 황한식은 부산대학교 경제학부 교수로 재직하면서 전국 국공립대학교교수협의회 회장으로 활동했다. 또한 지방자치와 분권에 깊은 관심을 기울여 지방분권국민운동 상임의장 및 부산운동본부 의장을 지냈으며, 대통령 소속 노사정위원회 공익위원을 역임했다.

역시 농촌사회 간사였던 장상환은 한국농촌경제연구원 연구원, 한국농어촌사회연구소 소장, 한국산업노동학회 회장, 한국사회경제학회 회장 등 농촌 및 경제사회 분야에서 주목할만한 연구활동을 활발히 했다. 경상대학교 경제학과 교수로 재직하면서 민주화를 위한 전국교수협의회 공동의장을 맡았다.

크리스챤아카데미가 배출한 인물들은 한국사회의 여러 분야에서 개혁적 진보적 관점에서 두드러진 활동을 해왔음을 알 수 있다. 이 인재들의 배출은, 그리하여 그들을 통해 한국사회가 민주적이며 건강한 사회로 발전하는 데 크게 기여한 것은 사람교육에 심혈을 기울인 강원용의 커다란 성취였다.

10 군부독재와 민주화

신군부의 하극상과 야권의 분열

충격적인 10·26사태 이후 강원용은 최규하(崔圭夏) 정부의 위기관리 능력을 우려했다. 그러나 정치상황의 흐름을 보아서는 희망이 전연 없지는 않다고 생각했다.[1] 10·26사태에 대한 수사도 원만하게 진행되었고, 긴급조치 9호가 해제되어 족쇄가 풀림으로써 정치활동도 비교적 자유로워졌다. 최규하 권한대행은 박정희 장례식을 마친 직후인 11월 10일 특별담화를 발표했다. 헌법에 규정된 시일 내에 절차에 따라 대통령 선거를 실시하여 선출되는 대통령에게 정부를 이양하고, 헌법을 개정하여 차기 대통령 선거를 실시할 계획이라는 내용이었다.

곧바로 재야와 민주세력이 반발했다. 대표적 사건이 YWCA 위장결혼식이었다. YWCA에서 윤보선, 함석헌 등 재야인사들은 결혼식을 가장하여 유신철폐, 대통령직선제 개헌, 계엄해제 등을 요구하는 시위를 벌였다. 국민에 의해 선출되지 않은, 체육관 대통령을 막기 위해서였다. 집회 후 140명은 불구속 입건되었고 윤보선, 함석헌 등은 소환조사나 서면조사를 받았다. 다른 주동자들은 보안사령부로 끌려가

---

1) 강원용, 『역사의 언덕에서 4: 미완성의 민주화』, 한길사, 2003, 130쪽.

고문을 당했다. 계엄 당국이 사전에 시위 목적의 집회라는 정보를 알고도 막지 않은 일종의 유인책이었다.[2]

개헌 약속에 따라 국회는 헌법 개정 심의 특별위원회를 구성하고 헌법의 기초를 마련했다. 순조로울 것 같았던 민주화 과정은 다시 암흑 속으로 가라앉았다. 보안사령부가 정승화(鄭昇和) 육군 참모총장을 체포하는 사건이 벌어진 것이다. 강원용은 그날 밤 바로 이 사실을 알게 되었다. 속속 들어오는 소식에 뜬눈으로 밤을 새웠다. 난감함과 절망감이 그를 감쌌다.[3] 1979년의 12 · 12사태였다.

전두환 합동수사본부장은 12일 오후 6시 30분쯤 최규하 대통령을 만났다. 정승화 계엄사령관을 체포하는 데 필요한 재가를 얻기 위해서였다. 그러나 실패했다. 최규하 대통령이 노재현(盧載鉉) 국방장관의 동의를 받아야 하는 문제라는 입장을 굽히지 않았기 때문이다. 전두환은 재가없이 대통령 공관에서 뛰어나갔다.[4] 그날 밤 한남동과 삼각지 등 서울 시내에서 총격전이 벌어졌다. 대통령의 재가 없이 정승화 계엄사령관을 무력으로 체포한 하극상(下剋上)이 벌어졌다. 정승화 계엄사령관 체포 건의는 13일 오후 5시경에야 추인됐다.

날이 밝자 박정희 대통령 시해사건과 관련하여 정승화 참모총장을 비롯한 일부 장성을 연행, 조사 중이라는 국방장관의 짧은 발표가 있었다. 강원용은 이를 '군의 반란'이라고 생각했다. 18년 군부독재에서 벗어난 지 얼마 되지도 않았는데 또다시 군에 의한 정치가 되풀이 되는 것이 아닌가 하는 불안함이 엄습했다.

강원용은 서울 도심 한가운데서 총격전이 벌어지고 계엄사령관이

2) 민주화운동기념사업회 연구소 엮음, 『한국민주화운동사 3: 서울의 봄부터 문민정부 수립까지』, 돌베개, 2010, 82쪽.

3) 강원용, 앞의 책, 129~130쪽.

4) 2009년 10월 22일 신두순의 구술, 박명림 외 엮음, 『한국대통령 통치구술사료집 1: 최규하대통령』, 연세대학교 국가관리연구원, 2012, 52~54쪽.

체포된 상황에 바짝 긴장했다. 군이 정치에 개입하여 또다시 군사통치가 재연되는 것만큼은 어떻게든 막고 싶었다. 그는 급히 김영삼과 김대중에게 연락을 하여 둘을 각각 만났다. 무슨 일이 있어도 두 사람 간의 협력관계는 유지해야 한다고 신신당부했다. 두 사람 중 한 사람이 당권을 맡고 다른 한 사람이 대통령 후보로 나서서 선거에서 승리할 수 있는 구도를 우선 형성해야 한다고 말했다. 그런 후에 당권을 맡았던 사람이 다음 선거에 대통령 후보로 나서는 것이 좋겠다는 뜻을 전했다.[5] 특히 김대중에게는 좀 더 강력하게 언명했다.

> 당신이 나보다 잘 알겠지만 박정희정권은 당신을 탄압하면서 갖은 방법을 동원해 당신을 공산당으로 몰았고 그게 상당한 효과를 봤어요. 특히 군에서 갖고 있는 당신에 대한 거부감은 상당합니다. 그런데 군이 당신을 대통령이 되게 내버려두겠습니까?[6]

강원용은 김대중과 김영삼이 힘을 합쳐 군인들이 다시 정치 전면에 나서서 민주주의의 유린을 막아주길 원했다. 막상 현실적으로는 실현 가능성이 희박한 일이었다.

군부독재 회귀인가, 민주화인가

'서울의 봄'은 박정희 암살 이후 1980년 5월 17일까지 지속되었다. '서울의 봄'이라는 말은 해방감의 표현이자 자유로운 정치활동의 다른 이름이었다. 정부는 2월 29일 윤보선, 김대중 등 687명에 대한 복권조치를 단행했다. 이 조치로 정치인들은 물론 해직 교수와 제적 학

---

5) 강원용, 앞의 책, 132~135쪽.

6) 같은 책, 134쪽.

생들이 정치현장과 학원으로 돌아왔다. 민주화에 대한 기대와 열망이 넘쳐났다. 개헌문제가 민주화의 핵심 과제로 부상했다. 개헌은 몰락한 유신체제를 대체할 새로운 민주적 정치체제를 구축한다는 의미를 내포했다.

개헌은 빠를수록 좋다는 것이 일반 여론이었다. 민주정부 수립에 대한 국민의 열망에서 비롯한 것이었다. 최규하 대통령은 기자회견에서 정부가 이미 법제처에 헌법 연구반을 구성하여, 작업을 진행하고 있음을 공개했다. 그리고 대통령 직속 헌법개정심의위원회를 설치하겠다고 밝혔다. 최규하정부는 강원용에게도 심의위원을 맡아달라고 요청한 바 있다. 그러나 강원용은 김형태 목사를 대신 추천했다.

크리스챤아카데미는 개헌의 방향을 제시하기 위해 헌법 시안을 마련했다. 권력 분산형 대통령 중심제를 채택, 대통령의 권한을 대폭 축소하고 국민의 기본권과 국회의 권한 강화, 사법권 독립 보장을 골자로 하여, 전문 128조, 부칙 6조로 구성되어 있었다. 그리고 1980년 1월 '바람직한 헌법 개정의 내용'이라는 주제로 대화모임을 열어 헌법 시안을 놓고 토론을 진행했다.

그러나 상황은 사람들의 생각과는 다르게 흘러가고 있었다. 4월 14일 전두환 합동수사본부장 겸 보안사령관이 공석 중이던 중앙정보부장 서리에 겸임 발령되었다. 전두환이 국가의 핵심정보기관을 모두 장악했다. 이를 계기로 학생운동의 방향은 학원민주화투쟁에서 사회민주화투쟁으로 전환되었다. 구호도 유신세력 퇴진, 계엄철폐, 정부주도 개헌반대 등 정치투쟁으로 변모했다. 시위가 대규모화되고 격렬해졌다.

야권은 협력체제 구축에 실패했다. 4월 7일 김대중이 신민당 입당을 포기한다는 성명을 발표함으로써 김영삼과 김대중의 협력은 좌초되었다. 주장하는 협력 실패 요인도 각각 달랐다. 한쪽에서는 문호를 열어두었으나 상대가 좌파세력 확충과 대통령 후보 출마에 욕심을 냈다고 설명하고 있다.[7] 반면에 다른 한쪽은 신민당이 본인과 재야인사 입당을 위한 적극적 의사가 없음을 이유로 들었다.[8]

강원용은 군부독재 회귀와 민주주의의 기로라고 판단했다. 점차 양극단이 충돌하는 양상으로 치닫는 모습을 보면서 애가 타들어갔다. 그는 설교와 언론기고를 통해서 위험과 기회가 공존하고 있음을 강조했다.

> 1980년 봄은 분명히 4·19 후 5·16으로 가던 그 몸서리치는 악의 순환을 되풀이하는 때냐? 아니면 우리 모두 옷깃을 여미고 우리 앞에 열린 평화의 길에서 자유와 정의의 새 역사의 서장을 열 때냐? 예루살렘에 입성하시며 통곡하시던 주님의 통곡소리가 오늘 서울에서 들리지 않는가. 우리 모두 우리의 발걸음을 멈추고 돌이켜 평화의 길로 가자.[9]

> 몇 달 전에, 80년은 우리가 하나님께서 우리에게 주신 기회로 삼느냐, 인간들의 욕심과 오판으로 위기의 길을 가느냐 선택의 기로에 있다고 했으나 오늘의 상황은 좋은 기회 쪽보다는 엄청난 위기 쪽으로 치달아가는 것 같다. 그것은 결코 오늘의 표면에 나타나는 현상이 조용하지 않다는 뜻은 아니다. 이 정도의 소란은 치러야 할 과정이라고 본다. 그러나 문제는 우리 사회 밑바닥의 흐름, 그리고 나타난 모든 세력들의 배후에 도사리고 있는 것들이 악의 상승, 엄청난 악의 순환을 향해 가고 있다는 데 있다.[10]

---

7) 김영삼, 『김영삼 회고록: 민주주의를 위한 나의 투쟁 2』, 백산서당, 2000, 185~190쪽.

8) 김대중, 『김대중 자서전 1』, 삼인, 2010, 394~395쪽.

9) 강원용, 『강원용전집 10: 자유와 정의가 숨쉬는 사회』, 동서문화사, 1995, 306쪽.

강원용이 우려한 바는 표면에서 나타나는 소란이 아니었다. "아직 막후에서 서성이며 그 모습을 드러내지는 않고 있지만 언제든 빌미만 생기면 정권을 탈취할 준비가 되어 있을 것이 분명한 군의 존재"였다.[11] 강원용은 김영삼과 김대중이 힘을 합쳐 이를 막아야만 한다는 생각을 계속 갖고 있었다. 5월 15일 자 『동아일보』 칼럼에서 정부와 야당, 학생과 시민들에게 평화의 길로 가는 기회를 놓치지 말아야 한다고 역설했다.

지금 우리는 새 역사를 탄생시키기 위한 진통을 겪고 있다. 그런데 문제는 이 진통을 견디고 새 아기를 순산할 힘이 우리에게 있다면 걱정이 없겠는데 그렇지 못하고 아기를 낳을 힘이 없는 산모와 같은 우리의 처지이기 때문에 이날이 '환난의 날이며 질책과 치욕의 날'이라고 생각된다.

지금 우리는 산모와 아기를 함께 죽이는 어리석음을 범하지 말고 순산을 위하여 먼저 역사의 소리를 바로 들을 수 있는 귀를 가져야 한다고 본다.

먼 과거는 그만두고 광복 35년간의 역사만 되돌아보더라도 해방 이후 혼란과 무질서, 독재와 부정, 그리고 6·25동란이라는 몸서리치는 비극까지 겪었으며, 독재를 무너뜨린 4·19 후에도 혼란과 무질서를 되풀이해야 했다. 그 때문에 5·16까지 겪으면서 쓰라린 긴 역사를 경험한 민족이 아닌가?

우리는 이 같은 악순환의 역사를 끊고 자유와 정의와 평화가 함께 실현되는 새 역사를 탄생시켜야 할 시점에 와 있다. 지난 역사를 창조하는 데 힘을 합해보자.[12]

---

10) 같은 책, 307~308쪽.

11) 강원용, 『역사의 언덕에서 4』, 144쪽.

강원용은 위정자들에게는 비상계엄을 하루속히 해제하고 정치 일정을 밝혀 빠른 시일 안에 새 정부를 출범시킬 것을, 정치인들에게는 자기세력 확장과 상호 중상·분열의 추태를 벗고 새 옷을 입고 거듭날 것을, 학생들에게는 학원으로 돌아갈 것을, 노사문제는 당사자들이 계란 낳는 닭을 잡아먹는 어리석음을 범하지 말 것을 세세히 당부했다.

5월 중순이었다. 강원용은 주한 미 대사관의 케네스 포게슨(Kenneth Forgeson)을 만났다. 포게슨은 윌리엄 글라이스틴(William H. Gleysteen, Jr) 주한 미국대사가 김대중을 찾아갈 것이라는 말을 전해주었다. 김대중이 강경한 입장에서 한발 뒤로 물러나 시국을 안정시키는 자세를 취해야 한다는 일종의 최후통첩을 할 것이라는 내용이었다. 강원용은 포게슨의 이야기를 듣고 미국이 군의 움직임이 심상치 않다는 것을 감지하고 있다고 생각했다. 강원용은 김대중에게 연락해 이 일에 대해 말하고, 미 대사를 만나게 되면 가능한 시국을 안정시키도록 노력하겠다고 전해달라며 간곡하게 부탁했다.[13]

5월 12일 포게슨이 말한 바와 같이 글라이스틴은 김대중을 찾아갔다. 글라이스틴은 김대중에게 학생들의 자제를 위해 최대한 노력해줄 것을 요청했다. 김대중은 정부에 대해서는 비판적이었지만 글라이스틴의 말대로 최대한 노력하겠다고 약속했다.[14] 김대중은 자신의 회고록에서 글라이스틴 대사가 군부에 어떤 빌미도 제공해서는 안 된다는 것, 학생시위가 격화되고 무력 충돌에 이른 것에 대한 우려를 전했다고 적고 있다. 김대중은 그날 기자회견을 열었다. 학생들을 향해 국회

---

12) 『동아일보』, 1980년 5월 15일.

13) 강원용, 앞의 책, 150쪽.

14) 글라이스틴 대사는 다음 날 13일에는 김영삼을 방문하여 동일한 메시지를 전했다. 윌리엄 글라이스틴, 황정일 옮김, 『알려지지 않은 역사: 전 주한미국대사 글라이스틴 회고록』, 중앙M&B, 1999, 170~171쪽.

에서 계엄령 해제를 논의할 것이니 기다려달라는 성명을 발표했다.[15)]

광주의 비극

15일 서울역 앞에서 10만 명이 넘는 학생들이 시위를 벌였다. 그날 밤 학생 대표들은 시위중단을 결정했다. 이른바 '서울역 회군'이다. 중동을 방문 중이던 최규하 대통령은 상황이 심각해지자 일정을 앞당겨 5월 16일 밤에 급거 귀국했다. 다음 날 17일 밤 임시국무회의가 열렸다. 개회부터 폐회까지 몇 분 만에 끝난 회의였다. 회의는 군인들에 의해 점령된 상황 속에서 진행되었다. 전화도 끊겨 있었다. 삼엄했다. 겁을 집어먹은 국무위원들도 있었다. 국가보위비상대책위원회(국보위) 설치안은 16일 전군 주요 지휘관 회의에서 정해져 이날 국무회의에 상정되었다. 국무회의에서는 초헌법적 기구를 만들 수 없으니 각의에서 검토해보기로 결정되었다. 더 이상의 진전은 없는 상태였다. 결국 비상계엄을 전국 일원으로 확대하기로 결정했다. '5 · 17비상계엄확대조치'였다. 불과 몇 분 만의 결정이었다. 다음 날에는 비상계엄 확대조치로 모든 정치활동 중지되고 대학교에는 휴교령이 내려졌다. 김종필, 김대중 등 주요 정치지도자들과 각계 인사들은 연행되었다. 서울의 봄이 끝나고 있었다.

강원용이 군부에 주면 안 된다고 했던 빌미는 무엇이었나. 신군부의 핵심인물 중 한 사람이었던 허화평은 재야의 급진 노선이 5 · 17계엄확대조치의 원인이라고 말한다.[16)] 특히 '민주화 촉진 국민대회 선

---

15) 글라이스틴은 김대중을 방문한 날을 5월 12일로 기록하고 있다. 그러나 김대중의 자서전에는 5월 14일로 읽힐 수 있도록 정리되어 있다. 김대중, 앞의 책, 398쪽.

16) 「털어놓고 하는 이야기: 허화평 전 대통령 정무수석」, 『월간조선』, 2012년 4월호, 373쪽.

언문'[17]이 원인이라며 자신들의 행동의 정당성을 강변하고 있다. 5월 14일 문익환, 이문영, 예춘호, 이해동이 함께 '민주주의와 민족통일을 위한 국민연합'(국민연합)의 명의로 된 성명서 초안을 들고 김대중의 집을 찾아간 것은 사실이다. 그들은 김대중이 서명해줄 것을 부탁했지만 김대중은 펄쩍 뛰었다. 거기에는 '모든 군인들이 무기를 놓고 병영을 나올 것, 노동자들은 해머를 놓고 공장을 떠날 것, 모든 상인들은 문을 닫고 철시할 것, 모든 국민들은 검은 리본을 가슴에 달고 장충단공원으로 모일 것' 등의 내용이 적혀 있었기 때문이다.[18] 김대중은 국민들은 혼란을 원하지 않지만 군부가 노리는 것은 바로 이 혼란이라는 점을 강조하고, '계엄령 즉시 해제와 전두환과 신현확의 퇴진'을 중심으로 성명서를 수정할 것을 강하게 주장했다. 결국 김대중의 뜻이 관철되었다.[19]

김대중은 자신이 학생들의 격한 시위를 자제시키려 노력했다는 점을 강조했다. 정승화 참모총장은 김대중의 사상을 믿지 못한다고 공개적으로 말하고 다녔다.[20] 이에 대해 글라이스틴 주한 미 대사는 자신을 '신뢰할 수 있는 민주주의자이며 공산주의 반대론자'라고 했고, 그 후에는 자신의 사상에 대해 언급하지 않았다고 서술했다.[21] 김대중의 노력에도 불구하고 군부는 사회혼란의 원인을 김대중에게로 돌렸다. 군부는 김대중의 진의가 무엇이었든 김대중을 믿으려 하지 않았다. 김대중이 당시 어떤 정치적 입장을 취하고 있었는지는 그들에

17) 이 선언문의 자세한 내용은 김대중 등 24명의 내란음모 사건의 공소사실을 참조할 것. 『동아일보』, 1980년 8월 14일.

18) 김형수, 『문익환 평전』, 실천문학사, 2004, 558쪽.

19) 김대중, 앞의 책, 398~399쪽.

20) 글라이스틴 주한 미 대사는 정승화가 "'공산주의자' 김대중이 정권을 잡으면 쿠데타를 일으키겠다"는 위협적인 발언을 기자들 앞에서 하기도 했다고 기록하고 있다. 윌리엄 글라이스틴, 앞의 책, 114쪽.

21) 김대중, 앞의 책, 388쪽.

게 중요하지 않았을지 모른다. 오히려 김대중에게서 자신들의 정당성을 찾고자 했을 것이다. 강원용은 그 점을 김대중에게 재차 확인시키고 당부하고자 했던 것이다.

정치권의 분열 및 일부 정치인들과 재야인사들의 급진적 요구와 더불어 강원용이 걱정했던 것은 학생시위였다. 사회에서는 박정희정부하에서 억눌려왔던 요구들이 폭발하고 있었다. 학원 자유화와 조속한 민주화에 대한 요구는 물론 노동자들의 생존권 보장 요구도 갈수록 거세어졌다. 강원용은 시위 자체가 문제라고는 생각지 않았다. 시위 과정에서의 폭력충돌과 학생들의 과격한 주장이 문제였다. 신군부는 당시를 무정부상태로 치닫는 상황으로 보았다. 허화평은 신군부는 요구를 들어주든가 아니면 제압하든가 두 가지 중 하나를 선택해야 했다고 말한다.[22] 대화와 타협이 아닌 양자택일의 흑백논리였다.

결과적으로 신군부의 결정은 정권장악의 결정적 계기가 되었다. 동시에 광주에서의 비극의 원인이 되고 말았다. 서울에서는 거리시위가 잠잠해지고 있었다. 5월 16일에는 이화여자대학교에 모여 있던 학생대표들이 모두 연행되었다. 그러나 광주에서는 도청 앞에서 횃불시위가 이어지는 등 서울의 분위기와는 사뭇 다르게 상황이 전개되고 있었다. 비상계엄이 전국으로 확대된 날 학교로 들어가려는 전남대학교 학생들을 공수부대원들이 막아섰다. 공수부대원들은 해산명령에 불응하는 학생들을 진압봉으로 구타하기 시작했다. 비극의 시작이었다.[23] 강원용이 그토록 우려했던 일이 벌어지고 말았다.

강원용은 광주 소식을 듣고 김수환 추기경을 찾아갔다. 그 역시 머리를 감싸고 괴로워하며 기도하는 수밖에 없는 것 아니냐고 했다. 강

---

22) 2010년 7월 27일 허화평의 구술. 박명림 외 엮음, 『한국대통령 통치구술사료집 2: 전두환 대통령』, 선인, 2013, 51쪽.

23) 자세한 전개과정은 민주화운동기념사업회 연구소 엮음, 앞의 책, 91~138쪽 참조.

원용은 계엄군의 진압작전이 일단락된 27일에 경동교회에서 헌금을 거둬 광주를 방문했다. 이때의 느낌을 그는 죽음의 도시에 온 것 같다고 적었다.

> 거리를 다니는 사람들의 표정도 마치 음산한 죽음의 도시를 떠다니는 유령들처럼 표정을 잃은 채 굳어 있었다. 전쟁 가운데서도 너무나 슬프고 끔찍한 전쟁을 겪은 상흔이었다.[24]

광주의 현장을 본 이들이 느낀 충격과 슬픔은 말로 다할 수 없었다. 강원용은 경동교회에서 모은 2000여만 원의 위로금을 전달하면서도 죄 지은 사람처럼 할 말을 잃고 어찌할 바를 알지 못했다.[25] 대부분의 사람들은 광주의 비극으로부터 차단되어 실상을 모르고 있었다.

강원용은 8월에 스위스 제네바에서 열린 WCC 중앙위원회에 참석했다. 그런데 회의장 영사실에서 광주민주화운동의 취재필름을 상영하고 있었다. 착잡한 마음을 주체할 수가 없었고 몸이 아파왔다. 그 길로 아들을 보기 위해 독일로 가서 병원에 입원했다.

국정자문위원

1983년 7월 캐나다 밴쿠버에서 WCC 제6차 총회가 열렸다. 강원용에 따르면 그는 회장단으로 선출되기로 내정되어 있었다. 그러나 총회가 열리고 난 며칠 후 한국 사람들이 강원용의 선출을 반대하고 있다는 사실을 알게 되었다. 회의장 곳곳에는 전두환정부를 돕고 있다는 포스터가 붙어 있었다.

---

24) 강원용, 앞의 책, 156쪽.

25) 같은 책, 155~156쪽.

한국에서 온 강목사는 독재자인 전대통령의 자문역이자 지지자 인데 WCC 회장이 되기를 바라고 있다.[26)]

강원용이 국정자문위원을 맡아서 발생한 국내의 갈등이 국제종교 단체 회의에까지 옮아붙은 것이었다. 한 신문은 이날의 일을 '밴쿠버 파문'으로 부르면서 한국 교계의 '분열과 반목'을 세상에 알려 체면만 손상시킨 결과를 초래한 꼴이라는 기사를 게재했다.[27)] 강원용은 회장 직을 포기하고 후보 사퇴를 정식으로 통고했다. 강원용이 전두환정부 하에서 국정자문위원직을 역임한 대가는 WCC 회장을 반강제로 포기할 만큼 혹독했다.

양 극단을 배제하고 중간 입장에서 조정과 화해의 역할을 자임해 온 나의 활동이 불러온 숱한 오해와 비난들이 어제오늘 일은 아니고 한두 번 있어온 것도 아니지만 이때처럼 내게 상처와 회한으로 다가온 적은 없었다. ……내가 사는 동안 선택한 길이 끝내 사람들에게 이해받지 못하고, 그래서 받아들여지지 못할 수도 있다는 생각이 들었다.[28)]

그는 국정자문위원 건이 사람들의 입에 오르는 것 자체가 싫었고 창피했다. 강원용은 자신의 글 곳곳에서 국정자문위원을 수락하고 참여한 이유와 정당성은 누차 강조했지만, 이에 대한 성찰과 회개를 시도한 기록은 찾기 어렵다. 특히 자신의 그 선택을 강력히 비판했던 많은 사람을 이해하려고 한 대화와 화해의 기록도 찾을 수 없었다. 광주

---

26) 같은 책, 246쪽.
27) 『경향신문』, 1983년 9월 2일.
28) 강원용, 앞의 책, 248쪽.

를 밟고 들어선 전두환정부에 대한 한국인들의 시각은 그만큼 날카롭게 대립했다.

사실 극단을 넘어 제3의 길을 찾고자 했던 강원용을 이해하지 못하는 사람들이 적지 않았다. 강원용은 자신이 이해받지 못한다는 사실로 인해 늘 안타까워 했으며 동시에 분노했다. 그러나 거꾸로 강원용 역시 그들이 자신을 강하게 비판했던 이유를 먼저 이해할 필요가 있었는지 모른다. 정권 및 권력과는 많은 대화를 했던 그가, 정작 자신을 비판하는 후배 목자들과는 왜 그리 대화의 문을 닫고 있었는지 안타까워하는 목자들이 아직도 많기 때문이다.

그 스스로는 빈 들에 있었다고 했지만, 진정으로 광야에서 독재권력에 맞선 사람들이 보기에는 그렇지 않았다. 그들에게 빈 들은 외려 자신들이 서 있는 낮고 춥고 배고픈 땅이었다. 즉 그들에게 강원용이 말하는 제3지대는 회색지대였다. 또는 권력과의 거래나 타협으로 비추어지기 일쑤였다. 강원용이 보기에 그들로부터 받았던 비난은 때로는 도가 지나친 경우도 있었다.

그러나 늘 그를 믿어준 사람은 스승 김재준이었다. 강원용에게 김재준은 항상 포근한 존재였다. 힘들 때면 언제나 찾아가 위안을 얻었고 헤맬 때면 길을 물었다. 김재준 역시 언제나 강원용을 안았다. 권모와 술수가 판치던 혼탁한 정치판에서 그를 빼낸 것도 김재준이었다. 강원용의 뒤를 밀어 목사가 되도록 한 사람도 그였다. 김재준은 타인들이 그토록 비난하는 국정자문위원직을 수행하던 강원용을 이해하고 북돋아주었다.

> 현 정권에 대한 강원용의 태도가 부즉불리(不卽不離, 아닌데도 떠나지 않는다)라는 평도 들려오지만 그것은 그의 뛰어난 통찰력과 차원 높은 판단으로 하는 것이니 그 신념을 의심할 수는 없다. 전투에는 전선 전투부대도 있고 돌격대, 결사대 등 격돌하는 부대도 있으

며 동시에 후방 예비사단도 있는 것이다. 그러나 그 최고 목적은 하나다. 그 목적은 나라를 위해 국민으로서 피할 수 없는 의무를 수행하는 것과 적에게 승리하는 것이다. 이른바 정교분리는 평행선적인 것이 아니다. 한 목적을 위한 책임 분담이며 총력전의 경우에는 일체가 되는 것이다. 교회의 전투 대상은 '세속'이 아니라 '세속주의'인 것이다.[29]

김재준은 어디에서 어떤 일을 하든 그의 신념과 삶의 철학이 중요하고 혁명을 하더라도 각자가 맡은 일들이 있다며 강원용을 격려했다. 독재자 전두환과 일을 함께한다고 해도 말이다.

강원용은 전두환과 긴 인연을 맺었던 사이는 아니었다. 전두환의 이름은 10·26사건의 수사를 책임지는 사람으로 TV에 나와 수사경과를 보고할 때 처음 알게 되었다. 처음 만난 날은 1980년 1월 1일이었다. 보안사에서 전두환 보안사령관이 세배를 드리고 싶다는 전화를 받고 이야기를 나누었다. 전두환은 주로 개인적인 이야기를 했다. 그리고 미국이 정치할 생각이 없는 자신을 자꾸 믿지 않는 것 같다는 등의 말을 했다. 전두환이 왜 자신을 찾아왔는지 이해하기 어려웠다. 얼마 후에는 YWCA 위장결혼 집회 사건으로 구속되었던 기독교계 인사의 석방을 위해 부탁하려 찾아가서 잠시 보았다.

처음 국정자문위원을 해달라는 요청을 받은 것은 1980년 9월 중순이었다. WCC 중앙위원회 회의에 참석했다가 돌아오던 길이었다. 김포공항에 내렸을 때 청와대에서 왔다는 사람들이 국정자문위원에 위촉되었으며 대통령과 점심 약속이 있다는 통고를 해온 것이다. 강원용은 그 자리에서 거절하고 병원에 입원해버렸다. 그리고 후에 국가

29) 김재준, 「강원용을 본다」, 고범서 외 엮음, 『강원용과의 대화』, 평민사, 1987, 16쪽.

조찬기도회에서 기도를 해달라는 요청도 거절했다.

강원용은 국정자문위원직 수락을 고민하게 된 이유로 김대중 구명운동과 기독교방송국문제를 들었다. 당시 김대중은 체포되어 내란음모, 외환관리법, 계엄법 등의 위반혐의로 구속된 상태였다. 강원용과는 오래전부터 가까이 지내던 정일형 박사는 투병 중임에도 "대중이를 살려달라"고 그에게 간절히 부탁했다. 미 대사관의 포게슨도 강원용을 만나 미국도 애를 쓰고 있지만 김대중을 살리려면 내부에서 힘을 써줘야 할 것 같다는 얘기를 했다. 조건부로 설득하면 어떻겠느냐는 말도 덧붙였다. 강원용은 그 자리에서 일축했지만 김대중을 살려야겠다는 고민은 계속했다.[30] 또 다른 문제는 기독교방송이었다. 기독교방송보도가 금지되고 광고도 못 하고 있었다.

그러나 김대중을 살릴 수 있는 가능성이란 면에서 생각하면 그렇게 일도양단으로 '싫다'고만 할 수는 없다는 데 내 심각한 고민이 있었다. 김대중, 이희호 부부와 맺어온 오랜 관계로 보나, 김대중의 정치적 비중과 의미로 보나 그의 사형을 막기 위해서는 무슨 수라도 써야만 했다. 더구나 그의 사형이 우리나라의 앞날에 미칠 파장을 고려해 보면 그 일만은 막아야 한다는 것이 내 입장이었다.

'내 명예가 땅바닥에 떨어진다 해도 김대중을 살릴 수 있는 가능성이 만에 하나라도 있다면 그것만으로도 시도해보고 노력해 보아야 하지 않은가. 그러나…….'

이런저런 생각으로 머리가 터져나가는 것 같았다.[31]

강원용은 결국 전두환 대통령을 한번 만나봐야겠다고 생각했다. 전

30) 강원용, 앞의 책, 168쪽.

31) 같은 책, 168~169쪽.

두환정권이 최악의 선택을 피하도록 할 수 있다면 그것도 의미 있는 일이 될 수 있을 것이라고 마음을 돌렸다. 강원용은 국정자문회의 사무총장을 만나 대통령과의 단독면담을 요청했다. 언론에 이를 보도하지 않는다면 국정자문위원 제의를 수락하겠다는 의사도 함께 전달했다.

1980년 11월 25일 강원용은 국정자문위원 위촉장을 받았다. 직후 강원용은 전두환에게 기독교 방송이 자립하기 위해서는 1년 정도의 기간이 필요하다, 그러니 그동안은 광고 방송을 할 수 있도록 해달라고 부탁했다. 덧붙여 김대중의 사형을 집행해서는 안 된다고 설득했다. 김대중은 공산주의자가 아니고 국가적 차원에서 그를 사형에 처하는 것은 득이 될 수 없으며, 만약 사형에 처하는 경우 들끓는 여론을 감당할 수 없을 것이라고 주장했다. 전두환 대통령은 잘 알아서 하겠으니 너무 걱정하지 말라고 했다.[32)]

강원용은 김대중 외에도 정동년, 배용주, 박노정 등 광주민주화운동으로 사형선고를 받은 사람들을 구제하려 노력했다. 후에 그들에게 특별 사면과 감형 조치가 내려졌다. 1981년 1월 23일 대법원에서 김대중에게 사형이 확정되었으나, 이날 정부는 국무회의 결의를 통해 무기로 감형했다.[33)] 잘 알려진 대로 김대중 구명을 위해 미국은 상당히 강력하게, 반복적으로 압력을 넣고 회유를 시도했다.[34)] 이것이 아마도 김대중이 구명될 수 있었던 가장 커다란 요인이었을 것이다. 약

---

32) 같은 책, 176쪽.

33) 징역 20년이 확정되었던 이문영은 15년형으로 감형된 것을 비롯, 형이 확정된 11명에 대해서도 각각 3~5년씩의 감형이 이루어졌다. 『동아일보』, 1981년 1월 23일.

34) 김대중 구명에 대한 미국의 압력 및 전두환정부와의 논의·거래에 대한 상세한 자료는 김대중도서관 사료센터, 『김대중 도서관 소장 사료 소개: 2. 미국 정부사료: 「1980년 김대중 구명과 관련된 체로키 문서」, 김대중도서관 사료센터, 2005 참조.

1년 뒤인 1982년 3월 2일 김대중은 20년형으로 다시 감형되었다. 동시에 이문영, 문익환, 고은태 등 김대중 사건 관련자는 물론 광주민주화운동 관련자에 대한 감형도 이루어졌다.[35)]

그러나 이미 김대중의 사형집행이 중지되고 감형된 이후에도 강원용은 전두환정부로부터 1981년 4월 20일 새 헌법에 따라 국정자문위원에 재위촉되었다.[36)] 강한 비난을 무릅쓰고 광주의 학살을 저지른 전두환정부의 국정자문위원에 참여한 그가 재위촉마저 수락한 것이다.

광주학살로 등장한 전두환정부의 국정자문위원이 됨으로써 그는 독재정권에 협력했다는 비판으로부터 피해갈 수 없었다. 그로서는 국정자문위원 참여는 민주화운동진영에 있는 기독교계의 동료 및 후배와 성도들로부터 오랫동안 가장 호되게 비판받은 선택이었다. 국정자문위원에 참여한 참 진실과 의도는 오직 강원용 본인만이 알 것이다. 이 문제에 대해서는 아직은 강원용 본인의 주장만 제시되어 있는 상태라서, 좀 더 많은 일차 자료의 공개와 증언을 기다려야 객관적 사실이 밝혀질 것이다.

6 · 29선언과 대통령 선거

강원용이 노태우 대표가 특별선언을 할 예정이라는 사실을 안 것은 1987년 6월 29일 아침이었다. 전두환 대통령과의 면담 차 청와대에 갔다가 이종률 대변인을 만나 듣게 되었다. 그의 말대로 민주정의당(민정당) 노태우 대표는 중대발표를 하게 된다. 이른바 6 · 29선언이다. 핵심 사항은 직선제 개헌을 수락하겠다는 내용이었다.

35) 『동아일보』, 1982년 3월 2일.
36) 『동아일보』, 1981년 4월 20일.

첫째, 여하 합의 하에 조속히 대통령 직선제 개헌을 하고 새 헌법에 의한 대통령 선거를 통해 88년 2월 평화적 정부 이양을 실현토록 해야 하겠습니다.[37]

6·29선언은 직선제 개헌을 포함하여 대통령 선거법의 개정, 김대중 씨 사면 등 모두 8개 조항으로 이루어져 있다. 정식 명칭은 '국민화합과 위대한 국가로의 전진을 위한 특별선언'이었다. 6·29선언의 근인(近因)은 4월 13일에 있었던 호헌선언이었다. 대통령을 직접 국민들의 손으로 뽑겠다는 열망을 배반한 결정이었다.

전두환정권은 임기 내내 국민들의 강한 저항에 부딪쳤다. 광주민주화운동에 대한 유혈진압은 원죄와도 같았다. 교내에서 경찰병력이 철수한 1984년 이후에는 거의 매일 대학가에서 시위가 이어져 최루탄 냄새를 맡지 않고 교정을 걷는 게 불가능할 정도였다. 4·13호헌조치는 화약고에 불을 붙인 셈이었다. 1월에는 서울대학교 학생 박종철 군이 수사를 받는 도중 고문으로 사망했다. 5월 18일 천주교 정의구현 전국사제단은 박종철 군 고문치사 사건이 은폐되었음을 폭로했다. 6월 9일에는 연세대학교 이한열 군이 시위 도중 경찰이 쏜 최루탄에 맞아 의식불명의 상태에 빠졌다. 시민들이 시위대에 호응하고 나섰다. 중산층이 정부로부터 등을 돌리기 시작한 것이다. 상황은 정부의 통제를 벗어나고 있었다. 노태우의 6·29선언은 국민의 힘으로 받아낸 항복문서였다.

군부독재가 직선제 개헌안을 받아들인 가장 큰 원인은 국민의 힘이었다. 전두환 대통령은 1987년 3월 25일에 정치의 주도권을 노태우 대표에게 일임한다.[38] 개헌문제를 책임지고 풀어나가라는 위임이었으

---

37) 『동아일보』, 1987년 6월 29일.

38) 노태우, 『노태우 회고록 상권: 국가, 민주화, 나의 운명』, 조선뉴스프레스,

며 군부가 정치의 주도권을 유지하기 위한 선택이었다. 예상대로 4월 13일 전두환은 현행 헌법에 따라 대통령을 선출한다는 호헌조치를 발표하고, 6월 2일에는 노태우를 본인의 후임자로 결정했다. 노태우는 10일 전당대회를 통해 민주정의당의 대통령 후보로 지명됐다.

강원용은 이러한 후보 선출 과정이 대단히 비민주적인 방식이고 생각했다. 선출이 아니라 최고지도자에 의한 낙점이고 지명이라는 생각이 들었다. 그는 정권인사들에게, 그렇게 형식적으로 하는 투표는 '이북식'이나 다를 바 없지 않느냐, 경선하는 모습을 보여야 한다고 조언했다. 그러나 전혀 받아들여지지 않았다.[39]

전두환은 처음부터 개헌을 원하지 않았다. 제도만 바꾼다고 만사형통이라고는 생각지 않았다. 개헌을 한다면 정부를 이양하고 1988년의 올림픽을 성공적으로 개최한 후인 1989년 이후가 적당하다고 판단하고 있었다.[40] 4·13호헌조치는 전두환이 자신이 후임자를 선정하고 임기 내에 개헌논의가 진행되는 것을 막기 위한 전략이었다.

그러나 4·13호헌조치 이후 시위는 크게 격화되었다. 특히 전당대회가 있었던 6월 10일에는 민주헌법쟁취 국민운동본부의 개헌집회가 전국에 걸쳐 열렸다. 전두환은 부산지역에 위수령을 내릴 계획을 짜고 군을 출동 대기시켰다. 그는 고명승 국군보안사령관에게 20일 부산지역에 위수령 발동을 전제로 한 군의 출동준비 태세를 갖추라는 명령을 내렸다. 그러나 19일에 이 명령은 유보되었다. 강원용은 이한기 총리와 만나 정부가 군 출동을 고려하고 있다는 말을 전해 들었다. 강원용은 어떻게든 말려야 한다고 조언했다.[41]

전두환은 1986년 9월에도 계엄령을 선포할 계획을 세우기도 했다.

2011, 326~327쪽.

39) 강원용, 앞의 책, 307쪽.

40) 김성익, 『전두환 육성증언』, 조선일보사, 1992, 327쪽.

41) 강원용, 앞의 책, 308~309쪽.

그리고 6월항쟁 기간에도 동일한 계획을 가지고 있었다. 당시에 계획을 실행시키지 못했던 것은 정권 내부의 강한 반대 때문이었다. 노태우는 "군이 출동하면 이 정권은 무너질 수밖에 없다"고 생각했다. 더욱 중요한 것은 군을 투입했을 때 정국이 안정될 것이라는 확신이 없었다. 사태가 심각해질 것은 물론이고 출동한 군이 누구의 편에 설 것인지도 불확실했다.[42] 미국도 적극적으로 군 동원에 반대했다.[43] 결국 6·29선언은 국민의 요구에 굴복한 선택이었다. 전두환정부가 6월항쟁에 군을 투입했다면 국민들의 저항의지가 최고조에 달했던 당시 상황에 비추어 참으로 비극적인 결과가 기다리고 있었을 것이다.

6·29선언의 본질을 강원용은 당시에 이미 날카롭게 짚어내고 있었다. 당시 언론들은 노태우가 주도하여 선언을 발표한 것으로 보도했다. 그러나 강원용은 전두환 대통령 쪽에서 미리 구상했음에도 노태우 대통령이 전적으로 추진한 것으로 보이도록 했다고 기록하고 있다.[44] 권력의 생리에 정통한 강원용 특유의 예리한 시각이었다. 실제 권력을 장악하고 있지 않다면, 실권자가 후계자에게 모든 영광을 넘겨주는 6·29선언은 결코 결단하기 어려운 권력이양방식이었다. 노태우에 따르면 24일에 전두환과 그는 직선제 개헌 및 김대중의 사면·복권문제만을 합의했다. 그러나 선언과 관련한 이후의 과정은 노태우 대표의 책임으로 진행했으며, 전두환 대통령에게 보고한 일은 없다고 밝히고 있다.[45] 박철언은 18일에 선언문 작성에 착수하여 27일에 완성하고 검토와 점검을 거쳐 29일 노태우 대표가 선언을 발표했다고

42) 노태우, 앞의 책, 341쪽.

43) 자세한 것은 전재호, 「전환기 한국 민주주의와 한미관계(1980~1997)」, 정일준 외, 『한국의 민주주의와 한미관계』, 대한민국 역사박물관, 2014, 259~262쪽.

44) 강원용, 앞의 책, 313~314쪽.

45) 노태우, 앞의 책, 343~345쪽.

쓰고 있다.[46)]

그러나 강원용의 진단처럼, 대통령인 전두환의 동의나 허락을 받지 않고 독자적인 수행은 불가능했다. 노태우와 전두환 모두 직선제 개헌이 필요하다는 데에는 입장을 같이하고 있었다. 특히 전두환에게 직선제는 야당의 급소를 찌르는 정략적 선택이었다. 파벌투쟁이 야당의 생리이기 때문에 김대중을 풀어주면 김영삼과 부딪히게 될 것으로 예상했기 때문이다.[47)] 즉 둘의 공동작품이었다. 전두환은 직선제 수용과 김대중 사면복권의 큰 틀을 제시하고 자세한 발표내용은 노태우 측에서 구상했다고 볼 수 있다.[48)]

수개월간의 협상을 거쳐 마침내 10월 27일 새 헌법이 탄생하자 이후 정치상황은 급속히 선거국면으로 빨려 들어갔다. 1987년의 대통령 선거는 한국 정치의 대정치인들의 대결이었던 만큼 열기가 대단했다. 상대적으로 갑자기 등장한 민주정의당(민정당)의 노태우를 제외하면 통일민주당(민주당)의 김영삼, 평화민주당(평민당)의 김대중, 신민주공화당의 김종필은 한 시대를 풍미한 정치인들이었다. 특히 1987년 대선은 중대한 의미가 있었다. 군부에게 빼앗겼던 대통령 선출권을 되찾았기 때문이다. 군부통치 종식과 정권교체는 당연했다.

그러나 김대중과 김영삼이 모두 출마하며 상황은 급변했다. "내가 대통령을 해야 민주주의를 이룰 수 있다"는 생각 때문이었다. 김영삼은 "김대중 후보를 밀어 민주화가 된다는 보장만 있다면 지금이라도 양보할 것이지만, 그렇게 된다면 영호남이 완전히 대립될 뿐만 아니라 김대중을 반대하는 사람이 많아 힘들다고 생각한다"고 했다. 각

---

46) 박철언, 『바른 역사를 위한 증언 1』, 랜덤하우스중앙, 2005, 262~264쪽.

47) 김성익, 앞의 책, 440쪽.

48) 전두환 대통령 측의 설명은 다음의 책을 참조할 것. 전두환, 『전두환 회고록 2: 청와대 시절, 1980~1988』, 자작나무숲, 2017, 624~648쪽; 김성익, 앞의 책, 423~459쪽.

계각층에서 고루 지지를 받는 자신이 후보가 되어야 압도적인 승리를 거둘 수 있다는 생각에서 출마를 결심하게 됐다는 말도 잊지 않았다.[49]

김대중의 입장도 다르지 않다. 자신을 지지하는 단체와 사람들이 빠른 속도로 증가하고 있다고 판단했다. 실제 몇몇 여론조사에서는 김영삼을 앞섰다. 총학생회와 재야, 종교계와 학계 등에서도 김대중을 지지하는 성명이 잇따라 발표되었다. 이른바 비판적 지지였다. 민주통일민중운동연합(민통련)은 범국민 후보로 김대중을 추천했다. 김대중은 민주당을 창당하고 대통령 후보 수락 연설을 함으로써 공식적으로 대통령 선거에 뛰어들었다.[50]

김영삼은 "직선제 개헌이 이루어지면 대통령 선거에 출마하지 않겠다"고 했던[51] 김대중의 말을 다시 꺼내들었다. 민정당은 김대중과 김영삼의 출마를 전제로 징검다리론을 내세웠다. 갑작스런 변화는 사회혼란을 초래하고 안정적 국가발전에 장애가 되므로 징검다리 역할을 할 적격자가 노태우라는 논리였다.[52]

강원용은 단일화에 희망을 갖지 않고 있었다. 1980년의 예를 봐도 불가능한 일이라고 생각했다. 강원용은 김대중과 김영삼의 후보단일화를 위해 애썼지만 각자의 정치적 이해와 권력욕으로 협력이 불가능했다. 결국 두 정치인의 단일화에 실패한 뒤 강원용은 지역주의문제로 초점을 옮겨 지역감정 해소 국민협의회의 공동의장으로 일했다.[53] 협의회는 민주주의와 통일을 위해 민족공동체 의식을 일깨우려는 민

49) 김영삼, 『김영삼 회고록: 민주주의를 위한 나의 투쟁 3』, 백산서당, 2000, 108~111쪽.

50) 김대중, 앞의 책, 530~531쪽.

51) 박철언, 앞의 책, 279쪽.

52) 노태우, 앞의 책, 378~379쪽.

53) 강원용, 앞의 책, 314~315쪽.

간운동단체였다.[54] 협의회는 1993년 해체 전까지 지역균형정책, 고른 인재의 등용, 낙후지역 지원, 민족공동체라는 일체감 형성 등을 위한 활동을 전개했다.

안정과 공정의 정치

전두환과 노태우의 집권 시기는 강원용이 권력핵심에 매우 가까이 있던 때였다. 두 대통령은 종교계 국가원로인 강원용의 이야기를 듣고자 그를 종종 부르곤 했다. 강원용 역시 민주주의로 향하는 길에 도움을 주려는 마음으로 기꺼이 조언했다. 전두환과 노태우 대통령에게 해준 조언의 내용은 크게 두 가지였다. 안정과 공정성이었다.

여기에 강원용의 통치관과 정치관의 특징이 나타난다. 그는 세력관계와 이익분포를 중심으로 정치를 보는 현실주의자들과는 거리가 멀었다. 이상에 도달하는 방법을 중심으로 문제를 풀어가려 했다. 즉 이상주의에 가까웠다. 예를 들어보자.

첫째, 전두환과 노태우에게 어떤 통치를 해나갈 것인가를 말해줄 때 공통적으로 호민론을 강조했다. 그는 허균의 예를 들어 백성을 세 종류로 구분했다. 순종을 잘하는 순민(順民), 원한을 품은 원민(怨民), 그리고 건전한 비판의식을 갖고 시시비비를 가릴 줄 아는 호민(豪民)이다. 순민은 일신의 안일을 중시하며 어느 정권이든 순종하는 사람들이다. 순민들은 크게 마음을 쓰지 않아도 정부의 말을 잘 듣게 되어 있다. 그러나 원민은 호의적인 정책을 시행해도 마음을 풀지 않고 원망하며 반대를 일삼는 사람들이다. 그렇다고 이들을 방기하는 것은 옳지 않다. 끝까지 인내로 대해야 한다. 끝으로 호민은 자신보다는 크게 나라의 정치를 보는 사람들로 객관적으로 정치현실을 분석하여 옳

---

54) 「지역감정해소 국민운협 창립」, 『동아일보』, 1988년 6월 24일.

고 그름을 판단하며 정부에 대한 지지와 비판의 태도를 분명히 한다. 통치자는 호민의 생각과 판단을 알고 이를 통찰할 필요가 있다. 호민이 정권에 등을 돌리게 되는 경우는 통치자의 정치가 옳지 않은 길로 가고 있는 상태라고 생각해도 좋을 것이었다.[55)]

강원용은 정치를 할 때 호민과 원민을 지지세력으로 유지함으로써 다수가 중심이 되는 안정적인 국정운영이 가능하도록 힘써야 한다고 했다. 그가 보기에 전두환이 실패한 이유는 호민이 원민과 합세하도록 함으로써 저항이 크게 일어났기 때문이었다. 통치자는 "어느 편에도 가담하지 않은 채 시시비비를 냉정히 판단하는 사람들의 낮은 목소리를 경청하여 그 여론을 과감히 수렴해야 한다"[56)]는 게 그의 기본 입장이었다.

둘째, 강원용은 결선투표를 적극 권유했다. 결선투표야말로 과반수 이상의 지지를 확보하고 정치안정을 도모하기 위한 방안이었기 때문이다.[57)] 그는 결선투표가 선거의 공정성 및 국정운영의 안정성을 확보할 수 있는 좋은 제도라고 판단했다. 그러나 정치인들에게 호응을 얻지 못했다.

또 다른 예는 민정당과 민주당의 정책연합을 제안한 것이다. 1988년 제13대 국회의원 선거에서 민정당은 299석 중 125석을 확보하여 과반수 확보에 실패했다. 평민당이 70석, 민주당은 59석을 차지했다. 여소야대의 국회가 형성된 것이다. 강원용은 안정을 위한 해결책으로 김영삼과의 정책연합을 제시했다. 중요 사안에 대해 김영삼과 협력관계를 구축하자는 제안이었다. 노태우 대통령은 이에 동의했다.

민정당, 민주당, 신민주공화당의 3당합당 역시 동일한 문제의식에

---

55) 강원용, 앞의 책, 173쪽.
56) 같은 책, 318쪽.
57) 같은 책, 316쪽.

서 출발했다. 여소야대의 정국에서 의석수 125석을 갖고서는 정책을 펴나갈 수 없었다. 노태우정부는 5·5공화국이라는 부정적 평가를 피할 수 없었다. 노태우는 김대중, 김영삼, 김종필 모두에게 합당 가능성을 타진했다. 김대중은 거부했고, 김종필은 흔쾌히 동의했다. 김영삼은 모호한 태도로 한동안 애를 태웠다. 마침내 합당으로 216석의 거대여당 민주자유당(민자당)이 탄생했다.[58] 강원용은 3당합당은 민주주의 원칙에 반한다고 받아들였다. 절대다수를 갖는 여당의 탄생은 민주주의를 저해할 가능성이 있고, 전라도가 고립됨으로써 지역감정 문제가 크게 대두될 가능성이 있다는 우려 때문이었다.

강원용의 이상주의적 정치관이 잘 나타난 또 다른 예는 노태우 대통령의 중간평가문제다. 노태우는 88올림픽 이후에 중간평가를 받겠다는 대선공약을 내세웠다. 강원용은 대선공약을 이행하여 정면 돌파하라고 권고했다. 충분히 승산이 있기 때문이기도 했고, 과반수 이상의 득표를 함으로써 소신을 펼칠 수 있는 정치를 해나갈 기회라고 판단했기 때문이다.[59] 그러나 중간평가를 위한 국민투표는 헌법에 위배된다는 법률적 판단이 내려져 결국 무산되고 말았다.[60]

강원용의 이상주의적 정치관의 한 사례는 6·29선언 당일 전두환에게 한 제안이다. 강원용은 민정당 총재직을 노태우 후보에게 넘길 것과 모든 행정을 총리에게 위임할 것을 권유했다. "5공화국은 정통성 시비가 뿌리 깊고, 또 정치 양태를 부정적으로 보는 시각이 광범위하게 퍼져 있다"는 이유였다. 이를 정리하려면 책임 있는 용단이 필요하고 국민들이 납득할 수 있는 조치들이 필요했다.[61] 아무리 임기 말이라고 해도 권력을 내려놓으라는 말을 하기란 쉬운 일이 아니다. 전두

58) 3당합당의 과정에 대한 자세한 논의는 박철언, 앞의 책, 463~492쪽 참조.

59) 강원용, 앞의 책, 357쪽.

60) 박철언, 앞의 책, 379쪽.

61) 강원용, 앞의 책, 312~313쪽.

환이 강원용의 조언을 따랐는지는 확실치 않으나, 결과적으로는 7월 10일 전두환은 민정당 총재직을 사퇴했다.

공직 유혹

강원용에게 삶과 신앙과 정치는 분리된 다른 차원이 아니었다. 교회는 지금 이 땅에서 살아 숨 쉬는 사람들을 위한 곳이며, 지금 겪는 고통을 치유하고 돌보는 일이 예수의 일이라고 믿었다. 때문에 그는 항상 정치에 깊은 관심을 갖고 정치언저리에서 떠나지 않았다. 강원용이 권력의 핵심에 투신하고자 하는 마음이 들지 않았던 것은 아니나, 이는 악마의 유혹과도 같다고 했다. 마치 정의의 소리처럼 느껴지는 유혹이었다는 것이다.[62]

그는 해방 직후 청년 시절에는 다양한 정치조직에서 활동을 했다. 고위 공직에의 첫 유혹은 이승만정부에서 공보처장으로 일해볼 생각이 없느냐는 최인규(崔仁圭)의 제안이었다. 강원용은 일언반구에 거절했었다. 이후 수차례 공직 또는 정치에 나갈 기회가 있었다. 대통령 후보로 나설 생각이 있느냐는 소리도 들었다. 전두환정부에서는 국정자문위원직을 수락했다. 노태우 당선자 시절에도 민주화합추진위원회에 참여해달라는 요청이 있었지만 관심을 두지 않았다. 노태우는 정무수석과 비서실장을 수차례 보내 강원용에게 국무총리직을 제안했다.[63] 강원용은 제안을 수락하지 않았다. 목사안수를 받을 당시 정치에 참여하지 않고 하나님의 일을 하겠다는 약속을 지키기 위해서였다. 늘 정치의 언저리에 머물렀지만 막상 국가공직을 맡지는 않았던

---

62) 강원용, 『역사의 언덕에서 2: 전쟁의 땅 혁명의 땅』, 한길사, 2003, 51쪽.
63) 윤여준, 「여해 강원용 목사와 한국사회 변혁」, 이강백 · 김경재 · 박경서 외, 『여해 강원용 그는 누구인가?』, 대화문화아카데미, 2013, 155쪽.

것이다.

방송개혁[64]

강원용에게 방송은 대화의 채널이었다. 정부와 국민 간, 방송기관과 국민 간의 대화를 위한 소통 수단이 곧 방송이었다. 강원용은, 방송은 "현대사회에서 어마어마한 위력과 영향력을 지닌 매체이며 잘 쓰면 선약이 되지만 잘못 쓰면 극약이 되어 폐해가 크다"는 경각심을 지니고 있었다.[65] 따라서 그는 방송은 무엇보다 독립적이어야 하며 공정성과 공익성을 보장받아야 한다는 원칙을 최우선으로 두었다.

> 전파는 국민의 것이지 절대로 정치 권력이나 특정 집단, 혹은 금력의 시녀가 돼서는 안 된다. 따라서 방송의 공정성과 공익성, 그리고 공공성은 어느 경우에도 침해될 수 없는 것이다. 또한 일반 국민의 의식과 일상 생활을 지배하고 있기 때문에 국민 문화 함양에 가장 효과적이고 영향력이 큰 수단이기도 하다. 그러므로 프로그램의 질 또한 품격이 있어야 한다. 비유하자면 맛(오락성)도 있고, 영양(공익성)도 있어야 하며, 보기에도 좋은(예술성) 음식이 되어야 하는 것이다.[66]

그는 "공정한 방송이라면 어느 쪽이 옳다 그르다 하는 것을 시청자인 국민이 판단하도록 맡기고 방송은 다만 여러 의견을 폭넓게 보여주는 역할에 그쳐야 한다"고 보았다. 공공성은 쌍방 간 이성적인 대화

---

64) 방송과 관련한 활동 내용은 강원용 평전의 방송편이 출판되는 관계로 거의 전부를 생략했다.

65) 강원용, 『역사의 언덕에서 4』, 320쪽.

66) 같은 책, 347쪽.

가 가능하기 위해 꼭 필요한 전제조건이다. 대화는 타인의 생각이 나와 다르더라도 인정하며 서로 잘못된 편견과 선입견을 무너뜨리고 서로에 대한 이해를 넓히는 행위다. 이를 위해서는 쌍방 간의 대화의 중재자가 정보를 왜곡하거나 한 쪽만을 편들어서는 안 된다. 원활한 대화를 위해 중재 역할을 하는 것이 방송이었다.

강원용은 방송의 독립성에 대한 열의를 갖고 생애 총 네 번에 걸쳐서 방송계에 관여하게 된다. 1946년 이승만정권 하에서 중앙방송국에서의 강연, 1962년부터 66년까지 박정희정권 하에서 민간기구인 한국방송윤리위원회 위원장, 1988년부터 91년까지 노태우정권 하에서 방송위원장, 1998년 김대중정권 하에서 방송법개혁위원회 위원장을 차례로 맡았다.

그러나 그의 열정과는 반대로 번번이 개혁에 제동이 걸렸다. 1962년에는 민간차원에서 자발적으로 조직한 방송 자율 기관인 방송윤리위원회 위원장이 되었으나 정부 측 간섭이 심해져서 그만두었다.[67)] 1988년 방송위원회 위원장이 되었을 때도 마찬가지였다. 그는 권력과 금력으로부터 방송을 보호하기 위해 KBS와 MBC의 이사선임 문제부터 고쳤고, 프로그램의 질을 높임으로써 방송의 수준을 향상시키고자 방송개발원을 설립했다. 그러나 1990년 방송위원회의 권한을 축소시키는 안이 담긴 개정법이 날치기로 통과되었다. 강원용은 "이번 방송법은 대통령, 국회의장, 대법원장이 각 3인씩의 방송위원을 추천토록 해 대표성과 전문성을 충분히 살리기 어렵게 돼 있고, 방송위의 권한도 방송심의기능 정도로 축소되어 외국의 방송위에 비해 역할과 기능이 제한받고 있다"[68)]며 1991년 3월 5일 사표를 제출하고 말았

67) 강원용, 『역사의 언덕에서 3: Between and Beyond』, 한길사, 2003, 47~49쪽.

68) 신창섭, 『방송법 50년 略史: 방송법의 역사적 변천 과정과 그 의미』, 생각나눔, 2014, 310~313쪽.

다.[69] 1998년 12월에는 방송법 개혁위원회를 맡아 방송의 자율권을 보장하는 방향으로 방송법을 개혁하려 노력했지만 이때도 뜻을 이루지 못했다. 이처럼 매번 강원용이 뜻하던 방송의 독립성, 공공성과는 멀어지자 그는 복잡하고 더러운 판에 소박한 믿음을 갖고 달려들었다고 좌절했다.

69) 강원용, 『역사의 언덕에서 4』, 379쪽.

11 두 눈으로 본 통일과 남북관계

쌀 보내기 운동

강원용은 김영삼정부의 출범 과정을 보면서 민주주의가 한걸음 더 나아갔다고 생각했다. 그는 이 나라의 정치가 순리대로 풀리려면 한 번은 '양김 시대'를 거쳐야 한다고 보았다.[1] 오랜 시간 민주화투쟁을 해온 두 사람에게 정권이 이어지는 것이 좋겠다는 판단에서였다. 그러면서도 강원용은 김대중과 김영삼이 한국의 민주주의와 본인들을 위해 1992년 선거에는 나오지 않는 것이 낫겠다고 생각했다. 과거 비민주적이고 혼탁한 정치 속에서 정치수업을 쌓고 성장해왔던 두 사람이 제대로 된 민주주의를 만들어낼 수 있을지 의문이 들었기 때문이다. 정권다툼에 몰두하던 사람들이 포용력 있는 지도력을 발휘할 수 있을지, 지역대립을 강화시키지나 않을까 하는 염려를 떨쳐버릴 수 없었다.[2]

선거 결과는 42퍼센트의 득표율을 기록한 김영삼 후보가 34퍼센트 득표에 그친 김대중 후보를 누르고 당선되었다.[3] 강원용은 나라가 이

1) 강원용, 『역사의 언덕에서 4: 미완성의 민주화』, 한길사, 2003, 394쪽.
2) 같은 책, 405~406쪽.
3) 『동아일보』, 1992년 12월 19일.

제야 군사독재에서 벗어났구나 하는 생각에 안도감을 느꼈다.[4] 김영삼은 취임사에서 놀랍게도 "어느 동맹국도 민족보다 더 나을 수는 없습니다"[5]라고 밝히며 유화적인 대북정책을 천명했다. 언명 자체가 당시로서는 충격적으로 받아들여졌다. 강원용에게 통일문제는 하나님 곁에 가는 날까지 수행해야 하는 숙제였다. 강원용은 분단과 피비린내 나는 전쟁이 인간을 얼마나 비참하게 만드는지를 직접 겪었다. 또한 그 자신은 북에 고향을 두고 떠나온 실향민이자 부모님과 누님을 지척에 두고도 만나지 못하는 이산가족이었다. 그런 그에게 통일은 너무도 절실한 바람이었다.

> 무엇보다 나의 일차적인 노력은 남북간 전쟁의 가능성을 막고 평화를 정착하여 평화 통일의 터닦이를 하는 일에 집중될 것이다. 통일된 조국에서 부모의 산소에 성묘를 가고 우리나라가 동아시아 중심 국가가 되는 일을 내 눈으로 보지는 못하고 결국 나는 세상을 떠나게 될 것이다. 그러나 모세가 이스라엘 민족과 그렇게 들어가고 싶어하던 가나안을 비스가 봉우리 꼭대기에서 바라보며 후배 여호수아에게 부탁을 하고 죽었던 것처럼 나도 그렇게 멀리서라도 가능성을 보고 죽고 싶다.[6]

특히 북한 동포들이 굶주림에 죽어가고 있다는 소식은 그에겐 하나님이 주신 소명과도 같았다. 강원용은 주저함 없이 다시 움직였다. 강원용에게 신앙과 실천은 하나였다. 하나님에 대한 믿음은 바뀔 수 없으나 상황에 필요하고 적합한 형태로 실천하고자 했다. 그에게 정치

---

4) 강원용, 앞의 책, 406쪽.

5) 『한겨레신문』, 1993년 2월 26일.

6) 강원용, 『역사의 언덕에서 5: 비스가 봉우리에서』, 한길사, 2003, 299쪽.

는 고통 받는 사람들과 함께 예수의 길을 실천하는 것이었다. 이번에도 마찬가지였다.[7)]

실제 북한 동포들의 삶은 매우 비참했다. 심각한 경제난에 허덕이던 북한은 1994년의 흉작, 1995년의 홍수 등 자연재해가 잇달아 발생하자 극심한 식량난에 봉착했다. 북한은 국제사회에 원조를 요청하는 한편 우리 정부에도 조선 삼천리총공사(三千里總公司)를 통해 쌀을 요청해왔다. 이에 6월 17일에는 베이징에서 우리 측 대표 이석채(李錫采) 단장과 북한 측 노동당 아·태평화위원회 부위원장 전금철(全琴哲)의 협상이 이루어졌다. 4일간의 회의가 끝난 21일 1차로 15만 톤을 무상 지원하기로 하는 합의가 이루어졌고, 7월 중에 추가 지원분과 관련한 2차 협상을 갖기로 했다. 25일에는 1차분 2,000톤을 실은 '씨아펙스호'가 강원도 동해항에서 청진항을 향해 출발했다. 그런데 씨아펙스호가 청진항에 도착한 직후에 문제가 발생했다. 이른바 '인공기사건'이다. 베이징회담에서 수송선에는 남북 어느 쪽 국기도 달지 않기로 합의했음에도 불구하고 북한은 마스터에는 인공기를 달고 선미의 태극기를 내리라는 요구를 해왔다. 8월에는 쌀을 싣고 청진항에 도착했던 삼선비너스호의 선원이 청진항을 촬영했다는 이유로 북한이 남한 선박과 선원을 억류하는 일까지 벌어졌다. 이로 인해 1차 협상에서 약속했던 지원분 15만 톤을 제외한 쌀 지원계획은 모두 취소되었다.[8)]

강원용은 "우선 동포들이 먹고 살아야 할 것이 아닌가"라는 생각을 하지 않을 수 없었다. 당장 민간차원의 쌀 지원운동에 나섰다. 1965년부터 크리스찬아카데미가 진행해온 '종교 간 대화운동'이 30주년이 되는 1995년 10월 20일, 이북 동포에게 쌀 보내기 운동을 함께 추진하

7) 강원용, 『역사의 언덕에서 4』, 402쪽.
8) 김영삼, 『김영삼 대통령 회고록 (하)』, 조선일보사, 2001, 77~85쪽.

기로 결정했다. 경실련의 서경석(徐京錫) 목사의 제안에 따라 1996년 6월 21일에 천도교 수운회관에서 발족식을 갖고 '우리민족서로돕기운동'으로 확대시켰다. 강원용은 격려사를 통해 첫째, 인간으로서의 도리, 둘째, 서로가 같은 민족, 셋째, 종교인의 사명이라는 이유를 들어 보수진영까지 설득하며 활발히 운동을 진행했다.

보수진영은 민간차원의 지원마저 반대하고 나섰다. 북한에 대한 쌀 지원은 결국 북한군에 군량미를 대주는 것에 지나지 않는다는 이유에서였다. 강원용은 『시민의 신문』(1996년 2월 6일 자)에 북한에 왜 쌀을 보내는지에 대해 쓰고 보수층의 동참을 호소했다.

> 굶주리고 있는 북한 동포에게 쌀을 보내는 것은 나 자신 인간으로서, 기독교인으로서 너무도 당연한 일이다. 정부나 기업가라면 여러 가지 전제와 타산이 따를 수 있겠으나, 우리는 이북의 정권을 돕자는 것이 아니라 북한 땅에 살고 있는 우리 동포들을 돕자는 것이다.
>
> 나는 기독교도다. 내가 모시는 주님은 추운 겨울에 굶주리고 헐벗은 병든 동포들의 고난을 몸소 겪고 있다. "굶주린 사람들에게 먹을 것, 헐벗은 사람들에게 입을 것을 주는 것이 곧 예수님을 대접하는 일이다"라고 「마태복음」 25장 31절 이하에 분명히 말씀하셨다. 지금 굶주리고 있는 북한의 내 형제, 우리 동포에게 쌀을 보내는 일이 예수님이 당하신 고통을 덜어주는 구체적인 행위라는 것은 의심할 여지가 없다.
>
> 우리가 진정 인간이라면 이런 행위에 비인간적인 잡음은 집어치우고 함께 이 일에 동참하는 것이야말로 인간다운 행위라는 사실을 깨달아주기 바란다.[9]

---

9) 강원용, 『역사의 언덕에서 4』, 412쪽.

이후 보수층에서도 인도적 지원의 중요성을 이해하게 되어 운동은 진보와 보수가 함께 참여한 성공적인 사업으로 평가받게 되었다. 우리민족서로돕기운동은 월수입의 0.3퍼센트 이상을 후원금으로 내는 회원 10만 명 확보운동을 전개했다. 식량 및 각종 생활필수품을 비롯해 장기적으로는 수해복구, 농업기술지도 등의 지원을 확대해나가겠다는 계획을 밝히고 본격적인 대북 인도지원운동에 나섰다.[10] 창립 후 2005년까지 우리민족서로돕기운동은 긴급구호 및 식량, 생활필수품 등 일반구호 분야 약 267억 원, 농업축산 분야 약 164억 원, 보건의료 분야 약 100억 원 등 총 552억 원에 달하는 대북인도지원활동을 전개했다.[11] 우리민족서로돕기운동은 인도주의와 동포애라는 명제 아래 진보와 보수가 함께 뭉친 시민운동이라는 점에서 큰 의미를 지닌다.

남북관계

강원용이 적극적으로 북한 동포를 돕기 위한 운동에 나선 이유가 있었다. 하나는 남북관계와 한반도를 둘러싼 국제정세 변화였고 다른 하나는 그의 대북관 및 통일관이었다. 강원용은 소련을 비롯한 동유럽 국가들의 연쇄적인 붕괴와 중국의 자본주의 경제체제를 도입한 개혁개방과 경제발전에 주목했다. 남북관계도 60~70년대와는 크게 달랐다. 남과 북의 국력 역전이 명확해졌기 때문이다. 그 영향으로 남북관계를 경계심을 갖고 보아왔던 태도들에 변화가 일게 되었다.

강원용은 북한 동포에 대한 인도적 지원문제를 두 차원에서 풀어가고자 했다. 북한의 정권과 북한 동포들을 분리해서 남북관계를 접

---

10) 『동아일보』, 1996년 6월 22일.

11) 우리민족서로돕기운동, 『2005 활동자료집』, 2005, 5쪽.

근하는 것이다. 남북관계를 대결에서 화해로 진전시키기 위한 중요한 출발점이었다.

> 나의 의견에 대해 조직적으로 통제되고 있는 북한 동포의 마음을 어떻게 녹일 수 있느냐고 이의를 제기하는 사람들이 있다. 우리 속담에 '먹는 정(情)은 속으로 들어간다'고 했다. 오늘날 북한 동포들이 굶어죽어가고 있다는 것을 우리는 잘 알고 있다. 우리가 굶주리는 동포들을 돕는 것은 정치적 이해 관계를 떠나 인도주의적인 동포애를 북한 사람들에게 보여주고 그들의 마음을 녹일 수 있는 절호의 기회이다. 그것이 전쟁을 막는 데도 결정적인 역할을 한다는 것은 의심할 여지가 없다.
>
> 그들은 우리 동포요, 앞으로 우리 역사가 존속되는 날까지 함께 살아야 할 동족이란 사실을 깨닫고, 구체적인 행동으로 동포애를 나타내자. 그렇게 하지 않는다면 평화 통일, 나아가 지구촌에서 민족 공동체를 형성해나가야 하는 과제를 어떻게 수행할 수 있겠는가.[12)]

강원용의 말처럼 북한 동포의 마음이 움직여야 통일이 가능하다. 그런 과정 없는 단순 통합은 갈등의 씨앗이 될 수 있다. 최악의 경우 안정적 분단보다도 더 비참한 내란이 발생하게 될 가능성도 있다. 그러나 보수적으로 남북문제에 접근하는 사람들은 문제를 제기할 것이다. 북한 동포들이 변화하려면 북한의 정권 역시 변화해야 한다고. 또 남녘 동포들이 보내는 따뜻한 마음이 그들에게 전달될 수 있도록 해주어야 한다고. 현 북한체제 하에서는 남한 동포 개개인의 마음을 북한 동포 개개인에게 전할 수 없기 때문이다. 우리가 보내는 마음은 북한체제를 통해 각 개인에게 전달된다. 북한 담당자들은 남녘 동포들

12) 강원용, 앞의 책, 424~425쪽.

의 마음까지 전해주지는 않는다. 그들이 유일 수령의 은덕이라고 포장하는 것을 우리가 막을 수 있는 방법이 있는가. 이러한 보수주의자들의 견해는 그간의 남북교류의 경험을 통해 지지를 받고 있는 것 또한 사실이었다.

강원용은 단순히 생존에 필요한 식량을 보내는 것으로 북한 주민들의 마음이 열릴 것이라고는 생각하지 않았다. 중요한 것은 두 눈으로 북한을 보는 것과 남북의 대화였다. 두 눈으로 보는 것은 남북관계의 현실과 당위를 동시에 사유하며 실천하는 것을 말한다. 대화란 우리의 입장만 내세우고 상대방을 궁지로 모는 것이 아니다. 자신의 입장은 분명하게 말하면서도 상대방의 입장 역시 경청하여 보다 나은 결과를 창출하기 위한 방법이다. 남북이 대결하고 있다는 현실을 보면서도 서로가 받아들일 수 있는 주제와 방법을 가지고 대화하여 난국을 헤쳐나가자는 것이다.

강원용은 사실 해방과 동시에 한반도가 분할되면서부터 통일운동을 시작했다. 그는 좌우합작위원회에서 일하면서 좌우 중도세력의 협력을 통한 통일정부의 수립을 꿈꿨다. 송진우, 여운형, 김구 등이 암살당하는 것을 보며 정치에 환멸을 느꼈고, 친일파 청산이 실패하고 통일이 좌절되어 가슴 아파했다. 한국전쟁에서는 이념대립의 본질이 무엇인지, 평화적 통일이 얼마나 어려운지를 깨달았다. 그리고 전쟁이 인간을 얼마나 비참하게 만드는지도 처절하게 느꼈다. 강원용의 통일관은 삶을 통해 하나하나 구축된 것이었다.

강원용이 보는 통일의 길은 두 가지였다. 첫째, 통일은 반드시 평화적으로 이루어져야 한다. 동족 간의 참혹한 살상을 겪었던 그에게 무력충돌은 절대 막아야 하는 최악의 상황이었다. 둘째, 민주주의 원칙을 따르는 통일이다. 강원용이 보는 민주주의는 인간의 존엄성은 인정하면서도 인간의 절대성이나 무오성(無誤性)은 부정하는 철학에 근거한다. 따라서 비록 이념은 달라도 자신의 이념에 따라 조직을 형성할 자유가 보장되어야 한다.[13] 민주적 통일이란 북한의 공산당과 그들의 활동까지 인정하는 것을 의미한다. 시대상황에 따라 구체적인 방안은 달라질지언정 기본 원칙은 변하지 않았다.

이 두 가지 원칙을 기초로 강원용은 두 눈으로 남북관계를 보고자 했다. 서로 이념이 다르고 체제가 다른 적으로서의 북한을 보는 눈, 그리고 피를 나눈 동포로서 북한을 보는 눈 두 가지가 모두 필요하다고 역설했다. 적과 동포 어느 한 쪽으로만 상대를 인식하지 않는 냉정함을 유지하면서도 보다 나은 선택을 위해 노력해야 한다는 것이다.

평화적 통일이어야 한다

강원용의 평화통일론은 젊은 시절부터 확립되어 있었다. 그는 논문을 통해 장면정부의 통일방안에 대한 자신의 생각을 피력한 바 있다. 장면정부는 현실성 없는 북진통일론을 폐기한 대신, 유엔결의에 기초한 유엔 감시 하 남북한 자유선거에 의한 통일방안을 제시했었다.[14] 이때 논의되던 통일방안 가운데 크게 논란이 되었던 것이 중립화 통일방안이었다. 중립화안은 미 상원의원 마이클 맨스필드(Michael Mansfield)가 미 상원외교위원회에 제출했던 보고서에서 비롯되었다. 오스트리아식의 중립화를 통해 한국문제를 해결하는 것을 고려해야 한다는 내용이었다.

강원용은 당시 논의되던 통일방안들을 크게 세 가지로 분류했다. 유엔안과 남북한의 안, 그리고 중립화안이다. 첫째, 유엔안은 유엔 감시 하에 남북 총선거를 통해 통일정부를 수립하자는 안이다. 둘째, 남북한의 안은 북한의 연방제안과 남한, 당시 민주당의 안이 있다. 우선

13) 강원용, 『강원용전집 7: 역사의 증언자들』, 동서문화사, 1995, 111쪽.

14) 강원용, 「남북통일과 우리의 과제」, 『기독교사상』, 5:2, 1961, 40~47쪽.

북한은 연방제를 제의했다. 북한은 예전부터 미군 철수와 어떠한 외국의 간섭도 없이 전체 조선 인민의 자유의사에 의한 선거를 실시할 것을 주장했었다. 그러다가 김일성은 1960년 8월 15일 남한이 종전안을 받아들이지 않을 경우의 대안으로 연방제안과 경제교류, 문화교류, 인사교류 구상을 제안했다.[15] 이에 남한은 민의원 본회의 가결을 통해 통일론을 보다 구체화한다. 대한민국 헌법 절차에 의하여 유엔 감시 하에 인구비례에 따라 자유선거를 실시하자는 안이다.[16] 이 안은 당초에 비해 후퇴했다는 비판을 받았다. 대한민국의 헌법절차를 북한이 받아들일 리가 없으므로 평화적 통일방식을 거부하는 것과 마찬가지라는 이유에서였다.

크게 문제가 되었던 것은 셋째의 중립화안이었다. 강원용은 중립화안의 장단점을 보다 자세히 검토했다. 적극중립과 소극중립, 임시중립과 영세중립의 경우를 모두 살펴보았다. 그러곤 당시 맨스필드의 제안을 고려하여 우리가 선택할 수 있는 중립화안은 오스트리아식 외에는 없지만 이 역시 우리 현실에 맞지 않는다고 평가했다.

오스트리아는 전후 4개국의 분할점령 이후 중립국화한 경우다. 중립화안은 1947년 카를 레너(Karl Renner) 대통령이 '스위스식 중립화안'을 천명하면서 시작되었다. 이렇게 천명화된 중립화 의사가 연합국 간 협상과정에 구체적으로 반영될 기미는 보이지 않았다. 오스트리아는 사실 협상 과정의 객체에 불과했다. 그러다 NATO가 창설된 후부터 오스트리아는 스위스식 중립화에 대한 관심을 지속적으로 표명하기 시작했다. "오스트리아는 블록형성이나 외세에 대한 의존을 고려하지 않는다. 다만 조국이 자유롭고 독립된 국가이기를 희구"한

15) 김형기, 『남북관계변천사』, 연세대학교출판부, 2010, 49쪽.

16) 민주당의 통일안에 대해서는 통일부, 『통일부 30년사: 평화·화해·협력의 발자취, 1969~1999』, 통일부, 1999, 38~41쪽 참조.

다는 입장을 발표하고, 1954년 4월 2일 오스트리아 의회가 이 문제를 유엔에 상정했다.

1952년 4월에는 오스트리아 외상 카를 그루버(Karl Gruber)가 자신들의 중립안이 '국제법적 중립'이라며 동서 냉전에 개입할 의사가 없음을 밝혔다. 1954년 연합국 외상회의에서도 중립화 통일에 대한 결의를 분명히 했다. 그러자 1955년 소련의 니키타 흐루쇼프(Nikita Khrushchyov)는 오스트리아의 독립과 자유를 보장하겠다는 긍정적인 답변을 보냈으며, 양국은 3월 12일부터 4일간 회담을 거쳐 '모스크바 각서'를 작성했다. 마침내 연합국 4개국 외상들은 오스트리아 국가 조약에 서명했다. 해당 조약에는 오스트리아 중립에 관한 직접적 규정은 포함되어 있지는 않았지만, 중립은 국가조약의 사전조건이었다. 1955년 6월 7일 오스트리아 의회는 만장일치로 영세중립을 선포하고, 4개국 연합군은 철수를 끝낸 상황에서 10월 26일 '오스트리아 중립에 관한 헌법'을 통과시켰다.[17)]

이 방안이 우리에게 맞지 않는 이유를 강원용은 오스트리아정부와의 차이에서 찾고 있다. 오스트리아는 우리와 달리 국토가 분할된 상태에서도 단일정부를 유지하고 있었다. 연합국의 분할 점령과 연합국 평의회의 존재에도 불구하고 레너 임시정부는 오스트리아 전역을 단일 행정권으로 통합하기 위한 노력을 계속했다. 또한 가톨릭 보수계의 국민당과 더불어 공산당을 적절히 견제하는 등 정부 관할권을 전국적으로 확대했으며, 같은 해 10월 연합국 평의회가 최종 승인하여 단일정부가 탄생했다. 1945년 11월 25일 실시된 자유 총선에서는 국민당, 사회당, 공산당의 3당으로 연립정부가 구성되었다. 수상에는 국민당의 레오폴드 휘글(Leopold Figl)이, 부수상에는 사회당의 아돌프

17) 안병영, 『왜 오스트리아 모델인가: 합의와 상생, 융합과 재창조의 국가모델』, 문학과지성사, 2013, 138~156쪽.

셰르프(Adolf Schärf)가 선출되었다. 1947년에는 공산당이 내각에서 물러나 좌우합작의 대연정이 달성되었다.[18] 이에 반해 우리는 오스트리아와는 달리 남북에 이념을 달리하는 독자정부가 서 있었고 상호 절멸전쟁을 치렀다. 강원용은 오스트리아식 중립화를 수용하기에는 현실적인 어려움이 많으므로 보다 신중히 연구하고 검토해야 한다고 보았다.

강원용이 중립화안보다 중요하게 생각했던 것은 통일의 원칙이었다.

> 문제의 초점은 남북통일이 실현되려면 그것이 U · N안이건 '중립화안'이건 또 앞으로 무슨 새 안이 나오건 그것은 평화적인 방법에 의해 해결되는 안일 것이고 민주주의의 원칙에 의해 총선거가 될 것이고, 우리의 자력에 의하여 질서가 유지되는 정부여야 한다는 점만은 명백한 조건이 될 것이다.[19]

남북한 모두 평화, 민주, 자주의 원칙을 부정한 적은 없었다. 강원용의 생각은 여기에서 한걸음 더 나아간다. 남북 모두가 받아들일 수 있는 평화, 민주, 자주의 원칙을 말하고 있는 것이다. 그는 원칙을 지키면서 통일론을 펼칠 때 우리가 각오해야 할 점들이 있다고 했다.

> 첫째, 대한민국의 헌법정신을 살려야 하되 그 헌법절차를 고집해내기는 어려울 것이고, 둘째로 대한민국 안에 있는 모든 기성정당이 자유로운 정치활동이 보장되어야 할 것과 마찬가지로 북한에 있는 노동당도 합법적인 정당으로 인정하지 않을 수 없을 것이고, 셋

18) 같은 책, 141쪽.
19) 강원용, 앞의 글, 46쪽.

째로 정부가 수립된 후가 되든, 전이 되든 여하튼 적당한 시기에 외국군대는 철수하지 않을 수 없을 것이다. 우리가 원하던 원치 않든 이 조건을 수락하지 않고 평화적인 통일이란 불가능할 것이다.[20]

북한의 노동당까지 자유로운 정당활동을 인정해야 한다는 강원용의 주장은 우리를 놀라게 한다. 이 논문은 1961년에 기고되었다. 종전 후 채 8년이 지나지 않은 시점이다. 아직 전쟁에 대한 기억이 생생하게 남아 있을 때 공산당을 인정할 수 있어야 한다는 충격적인 주장을 제시한 것이다. 시대를 크게 앞서간 강원용의 선구성을 잘 보여주는 대목이다. 강원용은 공산주의를 철저히 배척하는 기독교인이다. 해방 후 월남한 이유도 이북의 공산당 치하에서는 신앙생활이 자유롭지 못할 것이라는 판단 때문이었다. 그런 반공 성향이었던 강원용이 민주주의적 통일의 원칙에 의해 그리고 평화적 통일을 위해 공산당의 합법적 인정을 주장하고 있었다.

강원용의 통일론에서 빼놓을 수 없는 것은 어떻게 공산당을 이길 것인가 하는 문제다. 첫째, 사상적인 무장이 필요하다. 과거의 이승만 정권처럼 국민들의 눈과 귀를 막는 반공주의와는 다르다. 민주적 방식에 의한 사상적 지반을 구축하자는 점에서였다. 따라서 공산주의의 선전공세를 능가할 이론적인 무장, 기회주의적 태도를 취하지 않을 정신적 무장, 국민들이 좌우익 독재세력의 침투에 끌려들어가지 않을 훈련이 필수적이고 시급했다.

둘째, 사상의 측면과 더불어 국민들이 먹고사는 문제를 해결해야 한다. 통일된 정부 하에서 국민들의 선거 기준은 경제발전이 아닌 분배의 정의가 될 것이라고 강조했다. 그러나 경제문제를 해결하지 못하는 경우 공산주의로부터의 공격 때문이 아니라 체제 내로부터 자멸

20) 같은 글, 46쪽.

하게 된다고 지적했다.

끝으로 기독교인들은 민주주의 원칙에 의해 자유 및 경제적 복지를 보장하는 정권을 지지해야 한다. 강원용은 공산주의는 물론 우익독재나 독점자본주의와도 대결해야 한다고 당부했다.[21] 선명한 반공 노선과 반독재 노선의 결합을 읽을 수 있다. 제3의 길을 체제 전체 차원으로 확대한 사상이었다.

대북정책: 대화와 공론형성으로

강원용이 대화를 통한 남북문제를 해결하고자 노력했던 대표적인 예는 2000년 출범한 평화포럼이다. 각계 대표 40인이 모여 새로운 평화통일운동을 추구하는 기구를 조직하자고 뜻을 모아 2000년 10월에 출범했다. 목적은 크게 두 가지였다. 하나는 남한 사람들의 의견을 통일된 공론으로 만들어내는 것이다. 남북문제는 남북 간의 대립과 더불어 국내적으로도 보수, 진보, 온건파 사이의 갈등이 특히 심하다. 보통 남남갈등이라고 불리는 이 현상은 마치 평행선을 두고 달리는 것과 같이 합의를 이끌어내기 어려운 문제다. 평화포럼은 대화를 통해 바람직한 남북관계를 창출하고자 했다.

다른 하나는 주변국들과의 관계를 남북 협력을 증진시키는 방향으로 유도하는 것이다. 남북한의 협력과 통일은 주변국들의 이해와 협력이 없는 한 기대하기 어렵다. 따라서 그들과의 원만한 관계 형성의 필요성을 충족시키고자 했다.

2001년 1월에는 평화포럼의 기본입장을 정리하여 「남북 평화체제 수립을 위한 우리의 제언」이라는 문서를 작성했다. 이 문서에 나타난 평화포럼의 기본적인 자세는 다음과 같다.

---

21) 같은 글, 46~47쪽.

1. 남북 평화 정착은 범국민적 지지와 초당적 협력 기반 위에서 추진되어야 한다.
1. 남북 경제 협력과 대북 지원은 민족 공동체 정신에 입각해 지속되어야 한다.
1. 평화 체제 수립을 위해 남과 북은 상호 체제를 존중해야 한다.
1. 한반도 평화 정착은 한민족이 주체가 되어야 한다.[22]

각 입장에는 강원용의 통일에 대한 철학이 그대로 반영되어 있다. 첫째, 정부의 대북정책은 여야 모두의 협력과 지지를 필요로 하는 국가적인 큰 사업이다. 김대중정부가 남북정상회담과 햇볕정책을 통한 협력체제 구축에 기여한 것은 분명하다. 그러나 야당을 포용하지 못하고 국민들에게 동의와 지지를 구하는 노력이 부족하여 남남갈등을 해결하지 못했다. 정책의 지속성 면에서도 한계를 보였다. 강원용은 이러한 견지에서 평화포럼의 기본적인 원칙에서도 이 조항을 가장 우선시했다.

둘째, 민족공동체 정신을 강조하여 두 눈으로 북한을 보고자 했다. 북한정권과 북한동포를 나누어 따뜻한 동포애로 마음의 장벽을 녹이고자 했다.

셋째, 상호체제 존중은 대화의 기본원칙이다. 상대방의 체제를 인정한 바탕 위에서 새로운 길을 찾아야 한다는 인식을 기초로 한다. 이러한 관점은 앞서 살펴본 1961년의 논문에 잘 나타나 있다.

넷째, 한민족이 주체가 되어야 한다는 원칙은 그의 체험에서 비롯된다. 분단은 우리의 의지에 의한 것이 아니다. 마찬가지로 우리의 의지에 의하지 않은 통일은 한민족이 바라는 방향으로 나아가지 못할 가능성이 상존한다. 한민족이 원하는 통일은 한민족의 손에 의해 이

---

22) 강원용, 『역사의 언덕에서 5』, 176~177쪽.

루어져야 하는 우리의 숙제다.

평화포럼이 결성된 결정적인 계기는 2000년 6월에 열린 남북정상회담이었다. 김대중과 김정일은 남북한의 상호불신을 청산하고 통일 지향적 평화공존체제를 구축하기 위한 5개항에 합의를 선언했다. 역사적인 6·15공동선언이다. 통일문제는 자주적으로 해결할 것, 남한의 연합제와 북의 낮은 수준의 연방제의 공통점이 있으므로 여기로부터 통일논의를 시작할 것, 인도적 문제해결을 위해 노력할 것, 경제협력을 비롯한 제반 분야의 협력과 교류를 활성화할 것, 합의된 사항들을 실천하기 위한 당국 간 회의를 개최할 것 등을 그 내용으로 하고 있다. 김대중 대통령은 이를 두고 햇볕정책이 북의 의심을 마침내 녹였다며 "필생이 통일 철학을 마침내 실현하는 기회를 맞는구나"라는 말로 벅찬 기쁨을 표현했다.[23)]

강원용 역시 정상회담을 감격에 겨워 바라보았다. 깊은 한을 지니고 사는 이 땅의 사람들에게 평화에 대한 큰 기대와 기쁨을 안겨주는 놀라운 사건이었다고 평하고 있다. 그는 평화통일을 위해 어떤 간절한 부름을 받은 것 같은 느낌을 받았다고 표현한다.[24)] 정상회담은 역설적이게도 강원용이 통일고문회의 의장직에서 물러나는 계기로 작용했다. 통일고문회의와는 아무런 사전 논의도 없이 대통령이 평양에 다녀온 후 사후에 보고했다는 이유에서였다. 강원용은 하는 일 없이 세금만 받는다는 생각이 들었다고 표현했다.

강원용은 정부와 의회는 물론 국민들의 합의에 의해 형성된 국가적 공론으로 남북문제에 접근해야 한다고 생각했다. 그리고 대통령은 합의를 마련하기 위해 부단히 노력해야 한다는 점을 강조했다. 남북문제의 해결을 위한 혜안이 아닐 수 없다. 향후 한반도의 평화 구축을

---

23) 김대중, 『김대중 자서전 2』, 삼인, 2010, 244~248쪽.

24) 강원용, 앞의 책, 170쪽.

위해 정책결정자들이 염두에 두어야 하는 명제다. 그러나 국가라는 공적 영역에서는 공개하지 못할 사안도 존재하기 마련이다. 강원용은 이 점에 대한 이해가 부족했다. 통치권 차원에서 남북한 간의 사전접촉을 밝히지 못한 김대중 대통령의 고뇌에 대한 이해가 필요한 영역이었다.

평화포럼은 남북관계에 중요 사안이 발생할 때마다 대화를 통해 공론을 형성하고자 했다. 2002년 미국의 조지 부시(George W. Bush) 대통령이 취임하자마자 북한을 '악의 축'이라고 명명하고 나섰다. 한반도를 둘러싸고 긴장이 고조되었다. 강원용은 대립을 완화시켜야 할 필요가 있다고 느꼈다. 그는 평화포럼을 통해 미국의 미사일 방어추진이 한반도 평화의 걸림돌이 되지 않기를 바란다는 점, 미국이 남한 정부의 대북 화해와 협력정책 그리고 2차 남북정상회담을 지지할 것, 북미기본합의서를 기초로 대북 미사일 협상을 신속히 재개할 것, 북미 정상회담을 포함해 북한의 국제사회 참여를 격려할 수 있는 방법을 미국이 더욱 적극적으로 모색할 것 등을 촉구하는 내용의 편지를 보내 긍정적인 답변을 얻었다.[25] 그리고 2002년 대통령 선거를 앞둔 시점에는 각 후보들을 불러 강연회를 개최하여 대화를 주도하기도 했다.

2003년 1월에는 '한반도 위기의 평화적 해결을 위한 시민 포럼'을 개최했다. 중학생이던 효순이와 미선이가 미군 장갑차에 의해 압사당한 사건의 전차 운전병이 무죄 판결을 받은 직후였다. 대규모 촛불집회가 열렸고 간간이 반미구호도 나왔다. 남북관계는 북핵문제가 불거지면서 점점 위기감이 고조되었다. 북핵문제는 점점 타협이 불가능한 상태로 치달았다.

2002년 10월 국무성 아 · 태 담당 차관보인 제임스 켈리(James Kelly)

25) 같은 책, 187~191쪽.

가 평양을 방문했던 일이 있다. 그로부터 며칠 후 미 국무부는 북한이 고농축 우라늄핵개발 프로그램(Highly Enriched Uranium Program, HEUP)을 진행하고 있다는 사실을 전달했다고 발표했다. 11월에는 한국과 미국, 일본은 북한에 대한 중유 제공을 중단했다. 북한이 이에 반발하여 영변의 5MW 원전에서 사용한 8000여 개의 폐연료봉의 재처리 의사를 밝히고 2003년 1월 10일 핵확산금지조약(Nuclear Nonproliferation Treaty, NPT)에서 탈퇴했다.[26]

한미관계와 남북관계가 모두 악화되는 위기상황이었다. 강원용은 포럼을 통해 다음의 성명서를 채택하여 미국과 일본, 우리 국회에 보냈다. 첫째, 미국과 북한은 제네바 합의에 위반되는 조치를 시정하고 제네바합의의 의무사항을 이행함으로써 상호 신뢰를 회복해야 한다. 둘째, 북한의 핵 개발 포기선언과 국제적 감시체제로 복귀하고, 미국의 구속력 있는 대북 체제 안정보장 약속을 상호 교환하기 위한 북미 직접 대화와 협상이 즉각 시작되어야 한다. 셋째, 고질적인 기아 상태에 빠져 있는 북한 주민들을 위한 인도적 지원은 어떤 요인에도 영향을 받지 않고 흔들림 없이 지속되어야 한다.[27] 그는 대다수의 지도자들은 반미나 반북이 아니라 반핵 반전의 입장에 서 있다는 사실을 대내외에 알리고자 했다.

그러나 평화포럼은 대화의 대상이 한정되어 있다는 한계가 있었다. 사회의 지도적 인사들을 주요대상으로 하여 대화의 영향력이 통일운동 전반에까지 미치지는 못했다. 또한 북핵문제의 당사자인 북한 역시 대화에서 빠져 있었다. 어쩌면 강원용은 당시 북한의 핵 보유의지에 대해 과소평가했을지도 모른다. 그러나 이는 당시 한국과 세계의

---

26) 장달중 · 이정철 · 임수호, 『북미 대립: 탈냉전 속의 냉전 대립』, 서울대학교출판문화원, 2006, 99~107쪽.

27) 강원용, 앞의 책, 197~201쪽.

모든 지도자들이 범했던 일종의 합의된 오류였다. 북핵문제는 세기를 넘어 아직도 한반도를 먹구름 가득한 상태로 몰아넣는 주범이라는 점에서 세계와 우리의 더 큰 지혜를 요구하고 있음에 틀림없다.

12 메시지: 화해와 평화의 길로

오늘날 한국사회는 극단적인 사적 이기주의에 익숙해져 있다. 모두가 자신의 사적 이익에 과도하게 민감하다. 다원주의 사회로서 이해의 대립과 갈등은 당연하지만, 타협과 공존의 윤리는 너무 약하다. 또한 진보와 보수, 옳고 그름의 양분논리를 과도하게 추수하여 서로 간의 다름을 쉽게 인정하지 않으려 한다. 따라서 이념적 · 계층적 양극화보다 더욱 심각한 것은 문제해결을 위한 사유의 양극화가 아닐 수 없다.

강원용은 이익과 힘의 논리가 아닌 다른 차원에서 문제에 접근하려 한다. 죄는 악한 영의 역사로 인해 분열된 상태이지만 하나님은 분열을 치유하는 화해와 상생의 대변자다. 그는 양 극단의 중간에서(between) 대화를 중재하고 이를 넘어서(beyond) 합의에 도달하는 상생을 목표로 삼았다. 타인에 대한 사랑과 화해, 타인과의 협력과 상생을 지향한 것이다. 남남갈등, 남북문제, 한반도와 동아시아의 역내 갈등으로 점철된 오늘의 한국사회에 강원용의 대화의 철학과 방법이 다시 필요한 이유다.

양극화

강원용은 일찍이 인간이 인간답게 살지 못하게 되는 이유를 양극화에서 찾았다. 경제적으로 가진 자와 못 가진 자, 사회적으로 강자와 약자의 격차가 커질수록 절대적이며 상대적인 박탈(감)이 인간들을 나락에 빠뜨리고 있음을 간파하고 경계했다. 그는 공동체의 양극화가 개인을 넘어 끝내는 사회를 불안하게 하고 민주주의체제를 위협하게 되는 상황을 크게 우려했다.

오늘날 우리 사회의 양극화는 세계 최악의 수준으로 치닫고 있다. 현재 한국은 경제협력개발기구(Organization for Economic Cooperation and Development, OECD) 국가들 중 가장 불평등한 나라 중 하나다. 2014년 우리나라 전국 2인 이상 가구의 월평균소득은 10년간 연평균 4.4퍼센트가 증가한 반면 소득 10분위와 1분위[1] 간의 평균 소득격차는 2004년에는 559만 3,749원이었던 것이 2014년에는 863만 9,589원에 이르렀다. 즉 소득 10분위의 평균 소득은 10년 간 335만 4,618원 증가한 반면, 소득 1분위의 평균소득은 30만 8,778원 증가하는 데 그친 것이다. 이를 OECD 국가들과 비교해보면 한국의 양극화의 심각성이 여실히 드러난다. 'P90/P10'은 상위 10퍼센트 소득집단의 평균소득과 하위 10퍼센트 소득집단의 평균소득 격차를 측정하는 지표다. 값이 높을수록 더 격차가 크다. OECD 국가들 중 18개국과 비교해보면, 한국은 약 47.8퍼센트를 기록하고 있는 미국 다음으로 44.87퍼센트의 높은 수치를 보이고 있다.[2] 놀라울 정도다.

---

1) 소득 분위는 경제양극화를 증명하는 데 사용되는 대표적인 지표로, 가구를 소득 순으로 나열한 후 최하위 가구부터 최상위 가구까지 10구간으로 등분하여 각 구간별 소득을 평균한 것 중 소득이 가장 낮은 구간이 1분위, 가장 높은 구간이 10분위다.

2) World Wealth & Income Database 중 Top 10% income share, 2012년 기준(포

경제적 양극화는 교육의 기회를 봉쇄하며 사회적 이동의 기회를 박탈한다. 교육의 공공성의 해체로 인한 사교육비문제는 대표적이다. 사교육비가 증가하면 교육기회의 형평성이 파괴되고 계층 간 교육격차와 소득격차가 악순환적으로 심화된다. 2016년의 경우 월평균 소득수준 100만 원 이하 가구에서는 사교육비로 50만 원을 지출한 반면, 소득수준이 700만 원 이상인 가구에서는 443만 원을 지출했다.[3)]

OECD 국가들과 비교하면, 2013년 기준 우리나라의 국내총생산(GDP) 대비 정부부담 금액과 민간부담 금액을 합한 전체 금액의 비중(공교육비 비중)은 5.9퍼센트로 OECD 평균 5.2퍼센트보다 0.7퍼센트 높았다. 또한 고등 공교육비의 GDP 비중은 2.3퍼센트로, 2.5퍼센트의 캐나다 다음으로 높았다. 그러나 한국의 이 수치의 대부분은 민간부담이다. 사립과 사교육비로 인한 개인부담을 의미하는 민간부담률은 한국이 1.3퍼센트로 세계 최고 수준이다.[4)] 교육선진국 핀란드의 경우 고등 공교육비의 GDP 비중은 1.8퍼센트이며 이 중 민간부담률은 단지 0.1퍼센트에 불과하다. 한국의 10분의 1도 안 되는 수준이다.

임금 격차 또한 너무도 심각하다. 2016 OECD 보고서에 따르면 한국 노동자 상위 10퍼센트와 하위 10퍼센트 간의 임금 격차가 OECD 국가 중 최고 수준인 것으로 나타난다. 한국은 최저임금 수준이 낮은데다 그것조차 받지 못하는 비정규직 노동자가 많기 때문이다. 2014년 기준 임금 10분위 배율(임금 하위 10퍼센트 대비 상위 10퍼센트의 배율)을 보면 한국은 4.8배로 OECD 34개국 중 32위에 그쳤다. 한국은 임금 격차의 개선 가능성도 매우 낮다. 한국의 임금 10분위 배율은 2000년

르투갈 2005년, 아일랜드/이탈리아 2009년, 일본/캐나다/호주/덴마크 2010년, 노르웨이/영국/독일 2011년 자료), http://wid.world/

3) 국가통계포털(KOSIS), 「가구의 월평균 소득별 학생 1인당 월평균 사교육비」, http://kosis.kr

4) OECD, Education at a Glance 2016.

에 4.9배에서 지난 시기 동안 거의 그대로 유지돼왔다.

소득별 양극화는 성차별로 이어진다. 한국 여성의 경우 성차별로 인해 성별 임금비율을 국제비교를 통해 살펴보면 한국은 남녀격차가 가장 크다. 2013년을 기준으로 한 OECD 자료에서 보면 OECD 국가들의 남녀 간 임금 격차는 15.3퍼센트인데, 한국은 OECD 평균의 2배를 넘는 36.6퍼센트인 것으로 나타난다.[5)]

조지프 스티글리츠(Joseph E. Stiglitz)는 미국에서 불평등이 계속 심화되는 추세에 있으며 언젠가는 대가를 치를 것이라고 경고한다. 불평등한 사회는 효율적으로 움직이지 못하며 경제는 장기적인 안정성을 확보하지 못한다. 결과적으로 사회적 갈등과 높은 범죄율, 사회불안과 분열을 가져오게 된다. 스티글리츠는 경제구조뿐만이 아닌 정치와 사회의 시스템에 불평등의 원인이 있음을 지적한다. 그는 "불평등은 성장에 도움이 된다"거나, "불평등을 교정하기 위한 정책들이 경제에 악영향을 미친다"는 견해를 반박한다. 오히려 정치적·정책적 해결책으로 불평등한 현실을 개선할 수 있다는 점을 강조한다.[6)]

스티글리츠의 주장은 부의 불평등문제에 대한 토마 피케티(Thomas Peketty)의 생각과 맞닿아 있다. 피케티에 의하면 경제적·사회적·정치적 행위자들 사이의 역학관계가 불평등의 역사를 결정지어왔다. 즉 분배의 역사는 언제나 정치적이었다. 경제적 메커니즘으로 환원될 수 없다. 또한 부의 수렴과 양극화를 촉진·방해하는 자연적인 힘은 존재하지 않으며 부의 분배를 둘러싼 동학(動學)이 메커니즘을 작동하게 한다고 주장했다.[7)] 다시 말해서 부의 양극화는 경제활동의 자연적 부

---

5) Employment and unemployment in figures, http://www.oecd.org

6) 조지프 스티글리츠, 이순희 옮김, 『불평등의 대가: 분열된 사회는 왜 위험한가』(*The Price of Inequality*), 열린책들, 2013, 191~193쪽.

7) 토마 피케티, 장경덕 외 옮김, 『21세기 자본』(*Capital in the Twenty-First Century*), 글항아리, 2014, 32~40쪽.

산물이 아니라 부의 분배를 둘러싼 인간집단들의 선택에 의해 형성된다. 결국 인간들의 인위적인 노력이 양극화 현상을 해결하는 데 가장 중요한 요소가 되는 것이다.

스티글리츠와 피케티의 통찰은 한국에게 특히 유효하다. 한국은 경제발전 초기 과정에서 정부가 부의 분배과정을 의도적으로 통제했다. 발전국가모델로 알려진 국가주도의 성장과정에서 부의 분배는 일부 부문에 의도적으로 집중되었다. 정부는 경제의 자율성을 제한하고 자원의 배분과 부의 재분배 과정을 강력하게 통제했다. 그리고 시장을 왜곡함으로써 의도된 경제부문의 성장을 촉진했다. 또한 민간부문은 정상적인 경제활동에 매진하기보다는 정경유착과 지대추구(地代追求) 행위를 통해 자신에게 이익이 되는 정책선택을 유도하고 자기이익을 위해 정부자금이 배분되도록 하는 데 노력을 기울였다. 이러한 과정이 누적되면서 왜곡된 부의 분배과정이 고착화되고 특정 소수에게 사회의 부가 집중되는 결과가 빚어졌다. 끝내 한국사회는 최악의 양극화 사회로 귀결되고 말았다.

양극화는 결국 양 극단 간 갈등의 악순환을 낳을 뿐이다. 강원용은 양극화를 집단 간 대화를 단절시키는 죄악이요 사람이 사람답게 살지 못하게 하는 원인으로 간주했다. 비인간화 역시 양극화의 산물이다. 인간화를 위해 양극화를 극복해야 한다는 강원용의 메시지가 아직도, 그리고 여전히 절실한 까닭이다.

남남갈등

남남갈등이란 남한과 북한 사이의 갈등을 남북갈등으로 부르는 데 대한 상대어로 만들어진 개념이다. 구체적으로는 북한 및 통일에 관한 의견차이로 나타나는 남한사회의 내부 갈등을 의미한다.[8] 구체적으로 분류하자면 분단과 남북관계를 둘러싼 남한 내부 갈등, 남한의 대북정책을 둘러싼 남한 내부 갈등, 분단 및 남북관계로부터 파생되는 사회의 다른 영역의 내부갈등의 세 가지로 나뉜다.[9] 따라서 남남갈등은 다차원적이고 복합적이다. 대북정책에 대한 이념갈등과 세대갈등을 포함하며, 그것들을 넘어 노사갈등과 한미·한중관계의 외교갈등으로 확장된다. 남북문제를 둘러싼 남남 이념갈등이 한국사회의 다른 갈등들을 중첩결정하는 상황에 다다른 것이다.

한국사회의 남남갈등은 매우 심각한 수준이다. '수구꼴통' 대 '친북좌파'라는 낙인찍기가 정치, 학문, 언론, 종교, 문화, 예술, 시민단체 영역에 이르기까지 사회를 수직적으로 일도양단처럼 갈라놓고 있다. 남북문제 영역에서만큼은 일종의 사유중단 상태에 도달하여 상호 존중도 대화도 사라지며 벌거벗은 이념대결만이 남는다. 이러한 진보와 보수의 극단적 대결과 교착은 즉각 다른 국내 사안들로 옮겨와 사사건건 대립을 강화, 촉진, 고착시키고 있다. 남북문제를 국내정치에 활용하여 남남갈등을 발생시키고 있는 근본 원천인 정당과 언론영역에서는 정치적 목적을 위해 이념대결을 더욱 촉진하고 활용한다. 과거의 용공, 좌경, 친북 용어를 잇는 종북, 좌파, 좌빨 등의 양극적 정치언어는 최악의 현실이 아닐 수 없다.

물론 남남갈등은 한 편에는 이데올로기 대립과 전쟁의 역사에 대한 고통스러운 기억이 자리 잡고 있다. 동시에 여기에는 민주화 이후 진행되어온 남북화해와 공존, 평화와 통일로의 흐름을 가로막으려는 강력한 국내 정치요인이 자리 잡고 있음을 간과해서는 안 된다. 특히 개혁에 대한 보수기득세력의 저항은 이념문제의 동원으로부터 발원한다.

---

8) 전우택·김은주·유시은·윤석민·이해완·장혜경·홍종윤, 「평화통일에 대한 국민공감대 형성 연구」, 통일준비위원회 정책용역연구, 2014, 9~10쪽.

9) 송인한·전우택·박명림, 「사회치유로서의 평화통일 연구」, 통일준비위원회 정책연구용역, 2015, 4쪽.

강원용이 강조한 화해의 정신이 지금 필요한 이유가 여기에 있다. 강원용은 파당적이고 편파적인 정책이 아닌, 국민공감대에 기초하여 합의된 대북정책으로 남남갈등을 해결할 수 있다고 보았다. 또한 대북정책의 일관성을 강조했다. 독일의 경우가 모범적 사례였다. 서독 정부는 야당과 협의를 지속했고, 정권 교체 후에도 정책기조에 일관성을 보여 통일에 대한 합의를 이끌어낼 수 있었다. 따라서 남남합의의 문제를 강원용은 크게 중시했다. 햇볕정책이 남북관계에 기여한 바를 인정하면서도 정상회담 추진과정에는 강력한 비판을 마다하지 않았다. 정책 수립 시 야당과 협의하지 않았고 일반 국민들의 동의와 지지를 구하는 노력에 적극적이지 않았다는 점 때문이었다. 2000년 8월에 평화포럼을 조직할 당시 제시된 원칙을 보면 강원용의 생각이 분명히 드러난다. 평화포럼의 제1목적은 남한 사람들의 의견을 통일된 공론으로 만들어 범국민적 지지와 초당적 협력의 기반 위에서 남북의 평화 정착을 추진하는 것이었다. 아직도 절실한 과제가 아닐 수 없다.

강원용이 희구했던 오늘날 우리에게 절실한 남남화해, 남남협력과 관련해서는 최근 들어 주목받고 있는 제주사회의 치유모델이 한 좋은 귀감이 될 수 있을 것이다. 제주는 참혹한 4·3의 진상규명과 극복과정에서 결코 과거갈등이 재연 되지 않도록 자제와 인내, 호양과 상생의 정신을 발휘하여 제주도 내 진보와 보수, 여와 야, 과거의 좌와 우, 가해자와 피해자, 노년세대와 청년세대의 높은 수준의 화해협력과 공존을 달성했다. 민 · 관 간의 긴밀한 협의와 협치의 정신 역시 제주사회 치유의 핵심이다.[10]

10) 같은 글, 8쪽.

통일문제

강원용의 통일관은 평화, 민주, 자주의 세 원칙에 입각하고 있다.[11] 이 원칙들은 남북한 모두가 부정할 수 없는 일반 원칙들이라고 할 수 있다. 이때 강원용이 말하는 민주적 방법은 북한의 조선노동당까지 인정하면서 공산주의자들의 사상과 결사의 자유를 보장하는 차원이었다. 강원용은 인간 존엄성을 인정하면서도 인간의 절대성이나 완전성을 수용하지 않았다. 그렇기에 60년대에 이미 시대상황을 뛰어넘는 혁명적 사유가 가능했다. 현 시점에서도 공산당을 인정하자고 주장한다면 실정법 위반논란과 많은 비난을 각오해야 한다.

그러나 강원용은 공산주의자들과 공존하고 경쟁하면서도, 공산주의를 극복할 수 있는 사상적 무장을 말하고 싶었던 것이다. 특히 국민의 경제생활을 안정시킴으로써 공산주의의 유혹에 빠져들지 않도록 해야 한다고 보았다. 신속한 토지개혁을 통해 농민들을 대한민국 지지세력으로 만들었던 이승만 및 조봉암의 사상과 맞닿아 있는 부분이다.

강원용은 통일문제를 민족공동체 정신으로 접근하여 실천하고자 했다. 그는 굶주리는 북한 주민들을 보면서 북한의 정권과 북한 동포들을 분리하여 접근하는 것이 남북관계를 대결에서 화해로 이끄는 한 출발점이라고 보았다. 1995년 잇단 자연재해로 북한의 주민들이 어려울 때 그는 우선 동포들이 먹고살아야 할 것이 아니겠는가라는 생각에 민간차원에서 북한에 쌀 보내기 운동을 전개했다. 그는 북한의 정권과 주민들을 분리하는 '두 눈으로 보기'를 지속하여 체제가 다른 북한과 피를 나눈 동포를 보는 눈을 동시에 유지하고자 했다.

---

11) 강원용의 통일원칙은 이미 1961년에 썼던 글에 분명하게 나타나 있다. 강원용, 「남북통일과 우리의 과제」, 『기독교사상』, 5:2, 1961, 40~47쪽.

오늘날 남북관계는 위기가 고조되고 있다. 북핵체제 하에서 상호적대와 안보위기를 함께 겪고 있다. 금강산관광과 개성공단은 폐쇄되어 남북한 상호 교류가 모두 끊겼다. 가장 큰 심각성은 북핵위기로 초래된 남북관계 단절이 지속되고 있다는 점이다. 대북지원도 거의 사라졌다.[12] 인도적 지원조차 이루어지지 않고 있다는 점은 남북 간에 최소한의 소통과 대화가 단절되었음을 의미한다. 닫는 것은 쉬우나 다시 시작하는 일은 험난한 과정일 것이다.

물론 남북관계가 현재의 파탄지경에 이른 근본원인은 북한에게 있다. 북한은 남한정부의 온건한 대북정책과 경제협력정책에도 불구하고 폐쇄체제를 지속했고 핵무기 개발을 멈추지 않았다. 이러한 태도는 남한에게 협력정책을 지속할 수 있는 명분을 제거했다. 남한 정부 역시 일관된 정책을 통해 국제사회와 북한의 신뢰를 이끌어내는 데 한계를 노정했다. 특히 이명박정부와 박근혜정부는 앞선 김대중정부와 노무현정부의 대북정책을 대부분 부정했다. 그 결과 북한의 잇단 도발과 맞물리면서 남북관계는 대결 시대로 회귀했다.

이 위기를 어떻게 헤쳐 나가야 할 것인가. 강조했듯이 강원용은 남북관계는 두 눈으로 보아야 한다고 했다. 냉엄한 대립관계를 잊어서도 안 되며, 혈육을 나눈 동포라는 점 역시 간과해서는 안 된다. 남한 정부는 최근 들어 북한의 핵개발이라는 한 쪽 현실만을 보았지 북한 체제로부터 주민들을 분리해내어 그들의 마음을 얻는 데는 소홀히 했다. 한 눈으로만 보았던 것이다.

---

12) 정부의 대북지원액은 2007년에 2,488억 원을 기록한 이후 급격하게 축소되어 2016년에는 1억 원에 불과하여 거의 전무한 상태에 머무르고 있다. 민간부문의 지원액 역시 2007년에 약 909억 원을 기록한 이래 서서히 감소추세를 보이다가 정부지원액과 마찬가지로 2016년 현재 28억 원에 머물고 있다. 통일부 내부행정자료, e나라지표, http://www.index.go.kr/potal/main/EachDtlPageDetail.do?idx_cd=2784

또 다른 실책은 지나치게 통일을 강조한 것이다. 반복되는 전쟁위기가 분단으로부터 파생되는 현실을 고려할 때 통일은 평화의 달성에 결정적으로 중요하다. 그러나 통일이 자동적으로 평화를 안겨주지는 않는다. 통일이 곧 평화이자 대박인 것처럼 주장하는 담론들은 비판적으로 검토되어야 한다. 실제 현실에서는 통일이 평화가 아니라 평화가 통일이기 때문이다. 통일을 추구하다 미증유의 대전쟁을 치른 공동체에서 평화담론보다 통일담론이 우월한 것은 전도된 현실이 아닐 수 없다.

실제로 통일담론과 정책이 넘쳐나는 한국은 아직도 분단 상태를 지속하고 있으나 통일에 대한 추구를 의식적으로 회피한 채 평화와 공존을 강조했던 독일은 오래전에 통일을 이루었다. 두 한국의 통일 우선주의가 낳은 심각한 부정적 영향 때문이다. 즉 옳은 길은 통일우선주의가 아니라 평화우선주의인 것이다. 평화가 더 현실적인 가치가 되지 않으면 안 된다.

강원용이 남북문제에서 항상 평화를 우선하는 것은 선구적 혜안이다. 평화는 대화로서의 정치의 성공의 산물이다. 대화를 필수로 삼는 정치의 세계에서는 절대진리조차 사람들 사이의 여러 의견 중 하나로 간주된다. 특히 그것이 진리인 줄 모르는 사람들에게 진리의 진리됨을 이해시키는 방법은 상대 인정을 통한 대화와 타협 이외에는 존재하지 않는다.[13] 가공할 전쟁을 치른 남과 북은 대화로서의 평화를 먼저 정착시킨 뒤, 평화의 결과로서 통일에 접근하지 않으면 안 된다. 대화주의자 강원용의 사상이 평화주의로 연결되어야 하는 소이다.

13) Hannah Arendt, *The Promise of Politics*, Jerome Kohn(ed., New York: Schocken Books, 2005, pp. 5~39; Hannah Arendt, "Truth and Politics", *The Portable Hannah Arendt*, Peter Baehr(ed., Penguin Books, 2000), pp. 545~575.

한반도 평화와 세계 평화

한반도 평화문제는 다층적 구조를 갖고 있다. 분단된 민족의 상호 관계문제인 동시에 남북한 각각의 내부문제이며, 나아가 동북아시아와 세계의 국제문제다.

오늘날 한반도는 북핵문제를 중심으로 첨예한 국제갈등과 남북갈등 그리고 국내갈등이 병행하는 상태가 지속되고 있다. 북한의 핵무기는 한반도의 장기 평화와 공존할 수 없고 실질적인 통일 추구와 양립할 수도 없다. 북핵과 공존하는 장기 평화나 핵을 보유한 북한과의 통일은 불가능하기 때문이다. 게다가 북한의 핵 보유는 한국 주도의 통일이 불가능함을 의미한다. 한국이 최선을 다해 평화적으로 북핵을 폐기하기 위해 노력하지 않으면 안 되는 까닭이다.

문제는 동북아시아가 중국의 급부상으로 국제정치지형 역시 급변하고 있다는 점이다. 중국의 경제력과 군사력의 급증은 동북아에서 중·미, 중·일 간 긴장고조의 한 원인이 되고 있다. 긴장고조의 이유는 중국의 부상과 미국의 위협인식에 기초하고 있다. 미국은 중국의 빠른 국력 성장에 대한 대응책을 모색하고 있다. 미국이 양자동맹을 기초로 다자협력관계를 구축하려 할 때 한국과 일본의 역할은 증대된다.[14] 한반도가 미중 대립의 완충지대 또는 반대로 첨병의 역할을 하게 될 가능성이 높아지고 있는 것이다. 한반도가 지닌 전래의 경계국가 위치로 인한 불가피한 숙명인 동시에, 최후의 순간까지 평화를 견지해야 할 절대소명이다.

소명과 과제는 우리 내부에서 더욱 크다. 북한의 핵 보유는 장차 한

---

14) The Whitehouse, *National Security Strategy*, May 2010; U.S. Joint Chiefs of Staff, *The National Strategy of the United States of America: Redefining America's Military Leadership*, 2012.

국문제해결에서 치명적 결과를 낳을 가능성이 크다. 이미 인도, 이스라엘, 파키스탄의 사례에서 비핵화 대신 비확산을 수용한 바 있는 미국으로서는, 최악의 경우 북한의 현 수준의 핵 보유를 인정하는 반면 비확산을 수용할 가능성이 있다. 비핵화에서 비확산으로의 전이다. 그러나 우리는 결코 그렇게 해서는 안된다. 만약 이 우려가 현실화되는 경우 한반도의 평화와 통일문제는 더욱 암울한 혼미에 빠져들고 말 것이다.

강원용은 한반도문제가 남북한에 국한된 사안이 아니라는 점을 누차 강조했다. 평화포럼을 조직할 때도 포럼이 할 일을 크게 두 가지로 설정했다. 하나는 분열된 남쪽 사람들의 의견을 수렴하여 통일된 공론을 만들어내는 것이다. 다른 하나는 남북협력을 위해 우리를 둘러싼 주변국들과의 관계를 원활하게 만들어내는 것이다.

> 우리의 분단도 결국 외부에서 그어놓은 것이고 분단을 오늘까지 고정시킨 것도 외부의 힘이었는데, 우리를 둘러싼 4대 강국의 이해는 서로 다르다. 주변 국가와 함께 노력을 하지 않고서는 평화를 이룰 수 없으므로 주변국의 협력을 이끌어내야 한다. 이런 시도는 남쪽만의 노력으로는 안 되고 남북이 이견을 조절해가면서 한반도와 주변 국가의 관계를 풀어가야 한다.[15)]

강원용은 한반도의 평화와 통일은 한반도를 넘어 세계의 평화로 파급될 수 있다고 본다.

> 독일의 통일은 독일 민족에게만 평화를 가져다준 것이 아니라 오랫동안 계속되었던 유럽 각국의 대립과 갈등을 해소하고 평화적인

---

15) 강원용, 『역사의 언덕에서 5: 비스가 봉우리에서』, 한길사, 2003, 172~173쪽.

유럽공동체를 형성할 수 있는 계기를 만든 사건이었다. 한 나라의 평화가 그 지역의 평화에 미치는 영향을 볼 수 있는 대목이다. 그러므로 한반도의 평화와 동북아시아의 평화 역시 따로 떼어놓고 볼 수는 없다는 것을 알 수 있다.[16)]

그는 한반도 평화는 세계 평화를 보장할 것이라고 분명하게 강조하고 있다.

동북아시아의 평화는 세계 평화를 보장하게 될 것이다. 그러므로 우리가 남북 평화 체제 수립을 위해 힘을 모으는 것은 21세기 세계 평화에 기여하는 일임을 확신하고 혼신의 힘을 기울여 우리의 최선을 다하고자 한다.[17)]

강원용은 한반도 평화를 정착시키기 위해서는 자신만이 옳다는 생각에서 벗어나야 한다고 보았다. 서로 합의할 수 있는 안을 만들어 협력하는 가운데 평화가 정착될 수 있다는 요지다. 그러기 위해 대화는 필수적이다. 스스로의 오류 가능성을 인정하고 상대의 주장 가운데 옳은 것은 받아들여 자신의 것을 수정해나가며 보다 나은 방법을 찾아가는 것이다. 내부 대화에서 시작하는 남남갈등의 해소가 남북갈등 극복과 평화 정착의 기초가 되며, 남북갈등의 극복과 평화 구축은 다시 세계의 평화를 정초하는 것이다.

남한 내부의 타협과 공존, 갈등 해소와 평화의 제고가 가장 빠른 통일의 길일 수 있다. 그런 연후에 추동될 북한의 민주화 역시 결정적으로 중요하다. 한국이 이미 민주화를 이룬 상태에서 북한에서의 민주

16) 같은 책, 173쪽.
17) 같은 책, 177쪽.

화의 진전은 통일의 결정적 요체가 된다. 그러나 그것은, 외부로부터 폭력적으로 강제할 문제가 아니라 북한 인민과 체제 자신이 내부로부터 변화할 문제라는 점을 유념할 필요가 있다.

현재와 같은 남남갈등과 북한독재 및 남북 대치상황과 핵위기 속에서는 평화의 길은 결코 쉽지 않다. 그러나 첨예한 위기 속에서도 반드시 찾아내야 할 '가능한 최선'이 절대적이다. 현재의 시점에서 한반도의 평화를 위해 우리가 깊이 유념해야 할 것은 국제적 균형 감각과 역할이다. 이것은 내부 대화 못지않게 중요하다. 특히 중국의 재부상 이후 우리가 필히 염두에 두어야 할 사안이다.

이를테면 남한의 동의에 바탕을 둔 미국과 북한의 관계 정상화는 북핵문제의 고비를 넘고, 한반도 안보 체제를 창조적으로 변혁하는 데 결정적인 전환점을 제공해줄 것이다. 북미관계는 현대세계에서 가장 오래된 적대관계이다. 한중, 한소 관계가 정상화한 지 한 세대를 경과한 시점에서 북미관계 및 북일관계의 정상화는 한반도문제의 균형과 북한의 개방, 평화 정착을 위해 필수 요소가 아닐 수 없다. 이 문제와 관련하여 우리는 북한과 미국을 설득하기 위한 최대한의 노력을 기울이지 않으면 안 된다.

강원용은 그의 삶 속에서 좌·우, 보수·진보, 남·북 등 서로 대립하는 양쪽이 있을 때 어느 한 쪽만 바라보려 하지 않았다. 어느 한 쪽 편에 서서 타방을 억압하려 하지 않았다. 양쪽 어디에도 속하지 않는다고 해서 중립에 서 있기만 한 것도 아니었다. 강원용이 유지하려고 했던 원칙은 대립하는 양 극단을 넘는 새 해법을 찾아 새로운 지평의 세계를 실현하는 것이었다. 오늘날 우리 역시 냉전 시대 미국이 한국에 대한 안보와 경제의 유일한 동시 후원 국가였으나 오늘날 우리는 한·미 안보동맹과 한·중 경제협력이 병진하는 이중 상황에 직면해 있다. 어느 한 편을 배타적으로 선택하는 양자택일의 오류는 피해야 한다.

즉 대립되는 핵심 문제를 찾아 이를 극복할 수 있는, 양 극단이 이해하고 합의할 수 있는 지점을 찾아야 한다. 강원용은 자신의 생애에 남북의 통일은 보지 못할 것을 알았지만 후대들은 평화로운 한반도에서 살아갈 것을 소망하고 꿈꾸었다. 우리의 지혜와 노력으로 그의 소망을 이루는 날이 앞당겨지기를 더욱 희망하게 된다.

대출향과 대귀환의 삶, 대화와 상생의 철학

· 맺는말

강원용의 삶은 신앙과 현실이 분리되지 않는다. 그에게 사회와 정치는 신앙의 외연(外延)이었다. 인간을 위해 사는 길이 하나님의 뜻을 따르는 길이었고 그 길은 곧 하나님에 대한 신앙이었다. 고난에 처한 인간들을 섬기며 사는 길이자 하나님께 다가가는 길이기도 했다. 힘들 때 그는 하나님을 바라보았다. 인간을 위한 길이 어떤 것인지 하나님을 바라보며 기도했다.

하나님이 밝혀준 길은 강원용에게 소명으로 다가왔다. 그리고 온몸을 불살라 그 뜻을 따라 살았다. 하나님과 인간은 강원용을 떠받치는 두 기둥이었던 것이다. 강원용에게는 인간을 위하는 길이 곧 하나님을 섬기는 일이었다. 인간을 위해 실천하는 일은 하나님을 따라 걷는 길이었다.

그의 발자취는 우리에게 어디에 있더라도 인간에 대한 사랑과 화해와 상생을 위해 노력하라고 말한다. 그는 산골 화전민의 아들로 태어났다. 화전민! 살아갈 한 평의 좁은 터전조차 없어 산을 깎고 작은 밭이라도 일구어 살아가던 사람들이다. 그조차도 나라를 일본제국주의에 빼앗겨 수탈에 찌든 백성들 가운데 산으로 간, 아무것도 가진 것 없는 사람들이었다. 강원용은 그 화전민의 아들로 이 땅에 왔다. 온전히 빈손으로 온 것이다.

강원용은 어린 시절 소년 가장이 되어 가족을 부양해야 하는 고통을 겪었다. 한때는 술과 도박에 맛을 들여 방탕하고 희망을 잃어버린 생활을 영위하기도 했다. 어디에도 희망이 없었다. 하나님을 만나기 전까지 강원용은 깊은 어둠과 무력한 슬픔에 몸을 잔뜩 웅크린 채 무서움에 떠는 소년이었다. 어린 시절 가난의 뼈저림을 알기에, 또 고통을 만난 사람들의 희망 없는 눈빛이 무엇을 말하는지 알기에 하나님 곁에 갈 때까지 고난에 처한 사람들을 위해 삶을 바치고자 했다.

하나님을 만난 이후 강원용은 더 이상 좌절에 지친 시골소년이 아니었다. 처음 만난 하나님은 벌 내리고 정죄하는 무서운 존재였다. 그러나 하나님의 말씀을 따라 사는 것이 옳은 길이라 믿고 따랐다. 성경 한 권을 손에 들고 하나님의 뜻을 사람들에게 전하고 다닐 수 있었던 이유도 거기에 있었다.

무엇보다 강원용은 익숙한 곳에 머물지 않았다. 그는 용정으로 떠났다. 손에는 어머님이 쥐어준 소 판 돈 70원이 전부였다. 태어난 고향을 떠난 이유는 무엇인가? 하나님이 이렇게 살도록 나를 세상에 보내신 것이 아니라는 생각 때문이었다. 두메산골의 가난한 농부로 살도록 세상에 보내신 것이 아니라고 생각했다. 그의 나라와 의를 구하라는 말씀을 가슴 깊이 담고 있었다. 새로운 세상과 더 큰 일을 위해 익숙한 고향과 부모와 일가친척을 떠났다. 자신이 나서 자란 고향, 평생 그리움에 눈물을 적셔야 했던 어머님의 품을 떠났다.

새로이 발을 디딘 용정에서는 은진중학교에 입학해 밥을 굶으며 공부했다. 스승 김재준을 만나 율법의 껍질을 깨고 하나님을 다시 만났다. 졸업 후에는 익숙해진 용정에서 일본으로 또 떠났다. 가난은 그림자처럼 항상 함께 있었다. 일본에서의 유학은 신학 공부를 시작조차 하지 못하고 중도에 포기해야 했다. 태평양전쟁이 발발했기 때문이었다. 다시 용정으로 돌아왔다. 그리고 노무징용을 피하기 위해 이곳저곳으로 피해 다녔다. 북간도 마창툰을 거쳐 함경북도 회령에서 해방을 맞았다.

강원용은 서울로 내려왔다. 이북지역에서의 기독교탄압을 피하기 위해서였다. 해방정국의 소용돌이는 운명처럼 중심 깊숙한 곳에서 그를 키워냈다. 이승만을 만나 현실 속의 정치인을 보았고 깊은 실망도 맛보았다. 김구를 만나 우뚝 선 거인의 모습을 보았고, 여운형을 만나 극단주의자들만 살아남는 시대에 품 넓은 정치인을 보았다. 김규식과 함께 중도파들을 중심으로 통일에 이르는 꿈을 꾸기도 했다. 그들과의 만남은 또 다른 세계와의 조우였다. 동시에 현실에 눈을 뜨는 계기가 되었다. 강원용은 어느 한 정파, 어느 한 지도자에게 속할 수 없었다. 그러나 분단은 그를 정치에서 멀어지게 했다.

그의 인생 여정은 고향을 떠나 여호와가 지시한 가나안을 향했던 아브라함을 닮았다. 익숙한 곳을 떠났다는 점에서는 대출향(大出鄕)이며, 미래의 새 터전이자 진정한 본향인 가나안을 향했다는 점에서는 대귀환(大歸還)이다. 어머니 고향으로부터 떠나는 고향상실의 경이를 경험한 이들은 끝끝내 본향을 그리워하며 영혼과 육신이 계속 떠도는 나그네의 삶을 산다. 나그네는 영원히 본향을 향하는 존재들이다. 그 점에서 모든 인간은 본질적으로 나그네다.

강원용에게 익숙한 곳을 떠나는 것은 단지 방랑이 아니었다. 그에게 출향은 항상 도약과 함께했다. 본향을 향한 간절한 소망이 주는 절대적인 비약이었다. 출향 때마다 곁에는 도약을 돕는 특출한 스승들이 항상 함께했다. 누구보다 김재준이 그러했다. 강원용은 김재준을 통해 율법주의신앙에서 벗어날 수 있었다. 강원용은 김재준에게 등을 떠밀리다시피 신학대학을 졸업하고 목사안수를 받았다. 그리고 김재준의 뒤를 이어 경동교회를 키워냈다.

김재준과 강원용 모두에게 인간을 위한 사회적 실천은 성육신하여 인간을 위해 이 땅에 온 예수의 뜻을 따르는 것이었다. 그들에게 교회의 현실참여는 신앙의 실천 자체였다. 강원용은 전쟁의 비극을 겪었다. 인간이 얼마나 나약하고 이기적인 존재인지를 처절하게 느끼며 깊은 절망에 빠지기도 했다. 힘 없는 하나님에 대한 회의로 헤맬 때도 있었다. 그때 강원용에게 캐나다 유학의 길을 열어준 이도 김재준이었다.

강원용은 이 기회를 일생에서 가장 거대한 진보와 도약의 발판으로 일구어냈다. 마니토바 대학교에서 신학사 학위를 받고 미국 뉴욕에 있는 유니언 신학교에 입학하여 니버와 틸리히 밑에서 수학했다. 니버로부터는 기독교의 현실참여이론을 배웠다. 절대 좌절하지 않으며 양 극단을 뛰어넘어 이상을 향해 끊임없이 전진해나가는 자세를 배웠다. 이는 강원용의 지론인 '중간 그리고 그것을 넘어서'의 이론적 토대가 되었다. 틸리히로부터는 현실 속에서 인간의 구체적 문제에 대한 신앙적 해답을 찾을 수 있었다. 강원용은 전쟁 속의 인간의 고난과 기독교교역자들의 비리로 인해 인간에 대한 깊은 실망에 빠져 있었다. 참혹하고 모순된 인간의 실존에 무관심해 보이는 하나님에 대해 회의할 때 그를 붙잡아준 것이 틸리히였다.

특히 강원용에게 중요한 영향을 미친 것은 화해와 재결합, 새로운 존재로의 부활에 대한 깨달음이었다. 화해와 화합은 대립하는 양극단의 어느 한 쪽에 서서 상대를 눌러 이기는 것이 아니다. 서로 함께 바라볼 수 있는 보다 높은 차원의 재결합이다. 이것은 틸리히가 말하는 경계선의 대안적 실존의 가능성이며, 한국사회의 문제를 인식하는 강원용의 근본정신이기도 했다. 유학을 통해 신앙과 현실참여에 대해 눈을 뜬 강원용은 미국에 안주할 수 있는 기회를 스스로 버렸다. 유혹을 이기려 영주권도 불태웠다.

그가 몸 바쳐 일할 곳은 어머니요 고향인 조국이었다. 그리고 그곳에 사는 사람들이었다. 강원용은 어머니의 품으로 다시 돌아왔다. 귀국하던 날, 공항에서 그는 전투병이 된 것 같은 묘한 긴장감을 느꼈다. 조국에서 해야 할 일이 너무 많았기 때문이었다. 독재와 부패에 찌든 정권과 싸워나가야 할 일들이 그를 기다리고 있었다. 그는 이미 자신의 신앙을 토대로 한국사회를 변혁하려는 의지가 넘치는 사람으로 변해 있었다. 나라를 변화시키려는 사람이 되어 고향에 돌아왔다. 역사의 주변이 아니라 역사의 한가운데로 들어온 것이다. 강원용에게 행복의 기본적 조건은 발을 붙이고 서는 그 장소, 그리고 그곳에 함께 서 있는 구체적인 사람들을 섬기는 삶이었다.

'빈 들에서 외치는 소리'였다. 정치가도 아니요 사회운동가도 아니었다. 그는 어떤 주의나 주장을 외치는 것을 자신이 해야 할 일이라고 생각하지 않았다. 딱딱하게 굳어버린 고정관념을 넘어 사회에 울림을 주는 외침, 사회를 변화시키려는 목소리가 되고자 했다. 이미 화석화된 주의, 주장을 넘어 이들을 화해와 상생으로 이끌 수 있는 새 길을 제시하고자 했다. 새 소리, 새 외침, 새 울림이 되고자 했다. 강원용은 이를 'Between and Beyond'라고 했다. '중간 그리고 그것을 넘어서', 또는 '사이 · 너머'로 불렸다.

해방 직후부터 강원용은 좌우 어느 한 편에 서지 않았다. 박정희정부와의 반독재투쟁에서도 어느 한 조직이나 단체에 속해 투쟁하지 않았다. 강원용은 독자적으로 자신의 생각을 말하고자 했다. 그것이 자기의 길이라고 생각했다. 그의 길은 양자택일이 아니었다. 제3의 길을 걷고자 했다. 그가 서고자 한 곳은 제3지대다. 제3지대는 그의 삶 밑바탕을 꿰뚫고 흐르는 곳이며, 수많은 고난과 갈등 속에서도 한시도 떠나지 않았던 실천의 대지였다.

제3지대는 균형의 길이다. 단순히 이쪽도 저쪽도 아닌 제3자의 길이 아니다. 제1지대는 기존의 것이고 전통과 관습, 일상이 지배하는 곳이다. 제2지대는 혁명의 길이다. 오늘의 해방자가 내일의 지배자가 되는 길이며 악의 순환이 거듭하는 곳이다. 그의 제3지대는 「누가복음」 24장 13절로부터 35절의 엠마오에서 예루살렘으로 향했던 두 청년이 있던 곳, 새로운 삶의 길을 발견한 곳이었다. 누가 누구를 이기고 누르는 길이 아니다. 기존의 대립하는 관점과 세력을 화해와 상생으로 이끄는 길이다. 그곳에서 양극을 넘어 새 희망을 제시하고자 했다.

그의 이러한 생각은 현실에서 많은 비판과 비난을 받아야 했다. 내 편이 아니면 네 편이 되는 단순논리가 중심을 이루는 이 땅에서 그의 생각이 받아들여질 틈은 좁았다. 강원용이 서고자 했던 제3지대는 '그럼에도 불구하고'의 법칙이 지배하는 곳이다. '죄인임에도 불구하고' 용서하고 사랑하는 세계다. '나약함에도 불구하고' 용기를 가지고 살 수 있는 곳이다. 투쟁과 대결의 시대에 제3지대에서 외친 대화와 화해는 한가로운 소리로 들릴 만했다. 투쟁과 저항, 고난과 희생의 편에 선 자들에게는 1980년 이후 강원용의 삶은 권력과의 타협으로 보였던 것이다.

강원용은 이에 괴로워했으나 결코 걸음을 멈추지는 않았다. 화해와 상생의 길에 상호 대화는 필수적이다. 말은 신비로운 능력을 갖고 있다. 하나님의 말씀으로 만물이 창조되었다. 말은 창조의 능력을 갖는다. 그리고 사람만이 말하는 존재로 빚어짐으로 계속적인 창조의 소임을 위탁받았다. 대화는 사랑의 언어다. 서로의 이해를 깊게 하여 하나를 만드는 힘을 갖는다. 대화는 자신의 오류가능성을 인정하는 데서 시작한다. 인간의 오만한 무오류성에 대한 자기부정이 대화의 시작이다. 강원용이 시작한 대화운동은 이러한 내면 철학으로부터 출발했다.

대화는 정치적·경제적 개혁운동인 동시에 정신운동이다. 대화를 통해 이해와 협조의 정신을 일으키고, 내핍과 근면의 정신을 고양한다. 이 운동은 인간의 자발성을 토대로 이루어져야 한다. 정부는 강요해서는 안 되며, 뒤에서 협조하는 일에 그쳐야 한다. 그리고 대화는 시공의 차이를 넘어 세계적이고 보편적인 것에 바탕을 두어야 한다. 자유와 정의, 사랑이다.

박정희정권에 맞서 육성하고자 했던 중간집단 역시 같은 맥락이었다. 하나님의 생령(生靈)으로 창조된 인간은 하나님의 존엄성을 그 안에 담고 있다. 따라서 인간은 절대불가침의 인권과 인격적 동등성을 지닌 존재다. 산업화가 고도로 진행되던 1970년대 이 땅의 사람들은 인간다움을 훼손당하고 있었다. 강원용은 그 이유를 양극화에 있다고 보았다. 양극화의 원인은 민주주의의 부재였다. 강원용은 중간집단을 육성하여 민주화를 달성함으로써 비인간화를 해소시키려 했다. 그러나 제압과 대체가 아니라 서로 화해를 통해 상생에 이르고자 했다. 중간집단이론의 요체는 비인간화 요인들을 해소하기 위한 역량을 기르면서도 당사자들 사이의 화해를 추구하는 것이다. 그 길은 현재보다 나은 미래를 위한 가치를 찾아 서로 이해하고 타협하며, 사고와 행동의 상호 변화를 통해 공존을 모색하는 길이다. 지난한 장기과정을 거쳐 도달해야 할 길이다. 강원용은 이를 좌절도 환상도 갖지 않고 꾸준히 높은 가치를 위해 힘써 일하는 것이라고 표현했다.

강원용의 마음의 고향은 성 프란체스코와 가가와였다. 그들처럼 이 땅에서 가장 헐벗은 사람들과 함께 지내며 섬기는 삶을 살고 싶어 했다. 하지만 그는 민중 속에서 그들과 함께 살지는 못했다. 기독교사회문제연구회로부터 크리스찬아카데미로 이어지는 대화운동들은 주로 사회지도급 인사들과의 만남이 주를 이루었다. 종교 간 대화나 평화포럼 역시 지식인과 엘리트 중심의 모임이었기 때문에 기층 민중들과 함께하기는 어려웠다. 창조적 소수의 역할을 강조한 그로서는 당연한 일인지도 모른다.

노사 간의 투쟁을 중재하려 애쓰기도 했으나 민중 속에서 올라오는 힘을 통해서는 아니었다. 제3자로서 중재에 머물렀고 그 한계도 절감했다. 강원용이 육성하려던 노동, 농민 계층의 중간집단은 이 점에서 큰 의미를 갖는다. 강원용은 민중 편에서 그들과 함께 운동하지는 않았지만 기층 민중이 사회의 중심이 되어 문제를 해소할 수 있도록 중간집단의 역량을 키우려 했다. 그러나 1979년 크리스찬아카데미사건으로 민중 역량 강화를 위한 중간집단교육 노력은 일단 좌초되었다.

이후 중요한 갈림길에서 그는 독재권력의 국정자문위원을 맡음으로써 교계와 민주진영으로부터 강한 비난을 받지 않으면 안 되었다. 강원용의 대화는 안타깝게도 더욱 사회지도층들 및 엘리트들 사이의 것으로 국한되었다. 운동권과의 갈등이 그를 더욱 그러한 방향으로 향하게 했는지도 모른다. 그럼에도 불구하고 강원용의 대화운동은 억압과 저항이 양극적으로 충돌하는 한국사회에서 이해와 화합을 통한 문제 해결이라는 새 길을 열었고, 또 보여주었다. 대화의 씨앗은 긴 시간을 지나 자라난다. 한국사회에 끼친 아카데미의 장구한 영향은 이를 잘 보여준다.

강원용은 대화와 화해, 상생과 평화가 전제되지 않는 방법은 받아들이지 않았다. 목적이 선할지언정 절차가 그르면 옳지 않다고 생각했다. 미움을 미움으로써, 보복을 보복으로써 갚아서는 안 되었다. 진정한 개혁은 상대방을 변화시키는 것이었다. 사랑이 없으면 불가능한 일이다. 강원용에게 모든 현실참여는 사랑이 뒷받침되어야 했다. 강원용의 현실참여의 핵심은 사랑에 있었다.

인간이 예수의 사랑을 실천할 수는 없다고 해도 예수가 말한 "네 이웃을 네 몸처럼 사랑하라"는 명령을 실천하려 노력해야 했다. 그에게 사랑이 없는 정의는 또 다른 악이 될 수 있으며, 정의가 없는 사랑은 단순한 감상에 불과했다. 마찬가지로 사랑이 없는 대화는 또 다른 갈등을 낳을 가능성이 높았다. 강원용이 가고자 한 길은 사랑에 바탕한 대화였다.

강원용의 사랑의 철학과 실천은 도저한 현실인식과 함께했다. 그는 상황을 파악하고 판단하는 데 조리가 있었다. 이유는 현실을 두 눈으로 보았기 때문이다. '두 눈으로 보기'는 남북관계를 바라보는 그의 준거였다. 그러나 단지 남북관계만 '두 눈'으로 본 것이 아니었다. 강원용은 사회의 대립하는 주의와 주장의 장단점을 보고 이들을 넘어 새로운 길을 모색했다. 이러한 현실인식의 방법은 미래에 대한 통찰로 연결되었다.

강원용은 세계의 구석구석을 다니며 끊임없이 바깥세상과 접촉하는 삶을 살았다. 그러나 핵심적인 현실관심은 늘 한국문제였다. 그는 세계 속에서 한국이 나아갈 길에 대해 끊임없이 고뇌했다. 금단의 땅 소련을 비롯한 동유럽을 누구보다 앞서 경험하면서 공산주의는 실패한 이념임을 파악하고 한국의 미래를 찾는 사람들에게 알리려 했다. 그곳에 남보다 먼저 갔다는 사실이 그에게는 중요하지 않았다. 우리에게 어떤 의미를 갖는가가 중요했다.

우리는 지금 강원용이 평생을 분투했던 양극화, 사회갈등, 한반도 평화가 악화일로에 있는 현실을 목도하고 있다. 오늘날 한국현실에서 앞서간 그의 삶은 어떤 의미를 갖는가? 이 땅의 인간화와 평화를 위해 온몸의 장기를 완전히 연소하고 하나님 곁으로 간 그가 오늘 우리의 현실을 본다면 어떤 외침으로 답할 것인가? 안개 자욱한 현실이 우리에게 던지는 이 무거운 질문이 지금 우리 앞에 남아 있다. 다시 빈 들에서 답을 찾아야 할 때다.

참고문헌

1. 강원용 저작

단행본

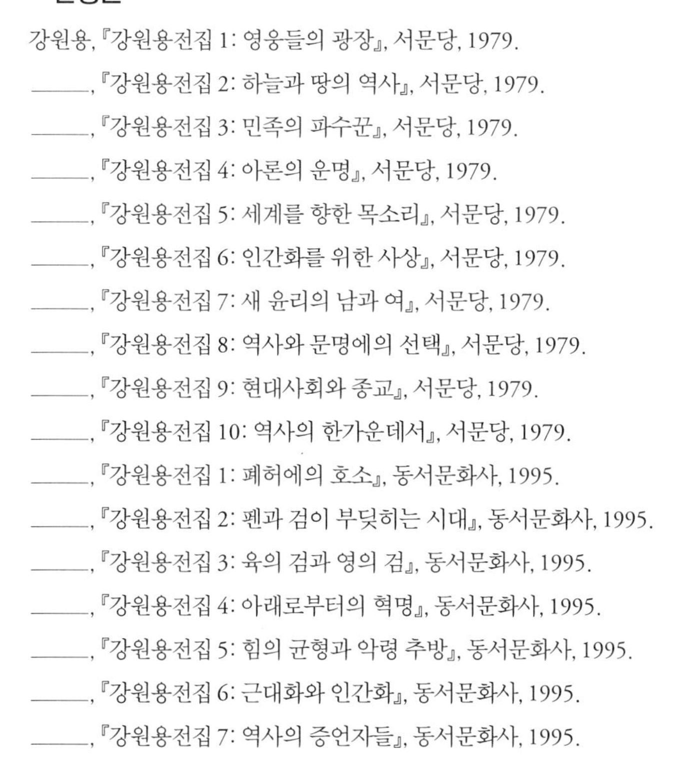

강원용, 『강원용전집 1: 영웅들의 광장』, 서문당, 1979.

______, 『강원용전집 2: 하늘과 땅의 역사』, 서문당, 1979.

______, 『강원용전집 3: 민족의 파수꾼』, 서문당, 1979.

______, 『강원용전집 4: 아론의 운명』, 서문당, 1979.

______, 『강원용전집 5: 세계를 향한 목소리』, 서문당, 1979.

______, 『강원용전집 6: 인간화를 위한 사상』, 서문당, 1979.

______, 『강원용전집 7: 새 윤리의 남과 여』, 서문당, 1979.

______, 『강원용전집 8: 역사와 문명에의 선택』, 서문당, 1979.

______, 『강원용전집 9: 현대사회와 종교』, 서문당, 1979.

______, 『강원용전집 10: 역사의 한가운데서』, 서문당, 1979.

______, 『강원용전집 1: 폐허에의 호소』, 동서문화사, 1995.

______, 『강원용전집 2: 펜과 검이 부딪히는 시대』, 동서문화사, 1995.

______, 『강원용전집 3: 육의 검과 영의 검』, 동서문화사, 1995.

______, 『강원용전집 4: 아래로부터의 혁명』, 동서문화사, 1995.

______, 『강원용전집 5: 힘의 균형과 악령 추방』, 동서문화사, 1995.

______, 『강원용전집 6: 근대화와 인간화』, 동서문화사, 1995.

______, 『강원용전집 7: 역사의 증언자들』, 동서문화사, 1995.

______, 『강원용전집 8: 중간집단과 좁은 길』, 동서문화사, 1995.
______, 『강원용전집 9: 세속화와 생명의 종교』, 동서문화사, 1995.
______, 『강원용전집 10: 자유와 정의가 숨쉬는 사회』, 동서문화사, 1995.
______, 『강원용전집 11: 대화의 철학과 다원사회』, 동서문화사, 1995.
______, 『강원용전집 12: 말씀의 강단(1)』, 동서문화사, 1995.
______, 『강원용전집 13: 말씀의 강단(2)』, 동서문화사, 1995.
______, 『강원용전집 14: 빈들에서(1)』, 동서문화사, 1995.
______, 『강원용전집 15: 빈들에서(2)』, 동서문화사, 1995.
______, 『강원용전집 16: 빈들에서(3)』, 동서문화사, 1995.
______, 『내가 믿는 그리스도』, 대한기독교서회, 2005.
______, 『돌들이 소리치리라: 강원용 목사 10주기 추모 설교선집』, 대한기독교서회, 2016.
______, 『믿는 나 믿음 없는 나』, 웅진출판, 1998.
______, 『빈들에서 1: 선구자의 땅에서 해방의 혼돈까지』, 열린문화, 1993; 대화출판사, 1998.
______, 『빈들에서 2: 혁명, 그 모순의 회오리』, 열린문화, 1993; 대화출판사, 1998.
______, 『빈들에서 3: 호랑이와 뱀 사이』, 열린문화, 1993; 대화출판사, 1998.
______, 『새 시대의 건설자』, 조선기독교서회, 1949.
______, 『십자가의 증언』, 범우사, 1979.
______, 『역사의 언덕에서 1: 엑소더스』, 한길사, 2003.
______, 『역사의 언덕에서 2: 전쟁의 땅 혁명의 땅』, 한길사, 2003.
______, 『역사의 언덕에서 3: Between and Beyond』, 한길사, 2003.
______, 『역사의 언덕에서 4: 미완성의 민주화』, 한길사, 2003.
______, 『역사의 언덕에서 5: 비스가 봉우리에서』, 한길사, 2003.
______, 『역사의 한가운데서: 해방 40년간의 증언』, 종로서적, 1986.
______, 『제3지대의 증언』, 문맥, 1978.
______, 『중간 그리고 그것을 넘어서』, 현암사, 2007.
______, 『폐허에의 호소』, 조선기독교서회, 1959.
강원용 · 김경재 · 박원훈 · 홍기선, 『기독교 윤리강좌』, 경동교회 교육위원회, 1995.

논문

강원용, 「남북통일과 우리의 과제」, 『기독교사상』, 5:2, 1961.
______, 「에큐메니칼 운동과 한국교회」, 『기독교사상』, 20:11, 1976.

기타 자료

강원용, 「너도 가서 이와 같이 행하라」, 2005년 12월 4일 경동교회 설교.
______, 「비인간화에의 도전」, 『크리스찬 아카데미 대화의 모임, 인간화: 국가건설을 위한 인간문제 자료집』, 1970
______, 「왜 노인을 활용 안 하나」, 『경향신문』, 1994년 11월 18일.
______, 「人道에 忠實하면 政治도 열린다」, 『동아일보』, 1972년 9월 13일.
______, 「인터뷰: 방송의 주인은 국민입니다-KBS 사태와 공영방송의 문제」, 『한국논단』, 10:0, 1990.

2. 크리스찬아카데미 출판물

단행본

크리스찬아카데미 엮음, 『대화의 철학』, 서광사, 1992.
______, 『한국사회와 대화문화』, 대화출판사, 1990.
______, 『한국아카데미총서 1: 근대화와 인간화』, 삼성출판사, 1975.
______, 『한국아카데미총서 2: 양극화시대와 중간집단』, 삼성출판사, 1975.
______, 『한국아카데미총서 3: 한국인의 사상구조』, 삼성출판사, 1975.
______, 『한국아카데미총서 4: 위기시대를 사는 쟁점』, 삼성출판사, 1975.
______, 『한국아카데미총서 5: 한국문화의 상황분석』, 삼성출판사, 1975.
______, 『한국아카데미총서 6: 사회발전과 교육이념』, 삼성출판사, 1975.
______, 『한국아카데미총서 7: 여성문화의 도전』, 삼성출판사, 1975.
______, 『한국아카데미총서 8: 구원의 철학과 현대종교』, 삼성출판사, 1975.
______, 『한국아카데미총서 9: 한국사회의 진단과 전망』, 삼성출판사, 1975.
______, 『한국아카데미총서 10: 대화의 역사』, 삼성출판사, 1975.
김흥규 엮음, 『한국민주문화대전집 1: 변동사회와 한국인의 갈등』, 문학예술사,

1985.
김우창 엮음, 『한국민주문화대전집 2: 정의와 복지화』, 문학예술사, 1985.
______, 『한국민주문화대전집 3: 우리 문화의 진단과 반성』, 문학예술사, 1985.
김홍규 엮음, 『한국민주문화대전집 4: 인간회복을 위한 교육』, 문학예술사, 1985.
조혜정 엮음, 『한국민주문화대전집 5: 한국의 여성운동』, 문학예술사, 1985.
김경재 엮음, 『한국민주문화대전집 6: 교회와 국가』, 문학예술사, 1985.
이만열 엮음, 『한국민주문화대전집 7: 한국 노동운동의 역사와 전망』, 문학예술사, 1985.
한승헌 엮음, 『한국민주문화대전집 8: 역사발전과 민주문화의 좌표』, 문학예술사, 1985.
이문영 엮음, 『한국민주문화대전집 9: 한국 농업의 구조와 농촌현실』, 문학예술사, 1985.
강원용 엮음, 『한국민주문화대전집 10: 한국 신학의 뿌리』, 문학예술사, 1985.
조만 엮음, 『한국민주문화대전집 11: 죽음과 목회』, 문학예술사, 1985.
이문영 엮음, 『한국민주문화대전집 12: 민주사회를 위한 대화운동』, 문학예술사, 1985.

3. 기타 자료

단행본

가가와 도요히코, 전호윤 옮김, 『나는 왜 크리스천이 되었는가』, 大韓基督敎書會, 1952.
______, 한인환 옮김, 『生涯와 重生』, 종로출판사, 1975.
강동순, 『KBS와 권력』, 서교출판사, 2006.
강인철, 『한국의 개신교와 반공주의』, 중심, 2006.
브라이덴슈타인, 게어하르트, 박종화 옮김, 『人間化』, 대한기독교서회, 1971.
고범서, 『여해 강원용의 삶과 사상』, 종로서적, 1995.
______, 『라인홀드 니버의 생애와 사상』, 대화문화아카데미, 2007.
고범서 외 엮음, 『강원용과의 대화: 한국사회/한국교회』, 평민사, 1987.
고은 · 김우창 · 유종호 · 이강숙 엮음, 『책, 어떻게 읽을 것인가』, 민음사, 1994.

고지수, 『김재준과 개신교 민주화운동의 기원』, 선인, 2016.
글라이스틴, 윌리엄, 황정일 옮김, 『알려지지 않은 역사: 전 주한미국대사 글라이스틴 회고록』, 중앙M&B, 1999.
김경재, 『김재준 평전: 성육신 신앙과 대승 기독교』, 삼인, 2014.
______, 『장공의 생활신앙 깊이 읽기』, 삼인, 2016.
김경재 · 박경서 · 안재웅 · 법륜 · 이강백 · 윤여준 · 신인령, 『여해 강원용 그는 누구인가?』, 대화문화아카데미, 2013.
김남조 외, 『강원용과의 만남 그리고 여성운동』, 여성신문사, 1998.
김대중, 『김대중 자서전 1, 2』, 삼인, 2010.
김대중도서관 사료센터, 『김대중도서관 소장 사료 소개 2, 미국 정부사료: 1980년 김대중 구명과 관련된 체로키 문서』, 김대중도서관 사료센터, 2005.
김성익, 『전두환 육성증언: 1986. 1. 20~1988. 2. 24』, 조선일보사, 1992.
김승태 엮음, 『한국기독교와 신사참배문제』, 한국기독교역사연구소, 1991.
김양선, 『간추린 한국교회사』, 대한예수교장로회총회 종교교육부, 1962.
______, 『한국기독교 해방 10년사』, 대한예수교장로회총회 종교교육부, 1956.
김영삼, 『김영삼 대통령 회고록 상,하』, 조선일보사, 2001.
______, 『김영삼 회고록: 민주주의를 위한 나의 투쟁 1~3』, 백산서당, 2000.
김정기, 『국회 프락치사건의 재발견 I: 그레고리 헨더슨의 한국정치담론1, 회오리 정치와 미국의 대한책임론』, 한울, 2008.
______, 『국회 프락치사건의 재발견 II: 그레고리 헨더슨의 한국정치담론2, 중간지대의 정치 합작』, 한울, 2008.
김종필, 중앙일보 김종필증언록팀 엮음, 『김종필 증언록 1』, 와이즈베리, 2016.
김형기, 『남북관계변천사』, 연세대학교출판부, 2010.
김형수, 『문익환 평전』, 실천문학, 2004.
김홍수 · 서정민, 『한국기독교사 탐구』, 대한기독교서회, 2011.
남영환, 『韓國基督敎 敎團史: 高神敎團史를 中心으로』, 영문, 1995.
노금노 유고집 간행위원회, 『땅의 아들 3: 농민운동가 노금노 유고집』, 돌베개, 2013.
노태우, 『노태우 회고록 상권: 국가, 민주화, 나의 운명』, 조선뉴스프레스, 2011.
독립유공자사업기금운용위원회, 『3 · 1운동사 (상)』, 독립운동사편찬위원회, 1971.

니버, 라인홀드, 이한우 옮김, 『도덕적 인간과 비도덕적 사회』, 문예출판사, 2006.
민경배, 『한국기독교회사』, 연세대학교출판부, 2007.
민주주의민족전선 엮음, 『조선해방1년사(1946)』, 문우인서관, 1946.
민주화운동기념사업회 한국민주주의연구소 엮음, 『한국민주화운동사 1: 제1공화국부터 제3공화국까지』, 돌베개, 2008.
______, 『한국민주화운동사 3: 서울의 봄부터 문민정부 수립까지』, 돌베개, 2010.
박기성, 『한국방송사』, 원명당, 2014.
박만, 『폴 틸리히: 경계선상의 신학자』, 살림, 2003.
박명림 외 엮음, 『한국대통령 통치구술사료집 1: 최규하 대통령』, 연세대학교 국가관리연구원, 2012.
______, 『한국대통령 통치구술사료집 2: 전두환 대통령』, 선인, 2013.
박명림 엮음, 『한국의 대통령 리더십과 동아시아 협력전략』, 법현, 2015.
박수정, 『숨겨진 한국여성의 역사』, 아름다운사람들, 2004.
박철언, 『바른 역사를 위한 증언 1』, 랜덤하우스중앙, 2005.
박헌영, 『박헌영노선 비판』, 세계, 1986.
서대숙, 『간도 민족독립운동의 지도자 김약연』, 역사공간, 2008.
송우혜, 『윤동주평전』, 서정시학, 2014.
스티글리츠, 조지프, 이순희 옮김, 『불평등의 대가: 분열된 사회는 왜 위험한가』, 열린책들, 2013.
신복룡, 『한국분단사연구: 1943~1953』, 한울, 2001.
신인령, 『나의 인연 이야기』, 지식공작소, 2016.
신창섭, 『방송법 50년 略史 : 방송법의 역사적 변천 과정과 그 의미』, 생각나눔, 2014.
아리스토텔레스, 천병희 옮김, 『정치학』, 숲, 2002.
안병영, 『왜 오스트리아 모델인가: 합의와 상생, 융합과 재창조의 국가모델』, 문학과지성사, 2013.
알린스키, 사울 D, 정인경 옮김, 『래디컬: 급진주의자여 일어나라』, 생각의 힘, 2016.
알린스키, 사울 D 외, 조승혁 편역, 『알린스키의 생애와 사상』, 현대사상사, 1983.
여운홍, 『몽양여운형』, 청하각, 1967.
오재식, 『나에게 꽃으로 다가오는 현장: 오재식 회고록』, 대한기독교서회, 2012.

윤정란, 『한국전쟁과 기독교』, 한울, 2015.
이상원, 『라인홀드 니버: 정의를 추구한 현실주의 윤리학자』, 살림, 2006.
이우재, 『한국농민운동사연구』, 한울, 1991.
이정식, 『김규식의 생애』, 신구문화사, 1974.
이호재, 『냉전시대의 극복: 이호재 정치평론집』, 동아일보사, 1982.
이홍구, 『전환 시대의 위기 통일 한국의 미래: 이홍구 칼럼집』, 지식산업사, 2010.
이희호, 『이희호 자서전 동행』, 웅진지식하우스, 2008.
장공 김재준 목사 기념사업회 엮음, 『장공 김재준의 신학세계』, 한신대학교출판부, 2006.
______, 『장공 김재준의 신학세계 2』, 한신대학교출판부, 2016.
______, 『장공 김재준의 삶과 신학』, 한신대학교출판부, 2014.
장공 김재준 목사 탄신 100주년 기념사업위원회 엮음, 『장공이야기』, 한신대학교출판부, 2001.
장공 자서전 출판위원회, 『凡庸記』, 풀빛, 1983.
장달중 · 이정철 · 임수호, 『북미 대립: 탈냉전 속의 냉전 대립』, 서울대학교출판문화원, 2006.
전두환, 『전두환 회고록 2: 청와대 시절, 1980~1988』, 자작나무숲, 2017.
전태일, 『내 죽음을 헛되이 말라』, 돌베개, 1988.
전태일 기념관 건립위원회 엮음, 『어느 청년노동자의 삶과 죽음: 전태일 평전』, 돌베개, 1983.
정규오, 『신학적 입장에서 본 한국장로교회사 1』, 한국복음문서협회, 1991.
정병준, 『우남 이승만 연구』, 역사비평사, 2005.
정운현, 『실록 군인 박정희』, 개마고원, 2004.
정일준 외, 『한국의 민주주의와 한미관계』, 대한민국역사박물관, 2014.
정해구, 『10월 인민항쟁 연구』, 열음사, 1988.
조항제, 『한국 공영 방송의 정체성』, 컬처룩, 2014.
지산미디어 엮음, 『후광 김대중 대전집 11권, 연설집』, 중심서원, 1993.
천사무엘, 『김재준: 근본주의와 독재에 맞선 예언자적 양심』, 살림, 2003.
최창봉 · 강현두, 『한국문화예술총서 11: 우리 방송 100년』, 현암사, 2001.
피케티, 토마, 장경덕 외 옮김, 『21세기 자본』, 글항아리, 2014.
통일부, 『통일부 30년사: 평화 · 화해 · 협력의 발자취, 1969~1999』, 통일부, 1999.

프레이리, 파울로, 채광석 옮김, 『교육과 의식화』, 중원문화, 2010.
———, 한준상 옮김, 『교육과 정치의식』, 한국학술정보, 2003.
———, 성찬성 옮김, 『페다고지』, 한국 천주교 평신도 사도직 협의회, 1979.
———, 성찬성 옮김, 『페다고지』, 한마당, 1995.
틸리히, 폴, 강원용 옮김, 『새로운 존재』, 대한기독교서회, 1960.
———, 김광남 옮김, 『흔들리는 터전』, 뉴라이프, 2008.
———, 김광남 옮김, 『영원한 지금』, 뉴라이프, 2008.
한국기독교교회협의회, 『기독교연감: 1972』, 한국기독교교회협의회, 1972.
———, 『1970年代 民主化運動: 기독교 인권운동을 중심으로 2』, 한국기독교교회협의회, 1986.
한국기독교역사학회 엮음, 『한국기독교의 역사 III: 해방 이후 20세기 말까지』, 한국기독교역사연구소, 2009.
한국정신문화연구원 한민족문화연구소 엮음, 『내가 겪은 해방과 분단』, 선인, 2001.
한명숙, 『한명숙 부드러운 열정, 세상을 품다』, 행복한책읽기, 2010.
한배호, 『한국의 정치』, 박영사, 1984.
허영철, 『역사는 한 번도 나를 비껴가지 않았다』, 보리, 2006.
헨더슨, 그레고리, 이종삼·박행웅 옮김, 『소용돌이의 한국정치』, 한울, 2013.
효당 이홍구 선생 문집간행위원회 엮음, 『이홍구 문집 II』, 나남, 1996.
희망출판사 편집부 엮음, 『사실의 전부를 기술한다: 역대 주역들이 실토한 미공개 정치이면 비사』, 희망출판사, 1966.

Arendt, Hannah, Peter Baehr ed., *The Portable Hannah Arendt*, Penguin Books, 2000.
———, Jerome Kohn ed., *The Promise of Politics*, New York: Schocken Books, 2005.
Dale, John & Emery J, *Hyslop-Margison, Paulo Freire: Teaching for Freedom and Transformation*, New York : Springer, 2010.
Henderson, Gregory, *KOREA: The Politics of the Vortex*, Cambridge, Massachusetts: Havard University Press, 1968.
Kornhauser, William, *The Politics of Mass Society*, London: Routledge and Kegan Paul, 1960.

Roberts, Peter, *Education, Literacy, and Humanization : Exploring the Work of Paulo Freire*, Westport, Connecticut: Bergin & Garvey, 2000.
Stone, Ronald H ed., *Faith and Politics*, New York: George Braziller, 1968.
Talmon, J, L, *The Origins of Totalitarian Democracy*, Boston: Beacon Press; 1985, Boulder: Westview, 1952.
Tillich, Paul, *On the Boundary: An Autobiographical Sketch*, New York: Charles Scribner's Sons, 1966.

논문

김남식, 「가가와 도요히코의 빈민운동 연구」, 『신학지남』, 78:1, 2011.
김상숙, 「1946년 10월 항쟁과 대구지역의 진보적 사회운동」, 『민주주의와 인권』, 16:2, 2016.
김종규, 「가가와 도요히코가 한국교회에 끼친 영향」, 감리교신학대학교 대학원 석사학위 논문, 2011.
김태국, 「1920년대 용정의 사회문화환경과 중학교 설립운동」, 『숭실사학』 제25권, 2010.
김화종, 「종교연합운동의 갈등과 지속성 연구: 한국종교인평화회의(KCRP)를 중심으로」, 서강대학교 대학원 박사학위논문, 2012.
가가와 도요히코, 「기독교 사회주의론」, 감리교신학대학교 한반도평화통일신학연구소, 『통일 이후 신학 연구 2』, 신앙과지성사, 2009.
문익환, 「하늘 · 바람 · 별의 詩人, 尹東柱」, 『월간중앙』, 1976년 4월호, 314쪽.
박명림, 「박정희 시대 재야의 저항에 관한 연구, 1961~1979」, 『한국정치외교사논총』, 30:1, 2008.
______, 「박정희 시대의 민중운동과 민주주의: 재야의 기원, 제도관계, 이념을 중심으로」, 『한국과 국제정치』, 24:2, 2008.
박정신 · 박규환, 「'뒤틀린 기독교' 굳히기: 박정희 시대 한국 개신교의 자취」, 『현상과 인식』, 36:1, 2012.
서경원, 「잃어버린 진실: 함평 고구마 사건: 농민운동의 고뇌와 희망」, 『기억과 전망』, 3:0, 2003.
안정애, 「좌우합작운동의 전개과정」, 최장집 엮음, 『한국현대사 I: 1945~1950』, 열음사, 1985.
윤석산, 「화전민 연구: 화전마을 복원을 위한 제언」, 한국언어문화학회, 『한국언어문화』, 40:0, 2009.
이완범, 「한반도 신탁통치문제 1943~46」, 박현채 외, 『해방전후사의 인식 3: 정치·사회 운동의 혁명적 전개와 사상적 노선』, 한길사, 1987.
이홍구, 「근대화와 비인간화: 다른 측면에서」, 『대화』 제17호, 1970.
정해구, 「해방 공간에서의 10월 항쟁: 그 의미와 평가」, 영남대학교 통일문제연구소, 『통일문제연구』, 30:1, 2011.

Alinsky, Saul D, "The Basis in the Social Sciences for the Social Treatment of the Adult Offender," *Proceedings of the National Conference of Social Work*, Chicago: University of Chicago Press, 1938.
———, "Youth and Morale," *American Journal of Orthopsychiatry*, 12:4, 1942.
———, "The War on Poverty? Political Pornography," *Journal of Social Issues*, 21:1, 1965.
———, "Of Means and Ends", *Union Seminary Quarterly Review*, 22:2, 1967.
———, "Prelate of the People", *The Progressive*, 73:4, 2009.
Cumings, Bruce G, "Is Korea a Mass Society?", *Occasional Papers on Korea*, No. 1 (April), 1974.
Engel, Lawrence J, "The Influence of Saul Alinsky on the Campaign for Human Development", *Theological Studies*, 59:4, 1998.
Jaffe, A, J and Saul D, Alinsky, "A Comparison of Jewish and Non-Jewish Convicts", *Jewish Social Studies*, 1:3, 1939.
Meegan, Joseph and Saul Alinsky and Bishop Bernard J, Sheil, "Catholics, Organizing and Chicago", *Social Policy*, 32:3, 2002.
Miller, Mike, "Alinsky for the Left: The Politics of Community Organizing", *Dissent*, Vol. 57, 2010.
Schlag, Thomas, "Value Education in the German Protestant Church", Christoph Stumpf and Holger Zaborowski eds., *Church as Politeia: The Political Self-Understanding of Christianity*, Berlin: De Gruyter, 2004.

기타 자료

강호천, 「[경동교회] 통일 준비하는 한국교회 진보의 상징」, 『새가정』, 1993년 3월.
『경향신문』, 1983년 9월 2일; 1989년 5월 22일.
『교회연합신보』, 1974년 1월 6일.
김대중도서관, 「강원룡 1차 녹취록」(2005년 12월 28일), 2006.
김대중도서관, 「강원룡 2차 녹취록」(2006년 1월 20일), 2006.
김재준, 「전국의 신앙동지 여러분!」, 『신앙계』, 1969년 10월호.
김재준 · 백낙청, 「한국역사 속에서의 기독교」, 대한기독교서회, 『기독교사상』, 16:6, 1972.
남재희, 「소용돌이 정치론: 헨더슨 저 한국의 중앙집권체제 100년」, 『조선일보』, 1968년 6월 27일.
『동아일보』, 1967년 6월 9일; 1967년 6월 10일; 1980년 5월 15일; 1980년 8월 14일; 1981년 1월 23일; 1981년 4월 20일; 1982년 3월 2일; 1987년 6월 29일; 1988년 6월 24일; 1989년 6월 22일; 1989년 9월 22일; 1992년 12월 19일; 1994년 5월 1일; 1994년 11월 16일; 1996년 6월 22일.
박정희, 「전역식에서의 연설」(1963년 8월 30일), 『박정희 장군 담화문집』, 대통령 비서실, 1965.
송인한 · 전우택 · 박명림, 「사회치유로서의 평화통일 연구」, 통일준비위원회 정책 연구용역, 2015.
MBC, 「이제는 말할 수 있다: 박정희와 김일성」(이후락 증언분), 2004년 7월 4일.
우리민족서로돕기운동, 『2005 활동자료집』, 2005.
윤보선, 「역사적인 신축년을 보내면서」, 『최고회의보』 제3호, 1961년 12월.
이홍구, 「평화통일을 위한 분단체제의 제도화」, 『중앙일보』, 2015년 9월 15일.
전우택 · 김은주 · 유시은 · 윤석민 · 이해완 · 장혜경 · 홍종윤, 「평화통일에 대한 국민공감대 형성 연구」, 통일준비위원회 정책용역연구, 2014.
콜론어쏘시에이츠, 「미국의 대아세아 정책」, 『사상계』, 1960년 1월.
『한겨레』, 1990년 1월 1일; 1993년 2월 26일; 1994년 5월 1일.
허화평, 「털어놓고 하는 이야기: 허화평 전 대통령 정무수석」, 『월간조선』, 2012년 4월.

Department of State, *Foreign Relations of United States 1946, Vol, VIII: Far East*, Washington: United States Government Printing Office, 1971.
OECD, *Education at a Glance 2016: OECD Indicators*, Paris: OECD Publishing, 2016.
POL 14 KOR S 6/1/71, RG59, National Archives and Records Administration (NARA).
POL 23-8 KOR S, RG59, NARA.
POL Japan - Korea S, 1/1/65, RG59, NARA.
POL KOR N - KOR S 10/12/72, RG59, NARA.
POL KOR N - KOR S 6-29-72, RG59, NARA.
POL KOR N - KOR S 7/4/72, RG59, NARA.
Political Affairs & REL, JAPAN - S, KOR, RG59, NARA.
The Whitehouse, *National Security Strategy, May 2010*, 2010.
U,S, Joint Chiefs of Staff, *The National Military Strategy of the United States of America: Redefining America's Military Leadership*, 2011.
"Visit Of Prime Minister Ikeda To Washington, June 20-21, 1961, Japanese-Korean Relations (1961.6.16)," National Security Archive.

국가통계포털(KOSIS), 「가구의 월평균 소득별 학생 1인당 월평균 사교육비」; http://kosis,kr
「[1979년]크리스찬아카데미사건, 지식인과 노동자가 만나다」, 성공회대학교 민주자료관 기록콘텐츠, 2016년 10월 19일; http://demos-archives,or,kr/content/286
최용탁, 「농민운동의 요람 크리스찬아카데미」, 『한국농정신문』, 2016년 1월 10일; http://www,ikpnews,net/news/articleView,html?idxno=24952
e나라지표, 「대북지원현황」; http://www,index,go,kr/potal/main/EachDtlPageDetail,do?idx_cd=2784
OECD, "Employment and unemployment in figures"; http://www,oecd,org
World Wealth & Income Database, "Top 10% income share"; http://wid,world/

찾아보기

사항 찾아보기

인명 찾아보기

박명림 朴明林

현재 연세대학교 대학원 지역학협동과정 교수로서
김대중도서관 관장과 인간평화연구센터 소장을 맡고 있다.
길림대학교 해외 객좌교수이기도 하다. 고려대학교 아세아문제연구소 북한실장,
하버드 대학교 하버드-옌칭연구소 협동연구학자, 프랑스 고등사회과학원 및
독일 베를린 자유대학교 초빙교수를 역임했다.
연구주제는 한국정치, 정치이론, 동아시아 국제관계와 평화문제다.
주요 저서로 『한국전쟁의 발발과 기원 Ⅰ, Ⅱ』『한국 1950: 전쟁과 평화』
『다음 국가를 말하다』『역사와 지식과 사회』
『인간국가의 조건 Ⅰ, Ⅱ』(근간) 등이 있다.

장훈각 張訓珏

현재 연세대학교 국가관리연구원 연구교수다.
연세대학교 정치외교학과를 졸업하고 동 대학원에서
정치학 석사·박사 학위를 받았다. 한국정치, 한미관계,
남북관계를 연구하고 있다.
주요 편저로는 『한국대통령통치사료집II 이승만(2): 휴전협상과 한미동맹』
『한국대통령통치사료집VIII 박정희(5): 주한미군 철수』 등이 있다.
연구논문으로는 「규제의 정치경제: 삼성의 자동차산업 진입사례」
「민주주의 공고화를 위한 대규모기업집단정책」「이승만 대통령과 한미동맹」
「노태우 정부의 북방정책과 남북관계」 등이 있다.

강원용 인간화의 길 평화의 길

지은이 박명림, 장훈각
펴낸이 김언호

펴낸곳 (주)도서출판 한길사
등록 1976년 12월 24일 제74호
주소 10881 경기도 파주시 광인사길 37
홈페이지 www.hangilsa.co.kr
전자우편 hangilsa@hangilsa.co.kr
전화 031-955-2000~3 **팩스** 031-955-2005

부사장 박관순 **총괄이사** 김서영 **관리이사** 곽명호
영업이사 이경호 **경영담당이사** 김관영
편집 김광연 백은숙 노유연 민현주 이경진
마케팅 양아람 **관리** 이중환 김선희 문주상 이희문 원선아
표지디자인 창포 031-955-9933 **출력 및 인쇄** 예림인쇄 **제본** 경일제책사

제1판 제1쇄 2017년 6월 9일
제1판 제2쇄 2017년 10월 20일

값 25,000원
ISBN 978-89-356-7034-5 04080
ISBN 978-89-356-7032-1 (세트)

- 잘못 만들어진 책은 구입하신 서점에서 바꿔드립니다.
- 이 도서의 국립중앙도서관 출판시도서목록(CIP)은 서지정보유통지원시스템 홈페이지(seoji.nl.go.kr)와 국가자료공동목록시스템(www.nl.go.kr/kolisnet)에서 이용하실 수 있습니다.
(CIP제어번호: CIP2017011654)